五禮通考

〔清〕秦蕙田 撰
方向東 王鍔 點校

二

吉禮〔二〕

中華書局

目録

五禮通考卷十五

吉禮十五

圜丘祀天

宋郊禮

宋史高宗本紀：建炎二年冬十一月壬寅，冬至，祀昊天上帝於圜丘，以太祖配，大赦。

禮志：建炎二年，高宗至揚州，庶事草創，築壇於州南門内江都縣之東南，詔東京所屬官吏奉祭器、大樂、儀仗、法物赴行在所。是歲冬至，祀昊天上帝，以太祖配。

文獻通考：高宗建炎二年，詔行郊祀之禮，冬至日，合祭天地，上自常朝殿用細仗，千三百有五人，詣壇行禮。

蕙田案：建炎以來朝野雜記明云：「是年獨祭上帝。」通考既採之於後，而此處反言合祭。蓋徒見十三年以後，俱合祭，而不知是年實不合也。當以宋史紀、志爲正。

樂志：高宗建炎初，國步尚難，乃詔有司，天帝、地祇及他大祀，先以時舉。太常尋奏，近已增募樂工，干羽簨虡亦備，始循舊禮，用登歌樂舞。其祀昊天上帝：

降神用景安　圜鍾爲宮，一奏　蒐講上儀，式修毖祀。日吉辰良，禮成樂備。風馭雲旗，聿來歆止。嘉我馨德，介茲繁祉。

黄鍾爲角，一奏　我將我享，涓選休成。執事有恪，惟寅惟清。樂既六變，肅雍和鳴。高高在上，庶幾是聽。

太蔟爲徵，一奏　禮崇禋祀，備物薦誠。昭格穹昊，明德惟馨。風馬雲車，肸蠁居歆。申錫無疆，賚我思成。

姑洗爲羽，一奏　惟天爲大，物始攸資。恭承禋祀，以報以祈。神不可度，日監在兹。有馨明德，庶其格思。

皇帝盥洗，正安　靈承上帝，厲意專精。設洗於阼，罍水以清。盥以致潔，感通神明。無遠弗屆，其饗兹誠。

升壇，正安　皇矣上帝，神格無方！一陽肇復，典祀有常。豆登豐潔，薦德馨香。棐忱居歆，降福穰穰。

上帝位奠玉幣，嘉安　治極發聞，不瑕有芬。嘉玉陳幣，神屆欣欣。誠心昭著，欽恭無文。以妥以侑，薦祐何垠。

太祖位奠幣，定安　茫茫蒼穹，孰知其紀！精意潛通，雖遠而邇。量幣薦誠，有實斯篚。睠然顧之，永錫繁祉。

皇帝還位，正安　典祀有常，昭事上帝。奉以告虔，逮迄奠幣。鐘鼓既設，禮儀既備。神之格思，恭承貺賜。

捧俎，豐安　祀事孔明，禮文惟楙。爰潔犧牲，載登俎豆。或肆或將，無聲無臭。精禋潛通，永綏我后。

上帝酌獻，嘉安　氣萌黄鍾，萬物資始。欽若高穹，吉蠲時祀。神筴泰元，增授無已。群生熙熙，亟蒙繁祉。

太祖位酌獻，英安　赫赫翼祖，受命于天。德邁三代，威加八埏。陟配上帝，明禋告虔。流光垂裕，于萬斯年。

文舞退，武舞進，正安　大德曰生，陰陽寒暑。樂舞形容，干戚籥羽。一弛一張，退旅進旅。神安樂之，祉錫綿宇。

亞、終獻，文安　惟聖普臨，順皇之德。典禮有彝，享祀不忒。籩豆靜嘉，降登肹飭。神具醉止，景貺咸集。

徹豆，肅安　内心齊誠，外物蠲潔。神來迪嘗，俎豆既徹。燕及群生，靡或夭閼。降福穰穰，時萬時億。

送神，景安　於赫上帝，乘龍御天。惟聖克事，明饗斯虔。薦豆云徹，靈猋且旋。載錫休祉，其惟有年。

望燎，正安　靈承上帝，精意感通。馨香旁達，粢盛既豐。登降有儀，祀備樂終。神之聽之，福禄來崇。

高宗本紀：紹興五年冬十一月戊寅，郊。

禮志：紹興十二年，臣僚言：「自南巡以來，三歲之祀，獨於明堂，而郊天之禮未舉，來歲乞行大禮。」詔建圜壇於臨安府行宫東城之外，自是凡六郊焉。

高宗本紀：紹興十三年春二月甲子，製郊廟祭器。三月丙午，築圜丘。十一月庚申，日南至，合祀天地于圜丘，太祖、太宗並配，大赦。

禮志：紹興十三年，太常寺言：「國朝圓壇在國之東南，壇側建青城齋宫，以備郊宿。今宜於臨安府行宫東南修建。」於是，遂詔臨安府及殿前司修建圓壇，第一成縱廣七丈，第二成縱廣一十二丈，第三成縱廣一十七丈，第四成縱廣二十二丈；一十二陛，每陛七十二級，每成一十二綴；三壝，第一壝去壇二十五步，中壝去内壝，外壝去中壝，各半之。燎壇方一丈，高一丈二尺，開上南出户，方六尺，三出陛，在壇南二十步丙地。其青城及望祭殿與行事陪祀官宿齋幕次，並令絞縛，更不修蓋。先是，張杓爲京兆尹，議築齋宫，可一勞永逸，宇文价曰：「陛下方經略河南，今築青城，是無中原也。」遂罷役。

輿服志：中興後，以事天尚質，屢詔郊壇不得建齋宫，惟設幕屋而已。其制，架木而以葦爲障，上下四旁周以幄帟，以象宫室，謂之幕殿。及行事，又于壇所設大小次。

大小次之外，又有望祭殿，遇雨則行事于中。東都時爲瓦屋五間，周圍重廊。中興後，惟設葦屋，蓋倣清廟茅屋之制也。紹興十三年，禮部侍郎王賞等言：「郊祀大禮，合依禮經，皇帝服大裘被衮行禮。據元豐詳定郊廟禮文，何洵直議以黑繒創作大裘如衮，惟領褾用黑羔。乞如洵直議。」詔有司如祖宗舊制，以羔製之。禮部又言：「關西羊羔，係天生黑色。今有司涅白羔爲之，不中禮制，不如權以繒代。又元祐中，有司欲爲大裘，度用百羔。哲宗以爲害物，遂用黑繒。請依太常所言。」從之。遂以衮襲裘，冕亦十二旒焉。

蕙田案：中興草創，尚知議禮，以衮襲裘，可謂合先王之法服矣。

文獻通考：詔，將來郊祀大禮，排設大駕鹵簿，仗内六引，並郊廟合用祭器，令禮兵部、太常寺討論名件數目。

據討論：國初大駕儀仗總一萬一千二百二十二人。今已有黄麾半仗二千四百八十三人，玉輅、腰、小輿、大輦、逍遥子下一千九人，外其金、象、革、木輅，芳亭、鳳輦、屬車、寶輿一千二百七十三人，天武、捧日、奉宸隊六千四百五十七人。仗内六引鼓吹前後部一千五百人。其法物、儀仗合用文繡，以纈充代。并郊祀天地、宗廟，從祀共七百七十一位，用祭器籩、豆、簠、簋、罇、罍、樿杓、鐙、鉶鼎、牛鼎、羊鼎、搏黍豆、毛血盤、幣、篚、匏、爵坫、盤、匜、罍、洗、爵、盞坫、飲福俎、燭臺俎共九千二百五件。太廟共五百九十六件，内用銅、玉者，權以陶、木代之。至十六年，始製造如政和之制。

太常寺言：「大禮依儀：前三日，皇帝詣大慶殿宿齋。前二日，皇帝服通天冠、絳紗袍，乘玉輅，詣景靈宫聖祖天尊大帝前行禮，差侍從官分詣玄天大聖后并諸殿神御前行禮。畢，皇帝服通天冠、絳紗袍，乘玉輅，詣太廟宿齋。前一日，皇帝詣太廟諸室前，行禮畢，皇帝服通天冠、絳紗袍，乘玉輅，詣青城宿齋。冬至日，皇帝詣圜壇行禮。禮畢，擇日，恭謝景靈宫，徧詣諸殿行禮。」從之。既而禮部侍郎王賞言，「以行在街道與在京不同，其詣景靈、太廟，權依四孟朝獻禮例，服履袍，乘輦」。其後並同此制。

禮部、太常寺言修立郊祀大禮儀注。

前祀十日，質明，誓戒有司，設行事、執事及陪祀文武官位于尚書省，左僕射、刑部尚書在北，南向，左僕射在左，刑部尚書在右；刑部尚書稍却。行事，左僕射在南，吏部、户部、禮部、刑部尚書，吏部、禮部、刑部侍郎，押樂太常卿、光禄卿，押樂太常丞、光禄丞、功臣、獻官在其南。凡設光禄丞以下位，皆稍却。次分獻官，次執事官，又于其南，俱北向，西上。監察御史位二，在西，東向，北上。讀册、舉册官、奉禮協律郎、太祝、郊社、太官令在東，西向，北上。奉禮郎以下位，皆稍却。設陪祀文武百官位于行事官之南，又設行事、執事及陪祀親王、宗室位于太廟齋坊。右僕射、刑部侍郎在北，南向；右僕射在左，刑部侍郎在右。刑部侍郎稍却。亞、終獻在南，北向，西上。親王及行事、執事、陪祠宗室在東，西向，北上。閤門、御史臺、太常寺自下分引群官各就位。凡將引行事、執事、陪祠文武官立班，即御史臺引殿中侍御史一員先入就位。左僕射讀誓于尚書省，刑部尚書莅之；右僕射讀誓于太廟齋坊，刑部侍郎莅之。誓文曰：「今年十一月某日，冬日至，皇帝謁款于南郊，合祭天地。前二日，朝獻景靈宫；前一日，朝享太廟。各揚其職，其或不恭，國有常刑。」讀訖。内執事官奉禮郎以下，文官宣教郎以下，武官從義郎以下，先退；餘官並對拜，訖，退。

致齋

皇帝散齋七日于别殿，致齋三日。一日于大慶殿，一日于太廟，一日于青城。凡散齋，不弔喪、問疾、作樂，有司不奏刑殺文書。致齋日，前後殿不視事，唯行祀事。前致齋一日，儀鑾司帥其屬鋪御座于大慶殿當中，南向；設東西房于御座之左右，稍北；又設西閤及齋室于殿後之左右，殿上前楹施簾。致齋之日，質明，有司陳平輦于垂拱殿庭，文武百官俱就次，各服其服。閤門奏請皇帝未後詣齋室，宣贊舍人等自下分引知樞密院事以下詣垂拱殿庭，立以俟。閤門附内侍進班齊牌，垂拱殿簾降。皇帝乘輦出，至殿上少駐。輦官迎駕，自贊常起居，宣輦官上殿，簾捲，鳴鞭，行門禁衛諸班親從迎駕，自贊常起居，次舍人、先贊、知内侍省官以下常起居，次樞密以下通班常起居，贊祗候引駕。樞密、知客省事以下至簽書、閤門官分左右立，應奉官祗應，通侍大夫以下，武功大夫以下，並先退。次管軍臣僚宣名常起居，贊祗候引駕，並分左右前導。輦降東階垂拱殿門外，禁衛諸班親從，自贊常起居，次行宫御營巡檢一班常起居。如通侍大夫以下，知客省事以下，武功大夫以下，知内侍兩省帶御器械官、充行宫使、御營巡檢，各歸本班。至大慶殿後閤，如步至大慶殿後閤，臨時聽旨。降輦，入西閤，大慶殿簾降，前導官並就次易朝服，詣御榻前，分左右侍立。知樞密院事、簽書樞密院事在東，西向，北上；同知樞密院事在西，東向；侍中一員在知樞密院事之北，贊引閤門官一員又在其北，並西向；知客省事以下在簽書樞密院事之南，稍東，西向，北上；簽書知客省事以下又在其南，稍却。宣贊舍人等分引行事、執事、陪祠文武官，各縉結佩，入詣大慶殿庭，立班。禮直官、舍人引禮部侍郎奏：「請中嚴。」少頃，又奏「外辦」。符寶郎奉寶，陳于御榻之左右。皇帝服通天冠、絳紗袍，縉結佩，出西閤，乘輿，稱警蹕，侍衛如常儀。由西房至御榻西，降輿，皇帝即御座，南向，侍臣夾侍，贊拜。閤門官于榻前贊樞密以下拜，殿之上下應在位官皆再拜。閤門官贊拜訖，轉身北向，隨拜訖，面西，贊各祇候。次禮直官引侍中詣御座前，俛伏，跪奏稱：「侍中臣某言，請皇帝降座，就齋室。」奏訖，俛伏，興，還侍立。凡侍中奏請，準此。皇帝降座，乘輿，由東房入齋室，侍臣各還所司，直衛者如常儀。宣贊舍人分引行事、執事、陪祠文武官以次出。三省、親王、樞密、宗室起居問聖體，並如閤門儀。應行事、執事、陪祠官及從升者並散齋七日，宿于正寢；致齋三日，各宿于其次。凡散齋，治事如故，唯不弔喪、問疾、作樂、判書刑殺文書、決罰罪人及與穢惡。致齋之日，官給酒饌。唯祀事得行，其餘悉禁。與祀之官已齋而缺者，通攝行事。

奏告

前祀二日，奏告太祖皇帝、太宗皇帝室，如常告之儀。

陳設

前祀三日，儀鸞司帥其屬設大次于外壝東門之内道北，南向；小次于午階之東，西向；又設文武侍臣次于大次之前，隨地之宜；行事、陪祠官、宗室及有司次于外壝東門之外；設東方、南方客使次于文官之後，西方、北方客使次于武官之後。設饌幔于内壝東門之外，隨地之宜。前祀二日，郊社令帥其屬掃除壇之上下，積柴于燎壇。光禄牽牲詣祠所，太常設登歌之樂于壇上稍南，北向；及設宫架于壇南内壝之外，立舞表于酇綴之間。前祀一日，太常設神位席，太史設神位版，昊天上帝位、皇地祇位于壇上北方，南向，西上，席以藁秸；太祖皇帝位、太宗皇帝位于壇上東方，西向，北上，席以蒲越；天皇大帝、五方帝、大明、夜明、北極、神州地祇十位于第一龕；北斗、天一、太一、帝座、五星、十二辰、河漢等内官、五行、五岳神位六十有九于第二龕；二十八宿等中官、五鎮、四海、四瀆神位百七十有二于第三龕；外官、山林、川澤、丘陵、墳衍、原隰神位百五十有六于内壝之内；衆星神位三百有六十于内壝之外。第一龕席以藁秸，餘以莞而席，皆内向，如太史之制。昊天上帝、皇地祇、配帝、天皇大帝、五方帝、大明、夜明、北極、神州地祇之座，及禮神之玉，俟告潔訖，權徹。其内官、中官、外官、衆星等位皆設定。奉禮郎、禮直官設皇帝位版于壇下小次前，西向；飲福位于壇上午階之西，北向；望燎位于柴壇之北，南向；望瘞位于瘞坎之南，北向。設爟火二，一于望燎位之東南，一于望瘞位之西北。東西各二人。贊者設亞獻、終獻位于小次之南稍東，西向；大禮使、左僕射又于其南；行事，吏部、户部、禮部、刑部尚書，吏部、刑部侍郎，光禄卿，讀册、舉册官。光禄丞位于大禮使之東，光禄丞稍却。奉禮郎、太祝、郊社、太官令位于小次之東北，俱西向，北上。監察御史位二，一于壇下午階之西南，一于子階西北。協律郎二，一于壇上樂虡西北，一于宫架西北，俱東向。押樂太常丞于登歌樂虡北，押樂太常卿于宫架北，良醖令于酌罇所，俱北向。又設陪祠文武官位于執事官之南，諸方客使在文官之南，隨其方國。光禄陳牲于東壝門外，西向，祝史各位于牲後。太常設省牲位于牲西。大禮使、左僕射在南，北向，西上，分獻官位于其後；行事，吏部、户部、禮部、刑部尚書，吏部、禮部、刑部侍郎，押樂太常卿、光禄卿，讀册、舉册官，押樂太常丞、光禄丞，奉禮、協律郎，太祝、郊社、太官令在北，南向，西上；凡設太常丞以下位，皆稍却。監察御史在吏部尚書之西，異位，稍却。光禄陳禮饌于東壝門外道北，南向；太常設省饌位版于禮饌之南。大禮使、左僕射在南，北向，西上，分獻官位于其後；監察御史二，俱在西，東向，北上；行事，吏部、户部、禮部、刑部尚書，吏部、禮部、刑部侍郎，押樂太常卿、光禄卿，讀册、舉册官，押樂太常丞、光禄丞，奉禮、協律郎，太祝、郊社、太官令在東，西向，北上。禮部帥其屬設祝册案于神位之右，司尊彝帥其屬設玉、幣、篚于酌尊所。次設籩、豆、簠、簋之位：正、配位皆左二十有五籩，右二十有五豆，俱爲四行，俎二在籩前，登一在籩、豆間，簠七、簋七在籩、豆外二俎間，簠在左，簋在右。又設尊罍之位：每位皆著尊二、壺尊二，皆有罍，加勺、冪，爲酌尊；太尊二、山尊二、犧尊二、象尊二，皆有罍，加冪，設而不酌，並在壇上稍南，北向，西上。配位設于正位酒尊之東，每位皆有爵坫。又設從祀諸神籩、豆、簠、簋之位：第一龕每位皆左十籩，右十豆，俱爲三行，俎二在籩、豆前，登一在籩、豆間，簠一、簋一在二俎間，簠在左，簋在右，爵一在俎前，加坫；内神州地祇加盤一，在登之前。其餘神位，每位皆左二籩，右二豆，俎一在籩、豆前，簠一、簋一在俎前，簠在左，簋在右，爵一次之，登一在籩、豆間。内五行、五官、五岳，每位加盤一，在登之前。并内壝外衆星位，皆不設登。又設從祀尊坫之位：第一龕，每龕太尊二、著尊二，太尊在上；第二龕，每龕犧尊二、象尊二；第三龕，每龕象尊二、壺尊二，象尊在上。内壝之内，每階概尊二，内壝之外，每階散尊二，皆加勺、冪，在神位之左。又設正配位籩、豆、簠、簋、盤、俎各一于饌幔内，設進盤、匜于壇下午階東南，北向。設進盤、匜、帨巾，内侍立于皇帝版位之後，分左右。奉盤者北向，奉匜及執巾者南向。又設亞、終獻盥洗、爵洗于其位之南，盥洗在東，爵洗在西。罍在洗東，加勺，篚在洗西南，執罍、篚者位于其後，分獻官盥洗各于其方。陛道之左，罍、篚各設于左右，皆内向，執罍、篚者位其後。祀日，丑前五刻，郊社令與太史官屬各服其服升壇，設昊天上帝、皇地祇、太祖皇帝、太宗皇帝神位版于壇上，又設天皇大帝、五方帝、大明、夜明、北極、神州地祇十位于第一龕。太府卿帥其屬入陳幣于篚，少府監陳玉，各置于神位前。昊天上帝以蒼璧，皇地祇以黄琮，青帝以青珪，赤帝以赤璋，黄帝以黄琮，白帝以白琥，黑帝以黝璜，神州地祇以兩圭有邸，日、月以璧，五岳以兩圭有邸，皆盛于匣。昊天上帝、配帝幣皆以蒼，皇地祇以黄，日、月、内官以下各從其方色。光禄卿帥其屬入，實正配位籩、豆、簠、簋，籩四行，以右爲上。第一行糗餌在前，粉餈次之；第二行麷在前，蕡、白、黑、形鹽、膴、鮑魚、鱐次之；第三行乾棗在前，濕棗、㮚、濕桃、乾桃、濕梅、乾䕩、榛實又次之；第四行菱在前，芡、㮚、鹿脯又次之。豆四行，以左爲上。第一行酏食在前，糝食次之；第二行韭菹在前，醓醢、昌本、麋臡、菁菹、鹿臡、茆菹、麋臡又次之；第三行葵菹在前，蠃醢、脾析、蠯醢、蜃、蚳醢、豚拍、魚醢又次之；第四行芹菹在前，兔醢、深蒲、醓醢、落菹、雁醢、筍菹、魚醢又次之。簠實以稻、粱，粱在稻前；簋實以黍、稷，稷在黍前。登實以大羹。**太官令帥其屬入，實俎，**籩前之俎，實以牛腥七體，兩髀、兩肩、兩脅并脊，兩髀在兩端，兩肩、兩脅次之，脊在中。豆右之俎二，爲二重，以北爲上。第一重實以牛腥，腸、胃、肺，離肺一在上端，寸肺三次之，腸三、胃三又次之。第二重實以牛熟，腸、胃、肺，其載如腥。若配位，即以東爲上。**良醖令帥其屬入，實尊罍，**著罇二，一實玄酒，一實醴齊，皇帝酌之；壺罇二，一實玄酒，一實盎齊，亞、終獻酌之。太罇二，一實泛齊，一實醴齊；山罇二，一實盎齊，一實醍齊；犧罇二，一實沈齊，一實事酒；象罇二，一實昔酒，一實清酒。並設而不酌。凡罍之實，各視其罇。**又實從祀神位之饌，**第一龕每位籩三行，以右爲上。第一行乾橑在前，乾棗、形鹽、魚鱐次之；第二行鹿脯在前，榛實、乾桃次之；第三行菱在前，芡、㮚次之。豆三行，以左爲上。第一行芹菹在前，筍菹、葵菹、菁菹次之；第二行韭菹在前，魚醢、兔醢次之；第三行豚拍在前，鹿臡、醓醢次之。簠實以稻、粱，粱在稻前；簋實以黍、稷，稷在黍前。籩前之俎，實以羊腥，髀一；豆前之俎，實以豕腥，髀一。登實以太羹，爵實以酒。其餘諸神位，每位左二籩，㮚在前，鹿脯次之；右二豆，菁菹在前，鹿臡次之。簠實以稷，簋實以黍，俎實以羊豕腥肉，登實以太羹，爵實以酒。神州地祇、五行、五官、五岳又實盤以毛血。**又實從祀神位之罇。**太罇實以泛齊，犧罇實以醴齊，壺罇實以沈齊，各以一罇實明水。概罇實以清酒，散罇實以昔酒，各以一罇實玄酒。著罇、象罇俱實明水。上帝、配帝之饌升卯階，其餘神位各由其階升。**太常設燭于神位前，又設大禮使以下行事、執事官揖位于**

卯階之東内壝外，如省牲位。

前祀一日，皇帝于太廟朝享畢，既還大次，禮部郎中奏「解嚴」，訖，請皇帝入齋殿。所司轉仗衛鹵簿，陪祀文武官先赴圓壇、青城齋宫，導駕官以下就次，各服其服。

車駕詣青城

有司進輿于齋殿，乘黄令進玉輅于太廟櫺星門外，東向，千牛將軍一員執長刀立于輅前，西向。參知政事一員立于侍中之前，贊者二人又立于其前。少頃，御史臺、太常寺、閤門分引侍中、參知政事、太僕卿、乘黄令詣大次門外，立班，北向，東上；乘黄令位其後。次引導駕官以下在其後，分東西相向立，以俟奉迎前導；次管軍臣僚又在其後。禮直官、宣贊舍人引禮部侍郎，奏「中嚴」。凡侍中、參知政事、禮部侍郎奏請，皆禮直官、宣贊舍人引。少頃，又奏「外辦」。皇帝服通天冠、絳紗袍，自齋殿詣大次。行門禁衛、諸班親從等諸司人員以下，各自贊常起居；次知客省事以下、樞密都承旨以下、知内侍省事以下、帶御器械官、應奉、祗應、通侍大夫以下，武功大夫以下及幹辦庫務文臣一班常起居。俟皇帝乘輿以出，宣贊舍人贊侍中以下常起居，次導駕官常起居，已起居者，止奏「聖躬萬福」。次管軍臣僚並常起居，該宣名者即宣名。若得旨免起居，更不起居。皇帝乘輿以出，稱警蹕，侍衛如常儀。大僕卿出詣玉輅所，攝衣而升，正立執轡。導駕官步導皇帝至廟門外玉輅所，侍中進當輿前，俛伏，跪奏：「侍中臣某言，請皇帝降輿，升輅。」奏訖，俛伏，興，退，復位。凡侍中奏，請準此。千牛將軍前跪，執轡。乘黃令稍前，進玉輅，皇帝降輿，升輅，太僕卿立授綏，導駕官分左右步導，參知政事進當輅前，俛伏，跪奏：「參知政事臣某言，請車駕進發。」奏訖，俛伏，興，退，復位。凡參知政事奏，請準此。車駕動，稱警蹕。侍中先詣侍臣上馬所，以俟參知政事及贊者夾侍以出，千牛將軍夾輅而趍。車駕將至侍臣上馬所，參知政事奏：「請車駕少駐，敕侍臣上馬。」侍中前承旨，退稱曰：「制可。」參知政事傳制稱：「侍臣上馬。」贊者承傳，敕侍臣上馬，諸侍衛之官各督其屬左右翊駕在黃麾內。符寶郎奉八寶前導，殿中監後部從，導駕官夾侍于前，贊者在侍中、參知政事之前。侍臣上馬畢，參知政事奏「請車駕進發」，車駕稱警蹕，不鳴鼓吹，大駕鹵簿前導詣青城。車駕將至青城，閤門、御史分引陪祠文武官、宗室、客使，禮直官、贊者引行事、執事官俱詣泰禋門外立班，再拜，奉迎，訖，退。內有已起居者，止奏「聖躬萬福」。車駕及門，少駐，文武侍臣皆下馬，導駕官步導，入門。車駕動，千牛將軍夾輅而趍，至端誠殿前迴輅南向，千牛將軍立于輅右。侍中奏

「請皇帝降輅，乘輿」。有司進輿于輅後，皇帝降輅，乘輿，入齋殿，侍衛如常儀。導駕步導至殿前，皇帝降輿，歸殿後閤，簾降。宣贊舍人承旨，敕群官各還次。學士院以祝册授通進司，進御書訖，付尚書禮部。

省牲器

是日，午後七刻，去壇三百步禁行者。未後二刻，郊社令帥其屬埽除壇之上下，司罇彝帥府史及執事者以祭器入設于位，凡祭器皆藉以席，籩、豆又加巾蓋。太府卿、少府監陳玉幣于篚。告潔畢，權徹。未後三刻，禮直官、贊者分引大禮使以下詣東壝門外省牲位，立定。光禄卿、丞與執事者牽牲就位。禮直官贊揖，贊者引押樂太常卿入行樂架；凡亞、終獻行事，皆禮直官、太常博士引；大禮使、左僕射行事，皆禮直官引；餘官，皆贊者引。次引禮部尚書升自卯階，視滌濯；凡行事、執事官升降，皆自卯階。内應奉官并執事應奉人，各隨應奉官階升降。次引左僕射申眡滌濯。執事皆舉冪曰「潔」。俱復位。禮直官稍前曰：「告潔畢，請省牲。」次引禮部尚書、侍郎稍前，省牲，訖，退，復位。次引光禄卿出班，循牲一匝，西向，躬曰「充」曰「備」。次引光禄丞出班，循牲一匝，西向，躬曰「腯」，俱復位。禮直官稍前，曰：「省牲畢，請就省饌位。」贊揖，訖，引大禮使以下就位，立定。

禮直官贊揖所司省饌具，畢，禮直官贊「省饌畢」，揖，訖，俱還齋所。光禄卿、丞及執事者以次牽牲詣厨，授太官令。次引禮部尚書詣厨，省鼎鑊，視濯溉。協律郎展視樂器，乃還齋所。晡後一刻，太官令帥宰人以鸞刀割牲，祝史各取毛血實于盤，俱置饌所，遂烹牲。郊社令帥其屬掃除壇之上下。

奠玉幣

其日，丑前五刻，行事用丑時七刻。諸祀官及陪祠之官各服其服，郊社令帥其屬入設神位席，太史令帥其屬入設神位版。禮部帥其屬奠册于案，太府卿、少府監入，陳玉幣；光禄卿入，實籩、豆、簠、簋；太官令入，實俎；良醖令入，實罇；樂正帥工人二舞以次入，與執罇、罍、篚、冪者各就位。次引分獻官、執事官，各位于龕陛上下，並外向；次御史臺、太常寺及閤門、宣贊舍人分引陪祀文武官及宗室、客使各入就位；次禮直官、贊者分引大禮使以下行事、執事官就卯階内壝門外揖位，立定。禮直官贊揖，訖，次引監察御史，案視壇之上下，糾察不如儀者，降階，就位；次引大禮使以下各入就位。

皇帝行事

自青城齋殿服通天冠、絳紗袍乘輿以出，撞景鐘；近侍及扈從之官導從至大次外，皇帝降輿，入次，景鐘止，簾降。禮儀使、樞密院官、太常卿、閤門官、太常博士、禮直官分立于大次外之左右。次引禮部侍郎詣大次前，奏「請中嚴」。少頃，又奏「外辦」。符寶郎奉寶，陳于宮架之側，隨地之宜。禮儀使當次，俛伏，跪奏：「禮儀使具官臣某言，請皇帝行事。」奏訖，俛伏，興，還，侍立。禮儀使奏禮畢，準此。簾捲，皇帝服大裘、袞冕以出，侍衛如常儀。禮儀使以下前導至中壝門外，殿中監跪，進大圭，禮儀使奏：「請執大圭。」前導皇帝入自正門。侍衛不應入者，止于門外。協律郎跪，俛伏，舉麾，興，工鼓柷，宮架乾安之樂作，皇帝升降、行止，皆奏乾安之樂。至午階版位，西向立，偃麾，戛敔，樂止。凡樂，皆協律郎跪，俛伏，舉麾，興，鼓柷而後作，偃麾、戛敔而後止。禮儀使以下分左右侍立，凡行禮，皆禮儀使、樞密院官、太常卿、閤門官、太常博士、禮直官前導，至位，則分立于左右。禮儀使前奏：「有司謹具，請行事。」宮架作景安之樂、文德之舞，俟樂作三成，止。先引左僕射、吏部尚書、侍郎升詣昊天上帝神位前立，左僕射、吏部尚書俱西向，北上；侍郎東向，樂作六成，止。郊社令升煙，燔牲首，瘞血，禮儀使奏「請再拜」，皇帝再拜，贊者曰「拜」，在位官皆再拜。內侍取玉幣于篚，立于罇所，應奉陛上下及壝內諸位，太祝取玉、幣，亦各于罇所。又內侍各執盤、匜、帨巾以進，宮架樂作。禮儀使奏：「請皇帝搢大圭，盥手。」内侍進盤、匜、沃水，皇帝盥手〔一〕；又奏「請帨手」，内侍進巾，皇帝帨手；訖，又奏「請皇帝執大圭」，樂止，禮儀使前導。

皇帝升壇

大禮使從，皇帝升降，大禮使皆從，左右侍衛，量人數升。宮架樂作，至壇下，樂止。升自午階，登歌樂作，至壇上，樂止。登歌嘉安之樂作，殿中監跪，進鎮圭。禮儀使奏「搢大圭，執鎮圭」。前導皇帝詣昊天上帝神位前，北向立。内侍先設繅藉于地。禮儀使奏「請跪」，奠鎮圭于繅藉，執大圭，俛伏，興；又奏「請搢大圭」，跪，内侍加玉于幣，以授吏部尚書，吏部尚書以授左僕射，左僕射西向跪以進。禮儀使奏「請受玉、幣」，皇帝受，奠，訖，吏部侍郎東向跪，受以興，進于昊天上帝神位前。左僕射、吏部尚書、侍郎俱詣皇地祇神位前以俟。禮儀使奏「請執大圭，俛伏，興」。内侍取鎮圭，授殿中監。内侍又以繅藉詣皇地祇神位前，先設繅藉于地。禮儀奏「請再拜」，皇帝再拜，訖，樂止。禮儀使前導皇帝詣皇地祇、太祖皇帝、太宗皇帝神位前，奠鎮圭、玉、幣，並

〔一〕「盥手」，諸本作「沃水」，據文獻通考卷七二改。

如上儀。皇地祇位作嘉安之樂，太祖皇帝位作廣安之樂，太宗皇帝位作化安之樂。配位唯不奠玉。皇帝東向受幣，左僕射北向進幣，吏部侍郎南向受幣。左僕射、吏部侍郎權于壇上稍西，東向立。吏部尚書降階，復位。禮儀使前導皇帝還版位，登歌樂作；内侍舉鎮圭、繅藉，以鎮圭授殿中監，以授有司。皇帝降階，樂止。宫架樂作，至版位，西向立，樂止。初，皇帝將奠配位之幣，贊者引分獻官俱詣盥洗位，搢笏，盥手，帨手，執笏，各由其階升，詣諸從祀神位前；各搢笏，跪奠幣，執笏，俛伏，興，再拜。祝史、執事官各助奠，訖，退，復位。祝史奉毛血盤，立于壝門外，由其階升。太祝迎于壇上，俱進奠于神位前，太祝與執事者退，立于罇所。

進熟

祀日，有司陳鼎四于神厨，各在鑊右。太官令帥進饌者詣厨〔一〕，以匕升牛于鑊，實于一鼎，肩、臂、臑、肫、胳，正脊一，横脊一，長脇一，短脇一，代脇一，皆二骨以上。正、配位各一鼎。皆設扃冪。祝史對舉，陳于饌幔内，重行，西向，以南爲上。光禄實籩、豆、簠、簋于饌

〔一〕「太官令」，諸本作「太常令」，據下文及文獻通考卷七二校勘記改。

幔内。籩實以粉餈，豆實以糝食，簠實以粱，簋實以稷。次引禮部侍郎詣饌所，視腥熟之節。俟皇帝升，奠玉幣，訖，復位，樂止，引禮部尚書詣饌所，執籩、豆、簠、簋以入。户部尚書詣饌所，奉俎以入，舉鼎，太官令引入正門，宫架豐安之樂作，設于卯階之下，北向，西上，奉牲者在東，祝史抽扃，委于鼎右，除冪。初，鼎序入，有司執匕畢及俎以從，至卯階下，各設俎于鼎西，匕畢加于鼎。太官令以匕升牛，載于一俎，肩、臂、臑在上端，肫、胳在下端，脊、脇在中。正、配位各一俎。鼎先退。祝史進徹毛血盤，以次出。次引禮部尚書搢笏，執籩、豆、簠、簋，户部尚書搢笏，奉俎以升，執事者各迎于壇上。禮部尚書奉籩、豆、簠、簋，詣昊天上帝神位前，北向跪奠，訖，執笏，俛伏，興，有司設籩于糗餌前，豆于䬪食前，簠于稻前，簋于黍前。次引户部尚書奉俎，詣昊天上帝神位前，北向跪奠，訖，執笏，俛伏，興，有司設于豆前。次詣皇地祇、太祖皇帝、太宗皇帝神位前，配位，並東向。跪奠，並如上儀，樂止，俱降，復位。太祝取菹，擩于醢，祭于豆間三，又取黍、稷、肺，祭如初，皆藉以茅，各還罇所。次引左僕射、吏部侍郎升，詣昊天上帝神位前，左僕射西向，吏部侍郎東向。又引吏部侍郎詣皇帝版位前，奉爵，北向立。内侍各執盤、匜、帨巾以進，宫架樂作。禮儀使奏「請皇帝搢大圭，盥手」。内侍進盤、匜、沃水，皇帝盥手；又奏「請帨手」，內侍進巾，皇帝帨手；訖，又奏「請皇帝洗爵」，吏部侍郎進爵，內侍沃水，皇帝洗爵；又奏「請拭爵」，內侍進巾，皇帝拭爵，訖，樂止。又奏「請執大圭」，吏部侍郎受爵，奉爵，升自午階，禮儀使奏「請執大圭」，前導皇帝升壇，宮架樂作，至午階，樂止。升自午階，登歌樂作，至壇上，樂止。登歌禧安之樂作，吏部侍郎奉爵，詣昊天上帝酌罇所，西向立。執罇者舉冪，良醖令酌著罇之醴齊，訖，先詣皇地祇罇所，北向立。禮儀使前導皇帝詣昊天上帝神位前，北向立。禮儀使奏「請搢大圭」，跪，吏部侍郎以爵授左僕射，左僕射西向跪以進。禮儀使奏「請執爵」，皇帝執爵，祭酒，三祭于茅苴。奠爵，吏部侍郎以爵復于坫。禮儀使奏「請執大圭」，俛伏，興；又奏「請皇帝少立」，樂止。左僕射、吏部侍郎先詣皇地祇神位前，西向立。舉册官搢笏，跪，舉祝册；讀册官搢笏，東向跪，讀册文，訖，奠册，各執笏，興，先詣皇地祇神位前，東向立。禮儀使奏「請再拜」，皇帝再拜，訖，禮儀使前導皇帝詣皇地祇、太祖皇帝、太宗皇帝神位前，酌獻，並如上儀。皇地祇位作光安之樂，太祖皇帝位作彰安之樂，太宗皇帝位作韶安之樂。配位、酌獻，前導皇帝東向受爵，左僕射北向進爵，吏部侍郎南向受爵，復于坫。讀册官南向讀册文。左僕射以下俱復位。禮儀使前導皇帝還版位，登歌樂作，降階，樂止。

宮架樂作，至版位，西向立，樂止。禮儀使奏「請還小次」，宮架樂作，將至小次，禮儀使奏「請釋大圭」，殿中監跪，受大圭，皇帝入小次，簾降，樂止。文舞退，武舞進，宮架正安之樂作，舞者立定，樂止。

亞、終獻

禮直官、太常博士引亞獻詣盥洗位，北向立；搢笏，盥手，帨手，執笏，詣爵洗位，北向立；搢笏，洗爵，拭爵，以授執事者，執笏，升，詣昊天上帝酌罇所，西向立。宮架作正安之樂、武功之舞，執事者以爵授亞獻，亞獻搢笏，跪，執爵，執罇者舉冪，太官令酌壺罇之盎齊，訖，先詣皇地祇酌罇所，北向立。亞獻以爵授執事者，執笏，興，詣昊天上帝神位前，北向，搢笏，跪，執事者以爵授亞獻，亞獻執爵，祭酒，三祭于茅苴，奠爵，執笏，俛伏，興，少退，北向，再拜。次詣皇地祇、太祖皇帝、太宗皇帝神位前，酌獻，並如上儀。樂止，降，復位。初，亞獻行禮將畢，次禮直官、太常博士引終獻官詣洗及升壇酌獻，並如亞獻之儀，降，復位。初，亞獻將升，次分引分獻官俱詣盥洗位，搢笏，盥手，帨手，執笏，各由其陛升，詣從祀諸神位前；俱搢笏，跪，執爵，三祭酒，奠爵，執笏，俛伏，興，再拜，降，復位。

皇帝飲福

皇帝既奠玉幣，有司以牛左臂一骨及長脇、短脇俱二骨以並，載于胙俎，設于壇上酌鐏所，俟終獻。既升獻，次引户、禮部尚書搏黍，太祝、太官令升詣飲福位，東向立。奉俎豆及爵酒者，各立于其後。禮儀使奏「請詣飲福位」，簾捲，出次，宮架樂作，殿中監跪進大圭，禮儀使奏「請執大圭」，前導皇帝詣飲福位，升壇，至午階，樂止。升自午階，登歌樂作，將至位，樂止。登歌禧安之樂作，皇帝至飲福位，北向立。尚醞奉御執鐏詣酌鐏所，良醞令酌上鐏福酒，合置一鐏；尚醞奉御奉鐏詣飲福位，殿中監奉爵；尚醞奉御酌福酒，殿中監西向，捧以立。禮儀使奏「請再拜」，皇帝再拜。殿中監跪，以爵酒進。禮儀使奏「請搢大圭」，跪，受爵，祭酒，三祭于地。啐酒，奠爵。殿中監跪，受爵以興。太祝帥執事者持胙俎進，減神位前正脊二骨、横脊二骨，加于俎上。内侍受俎，以授户部尚書，西向跪以進，皇帝受俎，奠之。户部尚書乃受以興，權退于壇上稍西，東向立。太官令取黍于簠，摶以授太祝，太祝受以豆，東向跪，進，皇帝受豆，奠之。太祝乃受以興，降，復位。次殿中監再跪，以爵酒進，禮儀使奏「請再受爵」，飲福酒，奠爵。殿中監受虛爵，興，以授尚醞。奉御、執事者俱降，復位。禮儀使奏「請執大圭」，俛伏，興。又奏「請再拜」，皇帝再拜，樂止。禮儀使前導皇帝還版位，登歌樂作，降階，樂止。宮架樂作，至版位，西向立，樂止。次引禮部尚書詣神位前，徹籩、豆，次户部尚書徹俎，籩、豆俎各一，俱少移故處。登歌熙安之樂作，卒徹，樂止。禮部、户部尚書降，復位。禮直官曰：「賜胙。」行事、陪祠官拜，贊者承傳曰：「賜胙，再拜。」在位官皆再拜。送神，宮架景安之樂作，一成止。

望燎望瘞

景安之樂畢，禮儀使奏「請詣望燎位」，前導皇帝詣望燎位，宮架樂作，至位，南向立，樂止。初，賜胙，再拜。訖，郊社令以黍、稷、肺祭，藉以白茅，束之。吏部侍郎帥太祝執篚進詣神位前，取幣、祝册，藉以茅。大明、夜明以上，執事官並以俎載牲體、黍稷飯、爵酒，各由其階降壇，南行，詣柴壇，自南陛升，以幣、祝册、饌物置于燎柴，諸太祝又以諸位幣帛從燎。禮直官曰：「可燎。」舉爟火，東西各以炬燎。半柴，禮儀使奏「請詣望瘞位」，前導皇帝詣望瘞位，宮架樂作，至位，北向立，樂止。吏部侍郎帥太祝執篚，取幣、祝册，藉以茅。五官以上執事官以俎載黍稷飯、爵酒各從其階詣瘞坎，置于坎，祝史以諸位幣帛從瘞。禮直官曰：「可瘞。」舉爟火，寘土半坎。

皇帝還大次

禮儀使奏「禮畢」，前導皇帝還大次，宫架樂作。出中壝門外，禮儀使奏「請釋大圭」，殿中監跪受大圭，以授有司，侍衛如常儀。皇帝至大次，樂止。禮部郎中奏「解嚴」，次引大禮使以下詣卯階之東内壝外揖位立。禮直官贊禮畢，揖，訖，退。次引陪祠文武官及宗室、客使以次出，將士不得輒離部伍。

端誠殿受賀

皇帝既還大次，奏「解嚴」。訖，皇帝常服，乘輿，撞景鐘，還青城，侍衛如常儀。鼓吹振作，至殿前，降輦，還齋殿，景鐘止。閤門、御史臺分引文武百官、宗室，並常服詣殿前立班，稱賀。閤門附内侍進班齊牌，皇帝常服出，升御座，鳴鞭，禁衛奏「聖躬萬福」。次舍人揖管軍臣僚等并行門躬贊再拜，管軍臣僚以下皆再拜，班首奏「聖躬萬福」。次舍人引班首出班，俛伏，跪，致詞，訖，俛伏，興，退，復位。舍人揖，躬贊再拜，管軍臣僚以下皆再拜，三稱「萬歲」。内侍詣御座前承旨，退，降階，西向，宣答。訖，舍人贊再拜，管軍臣僚以下皆再拜，三稱「萬歲」。舍人贊各祗候，管軍臣僚詣殿下侍立，行門分左右立。次太史局官詣當殿，北向立，舍人揖，躬贊再拜，太史局官再拜，奏「聖躬萬福」，出班，躬身奏「祥瑞」，訖，退，復位。舍人揖，躬贊再拜，太史官再拜。贊祇候，太史局官東出。次舍人揖樞密以下躬，舍人當殿，通某官姓名以下起居稱賀，轉身于班前，西向立，舍人贊再拜，樞密以下皆再拜，搢笏，舞蹈，三稱「萬歲」，又再拜。班首不離位，奏「聖躬萬福」，又再拜。舍人引班首出班，俛伏，跪，致詞，訖，俛伏，興，退，復位。舍人揖，躬贊再拜，樞密以下皆再拜，搢笏，舞蹈，三稱「萬歲」，又再拜。閤門官當殿北向承旨，退，西向，稱「有制」，樞密以下皆再拜，搢笏，舞蹈，三稱「萬歲」，又再拜。樞密直學士升殿侍立。並升西階。知客省事以下下殿，庭東侍立，餘官分班出。舍人、禮直官揖宰臣以下躬，舍人當殿，通文武百官宰臣姓名以下起居稱賀，三公通某官。舍人揖班首以下，横行，北向立，學士、待制、兩省官、將軍，仍舊相向立。稱賀一如上儀。唯典儀贊拜〔一〕，樞密詣御座前承旨，退，詣折檻東〔二〕，稱「有旨宣答」。賀訖，宰臣執政官升殿，東西相向立。宰相、執政官升東階，參知政事升西階。樞密直學士下殿，

〔一〕「贊」，諸本作「再」，據文獻通考卷七二校勘記改。
〔二〕「檻」，諸本作「横」，據文獻通考卷七二校勘記改。

餘官以次退。皇帝降座，鳴鞭，殿上侍立官以次退。

車駕還内

前期，儀鸞司設御幄于大慶殿門外，南向；太常設宫架于行宫南門外，稍南。其日，端誠殿受賀禮畢，所司轉仗衛鹵簿于還途，如來儀。文武百官、宗室、客使先詣行宫南門外就次以俟，立班奉迎。乘黄令進金輅于端誠殿門外，南向；千牛將軍一員執長刀立于輅前。有司進輿于齋殿，導駕官俱詣齋殿奉迎。禮部侍郎奏「請中嚴」，少頃，又奏「外辦」。簾捲，皇帝服通天冠、絳紗袍，乘輿以出，應導駕官等並迎駕，奏「聖躬萬福」。内祇應官贊謝再拜。太僕卿出詣金輅所，攝衣而升，正立執轡。皇帝乘輿，降自西階，至金輅所，侍中奏「請皇帝降輿，升輅」。有司仍具大輦。若乘輦，即奏云「降輿，乘輦」。太僕卿立授綏，千牛將軍馭駕，如來儀。參知政事奏「請車駕進發」，車駕動，稱警蹕，侍衛如儀。至侍臣上馬所，參知政事奏「請車駕少駐」，敕侍臣上馬。侍中前承旨，退稱曰：「制可。」參知政事傳制稱「侍臣上馬」，贊者承旨，傳敕侍臣上馬。參知政事奏「請車駕進發」，車駕動，稱警蹕，鼓吹及諸軍樂振作。車駕將至行宫南門外，文武百官、宗室、客使並立班，再拜奉迎。次大内留守見，再拜，訖，退。車駕至行宮南門外少駐，文武侍臣皆下馬步道，千牛將軍立于輅右。車駕動，千牛將軍夾輅而趍，樂正令奏采茨之樂，入門，樂止。車駕至御幄前，侍中奏「請皇帝降輅，乘輿」。若乘輦，即奏云「降輦，乘輿」。皇帝降輅，乘輿以入。禮部郎中奏「解嚴」，通事舍人承旨，敕群官各還次，將士各還其所。景靈宮、太廟儀注，各見本門。其後南郊行禮，並如儀。

麗正門肆赦 右前件郊祀儀注，自誓戒至車駕還內，見國朝會要，獨缺「肆赦」一條，故取中興禮志所述補之。然此乃臨安行都所行，非京師承平時舊制也。

前期，儀鸞司帥其屬張設麗正門之內外，又設御座于前楹當中，南面，又設御幄於後閤門，設赦書、儀物于御座之東，設制案等于門下東壁，又設雞竿于御街之東，稍北。太常設征鼓一于宮架之西，稍北，東向。刑部、大理寺、臨安府以囚徒集于仗後。質明，文德殿內侍催班，閤門引知閤門官以下、御帶環衛官以下，并主管大內公事、行宮使、御營巡檢及諸司祗應武功大夫以下一班〔二〕，面殿立；次引管軍殿下東壁，面西立。閤門進班齊牌，皇帝出宮，行門禁衛等迎駕，自奏「聖躬萬福」。皇帝坐，知閤門

〔二〕「主」，諸本作「諸」，據文獻通考卷七二改。

官以下、御帶環衛官以下、主管大内公事、行宫使、御營巡檢以下一班鬬班，奏「聖躬萬福」。次引管軍一班面殿，奏「聖躬萬福」。訖，並出殿，以俟導駕。御史臺、閤門、太常寺先引宰臣以下百僚，赴麗正門外，分東西相向立，班定。閤門提點引百僚，赴麗正門外東壁立，班定。皇帝自殿上乘輦出，樂人作樂，導引至南宫門外，俟皇帝升麗正門，樂止。引樞密使、中書令升門，于御座東，面西侍立；翰林學士升門，于御座西，面東侍立；主管大内公事、御帶環衛官門上西壁，面東侍立；知閤門官以下、管軍行宫使、御營巡檢門下東壁，面西侍立。至御幄，降輦，歸御幄。簾降，降，出赦書，閤門承接，繫于仙鶴童子上。門下進中嚴牌，次進外辦牌，並以紅絲引升門上，知閤門官跪授禮部侍郎，簾前進訖，歸位。簾捲，大樂正令撞黄鐘之鐘，右五鐘皆應，乾安之樂作。内侍索扇，扇合，皇帝臨軒坐，門下鳴鞭，樂作；簾内侍贊扇開，樂止。舍人、閤門提點等分引百僚以下横行，北向立，兩省官、宗室、遥郡以下依舊相向立。典儀贊拜，兩拜〔一〕，分班東西相向立。門下舍人詣樓前，北向立，門上中書令詣

〔一〕「拜」，原作「省」，據味經窩本、乾隆本、光緒本、文獻通考卷七二改。

御前承旨〔一〕，並太常寺祗應臨軒，稍東，西向立，宣「奉敕立金雞」。舍人應「喏」，趍至班南，北向，稍南，至班東，稱「奉敕立金雞」，宣付所司退，歸位。金雞初立，太常擊鼓，每擊鼓，投一杖，囚集，鼓聲止。初，宣立金雞，即擊鼓，立金雞訖，即止，更不投杖。門上降赦書〔二〕，門下閤門承接置案上，承受二人對捧于稍東，舍人搢笏，接捧案立，知閤門官于案南北向，虛揖，直身立。舍人捧案，至樓前班心，知閤門官北向，虛揖，直身立，稱「宣付門下省」，轉身稍西，東向立。引參知政事于案南，北向，搢笏，跪。閤門提點承受于案上，捧制書授參知政事，權與禮直官出笏，俛伏，興。舍人捧案，置于近東，歸本班，侍立。知閤門官退，歸侍立位。參知政事捧制書，北向，俛伏，跪，奏「請付外施行」，伏，興，且躬身。門上引中書令詣御前承旨，訖，西向，宣曰：「制可。」門下參知政事直身立，稱「宣付三省」，退，少西，東向立。引三省班首出班，相向立，各俛伏，跪，搢笏。參知政事捧制書以授三省班首，受訖，並出笏，俛伏，興，歸位，

〔一〕「門上」，諸本作「門下」，據文獻通考卷七二改。
〔二〕「門上」，諸本作「門下」，據文獻通考卷七二改，下一處「門上」同。

付舍人。舍人搢笏，跪接，訖，直身立，轉與閤門提點承受開拆，訖，却授舍人。舍人行至班心，近南，面西，折方，訖，北向立。知閤門官并捧制書，舍人于左省班後詣宣制位，起居郎或起居舍人一員指摘句讀，候旨，讀訖，却歸本班。舍人宣「有制」，典儀贊拜，百僚以下皆再拜。舍人宣至「咸赦除之」，獄吏奏「脱枷」；訖，應「喏」，三呼「萬歲」，奏「聖躬萬福」；訖，以罪人過。宣制書訖，門上舍人贊樞密使、中書令、翰林學士並賀兩拜，門上閤門官不拜。知閤門官并捧赦書，舍人歸侍立位，宣制舍人捧制書于三省班首前，東向立，搢笏，跪，以制書授三省班首。三省班首接，訖，舍人出笏，退歸侍立位。禮直官引刑部尚書于三省班首前，東向，搢笏，三省班首以制書授刑部尚書。刑部尚書受，訖，各出笏，刑部尚書興，以制書加于笏上，轉與刑房録事，訖，歸本班。舍人、閤門提點等分引百僚以下横行，北向立定；典儀贊拜，百僚以下皆再拜；訖，舍人引百僚出班，俛伏，跪致詞；訖，伏，興，歸位立。典儀贊拜〔一〕，百僚以下皆再拜，搢笏，舞蹈，三呼「萬歲」，又再拜。知閤門官于門下面北，躬承旨，退，稍東，西向

〔一〕「贊」，諸本作「再」，據文獻通考卷七二改。

立，稱「有制」，典儀贊拜，百僚以下皆再拜，起，躬身。知閤門官宣荅訖，歸侍立位。典儀贊拜，百僚以下皆再拜，搢笏，舞蹈，三呼「萬歲」，又再拜。舍人、閤門提點等分引百僚以下分東西相向立定〔一〕。門上禮直官引中書令詣御座前，奏「禮畢」，歸位。內侍索扇，扇合，大樂正令撞蕤賓之鐘，左五鐘皆應，乾安之樂作，簾降，皇帝起，還幄，樂止。門下鳴鞭，舍人北向，躬承旨，四色官應「喏」，舍人稱「奉敕放仗」，百僚以下再拜，退。舍人宣勞將士，訖，退。皇帝乘輦降門，作樂，導引至文德殿，至殿上降輦，樂止。

建炎以來朝野雜記：自元豐分南北郊，至政和乃克行之。建炎二年，上祀圜丘，獨祭上帝而配以太祖，用元豐禮也。紹興十三年郊祀，始設大神、大示及太祖、太宗配位，自天地至從祀百神凡七百七十有一，蓋元祐禮云。

宋史高宗本紀：紹興十六年十一月丙子，合祀天地于圜丘，大赦。十九年十一月壬辰，合祀天地于圜丘，大赦。二十二年十一月戊申，合祀天地于圜丘，大赦。

〔一〕「立」，諸本作「並」，據文獻通考卷七二改。

二十五年十一月癸亥，合祀天地于圜丘，大赦。　二十八年十一月己卯，合祀天地于圜丘，大赦。

樂志：紹興十三年，初舉郊祀，命學士院製宮廟朝獻及圜壇行禮、登門肆赦樂章，凡五十有八。至二十八年，以臣僚有請改定，于是御製樂章十有三及徽宗元御製仁宗廟樂章一，共十有四篇。餘則分命大臣與兩制儒館之士一新撰述，并懿節别廟樂曲，凡七十有四，俱彙見焉。其祀圜丘：

皇帝入中壝，乾安　帝出于震，巽惟齊明。律曰姑洗，以示潔清。我交于神，蠲意必精。既盥而往，祈鑒斯誠。

降神，景安　陽動黄宫，日旋南極。天門蕩蕩，百神受職。爰熙紫壇，煟黄殊色。神哉沛來，蓋親有德。

盥洗，乾安　帝顧明德，監于克誠。齋戒滌濯，式示潔清。郊丘合祛，享意必精。既盥而薦，熙事備成。

升壇，乾安　帝臨崇壇，媪神其從。稽古合祛，並侑神宗。升階奠玉，誠意感通。貺施鼎來，受福無窮。

昊天上帝位奠玉幣，嘉安御製。　上穹昊天，日星垂曜。照臨下土，王國是保。
維玉與帛，寅恭昭報。永左右之，欽若至道。
皇地祇位奠玉幣，嘉安御製。　至哉坤厚，隤然止靜。柔載動植，資始成性。玉
光幣色，燦若其映。式恭禋祀，有邦之慶。
太祖皇帝位奠玉幣，廣安御製。　明明翼祖，並侑泰壇。肇造綿宇，王業孔艱。
表正封略，上際下蟠。躬以大報，亦止于燔。
太宗皇帝位奠玉幣，化安御製。　赫赫巍巍，及時純熙。昊天成命，后則受之。
登邁邃古，光被聲詩。有幣陟配，孫謀所貽。
降壇，乾安　躬展盛儀，天步逡巡。樂備禮交，嘉玉既陳。神方安坐，薦祉紛
綸。陟降有容，皇心載勤。
還位，乾安　克昭王業，命成昊天。泰時禋燎，八陛惟圓。肅然威儀，登降周
旋。是謂精享，神監吉蠲。
奉俎，豐安　至大惟天，云何稱德！展誠致薦，牲用博碩。誠以牲寓，帝歆誠
格。居歆降祥，時萬時億。

再詣盥洗，乾安　帝出乎震，巽惟潔齊。神明其德，迺稱禋柴。惟兹吉蠲，昭事聿懷。重盥而祀，敷錫孔皆。

再升壇與初升同，惟易奠玉作奠酌。

昊天上帝位酌獻，禧安御製。　諴款壇陛，祇祀泰禋。丘圓自然，可格至神。桂尊登酌，嘉薦方新。靡福菲眇，敷佑下民。

皇地祇位酌獻，光安御製。　厚德光大，承元之明。兹潛莩吹〔一〕，升于昭清。冰天桂海，咸資化成。恭酌彝醪，報本惟精。

太祖皇帝位酌獻，彰安御製。　於赫皇祖，創業立極。肅肅靈命，蕩蕩休德。嘉觴精潔，雅奏金石。丕顯神謨，惟後之則。

太宗皇帝位酌獻，韶安御製。　丕鑠帝宗，復受天命。群陰猶黷，一戎大定。奠卺斯馨，功歌在詠。佑啓後人，文軌丕正。

還位，乾安　肆類上帝，懷柔百神。稾秸既設，珪幣既陳。精誠潛交，已事而

〔一〕「莩」，諸本作「蕚」，據宋史樂志七改。

竣。佑我億載，基圖日新。

入小次，乾安　恭展美報，聿修上儀。禮樂和節，登降適宜。德焉斯親，神靡不娭。海内承福，式固邦基。

文舞退，武舞進，正安　泰元尊臨，富媪繁祉。於皇祖宗，既昭格止。奏舞象功，靈其有喜。永言孝思，盡善盡美。

亞獻，正安　陽丘其高，神祇並位。既奠厥玉，既奉厥醴。亦有嘉德，克相毖祀。旨酒載酌，以成熙事。終獻同上，易「再酌」爲「三酌」。

出小次位，乾安　爰熙紫壇，天地並貺。來燕來寧，畢陳鬱鬯。承神至尊，精意所鄉。告靈饗矣，祉福其暢。

詣飲福位，乾安　帝臨崇壇，媪神其從。祖宗並歆，福禄攸同。兵寢刑措，時和歲豐。其膺受之，將施無窮。降壇同上，易「將」作「以」。

飲福，禧安　八音克諧，降神出祇。風馬雲車，陟降在兹。錫我純嘏，我應受之。一人有慶，燕及群黎。

還位，乾安　帝出于震，孝奏上儀。燔燎羶薌，神徠燕娭。肅若舊典，罔或不祇。既右饗之，翕受蕃釐。

徹豆，熙安　燎薌既升，炳膋以潔。于豆于登，君蒿有飶。紫幄熉黄，神其安悦。將以慶成，薄言盍徹。

送神，景安　九霄眇邈，神不可求。何以降之？監德之修。三獻備成，神不可留。何以送之？保天之休。

望燎，乾安　謂天蓋高，陽嘘而生。日月列宿，皆天之神。肆求厥類，與陽俱升。視燎于壇，以終其勤。

望瘞，乾安　謂地蓋厚，陰翕而成。社稷群望，皆地之靈。肆求厥類，與陰俱凝。視瘞于坎，以終其勤。

還大次，乾安　舞具八佾，樂備六成。大矣孝熙，厲志專精。已事而竣，回軫還衡。我應受之，以莫不增。

還内，采茨　五輅鳴鑾，八神警蹕。天官景從，莫不祇栗。祲威盛容，昭哉祖述。祚我無疆，叶氣充溢。

蕙田案：三十一年當郊，以金人渝盟而闕。

五禮通考卷十六

吉禮十六

圜丘祀天

宋郊禮

宋史孝宗本紀：隆興二年二月丙子，詔減文武官及百司吏郊賜之半。七月庚子，詔内外文武官年七十不請致仕者，遇郊毋得蔭補。十一月戊子，以金人侵擾，詔郊祀改用明年。十二月戊子，詔郊祀大禮遵至道典故，改用來年正月一日上辛。

文獻通考：孝宗隆興二年，詔今歲冬至日當郊見上帝，可令有司除事神儀物、諸軍賞給依舊制外，其乘輿服御及中外之費並從省約。

太常少卿洪适言：「陛下盛德重華，度越古昔，初講郊禋之禮，宜進胙慈闈，並受帝祉。乞下有司草具儀注進呈。」從之。

禮部、太常寺具上儀注　郊祀獻禮畢，皇帝將詣飲福位次，贊者引光禄卿詣南壝門外幕次，易常服。次帥執事者入詣進胙幄内，以所進胙設于腰輿匣内。胙以牛脭體肩三、臂二、臑二。次輦官擎腰輿進行，光禄卿從至端誠殿上，以腰輿隨地之宜置定，輦官權于殿下立。光禄卿以胙授進胙官，進胙官受，訖，光禄卿以下先退。次進胙官帥捧擎人擎腰輿入詣齋殿前，以腰輿望德壽宫設定，執事内侍鋪設褥位于其後，以俟皇帝還齋殿，服履袍。訖，内侍官前導，詣褥位，執事内侍啓匣蓋，内侍官奏「請皇帝稍前，躬視」。訖，復位。執事内侍封鏁匣，訖，奏「請拜」，皇帝再拜。訖，掌表内侍以表授進胙官，進胙官受表。訖，皇帝還齋殿。次進胙官帥捧擎人擎腰輿以出，至端誠殿上權置定，輦官升殿，捧擎降殿進行。親從官援衛至奉禋門外，進胙官騎從至德壽宫門外，進胙官下馬後，從以入，至殿下置定，以表并胙授德壽宫提舉官供進，訖，進胙官以下乃退。自後遇郊，並如上儀。

建炎以來朝野雜記：隆興二年，孝宗初行大禮時，湯慶公思退爲左相。上問：「郊與明堂之費如何？」户部尚書韓仲通曰：「郊之費倍於明堂。」侍郎錢端禮言〔一〕：「不過增二十萬，若從祖宗故事，一切從儉，自宜大有減省。」上以爲然，乃詔除賞軍、事神外，並從省約。其秋，金虜入寇，遂以明年正月辛亥朔旦行之。上自宮徂郊，乘玉輅，用鹵簿之半。禮畢，乘平輦而歸。乾道三年再郊，始復備五輅，歸用大安輦焉。

宋史孝宗本紀：乾道元年春正月辛亥朔，合祀天地于圜丘，大赦，改元。

禮志：孝宗隆興二年，詔曰：「朕恭覽國史，太祖乾德詔書有云『務從省約，無至勞煩』。仰見事天之誠，愛民之仁，所以垂萬世之統者在是。今歲郊見，可令有司，除禮物、軍賞，其餘並從省約。」初降詔以十一月行事，以冬至適在晦日，以至道典故，改用獻歲上辛，遂改來年元爲乾道。乃以正月一日有事南郊，禮成，進胙于德壽宮，以牛腥體肩三、臂二、臑二。導駕官自端誠殿簪花從駕至德壽宮上壽，飲福稱賀，陳設儀注，並同上壽禮。皇帝致詞曰：「皇帝臣某言：享帝合宫，受天純嘏，臣某與百僚不

〔一〕「錢端禮」，諸本作「錢靖禮」，據建炎以來朝野雜記甲集卷二改。

勝大慶，謹上千萬歲壽。」自後郊祀、明堂進胙飲福，並如上儀。

宗室傳令詪：隆興初，除同知大宗正事，奏減郊祀賞給，以助軍興。詔褒之。

孝宗本紀：乾道三年十一月丙寅，合祀天地于圜丘，大赦。

李燾傳：會慶節上壽，在郊禮散齋内，議權作樂，燾言：「漢、唐祀天地，散齋四日，致齋三日，建隆初郊亦然。自崇寧、大觀法周禮祭天地，故前十日受誓戒。今既合祭，宜復漢、唐及建隆舊制，庶幾兩得。」

六年十一月壬午，合祀天地于圜丘，大赦。

蕙田案：宋世例三年一郊，此蓋以元年、四年兩祭各後一年，故此復先一年，以正其期也。

九年十一月戊戌，合祀天地于圜丘，大赦。改明年爲淳熙元年。

淳熙三年十一月癸丑，合祀天地于圜丘，大赦。十二年十一月辛丑，合祀天地于圜丘，大赦。

蕙田案：此祭之前缺二祭。

林栗傳：冬至，有事南郊，前期十日，百執事聽誓戒；會慶節，有旨上壽不用樂，迨宴金使，乃有權用樂之命。栗以爲不可，致書宰相，不聽，乃乞免充舉册官，以狀申朝廷曰：「若聽樂則廢齋，廢齋則不敢以祭。祖宗二百年事天之禮，今因一介行人而廢之。天之可畏，過於外夷遠矣。」不聽。

趙雄傳：金使入辭，故事當用樂，雄奏：「卜郊有日，天子方齋，樂不可用。」上難之，遣中使諭雄，雄奏：「金使必不敢不順，即有他，臣得引與就館。」上大喜。

蕙田案：二傳文不知的在何年，總是孝宗時事，故列于此，意即一事而兩人各言之耳。

光宗本紀：紹熙二年十一月壬申，合祭天地于圜丘，以太祖、太宗配，大風雨，不成禮而罷。

禮志：紹熙二年十一月郊，以值雨，行禮於望祭殿。

寧宗本紀：紹熙五年七月即位。九月辛未，合祭天地于圜丘，大赦。

慶元三年十一月甲辰，祀天地于圜丘，大赦。

嘉泰三年九月，詔南郊加祀感生帝，太子、庶子星，宋星。十一月乙亥，祀天地于圜丘，大赦。

四年九月，得四圭有邸玉一，詔藏于太常。

文獻通考：寧宗嘉泰三年，祕書省言：「看詳福州進士張容圖繳進南郊辨駁册内太子、庶子之星，以謂皇儲未慶，理宜加祀，并宋星乃國朝受命之符、興王之地，及感生帝，本朝係火德，尤宜遵崇，乞並特加祀于圜丘。容圖所陳數事，實關國體，辭理可採，乞下禮寺施行。」從之。

五年，臣僚言：「伏睹郊禋在即，陛下祗奉神示，其純誠固有以昭格矣，而躬行盛德，又自足以上當天心，不唯致敬於練日告虔之時也。然臣以爲，一人致其精一於上，必百官有司駿奔無射而不懈於下，斯可以咸助聖德而潛通於昒冥，自然神示降格而福禄之來下也。周頌有曰：『濟濟多士，秉文之德，對越在天。』春秋傳曰：『有司一人，不備其職，不可以祭。祭者，薦其敬也，薦其美也。』臣請得而詳陳之。『商人尚聲，臭味未成，滌蕩其聲，樂三闋，然後出迎牲，聲音之號，所以詔告於天地之間也。』此祭宗廟之文也。而周家祀天、祭地，奏黃鍾，歌大呂，奏太蔟，歌應鍾，其爲詔告於天地之間則一也。樂工瞽師，蓋聲音之所自出。今登歌之樂，列於壇上，簉于上龕，蓋上帝、地祇、太祖、太宗並侑之側也。而宮架之樂，列于午陛之下，則百神之所同聽也。夫樂，莫尚於和平，以平時群祀言之，絲竹管絃，類有斷闋，未知今復何似戛擊搏拊？鼓吹佾舞之工，蓋數百人，寠人賤工，安能蠲潔？而無請繫名之人，亦與其間，垢穢擾雜，殆不可辨，此不可不嚴者一也。『周人尚臭，灌用鬱鬯，臭陰達于淵泉，灌以圭璋，用玉氣也。既灌然後迎牲，蕭合黍稷，臭陽達于牆屋，故既奠然後焫蕭合羶薌。』此祭宗廟之文也。而大雅所言『卬盛于豆，于豆于登，其香始升。上帝居歆，胡臭亶時』，毛氏曰：『木曰豆，瓦曰登。豆薦菹醢也。登，大羹也。』其求乎神之義則一也。今自圜壇之上，暨于層龕之相承，位列甚衆，所謂籩、豆、簠、簋、登、鉶、罇、俎之實，内唯牲牢，至期宰擊。餘如膴、鮑魚、鱐，與夫兔、雁、鱻、蚳之醢，麋鹿之臡，其類甚不一也，皆各司之所預造也。餌、餈、酏、糝、黍、稷、稻、粱之食，芹、筍之菹，亦不一也，則皆神厨至期之所造也。竊聞預造者，先後遲速，或不能指措日分，至有色惡、臭惡之慮。而先期呈饌之時，或兩辰浹，無乃太早，而所供之物，或不可用。如醢臡之屬，覆之瓦甌，無復再察，其可改換者，未見倉卒而無復可察者，不可得而措手矣。蓋呈饌出于一時頃刻之間，而預造之司吏卒，習于鹵莽之素，而有司掌之者，不過一巡視之而已。百司狃于文具，至於事神，亦復無忌，以至酒齊之設，凡有數等，京尹之司不過委之右選趨走之人，其爲醇醨，既不可品嘗，其不中度者甚多也。氣臭之不嚴如此，豈復有馨香之上達也哉？矧又有最甚者，名爲供官，殆百餘人。祭之日，凡籩、豆、簠、簋、登、鉶、罇、俎之屬滌濯者，此曹也；籩、豆、簠、簋、登、鉶、罇、俎之實鋪設者，亦此曹也。滌濯固已鹵莽，而夜半設實於器，皆其手所敷頓，豈但蕡蓤乾物之類，而醢醓、餌飽、腥熟、酒齊之屬，亦皆出于其手之所置。竊聞此曹繫籍奉常，平時所給微甚，藍縷垢穢，殆不可近。而況執事之夕，又復無所止宿，半夜而興，靧面濯手，皆所不及也，僅有漫漶之服，以蒙其外，而可使之供祭實乎？至若贊引之人，亦百餘輩，進退于神位、儀物之間，上焉則切近于至尊，次焉則隨逐於禮官，平時亦皆供官之類耳。以垢汙之人而蒙之以漫漶之服，是皆不可進退于神位、儀物之間者也，此不可不嚴者二也。昔魯人之祭也，日不足，繼之以燭。雖有彊力之容，肅敬之心，皆倦怠矣，有司跛倚則爲不敬之大。今圜丘一龕之位，通二龕三龕至壝埒之内外，爲位者八百。分獻之官、贊禮之人，不能審候壇上疾徐之節，但欲速于竣事。獻官既多，而禮生率常抽差六部寺監帥漕之貼吏爲之，既不閑習于禮，而贊引捷給、獻官跪拜、俛興、酌奠皆不及于禮。端行無有，而并行如奔，其爲怠慢甚矣，此不可不嚴者三也。夫三説如此，正合汲汲求所以整齊之。臣愚以爲天下之事，一則治，散則偷，久則專，暫則怱。今郊禋大禮，其百司所供之物、所造之物，各有攸司，固不可不分任之也。而提綱總要，當出于一，不然，則禁之徒峻，察之徒苛，而下之便文逃責，終不可得而究也。奉常爲九卿之長，蓋統攝齊一之所自出，況今郊禋大禮，實又奉常之所掌乎！臣前所陳登歌宮架之工，奉常固自有籍矣，其有請者若干人，而尚不足用，則未免以無請寄名者足之。今名爲色長者，當考見絲竹管絃有無斷闕，速行修補，仍必拘集群工，洗沐澣濯，存其衣裝之可者，其有不整之人，責限令其措辦可也。今雖有澣濯之令，而莫之遵奉也，若其供官、贊引之人，垢弊已甚，又非樂工之比，乞從御史臺行下奉常，于一行人點名之外，更加逐一檢察，合用若干人。除其間稍可備數之人，自餘垢弊已甚、必不可責其自辦者，令奉常具申朝廷，行下外祗備庫，將先來檢計退下漫漶舊弊之物，置造衲衣，一褐一褲，先期發下，奉常見名責領。色長至期盡去其垢弊之衣，而外襲之以法服，表裏咸潔，可以執事于籩、豆、簠、簋、登、鉶、罇、俎之間，而親近于崇嚴清肅之地矣。若夫一行合干等人，名數猥衆，乞下臨安府，令于便近慈雲等處關報居民，灑掃爲備。先期一夕，令執色之人，分就民居止宿。夜半而興，各靧面濯手、整束衣服，以趨祭所。仍周環壇下，約每十數步爲置一盥帨，俾供官、禮生等人必先盥帨而後升壇所。是半夜鋪設，亦乞于分獻官差劄内就令分頭躬親同供官逐位鋪設，務令極其嚴潔，一一如法。所設神厨，雖已差官監造，亦必奉常譏察之，仍乞下臨安府大禮酒庫，專差文官監造，而預造之厨，從所司亟撥人員，徑過奉常躬親監造可也。雖然，今奉常之官，朝廷分遣，專一周旋檢察，如升歌宫架之工、預造近造之厨、府屬所造之齊、供官贊引之役，察之必周，令之必嚴，皆歸于奉常，而不至於散漫苟且而無及于事也。彼分獻、贊引之人，必令詳緩如禮，亦從御史臺行下約束。夫以郊禋大禮，竊聞鉅費至數百萬，而四方之犒費不與焉，皆非切於事神也。而聲音氣臭之用，莫嚴於圜丘一處耳。若夫先二日之朝獻，先一日之朝享，其聲音氣臭之用，則同出乎此也。臣前所陳弊害非一，此而不嚴，則鉅費數百萬，皆所謂不揣其本而齊其末也。臣觀士庶之家，或延緇黄設禱祠，主人齋戒於家，而僮僕莫不知懼於下，庖厨者屏氣不息，守護者呵禁甚虔。仰唯萬乘之尊，郊禋大禮，赫臨在下，陛下嚴恭寅畏，無一息之少間，而又臨之以五使之重，兢兢謹飭，而百官有司，顧循習舊弊，不能凛然上承九重之意，其可不亟正之，以對越天地、祖宗之威靈？」從之。

宋史寧宗本紀：嘉定五年十一月壬戌，祀天地于圜丘，大赦。

樂志：寧宗郊祀二十九首：

皇帝入中壝，乾安　合祀丘澤，登侑祖宗。顧諟惟精，靈承惟恭。有嚴皇儀，有莊帝容。監于克誠，肅肅雍雍。

降神，景安，圜鐘爲宫　天門蕩蕩，雲車陰陰。百神咸秩，三靈顧歆。神哉來娭，神哉溥臨。饗時宋德，翼翼小心。

黄鍾爲角　華蓋既動，紫微洞開。星樞周旋，日車徘徊。靈兮顧佑〔一〕，靈兮沛來。載燕載娭，式時壇垓。

太蔟爲徵　泰尊媪鼇，祖功宗德。辰躔陪營，嶽瀆受職。神哉來下，神哉來格。饗德惟馨，留虞嘉席。

〔一〕「佑」，諸本作「佐」，據宋史樂志七改。

姑洗爲羽　金石宣昭，羽旄紛綸。潔火夕照〔一〕，明水夜陳。娭哉惟靈，娭哉惟神。風馬招摇，惟德之親。

皇帝盥洗，乾安　皇帝儉勤，盥用陶瓦。禮神頌祇，奠幣獻斝。月鑑陰肅，醴液融冶。挹彼注兹，禮無違者。

升壇，乾安　崇臺穹窿，高靈下墮。慶陰彷彿，從坐嶪峨。宵昇于丘，時通權火。維天之命，百禄是荷。

降壇　帝饗于郊，一精二純。紫觚陟降，嘉玉妥陳。神方留娭，瑞貺紛綸。申錫無疆，𩑶斯振振。

還位　肅肅禮度，娟娟宫奏。天行徐謐，皇儀昭懋。光連重璧，物備簠豆。於皇以饗，無聲無臭。

尚書奉俎　列俎孔陳，嘉籩維實。鼎湛陽燧，玉流星液。我牲既碩〔二〕，我薦既

〔一〕「照」，諸本作「昭」，據宋史樂志七改。
〔二〕「牲」，諸本作「柱」，據宋史樂志七改。

苾。神監下昭，安坐翔吉。

再詣盥洗　帝登初觴，禮嚴再盥。精明顯昭，齊顒洞貫。靈娭留俞，神光炳煥。秋宗受福〔一〕，永壽於萬。

再升壇　紫壇嶽立，神光夜燭。有儼旒采，有鸞佩玉。霄垠顧佑，祖宗熙穆。對越不忘，俾爾戩穀。

降壇，乾安　天容澄謐，景氣宴和。贊斝薦醇，鋗璆叶歌。帝降庭止，夜其如何？神助之休，宜爾衆多。

還位，乾安　甘露流英，卿雲舒采。靈俞有喜，神光晻曖。穆穆來莅，洋洋如在。帝用居歆，澤及四海。

入小次，乾安　聽惟饗德，監惟棐忱。顧諟思明，靈承思欽。永言端莅，肅對下臨。上帝是皇，母貳爾心。

文舞退，武舞進，正安　羽籥陳容，干戚按節。德閑而泰，功勞而決。虞我神

〔一〕「秋宗」，宋史樂志七作「我宋」。

祇，揚我謨烈。盡美盡善，福流有截。

亞獻，正安　帝臨中壇，神從八陛。華玉展瑞，明馨薦醴。亦有嘉德，克相盛禮。獻茲重觴，降福瀰瀰。

終獻，正安　敬事天地，升侑祖宗。陳盥于三，介觴之重。秉德翼翼，有來雍雍。相于祀事，福嘏日溶。

出小次，乾安　孝奏展成，熙儀畢薦。光流桂俎，祥衍椒奠。風管晨凝，雲容天轉。拜貺于郊，右序詒燕。

詣飲福位，乾安　所饗惟清，所欽惟馨。靈喜留俞，天景窈冥。福禄來成，福禄來寧。皇用時斂，壽我慈庭。

飲福，禧安　瓚斝觩觩，觥罍氤氳。有醴惟香，有酒惟欣。肸蠁豐融，懿懿芬芬。我龍受之，如川如雲。

降壇，乾安　天錫多祉，皇受五福。言瞻瑶壇，迄奉瑄玉。昭星炳燿，元氣回復。帝儀載旋，有嘉穆穆。

還位，乾安　璇圖天深，鼎文日輝。慶流皇家，象炳紫微。乾回冕旒，雲煥袞衣。何千萬年，式于九圍。

尚書徹豆，熙安　䕠豆既升，簠簋既登。禮備俎實，饗貴牲烝。時乃告徹，器用畢興。祚我皇基，介福是膺。

送神，景安　神輔有德，來燕來娭。禮薦熙成，三靈逆釐。神饗有道，言旋言歸。福祉咸蒙，百世本支。

詣望燎位，乾安　莫神乎天，陽噓而生。日月星辰，皆乾之精。肆求厥類，與陽俱升。眂燎于壇，展也大成。

詣望瘞位，乾安　地載萬物，陰翕而成。山嶽河瀆，皆坤之靈。克肖其象，與陰俱凝。眂瘞于坎，思求厥成。

還大次，乾安　福方流胙，祈方欽柴。鹵簿載肅，球架允諧。帝祉具臨，皇靈允懷。端御于次，降福孔皆。

還内，乾安　八神呵蹕，千官景從。回軫還衡，寢威盛容。妥飾芝鳳，御朝雲龍。歸壽慈闈，敷時民雍。

理宗本紀：寶慶三年十一月辛巳，日南至，郊，大赦。改明年爲紹定元年。

王圻續通考：理宗寶慶三年，詔今歲郊祀大禮，令有司除事神儀物、諸軍賞給依舊制外，其乘輿服御及中外支費皆從省約。是年十一月辛巳，日南至，祀天地于圜丘。

宋史禮志：理宗四十一年，一郊而已。

度宗本紀：咸淳二年秋七月壬辰，詔以來年正月一日郊。

禮志：度宗咸淳二年，權工部尚書趙汝暨等奏：「今歲大禮，正在先帝大祥之後，臣等竊惟帝王受命，郊見天地，不可緩也。古者有改元即郊，不用前郊三年爲計。況今適在當郊之歲，既踰大祥之期，圜丘之祀，豈容不舉？」於是降札，以十一月十七日款謁南郊，適太史院言：「十六日太陰交蝕。」遂改來年正月一日南郊行禮。太常寺言：「皇帝既已從吉，請依儀用樂。其十二月二十九日朝獻景靈宫，三十日朝享太廟，尚在禫制之内，所有迎神、奠幣、酌獻、送神作樂外，其盥洗升降行步等樂，備而不作。」度宗咸淳二年，將舉郊祀，時復議以高宗參配。吏部侍郎兼中書門下省檢正洪燾等議，以爲：「物無二本，事無二初，舜之郊嚳，商之郊契，周郊后稷，皆所以推原其始也。禮者，所以别等差，視儀則，遠而尊者配於郊，近而親者配於明堂，明有等也。

臣等謂宜如紹興故事，奉太宗配，將來明堂遵用先皇帝彝典，以高宗參侑，庶於報本之禮、奉先之孝，爲兩盡其至。」詔恭依。

度宗本紀：咸淳三年正月己丑朔，郊，大赦。

王圻續通考：六年孟夏，祀上帝于圜丘。

蕙田案：本紀不載此祭，王氏當别有所考。

周密南渡宮禁典儀：三歲一郊，預於元日降詔，以冬至有事于南郊，或用次年元日行事。先於五六月内擇日，命漕帥及修内司修飾郊壇及絞縛青城齋殿等屋凡數百間，悉覆以葦席，護以青布。并差官兵修築泥路，自太廟至太禋門，又自嘉會門至麗正門，計九里三百二十步，皆以潮沙填築，其平如席，以便五輅之往來。每隊各有歌頭，以綵旗爲號，唱和杵歌等曲以相。兩街居民，各以綵段錢酒爲犒。又命象院教象前導朱旗，以二金三鼓爲節，各有幞頭紫衣蠻奴乘之。手執短钁，旋轉跪起，悉如人意。又以車五乘，壓之以鐵，多至萬觔，與輅輕重適等，以觀疾徐傾側之勢。至前一月進呈，謂之閃試。及駕出前一日，縛大綵屋於太廟前，置輅其中，許都人觀瞻。先是自前一月以來，次第按試習儀，殆無虚日。郊前十日，執事、陪祀等官並受誓戒於尚書省。前三日，百官奏「請皇帝致齋於大慶殿」。是日，上服通天冠、絳紗袍、綪結佩，升高座。侍中奏「請降座，就齋室」。次日，車駕詣景靈宮，服衮冕行禮。禮畢，駕回，就赴太廟齋殿宿。是夕四鼓，上服衮冕，詣祖宗諸室，行朝饗之禮。是夜，鹵簿儀仗軍兵於御路兩傍分列，間以粈盆蕡燭，自太廟直至郊壇泰禋門，輝映如晝。宰執親王，貴家巨室，列幕櫛比，皆不遠千里，不憚重費，預定於數月之前，而至期猶有爲有力所奪者。珠翠錦繡，絢爛於二十里間。歌舞遊遨，工藝百物，輻輳爭售，通宵駢闐。至五更，則爆稍先驅，所至皆滅燈火，蓋清道祓除之義。黎明，上御玉輅，從以四輅，導以馴象。千官百司、法駕儀仗、錦繡雜遝，蓋十倍孟饗之數，聲容文物，不可盡述。次第出嘉會門。至青城宿齋，四壁皆三衙諸軍，周廬坐甲，軍幕旌旗，布列前後，傳呼唱號，列燭互巡，往來如織。行宫至暮則嚴更警愓，鼓角轟振，又有衛士十餘隊，每隊十餘人，互相唱探。至三鼓，執事、陪祀官並入，就黄壇排立，萬燈輝耀，粲若列星。凡齪燈皆自爲誌號，如捧俎官，則畫一人爲捧俎之狀。用丑時一刻行事，至期，上服通天冠、絳紗袍，乘輦，至大次。禮部侍郎奏「中嚴，外辦」。禮儀使奏「請皇帝行事」。上服衮冕，步至小次，升自午階，天步所臨，皆藉以黄羅，謂之黄道。中貴一人，以大合貯片腦迎前撒之。禮儀使前導，殿中監進大圭。至版位，禮直官奏「有司謹具，請行事」。時壝壇内外，凡數萬衆，皆肅然無譁。天風時送佩環韶、濩之音，真如九天吹下也。太社令升煙，燔牲首，上詣昊天位，次皇地祇，次祖宗位，奠玉、祭酒、讀册，文武二舞，次亞終獻。行禮畢，上詣飲福位，爵飲福酒。禮直官唱「賜胙」，次送神，次望燎，訖，禮儀使奏「禮畢」。上還大次，更衣，乘輦還齊宫，百僚追班，賀禮成於端誠殿。黎明，上乘大安輦，從以五輅進發，教坊排立，奏致語口號，訖，樂作。諸軍隊伍，亦次第鼓吹振作，千乘萬騎，迤邐入麗正門，教坊排立，再奏致語口號。舞畢，降輦小憩，以俟辦嚴，登門肆赦。弁陽老人有詩云：「黄道宫羅瑞腦香，衮龍升降佩鏘鏘。大安輦奏乾安曲，萬點明星簇紫皇。」又曰：「萬騎雲從簇錦圍，内官排立馬如飛。九重閶闔開清曉，太母登樓望駕歸。」李鶴田詩云：「嚴更頻報夜何其，萬甲聲傳遠近隨。梔子燈前紅炯炯，大安輦上赴壇時。」郊壇，天盤至地高三丈二尺四寸，通七十二級，分四成。上廣七丈，共十二階，分三十六龕。午階闊一丈，主上升降由此階，其餘各闊五尺。圜丘之上，止設昊天上帝、皇地祇二神位及太祖、太宗配天十六龕，共祀五帝、太一、感生、北極、北斗及分祀衆星三百六十位。儀仗用六千八百八十九人，自太廟排列至青城，玉輅下祗應人共三百二十一人，呵喝人員二人，教馬官二人，挾捧輪將軍四人，推輪車子官健八人，駕士班直二百三十二人，千牛衛將軍二員，抱太常龍旗官六員，職掌五人，專知官一名，手分一名，庫子八人，裝掛匠二人，諸作工匠十五人，蓋覆儀鑾司十一人，監官三員。金、象、革、木輅，每輅下一百五十六人，玉輅青飾，金輅黄飾，象輅紅飾，革輅淺色飾，木輅黑飾。輅下有人，冠服並依輅色，玉輅前儀仗騎導，騎導官，左壁文臣，右壁武臣。六軍儀仗官兵二千二百三十二人，左右諸將軍十三員，中道五員，左右八員，金吾街仗司執䂍稍八十人，攝將軍八員，仗下監門二十六員，鼓吹五百八十三人，導駕樂人三百三十人。大禮後，擇日行恭謝禮。第一日，駕出如四孟儀，詣景靈宫、天興殿聖祖前，行恭謝禮。次詣中殿祖宗神御前行禮，還齋殿，進膳。訖，引宰臣以下賜茶，茶畢還内。第二日，上乘輦，自後殿門出，教坊都管已下於祥曦殿南迎駕起居，參軍色念致語，雜劇色念口號，樂作，駕後樂東西班則于和寧門外排列，後從作樂。將至太一宫，道士率衆執威儀于萬壽觀前，入園子内迎駕起居，作法事，前導入太一宫門降輦，候班齊詣靈休殿參神，次詣五福、十神、太一，次詣申佑殿，本命北辰殿、通真殿，佑聖順福殿，太后本命延壽殿、南極火德殿。禮畢，宣宰臣已下合赴坐官並簪花，對御賜宴，上服幞頭，紅上蓋，玉束帶，不簪花，教坊樂作。前三盞用盤盞，後二盞屈巵。御筵畢，百官侍衛吏卒等並賜簪花從駕，縷翠滴金，各競華麗，望之如錦繡。衙前樂都管已下三百人，自新椿橋西中道排立迎駕，念致語、口號如前。樂動滿路花，至殿門，起壽同天曲破，舞畢，退。姜白石有詩云：「六軍文武浩如雲，花簇頭冠樣樣新。惟有至尊渾不戴，盡將春色賜群臣。」「萬數簪花滿御街，聖人先自景靈回。不知後面花多少，但見紅雲冉冉來。」

蕙田案：郊天大祀，君若臣惟有嚴恭寅畏，肅清將事，以交神明，且歲歲行之，乃有國之常典，無他奇也。自後世不復常行，郊禮遂有赦賚之舉，相沿既久，繁費滋多，至使郊禮難行，其失已大矣。乃更務爲紛華，珠玉錦繡，絢爛數十里，士女遊遨，夜以繼日。非特慢神褻神，弗克致享，勢已偏安，驕汰至是，國事遂不可爲矣。備附于此，以爲後世鑒。

右宋郊禮

五禮通考卷十七

吉禮十七

圜丘祀天

遼祭山禮

遼史太祖本紀：七年五月丙寅，至庫里，以青牛白馬祭天地。十一月，祠木葉山。還次昭烏山，定吉凶儀。十二月戊子，燔柴于蓮花濼。

天贊四年閏十二月壬辰，祠木葉山。

太宗本紀：天顯四年九月戊寅，祠木葉山。六年五月乙丑，祠木葉山。七年正月戊申，祠木葉山。　九年二月壬申，祠木葉山。　十二年十二月甲申，祠木葉山。

會同八年十月辛未，祠木葉山。

穆宗本紀：應曆十二年六月甲午，祠木葉山及潢河。

景宗本紀：保寧元年十一月甲辰朔，祠木葉山。　三年四月己卯，祠木葉山。

七年正月壬寅，望祠木葉山。　四月己酉，祠木葉山。　九年十一月癸卯，祠木葉山。

聖宗本紀：統和二年五月乙卯，祠木葉山。　三年四月乙亥朔，祠木葉山。　七年三月壬午朔，遣使祭木葉山。　十六年五月丁卯，祠木葉山。　二十六年四月辛卯朔，祠木葉山。

開泰元年正月丙戌，望祠木葉山。　六年五月乙卯，祠木葉山。

興宗本紀：重熙十四年十月甲子，望祠木葉山。　十六年十一月戊寅，祠木葉山。

道宗本紀：咸雍十年九月癸亥，祠木葉山。

太康六年九月壬寅〔一〕，祠木葉山。

〔一〕「六年」，諸本作「元年」，據遼史道宗本紀改。

大安七年十一月甲子，望祠木葉山。

壽隆元年九月甲寅，祠木葉山。　六年九月癸未，望祠木葉山。

天祚本紀：乾統六年十一月甲辰，祠木葉山。　九年十月癸酉，望祠木葉山。

禮志：祭山儀。設天神、地祇位于木葉山，東向；中立君樹，前植群樹，以像朝班；又偶植二樹，以爲神門。皇帝、皇后至，額爾奇木具禮儀。牲用赭白馬、玄牛、赤白羊，皆牡。僕臣曰旗鼓伊剌，殺牲，體割，懸之君樹。太巫以酒酹牲。禮官曰多囉倫穆騰，奏「儀辦」。皇帝服金文金冠，白綾袍，絳帶，懸魚，三山絳垂，飾犀玉刀錯，絡縫烏靴。皇后御絳帓，絡縫紅袍，懸玉佩，雙結帕，絡縫烏靴。皇帝、皇后御鞍馬。群臣在南，命婦在北，服從各部旗幟之色以從。皇帝、皇后至君樹前下馬，升南壇御榻坐。群臣、命婦分班，以次入就位，合班，拜訖，復位。皇帝、皇后詣天神、地祇位，致奠；閤門使讀祝訖，復位，坐。北府宰相及特哩衮以次致奠於君樹，徧及群樹。樂作。群臣、命婦退。皇帝率孟父、仲父、季父之族，三匝神門樹；餘族七匝。皇帝、皇后再拜，在位者皆再拜，上香，再拜如初。皇帝、皇后升壇，御龍文方茵坐。再聲警，詣祭東所，群臣、命婦從，班列如初。巫衣白衣，特哩衮以素巾拜而冠之。巫三致辭。每致辭，皇帝、皇后一拜，在位者皆一拜。皇帝、皇后各舉酒二爵，肉二器，再奠。大臣、命婦右持酒，左持肉各一器，少後立，一奠。命特哩衮東向擲之。皇帝、皇后六拜，在位者皆六拜。皇帝、皇后復位，坐。命中丞奉茶果、餅餌各二器，奠于天神、地祇位。執事郎君二十人持福酒、胙肉，詣皇帝、皇后前。太巫奠酹訖，皇帝、皇后再拜，在位者皆再拜。皇帝、皇后一拜，飲福，受胙，復位，坐。在位者以次飲。皇帝、皇后率群臣復班位，再拜。聲蹕，一拜。退。太祖幸幽州大悲閣，遷白衣觀音像，建廟木葉山，尊爲家神。于拜山儀過樹之後，增「詣菩薩堂儀」一節，然後拜神，非和掄罕之故也。興宗先有事于菩薩堂及木葉山遼河神，然後行拜山儀，冠服、節文多所變更，後因以爲常。神主樹木，懸牲告辦，班位奠祝，致嘏飲福，往往暗合于禮。天理人情，放諸四海而準，信矣夫！興宗更制，不能正以經術，無大過於昔，故不載。

儀衛志：終遼之世，郊丘不建，大裘冕服不書。

王圻續通考：遼祠木葉山，本所以祀天地，然外又有獨祭天者，有兼祭天地者，雖非可擬于郊社之禮，然神主樹木、懸牲告辦、班位奠祝、致嘏飲福，于禮暗合。

蕙田案：拜天祭山，固不足以當郊禮。要其以木葉山爲常祭之處，則猶在國之陽，自然之丘之意也。惜乎習于本俗，不能文之以禮，于是帝后同拜，命婦偕從，繞樹拜巫，特哩衮擲奠，種種儀節，難爲典要。姑從史文録而存之，以備考鑒。

右遼祭山禮

金郊禮

金史太祖本紀：收國元年夏五月庚午朔，避暑于近郊。甲戌，拜天射柳。故事，五月五日、七月十五日、九月九日拜天射柳，歲以爲常。

禮志：拜天。金因遼舊俗，以重五、中元、重九日行拜天之禮。重五于鞠場，中元于内殿，重九于都城外。其制，刳木爲盤，如舟狀，赤爲質，畫雲鶴文。爲架高五六尺，置盤其上，薦食物其中，聚宗族拜之。若至尊則于常武殿築臺爲拜天所。重五日質明，陳設畢，百官班俟于毬場樂亭南。皇帝靴袍乘輦，宣徽使前導，自毬場南門入，至拜天臺，降輦至褥位。皇太子以下百官皆詣褥位。宣徽贊拜，皇帝再拜。上香，又再拜。排食拋盞畢，又再拜。飲福酒，跪飲畢，又再拜。百官陪拜，引皇太子以下先出，皆如前導引。皇帝回輦至幄次，更衣，行射柳、擊毬之戲。

金之郊祀，本于其俗有拜天之禮。其後，太宗即位，乃告祀天地，蓋設位而祭。天德以後，始有南北郊之制。大定、明昌其禮寖備。南郊壇，在豐宜門外，當闕之巳地。圜壇三成，成十二陛，各案辰位。壝牆三匝，四面各三門。齋宮東北，厨庫在南。壇、壝皆以赤土圬之。冬至日合祀昊天上帝、皇地祇于圜丘。

翟永固傳：考試貞元二年進士〔一〕，出尊祖配天賦題，海陵以爲猜度己意，召永固問曰：「賦題不稱朕意。我祖在位時祭天拜乎？」對曰：「拜。」海陵曰：「豈有生則致拜，死而同體配食者乎？」對曰：「古有之，載在典禮。」海陵曰：「若桀、紂曾行，亦欲我行之乎？」于是永固、張景仁皆杖二十。而進士張汝霖賦第八韻有曰：「方今將行郊祀。」海陵詰之曰：「汝安知我郊祀乎？」亦杖之三十。

蕙田案：據此，則大定以前，其無郊禮可知。而禮志云「天德以後已有其制」，豈射柳之外，別有祀天之禮，而不立配帝歟？

〔一〕「二年」，諸本作「元年」，據金史翟永固傳校勘記改。

世宗本紀：大定十一年十一月丁亥，有事于圜丘，大赦。

禮志：大定十一年始郊，命宰臣議配享之禮。左丞石琚言：「案禮記『萬物本乎天，人本乎祖，此所以祖配上帝也』。蓋配之者，侑神作主也。自外至者無主不止，故推祖考配天，尊之也。兩漢、魏、晉以來，皆配以一祖。至唐高宗，始以高祖、太宗崇配。垂拱初，又加以高宗，遂有三祖同配之禮。至宋，亦嘗以三帝配，後禮院上議，以爲對越天地，神無二主，由是止以太祖配。臣謂冬至親郊宜從古禮。」帝曰：「唐、宋以私親，不合古，不足爲法。今止當以太祖配。」又謂宰臣曰：「本國拜天之禮甚重。今汝等言依古制築壇，亦宜。我國家絀遼、宋主，據天下之正，郊祀之禮豈可不行？」乃以八月詔曰：「國莫大于祀，祀莫大于天，振古所行，舊章咸在。仰唯太祖之基命，紹我本朝之燕謀，奄有萬邦，于今五紀。因時制作，雖增飾于國容，推本奉承，猶未遑于郊見。況天庥滋至而年穀屢豐，敢不敷繹曠文、明昭大報。取陽升之至日，將親饗乎圜壇，嘉與臣工，共圖熙事。以今年十一月十七日有事于南郊，咨爾有司，各揚乃職，相予祀事，罔或不欽。」乃于郊見前一日，徧見祖宗，告以郊祀之事。其日，備法駕鹵簿，躬詣郊壇行禮。

赫舍哩良弼傳：時有事南郊，良弼爲大禮使，自收國以來，未嘗講行是禮，歷代典故，又多不同，良弼討論損益，各合其宜，人服其能。

魏子平傳：上問宰臣曰：「祭宗廟用牛。牛盡力稼穡，有功于人，殺之何如？」子平對曰：「唯天地宗廟用之，所以異大祀之禮也。」

章宗本紀：明昌元年五月戊午，拜天于西苑。射柳、擊毬，縱百姓觀。四年九月庚午，如山陵，次奉先縣。辛未，拜天于縣西。五年夏六月丙午，拜天，曲赦西北路。

承安元年八月甲子，以郊祀日期詔中外。十一月戊戌，有事于南郊，大赦，改元。

禮志：承安元年，將郊，禮官言：「禮神之玉當用真玉，燔玉當用次玉。昔大定十一年，天、地之玉，皆以次玉代之，臣等疑其未盡。禮貴有恒，不能繼者不敢以獻。若燔真玉，常祀用之，恐有時或缺，反失禮制。若從近代之典及本朝儀禮，真玉禮神，次玉燔瘞，於禮爲當。近代郊，自第二等升天皇大帝、北極于第一等，前八位舊各有禮玉燔玉，而此二位尚無之。案周禮典瑞云：『以圭璧祀日月星辰。』近代禮九宫貴神、大火星位，猶用周禮之説。其天皇大帝、北極二位，固宜用禮神之玉及燔玉也。」帝命俱用真玉。省臣又言：「前時郊，天、地、配位各用一犢，五方帝、日、月、神州、天皇大帝、北極十位皆大祀，亦當用犢，當時止以羊代。第二等以下從祀神位則分封羊豕以獻。竊意天、地之祀，籩豆尚多者，以備陰陽之物，鼎俎尚少者，以人之烹薦，無可以稱其德，則貴質而已。故天地日月星辰之位皆用一俎，前時第一等神位偏用二俎，似爲不倫。今第一等神位亦當各用犢一，餘位以羊豕分獻。」從之。

張暐傳：承安元年八月，上召暐至内殿，問曰：「南郊大祀，今用度不給，俟來年可乎？」暐曰：「陛下即位，于今八年，大禮未舉，宜亟行之。」上曰：「北方未寧，致齋之際，有不測奏報何如？」對曰：「豈可逆度而妨大禮。今河平歲豐，正其時也。」是歲，郊見上帝。

内族襄傳：契丹之亂，廷臣議罷郊祀，又欲改用正月上辛，上遣使問之，對曰：「郊爲重禮，且先期詔天下，又藩國已報賀表，今若中罷，何以副四方傾望之意？若改用正月上辛，乃祈穀之禮，非郊見上帝之本意也。大禮不可輕廢，請決行之，臣乞于祀前滅賊。」既而破賊，果如所料。

王圻續通考党懷英傳曰：「明昌六年，懷英以翰林學士權攝中書侍郎，讀祝册。

上曰：『讀册至朕名，聲微下，雖曰尊君，然在郊廟，禮非所宜，當平讀之。』」似承安以前，章宗已南郊矣。及觀張暐「陛下即位八年，大禮未舉」之語，則明昌間又不應有郊事。細詳党傳所載，即承安元年事，時因郊改元，史臣仍沿明昌之號，誤書紀年耳。

蕙田案：明昌實有六年，其承安元年未改元以前當稱七年，不當云六年。且章宗以大定二十九年正月即位，明年改元明昌，連而數之，正合張暐八年之説，疑史文本作七年，後人見明昌止于六年，遂誤改之耳。

章宗本紀：二年十一月甲辰，有事于南郊。

禮志：儀注：齋戒　用唐制。大祀，散齋四日，致齋三日。中祀，散齋二日，致齋一日。天子親祀，皆前期七日，攝太尉誓亞終獻官、親王、陪祀皇族于宫省。皇族十五以上，官雖不及七品者亦助祭受誓。又誓百官于尚書省。攝太尉南向，司徒北向，監祭史作「察」，誤。御史在西，監禮博士在東，皆相向。太常卿、光禄卿在司徒後，重行，北向。司天監、光禄丞、太廟令丞、大樂令丞、太官令丞、良醖令、廩犧令、郊社丞、司尊、太祝、奉禮郎、協律郎、諸執事官皆重行，西上，北向。禮直官以誓文授攝太尉，乃誓曰：「維某年歲次某甲，某月某日某甲，皇帝有事于南郊，各揚其職。其或不恭，國有常刑。」禮直官贊曰：「七品以下官皆退。」餘皆再拜，退。誓於宮省之儀皆同。于是，皇帝散齋于別殿。前致齋一日，尚舍設御座于大安殿，當中南向。設東西房于御座之側，設御幄于室內，施簾于楹下。享前三日，陳設小次。享前一日，設拜褥，及皇帝版位、皇帝飲福位，及黄道氈褥，自玉輅下至升輿所。及致齋之日，通事舍人引文武五品以上官，陪位如式。諸侍衛之官，各服其器服，並結珮，俱詣閤奉迎。上水志作「丑」，誤。二刻，侍中版奏「外辦」。皇帝服衮冕，結珮，乘輿出，警蹕、侍衛如常儀。皇帝即御座，東向坐，通事舍人承傳，殿上下俱拜，訖，西面，贊各祗候。一刻頃，侍中跪奏：「臣某言，請降就齋。」俛伏，興，還侍位。皇帝降座，入室，群官皆退。諸執事官皆宿于正寢，治事如故，不弔喪問疾，不判署刑殺文字，不決罰罪人，不與穢惡事。致齋日，唯祀事則行，餘悉禁。已齋而闕者，通攝行事。

〇陳設　前祀五日，儀鸞、尚舍陳設齋宮。有司設扈從侍衛次于宮東西，又設陪祀親王次于宮東稍南，西向，北上，宗室子孫位于其後。又設司徒、亞終獻、行事、執事官次于壇南外壝門之西，東向，北上，重行異位。又設天名房，在壇南外壝門之東，西向。大禮使次于其後，皆西向。又設席大屋于壇外西北，駐車輅以備風雪。

○祀前三日，尚舍設大次于東壝外門内道北，南向。又設小次于壇下卯陛之北，南向。有司設饌幔于東壝中門之北，南向。設兵衛，各服其器服，守衛壝門，每門二人。郊社令率其屬，掃除壇之上下及壝之内外。乃爲燎位，在南中壝東門之東，壇之巳位。又爲瘞坎，在中壝内戌位。

○祀前二日，大樂令帥其屬，設登歌之樂於壇上稍南，北向。玉磬在午陛之西，金鐘在午陛之東，柷一在鐘前稍北，敔一在磬前稍北，東西相向，歌工次之〔一〕，餘工各立于縣後。琴瑟在前，匏竹在後，于壇下第一等上，皆重行異位，北向。又設宮縣樂南壝外門之外，八佾二舞表于樂前。又設采茨樂于應天門前。

○祀前一日，奉禮郎升設皇帝版位于壇上辰巳之間，北向。又設皇帝飲福位于其左稍却，北向。又帥禮直官設亞終獻位于卯陛之東北，西向，北上。司徒位于卯陛之東道南，西向。禮部尚書、太常卿、光禄卿、禮部侍郎位各次之，太常丞、光禄丞又

〔一〕「次之」，諸本誤倒，據金史禮志一乙正。

次之。又設大禮使位于小次之左稍却，西向。又設分獻官、司天監、讀册中書侍郎位于中壝門道北，西向。郊社令、廩犧令、太官令、良醖令位于其後。又設郊社丞、太祝、奉禮郎以下諸執事官位于其後，皆西向，重行異位。又設從祀文武群官一品至五品位于中壝門内道南，西向，皆重行立。又設助奠、祝史、齋郎位于東壝門外道北，西向。又設陪祀皇族位于道南，西向。六品至九品從祀群官，又于其南，皆西向，重行異位，各依其品。又設監祭御史二員，一員在午陛之西南，一員在子陛之西北，皆東向。又設監禮博士二員，一員在午陛之東南，一員在子陛之東北，皆西向。又設大樂令位于樂簴之間稍東，西向。協律郎位于樂簴之西，東向。又設奉禮郎位于壇南稍東，西向。贊者次之。司尊位于酌尊所，俱北向。又設牲牓于外壝東門之外，西向。又設饌牓于其北稍西，南向。牲牓之東，牲位。太史、太祝各位于牲後，俱西向。又設禮部尚書、太常卿、光禄卿位于牲牓南稍北，西向。太常丞、光禄丞、太官令位于其後。監祭御史、監禮博士于禮部尚書位之西稍却，北向。廩犧令位在牲位西南，北向。又陳禮饌于饌牓之前案上。

〇未後三刻，陳饌之時，又設禮部尚書、太常卿、光禄卿位于案前稍東，北上，西向。太常丞、光禄丞、太官令位于其後，西向。又設監祭御史、監禮博士位于案前稍西，北上，東向。又設巽寶嘉瑞位于宮縣西北，太府少監位于寶後。諸州歲貢位于宮縣東北，户部郎中位于其後。天子八寶位于宮縣西南，符寶郎八員各位于寶後。伐國毁寶位于宮縣東南，少府少監位于其後。又設大樂令位于宮縣之北稍東，協律郎二在大樂令南，東西相向。

〇司天監，未後二刻，同郊社令升設昊天上帝、皇地祇神座于壇上北方，南向，地祇位在東稍却，席皆以藁秸。太祖配位座于東方，西向，席以蒲越。五方帝、日、月、神州地祇、天皇大帝、北極神座于壇上第一等，席皆藁秸。内官五十四座、五神、五官、嶽鎮海瀆二十九座于壇第二等，中官一百五十有八座、崑崙、山林川澤二十一座于壇上第三等，外官一百六座、丘陵墳衍原隰三十座于内壝之内，衆星三百六十座在内壝之外，席皆以莞。神座版各設于座首。又設禮神玉。俟告潔畢，權徹去壇上及第一等神位，祀日丑前五刻重設〔一〕。

〔一〕「丑」，諸本脱，據金史禮志一補。

○奉禮郎同司尊及執事者設天、地、配位各左十有一籩，右十有一豆，俱爲三行。登三在籩豆間。簠一簋一于登前，簠在左，簋在右。各于神座前藉以席。又設天、地位太尊各二、著尊各二、犧尊各二、山罍各二，壇上東南隅配位著尊二、犧尊二、象尊二，在天、地位酒尊之東，俱北向，西上，皆有坫，加勺、冪，左以明水，右以玄酒，爲酌尊所。又天、地位象尊各二、壺尊各二、山罍各四，在壇下午陛之南，北向，西上。配位壺尊二、山罍四在酉陛之北，東向，北上，皆有坫，設而不酌，亦左以明水，右以玄酒。

○又設五方帝、日、月、神州地祇、天皇大帝、北極第一等皆左八籩，右八豆，登在籩豆間，簠一簋一在登前，爵坫一在神座前。第二等内官五十四座、五神、五官、岳鎮海瀆二十九座，每座籩二、豆二、簠一、簋一、俎一、爵坫一。第三等中官一百五十八座、崑崙、山林川澤二十一座，及内壝内外官一百六座〔一〕，丘陵墳衍原隰三十座，内壝外衆星三百六十座，每位籩二、豆二、簠一、簋一、俎一、爵一。又設第一等每位太尊

〔一〕「一百六」下，諸本衍「十」字，據金史禮志一校勘記删。

二、著尊二，皆有坫，加勺。第二等每位山尊二，第三等每位蜃尊二，内壝内外每辰概尊二，皆加勺。自第二等以下皆用匏爵，先洗拭訖，置于尊所，其尊所皆在神位之左。凡祭器皆藉以席，籩豆各加巾蓋。又設天、地及配位籩一、豆一、簠一、簋一、俎四及毛血豆各一，并第一等神位每位俎二於饌幔内。

〇又設皇帝洗位於卯陛下道北，南向。盥洗在東，爵洗在西。匜在東，巾在西。篚南肆，實玉爵坫。又設亞終獻洗位在小次之東，南向。盥洗在東，爵洗在西，加勺。篚在西，南肆，加巾。又設第一等分獻官盥洗爵洗位，及第二等分獻官盥洗爵洗位，各于其辰陛道之左，罍在洗左，篚在洗右，俱内向，執罍篚者位于其後。太府監、少府監祀前一日未後二刻，帥其屬升壇陳玉幣。昊天上帝以蒼璧、蒼幣，皇地祇以黄琮、黄幣，配位以蒼幣，黄帝以黄琮，青帝以青珪，赤帝以赤璋，大明以青珪璧，白帝以白琥，黑帝以玄璜，北極以青珪璧，天皇大帝以玄珪璧，神州地祇以玄色兩珪有邸，皆置于匣。五帝之幣各從其方色。凡幣皆陳于篚。設訖，俟告潔訖，權徹去，祀日重設。

〇祀日丑前五刻，禮部設祝册于神座右，皆藉以案。太常卿明燈燎。户部郎中設諸州歲貢于宫縣東北，金爲前列，玉帛次之，餘爲從列，皆藉以席，立于歲貢之後，北向。太府監、少府監設異寶嘉瑞于宮縣西，北上，瑞居前，中下次之，皆藉以席，立于寶後，北向。少府少監設伐國毀寶于宮縣東南，皆藉以席，立于寶後，北向。符寶郎設八寶于宮縣西南，各分立于寶南，皆北向。司天監、太府監、少府監、郊社令、奉禮郎升設昊天上帝、皇地祇、配位及壇上第一等神位，又設玉幣，各于其位。太祝取瘞玉加于幣，以禮神之玉各置于神座前，乃退。

○光禄卿率其屬入實祭器。昊天上帝、皇地祇、配位每位籩三行，以右爲上。形鹽在前，魚鱐、糗餌次之；第二行榛實在前，乾桃、乾𧃍、乾棗次之；第三行乾菱在前，乾芡、乾栗、鹿脯次之。豆三行，以左爲上。芹菹在前，笋菹、葵菹次之；第二行韭菹在前，菁菹、魚醢、兔醢次之；第三行豚胉在前，醓醢、酏食、鹿臡次之。簠黍，簋稷，登皆太羹。第一等壇上一十位，每位皆實籩三行，以右爲上。形鹽在前，魚鱐次之；第二行乾𧃍在前，桃、棗次之；第三行乾芡在前，榛實、鹿脯次之。豆三行，以左爲上。芹菹在前，笋菹次之；第二行菁菹在前，韭菹、魚醢次之；第三行豚胉在前，醓醢、鹿臡次之。簠黍，簋稷，登太羹。第二、第三等每位籩二，鹿脯、乾棗。豆二，鹿臡、菁菹。俎，羊一體。内壝内、内壝外每位籩鹿脯，豆鹿臡，俎羊一體。

○良醖令帥其屬入實尊罍。昊天上帝、皇地祇太尊爲上，實以汎齊；著尊次之，實以醴齊；犧尊次之，實以盎齊；象尊次之，實以醍齊；壺尊次之，實以沈齊；山罍爲下，實以三酒。配位著尊爲上，實以汎齊；犧尊次之，實以醴齊；象尊次之，實以盎齊；壺尊次之，實以醍齊；山罍爲下，實以三酒。第一等每位太尊實以汎齊，著尊實以醴齊。第二等山尊實以醍齊。第三等及内壝内，蜃尊實以汎齊。内壝外及衆星，概尊實以三酒。

○省牲器　祀前一日午後八刻，去壇二百步禁止行人。未後二刻，郊社令丞率其屬掃除壇之上下，司尊、奉禮郎帥執事者以祭器入，設于位。司天監設神位，太府監、少府監陳玉幣于篚。未後三刻，禮直官引廩犧令與諸太祝、祝史以牲就位。又禮直官贊者分引禮部尚書、太常卿、光禄卿、禮部侍郎、太常丞、監祭御史、監禮博士、廩犧令、大官令、大官丞詣内壝東門外省牲位。立定，乃引禮部尚書、侍郎、太常丞及監祭御史、監禮博士升自卯陛，視滌濯，執事者皆舉冪告潔，俱畢，降，復位。禮直官稍前曰：「告潔畢，請省牲。」禮部尚書、侍郎、太常卿丞稍前，省牲，訖，退，復位。次引光禄卿丞巡牲一匝，光禄卿退，光禄丞西向折身曰「備」，訖，乃復位。次令廩犧令巡牲一匜，西向躬身曰「充」，又引諸祝史巡牲一匜，首一員西向躬身曰「腯」。畢，俱復位。禮直官稍前曰「請省饌」。乃引禮部尚書以下各就位，立定，省饌，訖，禮直官引禮部尚書、侍郎、太常卿丞各還齊所，餘官、廩犧令與諸太祝、祝史以次牽牲詣厨，授大官令丞。次引光禄卿丞、監祭、監禮詣厨，省鼎鑊，視滌濯，畢，乃還齋所。晡後一刻，大官令帥宰人以鸞刀割牲，祝史各取毛血實以豆，置于饌幔。遂烹牲。祝史乃取瘞血貯于盤。

○奠玉幣　祀日丑前五刻，亞終獻、司徒以下，應行事陪從群官，各服其服就次。司天監復設壇上及第一等神位。太府監、少府監陳玉幣。太常卿、郊社令丞明燭燎。光禄卿丞實籩豆簠簋尊罍，俟監祭、監禮案視訖，徹去巾蓋。大樂令帥工人布于宫縣之内，文舞八佾立于縣前表後，武舞八佾各爲四佾立于宫縣左右，引舞執纛等在前，又引登歌樂工由卯陛而升，各就其位。歌、擊、彈者坐，吹者立。奉禮郎贊者先入就位，餘禮直官、贊者分引分獻官、監祭御史、監禮博士諸執事及太祝、祝史、齋郎、助奠、執尊罍、舉冪等官，入自中壝東門，當壇南，重行，西上，北向立定。奉禮郎贊拜，分獻官以下皆再拜，訖，奉禮贊曰「各就位」。贊者、禮直官分引監祭御史、監禮博士按視壇之上下，糾察不如儀者，退，復位。禮直官引司徒入就位，西向立。禮直官引博士，博士引亞獻，自東壝偏門入就位，西向立。又禮直官引終獻，次于其位。

〇祀日未明一刻，通事舍人引侍中詣齋殿，跪奏「請中嚴」，俛伏，興。又少頃，乃跪奏「外辦」。俟上輦進輿，乃跪奏稱「具官臣某，請皇帝降座升輿」。皇帝至大次，乃跪奏稱「具官臣某，請皇帝降輿」。皇帝入次，即位于大次外。質明，詣次前跪奏「請中嚴」。少頃，又奏「外辦」。訖，太常卿乃當次前跪稱「具官臣某，請皇帝行事」，俛伏，興。凡跪奏，准此。皇帝出次，乃前導至中壝門，殿中監進大圭，太常卿奏「請執大圭」。入自正門，皇帝入小次位，西向立，太常卿乃與博士分左右立定，乃奏「有司謹具，請行事」。降神，六成，樂止。太常卿别一員，乃升煙瘞血，訖，乃奏「拜」，拜訖，俟侍中升壇，詣盥洗位。至位，奏「請搢大圭、盥手」，皇帝盥手；訖，奏「請帨手」，皇帝帨手；訖，奏「請執大圭」。乃引至壇上，殿中監進鎮圭，乃奏「請搢大圭、執鎮圭」。皇帝執鎮圭，詣昊天上帝神座前，奏「請跪，奠鎮圭」。皇帝奠，訖，執大圭，俛伏，興。侍中進玉幣，乃奏「請搢大圭、跪奠玉幣」。訖，乃奏「請執大圭」，俛伏，興。少退，又奏「請再拜」。詣皇地祇及配位，奠鎮圭玉幣，並如儀。配位唯奏請奠鎮圭及幣。奠玉幣畢，皇帝還版位，乃奏「請還小次、釋大圭」。皇帝入小次，乃立于小次之南稍東，以俟。皇帝將奠配位之幣也，贊者分引第一等分獻官詣盥洗位，搢笏、盥手、帨手、執笏，各由其陛升，唯不由午陛。詣神前，搢笏，跪，太祝以玉幣授之，奠訖，俛伏，興。再拜，訖，各由本陛降，復位。初，分獻將降，禮直官引諸祝史、齋郎、應助奠者再拜，訖，祝史各奉毛血之豆入，各由其陛升，諸太祝迎取于壇上，奠訖，退立于尊所。

○進熟　奠玉幣訖，降還小次。有司先陳牛鼎三、羊鼎三、豕鼎三、魚鼎三，各在鑊右。大官令丞帥進饌者詣厨，以匕升牛羊豕魚自鑊，各實于鼎。牛羊豕皆肩、臂、臑、肫、胳、正脊各一，長脅二、短脅二、代脅二，凡十一體。牛豕皆三十舶，羊十五舶，魚十五頭一十五舶，實訖，羃之。祝史二人以扃對舉一鼎，牛鼎在前，羊豕次之，魚又次之，有司執匕以從，各陳于每位饌幔位。從祀壇上第一等五方帝、大明、夜明、天皇大帝、神州地祇、北極，皆羊豕之體並同。光禄卿帥祝史、齋郎、太官令丞各以匕升牛羊豕魚于俎，肩臂臑在上端，肫胳在下端，脊脅在中，魚即横置，頭在尊位，設去鼎羃。光禄卿丞同太官令丞實籩豆簠簋，籩實以粉餈，豆實以糝食，簠實稻，簋實粱。

○俟皇帝還小次，樂止。禮直官引司徒出詣饌幔所，與薦籩豆簠簋俎齋郎各奉天、地、配位之饌。司徒率大官令以序入内壝正門，樂作，至壇下俟。祝史進徹毛血豆，降自卯陛，以次出，訖，司徒與薦籩豆簠簋俎齋郎奉昊天上帝、皇地祇之饌，升自午陛。太官令丞與薦籩豆簠簋俎齋郎奉配位及第一等神位之饌，升自卯陛。各位太祝迎于壇陛之道間。于昊天上帝位，司徒搢笏，北向跪，奉粉餈籩在糗餌之前，糝食豆在醯醢之前，簠左簋右，皆在登前，牛俎在豆前，羊豕魚俎次之，以右爲上。司徒俛伏，興，奉饌者奉訖，皆出笏就位，一拜。司徒次詣皇地祇奉奠，並如上儀。配位亦同。司徒及奉天、地、配位饌者以次降。大官令帥奉第一等神位之饌，各于其位，並如前儀。俱畢，樂止。司徒、大官令以下皆就位，訖，侍中升自卯陛，立于昊天上帝酌尊所，以俟。太常卿乃當次前俛伏，跪奏「請皇帝詣盥洗位」，俛伏，興。皇帝出次，殿中監進大圭，乃奏「請執大圭」。至盥洗位，奏「請搢大圭、盥手」，皇帝盥手；訖，奏「請帨手」，皇帝帨手；訖，奏「請執大圭」。乃詣爵洗位，至位，奏「請搢大圭、受爵」，又奏「請洗爵」。皇帝洗爵，訖，奏「請拭爵」，皇帝拭爵；訖，奏「請執大圭」，以爵授奉爵官。皇帝詣昊天上帝酌尊所，奏「請搢大圭」，執爵，良醖令舉冪，侍中跪酌大尊之汎齊，酌訖，奏「請執大圭」，皇帝以爵授侍中，皇帝乃詣昊天上帝神座前，侍中進爵，乃奏「請搢大圭，跪執爵，三祭酒」。訖，奏「請奠爵」。奠爵訖，奏「請執大圭」。俛伏，興。又奏

「請少退」，立俟。中書侍郎讀册文，訖，乃奏「請再拜」。詣皇地祇位及配位，並如上儀。獻畢，皇帝還版位，乃奏「請還小次，釋大圭」。皇帝還小次，太常卿立于小次東南。禮直官引博士，博士引亞獻，詣盥洗位，搢笏、盥手、帨手；訖，詣爵洗位，搢笏、洗爵、拭爵；訖，以爵授執事者，執笏升自卯陛，詣昊天上帝酌尊所，西向立。執事者以爵授之，乃搢笏執爵。執尊者舉冪，良醖令跪酌著尊之醴齊，酌訖，復以爵授執事者，執笏詣昊天上帝神座前。初，亞獻詣盥洗位，文舞退，武舞進，樂作。亞獻詣昊天上帝神座前，搢笏，跪，執事者以爵授之，乃執爵，三祭酒，奠爵，執笏，俛伏，興，少退，再拜。次詣皇地祇及配位，並如上儀。獻畢，降，復位。禮直官引博士，博士引終獻，詣盥洗位，盥手，洗爵，升壇奠獻，並如上儀。初，終獻將升壇，禮直官分引第一等分獻官詣盥洗位，搢笏，盥手，帨手。執笏，各由其陛，唯不由午陛，詣神位酌尊所，執事者以爵授之，乃酌汎齊，訖，以爵授執事者，共詣神座前，搢笏，跪，執事者以爵授之，乃執爵，三祭酒，奠爵，執笏，俛伏，興，少退，再拜，訖，各引還本位。初，第一等分獻官將升，贊引引第二等、第三等、内壝内外衆星位分獻各詣盥洗位，搢笏、盥手、帨手、酌酒、奠拜，並同上儀。祝史、齋郎以次助奠，訖，各還本位。諸太祝各進徹籩、豆各一，少移故處，樂作。卒徹，樂止。初，終獻禮畢，降，復位，太常卿乃當次前俛伏，跪奏「請皇帝詣飲福位」。皇帝出次。殿中監進大圭，乃奏「請執爵，三祭酒」，又奏「請啐酒」。皇帝啐酒，訖，以爵授侍中，乃奏「請受胙」。侍中再以爵進酒，乃奏「請受爵飲福」。皇帝飲福，訖，奏「請執大圭」。俛伏，興。又奏「請再拜」，訖，乃導還版位，西向立，俟送神，樂止。乃奏「請詣望燎位」，至位，南向立，俟火燎半柴，乃跪奏「具官臣某，言禮畢」。皇帝還大次，出中壝門外，奏「請釋大圭」。皇帝入大次。初，終獻禮畢，司徒、侍中、太祝各升自卯陛，太祝持胙俎進，減天、地、配位前胙肉加于俎，皆取前脚第二節，又以黍稷飯共置一籩，奉詣司徒、侍中後，北向立。俟皇帝至飲福位，太常卿奏「請皇帝搢大圭，啐酒」。訖，司徒乃進胙俎，皇帝受福〔一〕，訖，奉禮郎贊曰「賜胙」，贊者唱曰「再拜」，在位者皆再拜，送神，樂一成止。皇帝既入大次，更通天冠、絳紗袍，升輿，至齋宫，升金輅。通事舍人引門下侍郎當輅前跪奏，稱「具官臣某，請車駕進發」。至侍臣上馬所，乃跪奏「具官臣某，請車駕少駐，敕侍臣上馬」。侍中稱「制

〔一〕「福」，金史禮志一作「胙」。

可」，乃退，傳制稱「侍臣上馬」。侍臣上馬畢，乃跪奏，稱「具官臣某，請敕車右升」，千牛將軍升，訖，跪奏稱「具官臣某，請車駕進發」。車駕動，前中後三部鼓吹凡十二隊齊作。應行禮陪從祀官先詣應天門奉迎，再拜。太樂令先詣應天門外，准備奏樂如儀。訖，擇日稱賀。

樂志：郊祀樂歌：

皇帝入中壝，宮縣黄鐘宮昌寧之曲，凡步武同。　袞服穆穆，臨于中壝。瞻言圜壇，皇皇后帝。禋祀肇稱，馨香維德。爰曁百神，於昭受職。

降神，宮縣乾寧之曲、仁豐道洽之舞〔一〕。圜鐘爲宮，黄鐘爲角，太蔟爲徵，姑洗爲羽。圜鐘三奏，黄鐘、太蔟、姑洗皆一奏，詞並同。　我金之興，皇天錫羨。唯神之休，爰兹郊見。有玉其禮，有牲其薦。將受厥明，來寧來燕。

皇帝盥洗，宮縣黄鐘宮昌寧之曲　因天事天，惇宗將禮。爰飭攸司，奉時罍洗。挹彼注兹，迺陞壇陛。先事而虔，神勞豈弟。

〔一〕「仁豐道洽」，諸本作「仁豐道治」，據金史樂志上改。

皇帝升壇，登歌大吕宫昌寧之曲　相在國南，崇崇其趾。烝哉皇王，維時莅止。至誠通神，克禋克祀。于萬斯年，昊天其子。

昊天上帝，奠玉幣，登歌大吕宫洪寧之曲　穆穆君王，有嚴有翼。珮環鏘然，圜壇是陟。嘉德升聞，馨非黍稷。高明降監，百神受職。

皇地祇，神寧之曲　肅敬明祇，躬行奠贄。其贄維何？黄琮制幣。從祀群靈，咸秩厥位。維皇能饗，允集熙事。

配位太祖皇帝，永寧之曲　肇舉明禋，皇天后土。皇祖武元，爰作神主。功昭耆定，歌以大吕。綏我思成，有秩斯祜。

司徒迎俎，宫縣黄鐘宫豐寧之曲　穆穆皇皇，天子躬祀。群臣相之，罔不敬止。俎豆畢陳，物其嘉矣。馨香始升，明神燕喜。

昊天上帝，酌獻，登歌大吕宫嘉寧之曲　郊禋展敬，昭事上靈。太尊在席，有酌斯馨。酌言獻之，靈其醉止。福禄來宜，以答明祀。

皇地祇，泰寧之曲　衮服穆穆，臨彼泰折。於昭神功，埋幣瘞血。爰稱匏爵，斟言薦潔。方輿常安，扶我帝業。

配位太祖皇帝，燕寧之曲　烝哉高厚，肇迪丕基。功與天合，配天以推。薦時清旨，孔肅其儀。來寧來燕，福禄綏之。

文舞退，武舞進，宮縣黄鍾宮咸寧之曲　奉祀郊丘，雲門變舞。進秉朱干，停揮翟羽。於昭睿文，復肖聖武。無疆維烈，天子受祜。

亞終獻，宮縣黄鍾宮咸寧之曲、功成治定之舞　掃地南郊，天神以竢。於皇君王〔二〕，克禋克祀。交于神明，玄酒陶器。誠心靖純，非貴食味。

皇帝飲福，登歌大吕宮福寧之曲　所以承天，無過乎質。天其祐之，維精維一。泰尊爰挹，馨香薦德。惠我無疆，子孫千億。

徹豆，登歌大吕宮豐寧之曲　大禮爰陳，爲豆孔碩。肅肅其容，於顯百辟。皇靈降鑒，馨聞在德。明禋斯成，孚休罔極。

送神，宮縣圜鍾宮乾寧之曲　赫赫上帝，臨監禋祀。居然來歆，昭答祖配。圜壇四成，神安其位。升歌贊送，天神悦喜。

〔二〕「王」，諸本作「在」，據金史樂志上改。

章宗本紀：承安五年五月戊午，敕來日重五拜天，服公裳者拜禮仍舊，諸便服者並用女直拜。

禮志：金之拜制，先袖手微俯身，稍復却，跪左膝，左右摇肘，若舞蹈狀。凡跪，摇袖，下拂膝，上則至左右肩者，凡四。如此者四跪，復以手按右膝，單跪左膝而成禮。國言摇手而拜謂之「察楚」〔一〕。承安五年五月，上諭旨有司曰：「女直、漢人拜數可以相從者，酌中議之。」禮官奏曰：「周官九拜，一曰稽首，拜中至重，臣拜君之禮也。乞自今，凡公服則用漢拜，若便服則各用本俗之拜。」主事陳松曰：「本朝拜禮，其來久矣，乃便服之拜也。可令公服則朝拜，便服則從本朝拜。」平章政事張萬公謂拜禮各便所習，不須改也。司空完顔襄曰：「今諸人祗髮皆從本朝之制，宜從本朝拜禮，松言是也。」上乃命公裳則朝拜，諸色人便服則皆用本朝拜。

章宗本紀：泰和三年五月壬申〔二〕，以重五拜天射柳，上三發三中。四品以上官侍

〔一〕「察楚」，味經窩本、乾隆本、光緒本、金史禮志八作「撒速」。
〔二〕「壬申」，諸本作「壬午」，據金史章宗本紀改。

宴魚藻殿。以天氣方暑，命兵士甲者釋之。

右金郊禮

元郊禮

元史祭祀志：元興朔漠，代有拜天之禮。衣冠尚質，祭器尚純，帝后親之，宗戚助祭。其意幽深玄遠，報本反始，出於自然，而非强爲之也。憲宗即位之二年秋八月八日，始以冕服拜天於日月山。其十二月又用孔氏子孫元措言，合祭昊天后土，始大合樂，作牌位，以太祖、睿宗配享。歲甲寅，會諸王于庫庫諾爾之西，丁巳秋，駐蹕于罕諾爾，皆祭天于其地。

世祖本紀：至元二十七年正月乙卯，造祀天幄殿。

成宗本紀：大德六年三月甲寅，合祭昊天上帝、皇地祇于南郊，遣中書左丞相達爾罕、哈喇哈遜攝事。

祭祀志：大德六年春三月庚戌，合祭昊天上帝、皇地祇、五方帝于南郊，遣左丞相哈喇哈遜攝事，爲攝祀天地之始。

禮。

輿服志：大德六年春三月，祭天于麗正門外丙地，命獻官以下諸執事各具公服行禮。是時，大都未有郊壇，大禮用公服自此始。

哈喇哈遜傳：大德二年，集群議建南郊，爲一代定制。

袁桷傳：大德初，爲翰林國史院檢閲官。時初建南郊，桷進十議曰：「天無二日，天既不得有二，五帝不得謂之天，作昊天五帝議。祭天歲或爲九，或爲二，作祭天名數議。圜丘不見于五經，郊不見于周官，作圜丘非郊議。后土，社也，作后土即社議。三歲一郊，非古也，作祭天無間歲議。燔柴見于古經，周官以禋祀爲大，其義各有旨，作燔柴泰壇議。祭天之牛角繭栗，用牲于郊，牛二，合配而言之，增群祀而合祠，非周公之制矣，作郊不當立從祀議。郊，質而尊之義也，明堂，文而親之義也，作郊明堂禮儀異制議。郊用辛，魯禮也。卜不得常爲辛，作郊非辛日議。北郊不見于三禮〔一〕，尊地而遵北郊，鄭玄之説也，作北郊議。」禮官推其博，多采用之。

樂志：大德六年，合祭天地五方帝樂章：

〔一〕「不」，諸本脱，據元史袁桷傳補。

降神，奏乾寧之曲，六成，圜鐘宫三成　唯皇上帝，監德昭明。祖考承天，治底隆平。孝思維則，禋祀薦誠。神其降格，萬福來并。　黄鐘角一成　太蔟徵一成　姑洗羽一成詞並同用。

初獻盥洗，奏肅寧之曲，黄鐘宫　明水在上，鐘鼓既奏。有孚顒若，陟降左右。辟公處止，多士祼將。吉蠲以祭，上帝其饗。

初獻升降，奏肅寧之曲，大吕宫　禋祀孔肅，盥薦初升。攝齊恭敬，以薦唯馨。肅雝多士，來格百靈。降福受釐，萬世其承。

奠玉幣，奏大吕宫　宗祀配饗，肇舉明禋。嘉玉既設，量幣斯陳。唯德格天，唯誠感神。于萬斯年，休命用申。

迎俎，奏豐寧之曲，黄鐘宫　有碩斯俎，有滌斯牲。鑾刀屢奏，血膋載升。禮崇蠲粟，氣達上腥。上帝臨止，享于克誠。

酌獻，奏嘉寧之曲，大吕宫　崇崇泰畤，穆穆昊穹。神之格思，肹蠁斯通。犧尊載列，黄流在中。酒既和止，萬福攸同。

亞獻，奏咸寧之曲，黄鍾宫　六成既闋，三獻云終〔一〕。神其醉止，穆穆雍雍。和風慶雲，賁我郊宫。受兹祉福，億載無窮。

終獻詞同前。

徹籩豆，奏豐寧之曲，大吕宫　禋禮既備，神具宴娭。籩豆有楚，廢徹不遲。多士駿奔，樂且有儀。乃錫純嘏，永佐丕基。

送神，奏圜鍾宫　殷祀既畢，靈馭載旋。禮洽和應，降福自天。動植咸若，陰陽不愆。明明天子，億萬斯年。

望燎，奏黄鍾宫　享申百禮，慶洽百靈。奠玉高壇，燔柴廣庭。祥光達曙，粲若景星。神之降福，萬國咸寧。

成宗本紀：大德九年二月庚子，命中書議行郊祀禮。四月壬辰，中書省臣言：「前代郊祀，以祖宗配享。臣等議：今始行郊禮，專祀昊天爲宜。」詔依所議行之。

祭祀志：九年二月二十四日，右丞相哈喇哈遜等言：「去年地震星變，雨澤愆期，

〔一〕「三獻」，諸本作「二獻」，據元史禮樂志三改。

歲比不登。祈天保民之事，有天子親祀者三：曰天，曰祖宗，曰社稷。今宗廟、社稷，歲時攝官行事。祭天，國之大事也。陛下雖未及親祀，宜如宗廟、社稷，遣官攝祭，歲用冬至，儀物有司預備，日期至則以聞。」制若曰：「卿言是也，其預備儀物以待事。」于是翰林、集賢、太常禮官皆會中書集議。博士疏曰：「冬至，圜丘唯祀昊天上帝，至西漢元始間，始合祭天地。歷東漢至宋千有餘年，分祭合祭，迄無定論。」集議曰：「周禮，冬至圜丘禮天，夏至方丘禮地，時既不同，禮樂亦異。王莽之制，何可法也？今當循唐、虞、三代之典，唯祀昊天上帝。其方丘祭地之禮，續議以聞。」案周禮，壇三成，近代增外四成，以廣天文從祀之位。集議曰：「依周禮三成之制，然周禮疏云每成一尺，不見縱廣之度。恐壇上陿隘，器物難容，擬四成制內減去一成，以合陽奇之數。每成高八尺一寸，以合乾之九九。上成縱廣五丈，中成十丈，下成十五丈。四陛，陛十有二級。外設二壝，內壝去壇二十五步，外壝去內壝五十四步，壝各四門。壇設于丙巳之地，以就陽位。」案古者，親祀冕無旒，服大裘而加衮。臣下從祀，冠服歷代所尚，其制不同。集議曰：「依宗廟見用冠服制度。」案周禮大司樂云：「凡樂，圜鍾爲宮，黃鍾爲角，太蔟爲徵，姑洗爲羽，雷鼓雷鼗，孤竹之管，雲和之琴瑟，雲門之舞，冬日至于地上之圜丘奏之。若樂六變，則天神皆降，可得而禮矣。」集議曰：「樂者所以動天地，感鬼神，爲訪求深知音律之人，審五聲八音，以司肄樂。」夏四月壬辰，中書復集議。博士言：「舊制，神位版用木。」中書議，改用蒼玉金字，白玉爲座。博士曰：「郊祀尚質，合依舊制。」遂用木主，長二尺五寸，闊一尺二寸，上圓下方，丹漆金字，木用松柏，貯以紅漆匣，黄羅帕覆之。造畢，有司議所以藏。議者復謂，神主廟則有之，今祀于壇，對越在上，非若他神無所見也。所製神主遂不用。七月九日，博士又言：「古者祀天，器用陶匏，席用藁鞂。自漢甘泉、雍時之祀，以迄後漢、晉、魏、南北二朝、隋、唐，其壇壝、玉帛、禮器、儀仗，日益繁縟，浸失古者尚質之意。宋、金多循唐制，其壇壝、禮器，考之于經，固未能全合，其儀法具在。當時名儒輩出，亦未嘗不援經而定也，酌古今以行禮，亦宜焉。今檢討唐、宋、金親祀、攝行儀注，并雅樂節次，合從集議。」太常議曰：「郊祀之事，聖朝自平定金、宋以來，未暇舉行，今欲修嚴，不能一舉而大備。然始議之際，亦須酌古今之儀，垂則後來。請從中書會翰林、集賢、禮官及明禮之士，講明去取以聞。」中書集議曰：「合行禮儀，非草創所能備。唐、宋皆有攝行之禮，除從祀受胙外，一切儀注悉依唐制修之。」八月十二日，太常寺言：「尊祖配天，其禮儀樂章別有常典，若俟至日議之，恐匆遽有誤。」于是中書省臣奏曰：「自古漢人有天下，其祖宗皆配天享祭，臣等與平章何榮祖議，宗廟已依時祭享，今郊祀止祭天。」制曰：「可。」是歲南郊，配位遂省。

成宗本紀：大德九年七月辛亥，築郊壇于麗正、文明門之南丙位，設郊祀署，令、丞各一員，太祝三員，奉禮郎二員，協律郎一員，法物庫官二員。十一月庚午，祀昊天上帝于南郊，牲用馬一、蒼犢一、羊豕鹿各九，其文舞曰崇德之舞，武舞曰定功之舞。以攝太尉右丞相哈喇哈遜、左丞相阿呼台、御史大夫特古勒德爾爲三獻官。

何伯祥傳：子瑋，大德七年，授御史中丞。九年冬，將有事于南郊，議配享，瑋曰：「嚴父配天，萬世不易。」不果行。

齊履謙傳：大德九年冬，始立南郊，祀昊天上帝，履謙攝司天臺官。舊制，享祀，司天雖掌時刻，無鐘鼓更漏，往往至旦始行事。履謙白宰執，請用鐘鼓更漏，俾早晏有節，從之。

樂志：大德九年以後，定擬親祀樂章：

皇帝入中壝，黄鍾宫　赫赫有臨，洋洋在上。克配皇祖，於穆來饗。肇此大禋，乾文弘朗。被衮圜丘，巍巍玄象。

皇帝盥洗，黄鍾宫　翼翼孝思，明德洽禮。功格玄穹，有光帝始。著我精誠，潔兹薦洗。幣玉攸奠，永集嘉祉。

皇帝升壇，降同。大吕宫　天行唯健，盛德御天。日月龍章，筍簴宫縣。藁鞂尚明，禮璧蒼圜。神之格思，香升燔煙。

降神，奏天成之曲，圜鍾宫三成　烝哉皇元，丕承帝眷。報本貴誠，于郊殷薦。藁鞂載陳，雲門六變。神之格思，來處來燕。黄鍾角一成　太蔟徵一成　姑洗羽一成詞並同前。

初獻盥洗，奏隆成之曲，黄鍾宫　肇禋南郊，百神受職。齊潔唯先，匪馨于稷。迺沃迺盥，祠壇是陟。上帝監觀，其儀不忒。

初獻升壇，降同。奏隆成之曲，大吕宫　於穆圜壇，陽郊奠位。孔惠孔時，吉蠲爲饎。降登祇若，百禮既至。願言居歆，允集熙事。

奠玉幣，正配位同。奏欽成之曲，黄鍾宫　謂天蓋高，至誠則格。克祀克禋，駿奔百辟。制幣斯陳，植以蒼璧。神其降康，俾我來益。

司徒捧俎，奏寧成之曲，黄鍾宫　我牲既潔，我俎斯實。笙鏞克諧，籩豆有飶。神來宴娭，歆兹明德。永錫繁禧，如幾如式。

昊天上帝位酌獻，奏明成之曲，黄鍾宫　於昭昊天，臨下有赫。陶匏薦誠，馨聞在德〔一〕。酌言獻之，上靈是格。降福孔偕，時萬時億。

皇地祇位酌獻，大吕宫　至哉坤元，與天同德。函育群生，玄功莫測。合饗圜壇，舊典時式。申錫無疆，聿寧皇國。

太祖位酌獻，黄鍾宫　禮大報本，郊定天位。皇皇神祖，反始克配。至德難名，玄功宏濟。帝典式敷，率育攸暨。

皇帝飲福，大吕宫　特牲享誠，備物循質。上帝居歆，百神受職。皇武昭宣，孝祀芬苾。萬福攸同，下民陰騭。

皇帝出入小次，黄鍾宫　唯天唯大，唯帝饗帝。以配祖考，肅贊靈祉。定極崇功，永我昭事。升中于天，象物畢至。

〔一〕「馨」，諸本作「聲」，據金史樂志上改。

文舞退，武舞進，奏和成之曲，黃鍾宮　羽籥既竣，載揚玉戚。一弛一張，匪舒匪棘。八音克諧，萬舞有奕。永觀厥成，純嘏是錫。

亞終獻，奏和成之曲，黃鍾宮　有嚴郊禋，恭陳幣玉。大糦是承，載祗載肅。上帝居歆，馨香既飫。惠我無疆，介以景福。

徹籩豆，奏寧成之曲，大吕宮　三獻攸終，六樂斯徧。既右享之，徹其有踐。洋洋在上，默默靈眷。明禋告成，於皇錫羨。

送神，奏天成之曲，圜鍾宮　神之來歆，如在左右。神保聿歸，靈斿先後。恢恢上圓，無聲無臭。日監孔昭，思皇多祐。

望燎，奏隆成之曲，黃鍾宮　熙事備成，禮文郁郁。紫煙聿升，靈光下燭。神人樂康，永膺戩穀。祚我丕平，景命有僕。

皇帝出中壝，黃鍾宮　泰壇承光，寥廓玄曖。暢我揚明，饗儀唯大。九服敬宣，聲教無外。皇拜天祐，照臨斯届。

武宗本紀：至大二年十一月乙酉，尚書省及太常禮儀院言：「郊祀，國之大禮。今南郊之禮已行而未備，北郊之禮尚未舉行。今年冬至祀天南郊，請以太祖皇帝配；

明年夏至祀地北郊，請以世祖皇帝配。」制可。

蕙田案：本紀是年十一月庚辰朔，越六日爲乙酉。祭祀志作十月乙酉，誤。續通考引志作十二月，亦誤。

祭祀志：至大二年十二月甲辰朔，尚書太尉右丞相、太保左丞相、田司徒、郝參政等復奏曰：「南郊祭天于圜丘，大禮已舉。其北郊祭皇地祇于方澤，并神州地祇、五嶽四瀆、山林川澤及朝日夕月，此有國家所當崇祀者也。當聖明御極而弗舉行，恐遂廢弛。」制若曰：「卿議甚是，其即行焉。」

武宗本紀：三年十月丙午，三寶努及司徒田忠良等言：「曩奉旨舉行南郊配位從祀，北郊方丘、朝日夕月典禮。臣等議，欲祀北郊，必先南郊。今歲冬至，祀圜丘，尊太祖皇帝配享，來歲夏至，祀方丘，尊世祖皇帝配享，春秋朝日夕月，宜合祀典。」有旨：「所用儀物，其令有司速備之。」十一月丙申，有事于南郊，尊太祖皇帝配享昊天上帝。

祭祀志：五方帝日月星辰從祀。

張養浩傳：時武宗將親祀南郊，不豫，遣大臣代祀，風忽大起，人多凍死。養浩于祀所揚言曰：「代祀非人，故天示之變。」大違時相意。

蕙田案：此郊不知何年，若即至大三年，則又不云攝祭。紀、志俱有脱略矣。

祭祀志：英宗至治二年九月，有旨議南郊祀事。中書平章瑪魯，御史中丞曹立，禮部尚書張埜，學士蔡文淵、袁桷、鄧文原，太常禮儀院使王緯、田天澤，博士劉致等會都堂議。

一曰年分。案前代多三年一祀，天子即位已及三年，當有旨欽依。

二曰神位。周禮大宗伯「以禋祀祀昊天上帝」，注謂：「昊天上帝，冬至圜丘所祀天皇大帝也。」又曰「蒼璧禮天」，注云：「此禮天以冬至，謂天皇大帝也。在北極，謂之北辰。」又曰：「北辰，天皇耀魄寶也，又名昊天上帝，又名太乙帝君，以其尊大，故有數名。」今案晉書天文志中宫：「勾陳口中一星曰天皇大帝，其神耀魄寶。」周禮所祀天神，正言昊天上帝。鄭氏以星經推之，乃謂即天皇大帝。然漢、魏以來，名號亦復不一。漢初曰上帝，曰太乙，曰皇天上帝，魏曰皇皇帝天，梁曰天皇大帝，唯西晉曰昊天上帝，與周禮合。唐、宋以來，壇上既設昊天上帝，第一等復有天皇大帝，其五天帝與太一、天一等，皆不經見。本朝大德九年，中書圓議，止依周禮祀昊天上帝。至大三年圓議，五帝從享，依前代通祭。

三曰配位。孝經曰：「孝莫大于嚴父，嚴父莫大于配天。」又曰：「郊祀后稷以配天。」此郊之所以有配也。漢、唐以下，莫不皆然。至大三年冬十月三日，奉旨十一月冬至合祭南郊，太祖皇帝配，圜議取旨。四曰告配。禮器曰：「魯人將有事于上帝，必先有事于頖宫。」注：「告后稷也，告之者，將以配天也。」告用牛一。宋會要于致齋二日，宿廟告配，凡遣官犧尊豆籩，行一獻禮。至大三年十一月二十一日，質明行事。初獻攝太尉同太常禮儀院官赴太廟奏告，圜議取旨。五曰大裘冕。周禮司裘「掌爲大裘，以共王祀天之服」，鄭司農云：黑羊裘，服以祀天，示質也。弁師「掌王之五冕」，注：「冕服有六，而言五者，大裘之冕蓋無旒，不聯數也。」禮記郊特牲曰：「郊之祭也，迎長日之至也，祭之日，王被衮以象天，戴冕璪十有二旒，則天數也。」陸佃曰：「禮不盛，服不充，蓋服大裘以衮襲之也。」謂冬祀服大裘，被之以衮。」開元及開寶通禮，鑾駕出宫，服衮冕至大次，質明，改服大裘冕而出次。宋會要紹興十三年，車駕自廟赴青城，服通天冠、絳紗袍，祀日服大裘衮冕。圜議用衮冕。六曰匏爵。郊特牲曰：「郊之祭也，器用陶匏，以象天地之性也。」注謂：「陶瓦器，匏用酌獻酒。」開元禮、開寶禮皆有匏爵。大德九年，正配位用匏爵有坫。圜議正位用匏，配位飲福用玉爵。七曰戒誓。唐通典引禮經，祭前期十日親戒百官及族人，太宰總戒群官。唐前祀七日，宋會要十日。纂要太尉南向，司徒、亞終獻、一品、二品從祀北向，行事官以次北向，禮直官以誓文授之太尉讀。今天子親行大禮，止令禮直局管勾讀誓文。圓議令管勾代太尉讀誓，刑部尚書莅之。八曰散齋、致齋。禮經前期十日，唐、宋、金皆七日，散齋四日于別殿，致齋三日于大明殿。圓議依前七日。九曰藉神席。郊特牲曰：「莞簟之安，而蒲越藁鞂之尚。」注：「蒲越藁鞂，藉神席也。」漢舊儀高帝配天紺席，祭天用六綵綺席六重。成帝即位，丞相衡、御史大夫譚以爲天地尚質，宜皆勿修，詔從焉。唐麟德二年詔曰：「自處以厚，奉天以薄，改用裀褥。上帝以蒼，其餘各視其方色。」宋以褥加席上，禮官以爲非禮。元豐元年，奉旨不設。國朝大德九年，正位藁鞂，配位蒲越，冒以青繒。至大三年，加青綾褥，青錦方座。圓議合依至大三年于席上設褥，各依方位。十曰犧牲。郊特牲曰：「郊特牲而社稷太牢。」又曰：「天地之牛角繭栗。」秦用騮駒。漢文帝五帝共一牲。武帝三年一祀，用太牢。光武採元始故事，天地共犢。隋上帝、配帝，蒼犢二。唐開元用牛。宋正位用蒼犢一，配位太牢一。國朝大德九年，蒼犢二，羊豕各九。至大三年，馬純色肥腯一，牲正副一，鹿一十八，野猪一十八，羊一十八。圓議依舊儀。

神位配位用犢外，仍用馬，其餘並依舊日已行典禮。十一曰香鼎。大祭有三始，煙爲歆神始，宗廟則焫蕭祼鬯，所謂臭陽達于牆屋者也。後世焚香，蓋本乎此，而非禮經之正。至大三年，用陶瓦香鼎五十，神座香鼎、香合案各一。圓議依舊儀。十二曰割牲。周禮司士「凡祭祀，率其屬而割牲，羞俎豆」。又諸子「大祭祀正六牲之體」。禮運云「腥其俎，熟其殽」，「體其犬豕牛羊」，注云：「腥其俎，謂豚解而腥之，爲七體也。熟其殽，謂體解而爓之，爲二十一體也。體其犬豕牛羊，謂分别骨肉之貴賤，以爲衆俎也。」七體，謂脊、兩肩、兩拍、兩髀。二十一體，謂肩、臂、臑、膊、胳、正脊、脡脊、横脊、正脅、短脅、代脅并腸三、胃三、拒肺一、祭肺三也。宋元豐三年，詳定禮文所言，古者祭祀用牲，有豚解，有體解。豚解則爲七，以薦腥；體解則爲二十一，以薦熟。蓋犬豕牛羊，分别骨肉貴賤，其解之爲體，則均也。皇朝馬牛羊豕鹿，並依至大三年割牲用國禮。圓議依舊儀。十三曰大次、小次。周禮掌次「王旅上帝，張氈案，設皇邸」。唐通典前祀三日，尚舍直長施大次于外壝東門之内道北，南向。宋會要前祀三日，儀鸞司率其屬，設大次于外壝東門之内道北，南向；小次于午階之東，西向。曲禮曰：「踐阼，臨祭祀。」正義曰：「阼，主階也。天子祭祀，履主階行事，故云踐阼。」宋元豐詳定禮文所言，周禮宗廟無設小次之文。古者人君臨位于阼階。蓋阼階者，東階也，唯人主得位主階行事。今國朝太廟儀注，大次、小次皆在西，蓋國家尚右，以西爲尊也。圓議依祀廟儀注。

續具末議　一曰禮神玉。周禮大宗伯「以禋祀祀昊天上帝」，注：「禋之言煙也，周人尚臭，煙氣之臭聞者。積柴實牲體焉，或有玉帛。」正義曰：「或有玉帛，或不用玉帛，皆不定之詞也。」崔氏云，天子自奉玉帛牲體于柴上，引詩「圭璧既卒」，是燔牲玉也。蓋卒者，終也，謂禮神既終，當藏之也。正經即無燔玉明證。漢武帝祠太一，胙餘皆燔之，無玉。晉燔牲幣，無玉。唐、宋乃有之。顯慶中，許敬宗等修舊禮，乃云郊天之有四圭，猶宗廟之有圭瓚也，並事畢收藏，不在燔列。宋政和禮制局言：「古者祭祀無不用玉，周官典瑞掌玉器之藏，蓋事已則藏焉，有事則出而復用，未嘗有燔瘞之文。今後大祀，禮神之玉時出而用，無得燔瘞〔一〕。」從之。蓋燔者取其煙氣之臭聞。玉既無煙，又且無氣，祭之日，但當奠于神座，既卒事，則收藏之。　二曰飲福。特牲

〔一〕「瘞」，諸本作「柴」，據元史祭祀志一改。

饋食禮曰：「尸九飯，親嘏主人。」少牢饋食禮曰：「尸十一飯，尸嘏主人。」嘏，長也，大也。行禮至此，神明已享，盛禮俱成，故膺受長大之福于祭之末也。自漢以來，人君一獻纔畢而受嘏。唐開元禮太尉未升堂，而皇帝飲福。宋元豐三年，改從亞終獻，既行禮，皇帝飲福受胙。國朝至治三年親祀廟儀注，亦用一獻畢飲福。三曰升禋。禋之言煙也，升煙所以報陽也。祀天之有煙柴，猶祭地之瘞血，宗廟之祼鬯。歷代以來，或先燔而後祭，或先祭而後燔，皆爲未允。祭之日，樂六變而燔牲首，牲首亦陽也。祭終，以爵酒饌物及牲體燎于壇。天子望燎，柴用柏。四曰儀注。禮經出于秦火之後，殘缺脱漏，所存無幾。至漢，諸儒各執所見。後人所宗，唯鄭康成、王子廱，而二家自相矛盾。唐開元禮、杜佑通典，五禮略完。至宋開寶禮并會要與郊廟奉祀禮文，中間講明始備。金國大率依唐、宋制度。聖朝四海一家，禮樂之興，正在今日。況天子親行大禮，所用儀注，必合講求。大德九年，中書集議，合行禮儀依唐制。至治元年已有廟祀儀注，宜取大德九年、至大三年并今次新儀，與唐制參酌增損修之。侍儀司編排鹵簿，太祝院俱報星位，分獻官員數及行禮并諸執事官，合依至大三年儀制亞終獻官，取旨。是歲太皇太后崩，有旨冬至南郊祀事，可權止。

英宗本紀：至治二年九月庚申，敕停今年冬祀南郊。

王圻續通考：英宗至治二年九月，有旨議南郊祀事。中書平章羅仝等會都堂議。唐、宋以來，壇上既設昊天上帝第一等，復有天皇大帝，其五天帝與太一、天一等皆不經見。本朝大德九年，中書圓議，止依周禮祀昊天上帝。至大三年，圓議五帝從享，依前代通祭。

從祀圜壇，第一等青帝位寅，赤帝位巳，黄帝位未，白帝位申，黑帝位亥，主皆用柏，素質玄書，神藉皆以藁秸。黄帝黄琮一，青帝青圭一，赤帝赤璋一，白帝白琥一，黑帝玄璜一，幣皆如其方色。太尊一，著尊二，尊各設于神座之左而右向，皆有坫，有勺，加冪，冪之繪以雲〔一〕。籩豆，皆簠一、簋一、登一、俎一、匏爵一，有坫，沙池一、幣篚一，太尊實泛齊，著尊實醍齊，皆有上尊，香鼎、香合、香案、綾拜褥，各隨其方之色。

泰定帝紀：三年十二月，御史趙師魯請親祀郊廟，帝嘉納之。

〔一〕「繪」，諸本作「繒」，據元史祭祀志一改。

趙師魯傳：泰定中，拜監察御史。時大禮未舉，師魯言：「天子親祀郊廟，所以通精誠，逆福釐，生烝民，阜萬物，百王不易之禮也。宜鑒成憲，講求故事，對越以格純嘏。」帝嘉納焉。

祭祀志：泰定四年春正月，御史臺臣言：「自世祖迄英宗，咸未親郊，唯武宗、英宗親享太廟，陛下宜躬禮郊廟。」制曰：「朕當遵世祖舊典，其命大臣攝行祀事。」閏九月甲戌，郊祀天地，致祭五嶽四瀆、名山大川。

五禮通考卷十八

吉禮十八

圜丘祀天

元郊禮

元史文宗本紀：至順元年九月，敕有司繕治南郊齋宫。

祭祀志：至順元年，將親郊。十月辛亥，太常博士言：「親祀儀注已具，事有未盡者，案前代典禮。親郊前七日，百官習儀于郊壇。今既與受戒誓相妨，合于致齋前一日，告示與祭執事者，各具公服，赴南郊習儀。親祀太廟，雖有防禁，然郊外尤宜嚴戒，往來貴乎清肅。凡與祭執事齋郎、樂工，舊不設盥洗之位，殊非涓潔之道。今合于饌殿齊班廳前及齋宿之所，隨宜設置盥洗數處，俱用鍋釜温水置盆杓巾帨〔一〕，令人掌管省諭，必盥洗然後行事，違者治之。祭日，太常院分官提調神厨，監視割烹。上下燈燭粈燎，已前雖有剪燭提調粈盆等官，率皆虚應故事，或減刻物料，燈燭不明。又嘗見奉禮贊賜胙之後，獻官方退，所司便服徹俎，壇上燈燭一時俱滅〔二〕，因而雜人登壇攘奪，不能禁止，甚爲褻慢。今宜禁約，省牲之前，凡入壝門之人，皆服窄紫，有官者公服。禁治四壝紅門，宜令所司添造關木鎖鑰，祭畢即令關閉，毋使雜人得入。其藁鞂匏爵，事畢合依大德九年例焚之。」壬子，御史臺臣言：「祭日，宜敕股肱近臣及諸執事人毋飲酒。」制曰：「卿言甚善。其移文中書禁之。」

文宗本紀：十月戊午，致齋于大明殿。己未，遣亞獻官中書右丞相雅克特穆爾、終獻官特穆爾布哈率諸執事告廟，請以太祖皇帝配享南郊。庚申，出次郊宫。辛酉，

〔一〕「置」，諸本作「買」，據元史祭祀志一改。
〔二〕「上」，諸本作「下」，據元史祭祀志一改。

帝服大裘衮冕，祀昊天上帝于南郊，以太祖皇帝配。十二月戊午，以郊祀禮成，御大明殿受朝賀，大赦天下。

富珠哩翀傳：文宗親祀天地、社稷、宗廟，翀爲禮儀使，詳記行禮節文于笏，遇至尊不敢直書，必識以兩圈。帝偶取笏視，曰：「此爲皇帝字乎？」因大笑，以笏還翀。竣事，上天曆大慶詩三章，帝命藏之奎章閣。

馬祖常傳：陞參議中書省事，參定親郊禮儀，充讀册祝官。

蕙田案：傳文在天曆元年，然紀、志都無天曆郊天之事，恐即至順元年之誤，姑附于此。

祭祀志：自世祖混一六合，至文宗凡七世，而南郊親祀之禮始克舉焉。蓋器物儀注至是益加詳慎矣。

一壇壝：在麗正門外丙位，凡三百八畝有奇。壇三成，每成高八尺一寸，上成縱横五丈，中成十丈，下成十五丈。四陛午貫地子午卯酉四位陛十有二級。外設二壝。内壝去壇二十五步，外壝去内壝五十四步。壝各四門，外垣南櫺星門三，東西櫺星門各一。圜壇周圍上下俱護以甓，内外壝各高五尺，壝四面各有門三，俱塗以赤。至大三年冬至，以三成不足以容從祀版位，以青繩代一成。繩二百，各長二十五尺，以足四成之制。燎壇在外壝内丙巳之位，高一丈二尺，四方各一丈，周圍亦護以甓，東西南三出陛，開上南出户，上方六尺，深可容柴。香殿三間，在外壝南門之外，少西，南向。饌幕殿五間，在外壝南門之外，少東，南向。省饌殿一間，在外壝東門之外，少北，南向。外壝之東南爲别院。内神厨五間，南向；祠祭局三間，北向；酒庫三間，西向。獻官齋房二十間，在神厨南垣之外，西向。外壝南門之外，爲中神門五間，諸執事齋房六十間以翼之，皆北向。兩翼端皆有垣，以抵東西周垣，各爲門，以便出入。齊班廳五間，在諸獻官齋房之前，西向。儀鑾局三間，法物庫三間，都監庫五間，在外垣内之西北隅，皆西向。雅樂庫十間，在外垣西門之内，少南，東向。演樂堂七間，在外垣内之西南隅，東向。獻官厨三間，在外垣内之東南隅，西向。滌養犧牲所，在外垣南門之外，少東，西向。内犧牲房三間，南向。　一神位：昊天上帝位天壇之中，少北，皇地祇位次東，少却，皆南向。神席皆緣以繒，綾褥素座，昊天上帝色皆用青，皇地祇色皆用黄，藉皆以藁秸。配位居東，西向。神席綾褥錦方座，色皆用青，藉以蒲越。其從祀圓壇，第一等九位。青帝位寅，赤帝位巳，黄帝位未，白帝位申，黑帝位亥，主皆用柏，素質玄書；大明位卯，夜明位西，北極位丑〔一〕，天皇大帝位戌，用神位版，丹質黄書。神席綾褥座各隨其方色，藉皆以藁秸。第二等内官位五十有四。鈎星、天柱、玄枵、天厨、柱史位于子，其數五；女史、星紀、御女位于丑，其數三；自子及丑，神位皆西上。帝座、歲星、大理、河漢、析木、尚書位于寅，帝座居前行，其數六，南上。陰德、大火、天槍、玄戈、天牀位于卯，其數五，北上。太陽守、相星、壽星、輔星、三師位于辰，其數五，南上。天一、太一、内厨、熒惑、鶉尾、勢星、天理位于巳，天一、太一居前行，其數七，西上。北斗、天牢、三公、鶉火、文昌、内階位于午，北斗居前行，其數六；填星、鶉首、四輔位于未，其數三；自午至未，皆東上。太白、實沈位于申，其數二，北上。八穀、大梁、杠星、華蓋位于酉，其數四；五帝内座、降婁、六甲、傳舍位于戌，五帝内座居前行，其數四；自酉至戌，皆南上。紫微垣、辰星、陬訾、勾陳位于亥，其數四，東上。神席皆藉以莞席，内壝外諸神位皆同。第三等中官百五十九位〔二〕。虚宿、女宿、牛宿、織女、人星、司命、司非、司危、司禄、天津、離珠、羅堰、天桴、

〔一〕「西北極位」，原脱，據光緒本、元史祭祀志一補。
〔二〕「百五十九」，原作「百五十八」，據光緒本、元史祭祀志一改。

奚仲、左旗、河鼓、右旗位于子，虚宿、女宿、牛宿、織女居前行，其數十有七；月星、建星、斗宿、箕宿、天雞、輦道、漸臺、敗瓜、扶筐、匏瓜、天弁、天棓、帛度、屠肆、宗星、宗人、宗正位于丑，月星、建星、斗宿、箕宿居前行，其數十有七；自子至丑，皆西上。日星、心宿、天紀、尾宿、罰星、東咸、列肆、天市垣、斛星、斗星、車肆、天江、宦星、市樓、候星、女牀、天籥位于寅，日星、心宿、天紀、尾星居前行，其數十有七，南上。房宿、七公、氐宿、帝席、大角、亢宿、貫索、鍵閉、鉤鈐、西咸、天乳、招摇、梗河、亢池、周鼎位于卯，房宿、七公、氐宿、帝席、大角、亢宿居前行，其數十有五，北上。太子星、太微垣、軫宿、角宿、攝提、常陳、幸臣、謁者、三公、九卿、五内諸侯、郎位、郎將、進賢、平道、天田位于辰，太子星、太微垣、軫宿、角宿、攝提居前行，其數十有六，南上。張宿、翼宿、明堂、四帝座、黄帝座、長垣、少微、靈臺、虎賁、從官、内屏位于巳，張宿、翼宿、明堂居前行，其數十有一，西上。軒轅、七星、三台、柳宿、内屏、太尊、積薪、積水、北河位于午，軒轅、七星、三台、柳宿居前行，其數九；鬼宿、井宿、參宿、天罇〔一〕、五諸侯、鉞星、

〔一〕「天罇」，諸本作「天尊」，據元史祭祀志一校勘記改。

座旗、司怪、天關位于未，鬼宿、井宿、參宿居前行，其數九；自午至未，皆東上。畢宿、五車、諸王、觜宿、天船、天街、礪石、天高、三柱、天潢、咸池位于申，畢宿、五車、諸王、觜宿居前行，其數十有一，北上。月宿、昴宿、胃宿、積水、天讒、卷舌、天河、積尸、大陵、左更、天大將軍、軍南門位于酉〔一〕，月宿、昴宿、胃宿居前行，其數十有二；婁宿、奎宿、壁宿、右更、附路、閣道、王良、策星、天厩、土公、雲雨、霹靂位于戌，婁宿、奎宿〔二〕、壁宿居前行，其數十有二；自酉至戌，皆南上。危宿、室宿、車府、墳墓、虚梁、蓋室、臼星、杵星、土公吏、造父、離宫、雷電、騰蛇位于亥，危宿、室宿居前行，其數十有三，東上。内壝内外官一百六位。天壘城、離瑜、代星、齊星、周星、晉星、韓星、秦星、魏星、燕星、楚星、鄭星位于子，其數十有二；越星、趙星、九坎、天田、狗國、天淵、狗星、鱉星、農丈人、杵星、糠星位于丑，其數十有一；自子至丑，皆西上。騎陣將軍〔三〕、天福、

〔一〕「軍」，諸本不重，據元史祭祀志一補。
〔二〕「奎宿」，諸本脱，據元史祭祀志一補。
〔三〕「騎陣」，諸本作「車騎」，據元史祭祀志一校勘記改。

從官、積卒、神宮、傅説、龜星、魚星位于寅，其數八，南上。陣車、車騎、騎官、頓頑〔一〕、折威、陽門、五柱、天門、衡星、庫樓位于卯，其數十，北上。土司空、長沙、青丘、南門、平星位于辰，其數五，南上。酒旗、天廟、東甌、器府、軍門、左右轄位于巳，其數六，西上。天相、天稷、爟星、天紀、外厨、天狗、南河位于午，其數七；天社、矢星、水位、闕丘〔二〕、狼星、弧星、老人星、四瀆、野雞、軍市、水府、孫星、子星位于未，其數十有三；自午至未，皆東上。天節、九州殊口、附耳、參旗、九斿、玉井、軍井、屏星、伐星、天厠、天矢、丈人位于申，其數十有二，北上。天園、天陰、天廩、天苑、天囷、芻藳、天庾、天倉、鈇鑕、天溷位于酉，其數十；外屏、大司空、八魁、羽林位于戌，其數四；自酉至戌，皆南上。哭星、泣星、天錢、天綱、北落師門、敗臼、斧鉞、壘壁陣位于亥，其數八，東上。内壝外衆星三百六十位，每辰神位三十，自第二等以下，神位版皆丹質黄書。内官、中官、外官則各題其星名；内壝外三百六十位，唯題曰衆星位〔三〕。凡從祀位皆内向，

〔一〕「頓頑」，諸本作「頡頏」，據元史祭祀志一校勘記改。
〔二〕「闕丘」，諸本作「闞丘」，據元史祭祀志一校勘記改。
〔三〕「位」，諸本脱，據元史祭祀志一補。

十二次微左旋，子居子陛東，午居午陛西，卯居卯陛南，酉居酉陛北。

器物之等，其目有八　一曰圭幣。昊天上帝蒼璧一，有繅藉，青幣、燎玉一。皇地祇黄琮一，有繅藉，黄幣一。配帝青幣一，黄帝黄琮一，青帝青圭一，赤帝赤璋一，白帝白琥一，黑帝玄璜一，幣皆如其方色。大明青圭有邸，夜明白圭有邸，天皇大帝青圭有邸，北極玄圭有邸，幣皆如其玉色。内官以下皆青幣。　二曰尊罍。上帝太尊、著尊、犧尊、山罍各二，在壇上東南隅，皆北向，西上。設而不酌者，象尊、壺尊各二，山罍四，在壇下午陛之東，皆北向，西上。皇地祇亦如之，在上帝酒尊之東，皆北向，西上。配帝著尊、犧尊、象尊各二，在地祇酒尊之東，皆北向，西上。設而不酌者，犧尊、壺尊各二，山罍四，在壇下酉陛之北，東向，北上。五帝、日月、北極、天皇，皆太尊一，著尊二。内官十二次，各象尊二。中官十二次，各壺尊二。外官十二次，各概尊二。衆星十二次，各散尊二。凡尊各設于神座之左而右向，皆有坫，有勺，加冪，冪之繪以雲，唯設而不酌者無勺。　三曰籩豆登俎。昊天上帝、皇地祇及配帝，籩豆皆十二，登三，簠二，簋二，俎八，皆有匕筯，玉幣篚二，匏爵一，有坫，沙池一，青甆牲盤一。從祀九位，籩豆皆八，簠一，簋一，登一，俎一，匏爵一，有坫，沙池一，玉幣篚一。

内官位五十四，籩豆皆二，簠一，簋一，登一，俎一，匏爵一，有坫，沙池，幣篚，十二次各一。中官百五十八，皆籩一，豆一，簠一，簋一，俎一，匏爵一，有坫，沙池，幣篚，十二次各一。外官位一百六，皆籩一，豆一，簠一，簋一，俎一，匏爵一，有坫，沙池，幣篚，十二次各一。衆星位三百六十，皆籩一，豆一，簠一，簋一，俎一，匏爵，沙池，幣篚，十二次各一。此籩、豆、簠、簋、登、爵、篚之數也。凡籩之設，居神位左，豆居右，登、簠、簋居中，俎居後，籩皆有巾，巾之繪以斧。四曰酒齊。以太尊實泛齊，著尊實醴齊，犧尊實盎齊，山罍實三酒，皆有上尊。馬湩設于尊罍之前，注于器而冪之。設而不酌者，以象尊實醴齊，壺尊實沈齊，山罍二實三酒，皆有上尊，以祀昊天上帝。皇地祇亦如之。以著尊實泛齊，犧尊實醴齊，象尊實盎齊，山罍實清酒，皆有上尊。馬湩如前設之。設而不酌者，以犧尊實醍齊，壺尊實沈齊，山罍三實清酒，皆有上尊，以祀配帝。以太尊實泛齊，以著尊實醍齊，皆有上尊，九位同，以祀五帝、日月、北極、天皇大帝。以象尊實醴齊，有上尊，十二次同，以祀内官。以壺尊實沈齊，有上尊，十二次同，以祀中官。以概尊實清酒，有上尊，十二次同，以祀外官。以散尊實昔酒，有上尊，十二次同，以祀衆星。凡五齊之上尊，必皆實明水；山罍之上尊，必皆實玄酒；

散尊之上尊，亦實明水。　五曰牲粢庶品。　昊天上帝蒼犢，皇地祇黃犢，配帝蒼犢，大明青犢，夜明白犢，天皇大帝蒼犢，北極玄犢，皆一，馬純色一，鹿十有八，羊十有八，野豕十有八，兔十有二，蓋參以國禮。　割牲爲七體：左肩、臂、臑兼代脅、長脅爲一體，右肩、臂、臑、代脅、長脅爲一體，左髀、肫、胳爲一體，右髀、肫、胳爲一體，脊連背膚、短脅爲一體，膺骨臍腹爲一體，項脊爲一體。　馬首，報陽升煙則用之。　毛血盛以豆，或青甆盤，饌未入置俎上，饌入徹去之。　籩之實，魚鱐、糗餌、粉餈、棗、乾橑、形鹽、鹿脯、榛、桃、菱、芡、栗。　豆之實，芹菹、韭菹、菁菹、筍菹、脾析、兔醢、酏食、魚醢、豚拍、鹿臡、醓醢、糝食。　凡籩之用八者，無糗餌、粉餈、菱、栗。　豆之用八者，無脾析菹、酏食、兔醢、糝食。　用皆二者，籩以鹿脯、乾棗，豆以鹿臡、菁菹。　用皆一者，籩以鹿脯，豆以鹿臡。　凡簠、簋用皆二者，簠以黍、稷，簋以稻、粱；用皆一者，簠以稷，簋以黍。　實登以太羹。　六曰香祝。　洗位、正位香鼎一，香合一，香案一，祝案一，皆有衣，拜褥一，盥爵洗位一，罍一，洗一，白羅巾一，親祀匜二，盤二。　地祇配位咸如之。香用龍腦沈香。　祝版長各二尺四寸，闊一尺二寸，厚三分，木用楸柏。　從祀九位，香鼎、香合、香案、綾拜褥皆九，褥各隨其方之色，盥爵洗位二，罍二，洗二，巾二。　第二等，盥爵洗位二，罍二，洗二，巾二。第三等亦如之。内壝内，盥爵洗位一〔一〕，罍一，洗一，巾一。内壝外亦如之。凡巾，皆有篚。從祀而下，香用沉檀降真，鼎用陶瓦。第二等十二次而下，皆紫綾拜褥十有二。親祀御版位一，飲福位及大小次盥洗爵洗版位各一，皆青質金書。亞獻、終獻飲福版位二，黑質黄書。御拜褥八，亞獻、終獻拜褥一，黄道裀褥寶案二，黄羅銷金案衣，水火鑑。　七曰燭燎。天壇椽燭四，皆銷金絳紗籠。自天壇至内壝外及樂縣南北通道，絳燭三百五十，素燭四百四十，皆絳紗籠。御位椽燭六，銷金絳紗籠。獻官椽燭四，雜用燭八百，籸盆二百二十，有架。黄桑條去膚一車，束之置燎壇，以焚牲首。　八曰獻攝執事。亞獻官一，終獻官一，攝司徒一，助奠官二，大禮使一，侍中二，門下侍郎二，禮儀使二，殿中監二，尚輦官二，太僕卿二，控馬官六，近侍官八，導駕官二十有四，典寶官四，侍儀官五，太常卿丞八，光禄卿丞二，刑部尚書二，禮部尚書二，奉玉幣官一，定撰祝文官一，書讀祝册官二，舉祝册官二，太史令一，御奉爵官一，奉匜盤官一，御爵洗官二，執巾官二，割牲官二，温酒

〔一〕「洗」，諸本脱，據元史祭祀志一補。

官一，大官令一，大官丞一，良醞令丞二，廩犧令丞二，糾儀御史四，太常博士二，郊祀令丞二，大樂令一，大樂丞一，司尊罍二，亞終獻盥洗官二，爵洗官二，巾篚官二，奉爵官二，祝史四，太祝十有五，奉禮郎四，協律郎二，剪燭官四，禮直官管勾一〔一〕，禮部點視儀衛官二，兵部清道官二，拱衛使二，大都兵馬使二，齋郎百，司天生二，看守粇盆軍官一百二十。

儀注之節，其目有十　一曰齋戒。祀前七日，皇帝散齋四日于別殿，致齋三日，其二日于大明殿，一日于大次，有司停奏刑罰文字。致齋前一日，尚舍監設御幄于大明殿西序，東向。致齋之日質明，諸衛勒所部屯門列仗。晝漏上水一刻，通事舍人引侍享執事文武四品以上官，俱公服詣別殿奉迎。晝漏上水二刻，侍中版奏「請中嚴」，皇帝服通天冠、絳紗袍。晝漏上水三刻，侍中版奏「外辦」，皇帝結佩出別殿，乘輿，華蓋、繖扇、侍衛如常儀，奉引至大明殿御幄，東向坐，侍臣夾侍如常。一刻頃，侍中前跪奏「臣某言，請降就齋」，俛伏，興。皇帝降座入室，解嚴。侍享執事官各還本司，宿

〔一〕「官」，諸本脱，據元史祭祀志一補。

衛者如常。凡侍祠官受誓戒于中書省，散齋四日，致齋三日。守壝門兵衛與大樂工人，俱清齋一宿。光禄卿以陽燧取明火供爨，以方諸取明水實尊。二日告配。祀前二日，攝太尉與太常禮儀院官恭詣太廟，以一獻禮奏告太祖法天啓運聖武皇帝之室。寅刻，太尉以下公服自南神門東偏門入，至横街南，北向立定。奉禮郎贊曰「拜」，禮直官承傳曰「鞠躬[一]，拜，興，拜，興，平立」。又贊曰「各就位」。禮直官詣太尉前曰「請詣盥洗位」，引太尉至盥洗位，曰「盥手，帨手[二]，詣爵洗位」，曰「滌爵，拭爵」，曰「請詣酒尊所」，曰「酌酒」，曰「請詣神座前」，曰「北向立」，曰「稍前」，曰「搢笏」，曰「跪」，曰「上香，再上香，三上香」，曰「授幣，奠幣」，曰「執爵，祭酒，再祭酒，三祭酒」。祭酒于沙池，訖，曰「讀祝」。舉祝官搢笏，跪對舉祝版。讀祝官跪讀畢，舉祝官奠祝版于案，執笏，興，讀祝官俛伏，興。禮直官贊曰「出笏，俛伏，興，拜，興，拜，興，平立，復位」，司尊彝、良醞令從降，復位，北向立。奉禮郎贊曰「拜」，禮直官承傳，再拜畢，

[一]「躬」，原作「恭」，據光緒本、元史祭祀志二改。
[二]「手」，諸本作「巾」，據元史祭祀志二改。

太祝捧祝幣降自中階，詣望瘞位。太尉以下俱詣坎位，焚瘞訖，自南神門東偏門以次出。

三曰車駕出宮。祀前一日，所司備儀從内外仗，侍祠官兩行序立崇天門外，太僕卿控御馬立于大明門外，諸侍臣及導駕官二十有四人，俱于齋殿前左右分班立俟。通事舍人引侍中，奏「請中嚴」，俛伏，興。皇帝服通天冠、絳紗袍。少頃，侍中版奏「外辦」，皇帝出齋室，即御座。群臣起居訖，尚輦進輿，侍中奏「請皇帝升輿」，華蓋、繖扇，侍衛如常儀。導駕官導至大明門外，侍中進當輿前，跪奏「請降輿乘馬」，導駕官分左右步導。門下侍郎跪奏「請進發」，俛伏，興，前稱警蹕。至崇天門外，門下侍郎跪奏「請權停」，敕衆官上馬，侍中承旨稱「制可」，門下侍郎傳制稱「衆官上馬」，贊者承傳「衆官出櫺星門外上馬」。門下侍郎奏「請進發」，前稱警蹕。華蓋、繖扇、儀仗與衆官分左右前引，教坊樂鼓吹不作。至郊壇南櫺星門外，侍中傳制「衆官下馬」，贊者承傳「衆官下馬」。下馬訖，自卑而尊，與儀仗倒卷而北，兩行駐立。駕至櫺星門，侍中奏「請皇帝降馬」，步入櫺星門，由西偏門稍西。侍中奏「請升輿」。尚輦奉輿，華蓋、繖扇如常儀。導駕官前導皇帝乘輿至大次前，侍中奏「請降輿」。皇帝降輿，入就次，簾降，侍衛如式。通事舍人承旨，敕衆官各還齋次。尚食進膳訖，禮儀使以祝册奏「請御署」，訖，奉出，郊祀令受之，各奠于坫。　四曰陳設。祀前三日，尚舍監陳大次于外壝西門之道北，南向。設小次于内壝西門之道南，東向。設黄道裀褥，自大次至于小次，版位及壇上皆設之。所司設兵衛，各具器服，守衛壝門，每門兵官二員。外垣東西南櫺星門外，設蹕街清路諸軍，諸軍旗服各隨其方之色〔一〕。去壇二百步，禁止行人。祀前一日，郊祀令率其屬掃除壇之上下。大樂令率其屬設登歌樂于壇上，稍南，北向；設宫縣二舞，位于壇南内壝南門之外，如式。奉禮郎設御版位于小次之前，東向；設御飲福位于壇上，午陛之西，亞終獻飲福位于午陛之東，皆北向。又設亞終獻、助奠、門下侍郎以下版位于壇下御版位之後，稍南，東向，異位重行，以北爲上。又設司徒太常卿以下位于其東，相對北上，皆如常儀。又分設糾儀御史位于其東西二壝門之外，相向而立。又設御盥洗、爵洗位于内壝南門之内道西，北向。又設亞終獻、盥洗、爵洗位于内壝南門之外道西，北向。又設省牲饌等位，如常儀。未後二刻，郊祀令同太史令俱公服，升設昊天上帝位于壇上北方，南向，席以藁秸，加神席褥座。

〔一〕「諸軍」，諸本脱，據元史祭祀志二補。

又設配位于壇上西方，東向，席以蒲越，加神席褥座。禮神蒼璧置于繅藉，青幣設于篚〔二〕，正位之幣加燎玉置尊所。俟告潔畢，權徹。至祀日丑前重設。執事者實柴于燎壇，及設籩豆、簠簋、尊罍、匏爵、俎坫等事，如常儀。

五曰省牲器。祀前一日未後二刻，郊祀令率其屬各掃除壇之上下，司尊罍、奉禮郎率祠祭局以祭器入設于位。郊祀令率執事者以禮神之玉置于神位前。未後三刻，廩犧令與諸太祝、祝史以牲就位，禮直官分引太常、光禄卿丞、監祭、監禮官、大官令丞等詣省牲位，立定。禮直官引太常卿、監祭、監禮由東壝北偏門入，自卯陛升壇，視滌濯。司尊罍跪舉冪曰「潔」。告潔畢，俱復位。禮直官稍前曰「請省牲」。太常卿稍前，省牲畢，退，復位。次引廩犧令巡牲一匝，西向折身曰「充」。告充畢，復位。諸太祝俱巡牲一匝，復位。上一員出班，西向折身曰「腯」。告腯畢，復位。禮直官引太常、光禄卿丞、大官令丞、監祭、監禮詣省饌位，東西相向立。禮直官請太常卿省饌畢，退還齋所。廩犧令與諸太祝、祝史以次牽牲詣厨，授大官令。次引光禄卿、監祭、監禮等詣厨，省鼎鑊，視滌溉畢，

〔二〕「青」，諸本作「素」，據元史祭祀志二改。

還齋所。晡後一刻，大官令率宰人以鸞刀割牲，祝史各取血及左耳毛實于豆，仍取牲首貯于盤，用馬首。俱置于饌殿，遂烹牲。刑部尚書莅之，監實水納烹之事。六曰習儀。祀前一日未後三刻，獻官諸執事各服其服，習儀于外壝西南隙地。其陳設、樂架、禮器等物，並如行事之儀。七曰奠玉幣。祀日丑前五刻，太常卿設燭于神座，太史令、郊祀令各服其服，升設昊天上帝及配位神座，執事者陳玉幣于篚，置尊所。禮部尚書設祝册于案。光禄卿率其屬入，實籩豆、簠簋、尊罍如式。祝史以牲首盤設于壇，大樂令率工人二舞入就位。禮直官分引監祭禮、郊祀令及諸執事官、齋郎入就位。禮直官引監祭禮案視壇之上下，退，復位。奉禮贊「再拜」。禮直官承傳，監祭禮以下皆再拜，訖，又贊「各就位」。大官令率齋郎出詣饌殿，俟于門外；禮直官分引攝太尉及司徒等官入就位；符寶郎奉寶陳于宮縣之側，隨地之宜。太尉將入，禮直官引博士，博士引禮儀使，對立于大次前。侍中版奏「請中嚴」，皇帝服大裘衮冕。侍中奏「外辦」，禮儀使跪奏「禮儀使臣某，請皇帝行禮」，俯伏，興。凡奏，二人皆跪，一人贊之。簾捲，出次，禮儀使前導，華蓋、繖扇如常儀。至西壝門外，殿中監進大圭，禮儀使奏「請執大圭」，皇帝執圭。華蓋、繖扇停于門外。近侍官與大禮使皆後從皇帝入門，宮縣樂作。請就小次，釋圭，樂止。禮儀使以下分立左右。少頃，禮儀使奏「有司謹具，請行事」。降神樂作，天成之曲六成。太常卿率祝史捧馬首，詣燎壇升煙訖，復位。禮儀使跪奏「請就版位」，俛伏，興。皇帝出次，請執大圭，至位東向立，再拜。皇帝再拜，奉禮贊衆官皆再拜，訖，奉玉幣官跪取玉幣于篚，立于尊所。禮儀使奏「請行事」，遂前導，宮縣樂作，由南壝西偏門入，詣盥洗位，北向立，樂止。搢大圭，盥手。奉匜官奉匜沃水，奉盤官奉盤承水，執巾官奉巾以進。盥帨手訖，執大圭，樂作，至午陛，樂止。升階，登歌樂作，至壇上，樂止。宮縣欽成之樂作，殿中監進鎮圭，殿中監二員，一員執大圭，一員執鎮圭。禮儀使奏「請搢大圭，執鎮圭，請詣昊天上帝神位前，北向立」。內侍先設繅席于地，禮儀使奏「請跪，奠鎮圭于繅席」。奉玉幣官加玉于幣以授侍中，侍中西向跪進，禮儀使奏「請奠玉幣」。皇帝受奠訖，禮儀使奏「請執大圭」，俛伏，興，少退，再拜。皇帝再拜，興，平立。內侍取鎮圭授殿中監，又取繅藉置配位前。禮儀使前導，請詣太祖皇帝神位前，西向立，奠鎮圭及幣並如上儀。樂止。禮儀使前導，請還版位。登歌樂作，降階，樂止。宮縣樂作，殿中監取鎮圭、繅藉以授有司。皇帝至版位，東向立，樂止。請還小次，釋大圭。祝史奉毛血豆，升自午陛，以進正位，升自卯陛，以進配位。太祝各迎奠于神座前，俱退立于尊所。八曰進饌。皇帝奠玉幣，還位，祝史取毛血豆以降，禮直官引司徒、大官令率齋郎奉饌入自正門，升殿如常儀。禮儀使跪奏「請行禮」，俛伏，興。皇帝出次，宫縣樂作。請執大圭，前導由正門西偏門入，詣盥洗位，北向立，樂止。搢圭，盥手如前儀。執圭，詣爵洗位，北向立，搢圭。奉爵官跪取匏爵于篚，以授侍中，侍中以進皇帝，受爵。執罍官酌水洗爵，執巾官授巾拭爵，訖，侍中受之，以授捧爵官。執圭，樂作，至午陛，樂止；升階，登歌樂作，至壇上，樂止。詣正位酒尊所，東向立，搢圭。捧爵官進爵，皇帝受爵。司尊者舉冪，侍中贊酌太尊之汎齊。以爵授捧爵官，執圭。宫縣樂作，奏明成之曲。請詣昊天上帝神座前，北向立〔一〕，搢圭，跪，三上香，侍中以爵跪進皇帝。執爵，三祭酒，以爵授侍中。大官丞注馬湩于爵，以授侍中，侍中跪進皇帝。執爵，亦三祭之，今有蒲萄酒與尚醞、馬湩各祭一爵，爲三爵。以爵授侍中，執圭，俛伏，興，少退立。讀祝，舉祝官搢笏，跪舉祝册，讀祝官西向跪讀祝文，訖，俛伏，興。舉祝官奠祝于案，奏「請再拜」。皇帝再拜，

〔一〕「立」，諸本脱，據元史祭祀志二補。

興，平立。請詣配位酒尊所，西向立。司尊者舉冪，侍中贊酌著尊之汎齊。以爵授捧爵官，執圭。請詣太祖皇帝神位前，西向立。宮縣樂作。侍中贊搢圭，跪，三上香，三祭酒及馬湩訖，贊執圭，俛伏，興，少退立。舉祝官舉祝，讀祝官北向跪讀祝文，訖，俛伏，興。奠祝版訖，奏「請再拜」。皇帝再拜，興，平立，樂止。請詣飲福位，北向立。登歌樂作。太祝各以爵酌上尊福酒，合置一爵，以授侍中，侍中西向以進。禮儀使奏「請再拜」，皇帝再拜，興。奏「請搢圭」，跪受爵，祭酒，啐酒，以爵授侍中，侍中再以溫酒跪進。禮儀使奏「請受爵」。皇帝飲福酒訖，侍中受虛爵興，以授太祝。太祝又減神前胙肉加于俎，以授司徒。司徒以俎西向跪進，皇帝受，以授左右。奏「請執圭」，俛伏，興，平立，少退。奏「請再拜」，皇帝再拜，訖，樂止。禮儀使前導，還版位。登歌樂作，降自午陛，樂止。宮縣樂作，至位，東向立，樂止。請還小次，至次釋圭。文舞退，武舞進，宮縣樂作，奏和成之曲，樂止。禮直官引亞終獻官升自卯陛，行禮如常儀，唯不讀祝，皆飲福而無胙俎。降自卯陛，復位。禮直官贊太祝徹籩豆。登歌樂作，奏寧成之曲，卒徹，樂止。奉禮贊賜胙，衆官再拜，在位者皆再拜。禮儀使奏「請詣版位」，出次，執圭，至位，東向立，再拜。皇帝再拜。奉禮贊曰「再拜」，贊者承傳，在位者皆再拜。送神樂作，天成之曲一成，止。禮儀使奏「禮畢」，遂前導皇帝還大次。宫縣樂作，出門，樂止，至大次，釋圭。九曰望燎。皇帝既還大次，禮直官引攝太尉以下監祭禮詣望燎位，太祝各捧篚詣神位前，進取燔玉、祝幣、牲俎并黍稷、飯籩、爵酒，各由其陛降詣燎壇，以祝幣、饌物置柴上，禮直官贊「可燎」，半柴，又贊「禮畢」，攝太尉以下皆出。禮直官引監祭禮、祝史、太祝以下從壇南，北向立定，奉禮贊曰「再拜」，監祭禮以下皆再拜，訖，遂出。十曰車駕還宫。皇帝既還大次，侍中奏「請解嚴」。皇帝釋衮冕，停大次。五刻頃，所司備法駕，序立于櫺星門外，以北爲上。侍中版奏「請中嚴」，皇帝改服通天冠、絳紗袍。少頃，侍中版奏「外辦」，皇帝出次升輿，導駕官前導，華蓋、繖扇如常儀。至櫺星門外，太僕卿進御馬如式。侍中前奏「請皇帝降輿乘馬」，訖，太僕卿執御，門下侍郎奏「請車駕進發」，俛伏，興，退。車駕動，稱警蹕。至櫺星門外，門下侍郎跪奏曰「請權停」，敕衆官上馬。侍中承旨曰「制可」，門下侍郎傳制，贊者承傳。衆官上馬畢，導駕官及華蓋、繖扇分左右前導。門下侍郎跪請車駕進發，俛伏，興。車駕動，稱警蹕。教坊樂鼓吹振作。駕至崇天門櫺星門外，門下侍郎跪奏曰「請權停，敕衆官下馬」，侍中承旨曰「制可」，門下侍郎俛伏，興，退傳制，贊者承傳。衆官下馬畢，左右前引入内，與儀仗倒卷而北，兩行駐立。駕入崇天門至大明門外，降馬升輿以入。駕既入，通事舍人承旨敕衆官皆退，宿衛官率衛士宿衛如式。

南郊之禮，其始爲告祭，繼而有大禮，皆攝事也。故攝祀之儀特詳，其目有九：一曰齋戒。祀前五日質明，奉禮郎率儀鸞局，設獻官諸執事版位于中書省。獻官諸執事位俱藉以席，仍加紫綾褥。初獻攝太尉設位于前堂階上，稍西，東南向。監祭御史二位，一位在甬道上西，稍北，東向；一位在甬道上東，稍北，西向。監禮博士二位，各次御史，以北爲上。次亞獻官、終獻官、攝司徒位于其南。次助奠官，次太常太卿、太常卿、光禄卿，次太史令、禮部尚書、刑部尚書，次奉璧官、奉幣官、讀祝官、太常少卿、拱衛直都指揮使，次太常丞、光禄丞、太官令、良醖令、司尊罍，次廩犧令、舉祝官、奉爵官，次太官丞、盥洗官、爵洗官、巾篚官，次剪燭官，次與祭官。其禮直官分直于左右，東西相向。西設版位四列，皆北向，以東爲上：郊祀令、太樂令、太祝、祝史，次齋郎。東設版位四列，皆北向，以西爲上：郊祀丞、太樂丞、協律郎、奉禮郎，次齋郎、司天生。禮直官引獻官諸執事各就位。獻官諸執事俱公服，五品以上就服其服，六品以下皆借紫服。禮直局管勾進立于太尉之右，宣讀誓文曰「某年某月某日，祀昊天上帝于圜丘，各揚其職，其或不敬，國有常刑」。散齋三日，宿于正寢，致齋二日于祀所。散齋日治事如故，不弔喪問疾，不作樂，不判署刑殺文字，不決罰罪人，不與穢惡事。致齋日惟祀事得行，其餘悉禁。凡與祀之官已齋而闕者，通攝行事。讀畢，稍前唱曰「七品以下官先退」，復贊曰「對拜」，太尉與餘官皆再拜，乃退。凡與祭者，致齋之宿，官給酒饌。守壝門兵衛及太樂工人，皆清齋一宿。二曰告配。祀前二日，初獻官與太常禮儀院官恭詣太廟，奏告太祖皇帝本室，即還齋次。三曰迎香。祝祀前二日，翰林學士赴禮部書寫祝文，太常禮儀院官亦會焉。書畢，于公廨嚴潔安置。祀前一日質明，獻官以下諸執事皆公服，禮部尚書率其屬捧祝版，同太常禮儀院官俱詣闕廷，以祝版授太尉，進請御署訖，同香酒迎出崇天門外。香置于輿，祝置香案，御酒置輦樓，俱用金複覆之。太尉以下官比上馬，清道官率京官行于儀衛之先，兵馬司巡兵執矛幟夾道次之，金鼓又次之，京尹儀從左右成列前導，諸執事官東西二班行于儀仗之外，次儀鳳司奏樂，禮部官點視成列，太常禮儀院官導于香輿之前，然後控鶴舁輿案行，太尉等官從行至祀所。輿案由南櫺星門入，諸執事官由左右偏門入，奉安御香、祝版于香殿。　四曰陳設。　祀前三日，樞密院設兵衛各具器服守衛壝門，每門兵官二員，及外垣東西南櫺星門外，設蹕街清路諸軍，諸軍旗服，各隨其方色。　去壇二百步，禁止行人。　祀前一日，郊祀令率其屬掃除壇上下。　大樂令率其屬設登歌樂于壇上，稍南，北向。　編磬一簴在西，編鐘一簴在東。　擊鐘磬者，皆有坐杌。　大樂令位在鐘簴東，西向。　協律郎位在磬簴西〔一〕，東向。　執麾者立于後。　柷一，在鐘簴北，稍東。　敔一，在磬簴北，稍西。　搏拊二，一在柷北，一在敔北。　歌工八人，分別于午陛左右，東西相向坐，以北爲上，凡坐者皆藉以席加氈。　琴一絃、三絃、五絃、七絃、九絃者，各二。　瑟四，籥二，篪二，笛二，簫二，巢笙四，和笙四，閏餘匏一，九曜匏一，七星匏一，塤二，各分立于午陛東西樂榻上。　琴瑟者分列于北，皆北向坐。　匏竹者分列于琴瑟之後，爲二列重行，皆北向相對爲首。　又設圜宮縣樂于壇南内壝南門之外。　東方西方，編磬起北，編鐘次之。　南方北方，編磬起西，編鐘次之。　又設十二鎛鐘于編縣之間，各依辰位，每辰編磬在左，編鐘在右，謂之一肆。　每面三辰，共九架，四面三

〔一〕「磬」，諸本作「鐘」，據元史祭祀志二改。

十六架。設晉鼓于懸内通街之東，稍南，北向。置雷鼓、單鼗、雙鼗各二柄于北懸之内，通街之左右，植四楹雷鼓于四隅，皆左鼙右應。北懸之内，歌工四列。内二列在通街之東，二列于通街之西。每列八人，共三十二人，東西相向坐，以北爲上。柷一在東，敔一在西，皆在歌工之南。大樂丞位在北縣之外，通街之東，西向。協律郎位于通街之西，東向。執麾者立于後，舉節樂正立于東，副正立于西，並在歌工之北。樂師二員，對立于歌工之南。運譜二人，對立于樂師之南。照燭二人，對立于運譜之南，祀日分立于壇之上下，掌樂作樂止之標準。琴二十七，設于東西縣内：一絃者三，東一，西二，俱爲第一列；三絃、五絃、七絃、九絃者各六，東西各四列；每列三人，皆北向坐。瑟十二，東西各六，共爲列，在琴之後坐。巢笙十、簫十、閏餘匏一在東，七星匏一、九曜匏一，皆在竽笙之側。竽笙十、籥十、篪十、塤八、笛十，每色爲一列，各分立于通街之東西，皆北向。又設文舞位于北縣之前，植四表于通街之東，舞位行綴之間。導文舞執衙仗舞師二員，執旌二人，分立于舞者行綴之外。舞者八佾，每佾八人，共六十四人，左手執籥，右手秉翟，各分四佾，立于通街之東西，皆北向。又設武舞，俟立位于東西縣外。導武舞執衙仗舞師二員，執纛二人，執器二十人，内單鼗二、單鐸二、雙鐸二、金鐃二、鉦二、金錞二，執扃者四人，扶錞二、相鼓二、雅鼓二，分立于東西縣外。舞者如文舞之數，左手執干，右手執戚，各分四佾，立于執器之外。俟文舞自外退，則武舞自内進，就立文舞之位，惟執器者分立于舞人之外。文舞亦退于武舞俟立之位。太史令、郊祀令各公服，率其屬升設昊天上帝神座于壇上，北方，南向；席以藁秸，加褥座，置璧于繅藉，設幣于篚，置酌尊所。皇地祇神座，壇上稍東，北方，南向；席以藁秸，加褥座，置玉于繅藉，設幣于篚，置酌尊所。配位神座，壇上東方，西向；席以蒲越，加褥座，置璧于繅藉，設幣于篚，置酌尊所。設五方五帝、日、月、天皇大帝、北極等九位，在壇之第一等；席以莞，各設玉幣于神座前。設内官五十四位于圜壇第二等，設中官一百五十九位于圜壇第三等，設外官一百六位于内壝内，設衆星三百六十位于内壝外；席皆以莞，各設青幣于神座之首，皆内向。候告潔畢，權徹第一等玉幣，至祀日丑前重設。執事者實柴于燎壇，仍設葦炬于東西。執炬者東西各二人，皆紫服。奉禮郎率儀鸞局，設獻官以下及諸執事官版位，設三獻官版位于内壝西門之外道南，東向，以北爲上。次助奠位稍却，次第一等至第三等分獻官，第四等、第五等分奠官，次郊祀令、太官令、良醞令、廩犧令、司尊罍，次郊祀丞、讀祝官、舉祝官、奉璧官、奉幣官、奉爵官、太祝、盥洗官、爵洗官、巾篚官、祝史，次齋郎，位于其後。每等異位，重行，俱東向，北上。攝司徒位于內壝東門之外道南，與亞獻相對。次太常禮儀使、光禄卿、同知太常禮儀院事、太史令、分獻分奠官、僉太常禮儀院事、拱衛直都指揮使、太常禮儀院同僉、院判、光禄丞，位于其南，皆西向，北上。監祭御史二位，一位在內壝西門之外道北，東向；一位在內壝東門之外道北，西向。博士二位，各次御史，以北爲上。設奉禮郎位于壇上，稍南，午陛之東，西向；司尊罍位于尊所，北向。又設望燎位于燎壇之北，南向。設牲牓于外壝東門之外，稍南，西向；太祝、祝史位于牲後，俱西向。設省牲位于牲北；太常禮儀使、光禄卿、大官令、光禄丞、大官丞位于其北，大官令以下位皆少却。監祭、監禮位在太常禮儀使之西，稍却，南向。廩犧令位于牲西南，北向。又設省饌位于牲位之北，饌殿之南。太常禮儀使、光禄卿丞、大官令丞位在東，西向；監祭、監禮位在西，東向；俱北上。祠祭局設正配三位，各左十有二籩，右十有二豆，俱爲四行。登三，鉶三，簠、簋各二，在籩豆間。登居神前，鉶又居前，簠左簋右，居鉶前，皆藉以席。設牲首俎一，居中；牛羊豕俎七，次之。香案一，沙池、爵坫各一，居俎前。祝案一，設于神座之右。又設天地二位各太尊二、著尊二、犧尊二〔一〕、山罍二于壇上東南，俱北向，西上。又設配位著尊一、犧尊二、象尊二、山罍二，在二尊所之東，皆有坫，加勺、冪，惟玄酒有冪無勺，以北爲上。馬湩三器，各設于尊所之首，加冪、勺。又設玉幣篚二于尊所西，以北爲上。又設正位象尊二、壺尊二、山罍四于壇下午陛之西。又設地祇尊罍，與正位同，于午陛之東，皆北向，西上。又設配位犧尊二、壺尊二、山罍四在西陛之北，東向，北上，皆有坫、冪，不加勺，設而不酌。又設第一等九位各左八籩，右八豆，登一，在籩豆間，簠、簋各一，在登前，俎一，爵、坫各一，在簠、簋前。每位太尊二、著尊二，于神之左，皆有坫，加勺、冪，沙池，玉幣篚各一。又設第二等諸神，每位籩二、豆二，簠、簋各一，登一，俎一，于神座前。每陛間象尊二，爵、坫，沙池、幣篚各一，于神中央之座首。又設第三等諸神，每位籩、豆、簠、簋各一，俎一，于神座前。每陛間設壺尊一〔二〕，爵尊二，爵、坫、沙池、幣篚各一，于神中央之座首。又設內壝內諸神，每位籩、豆各一，簠、簋各一，于神

〔一〕「犧尊二」，諸本脱，據元史祭祀志二補。
〔二〕「一」，元史祭祀志二作「二」。

座前。每道間概尊二，爵、坫、沙池、幣篚各一，于神中央之座首。又設内壝外衆星三百六十位，每位籩、豆、簠、簋、俎各一，于神座前。每道間散尊二，爵、坫、沙池、幣篚各一，于神中央之座前。自第一等以下，皆用匏爵，先滌訖，置于坫上。又設正配位各籩一，豆一，簠一，簋一，俎四及毛血豆各一，牲首盤一。并第一等神位，每位俎二，于饌殿内。又設盥洗、爵洗于壇下，卯陛之東，北向，罍在洗東，加勺，篚在洗西，南肆，實以巾，爵洗之篚實以匏爵，加坫。又設第一等分獻官盥洗、爵洗位，第二等以下分獻官盥洗位，各于陛道之左，罍在洗左，篚在洗右，俱内向。凡司尊罍篚位，各于其後。

五曰省牲器，見親祀儀。六曰習儀，見親祀儀。七曰奠玉幣。祀日丑前五刻，太常卿率其屬，設椽燭于神座四隅，仍明壇上下燭、内外籸燎。太史令、郊祀令各服其服升，設昊天上帝神座，藁秸、席褥如前。執事者陳玉幣于篚，置于尊所。禮部尚書設祝版于案。光禄卿率其屬入實籩、豆、簠、簋。籩四行，以右爲上。第一行魚鱐在前，糗餌、粉餈次之。第二行乾棗在前，乾橑、形鹽次之。第三行鹿脯在前，榛實、乾桃次之。第四行菱在前，芡、栗次之。豆四行，以左爲上。第一行芹菹在前，筍菹、葵菹次之。第二行菁菹在前，韭菹、飽食次之。第三行魚醢在前，兔醢、豚拍次之。第四行鹿臡在前，醓醢、糝食次之。簠實以稻、粱，簋實以黍、稷，登實以太羹。良醞令率其屬入實尊、罍。太尊實以泛齊，著尊醴齊，犧尊盎齊，象尊醍齊，壺尊沈齊；山罍爲下尊，實以玄酒；其酒、齊皆以尚醞酒代之。大官丞設革囊馬湩于尊所。祠祭局以銀盒貯香，同瓦鼎設于案。司香官一員立于壇上。祝史以牲首盤設于壇上。獻官以下執事官，各服其服，就次所，會于齊班幕。拱衛直都指揮使率控鶴，各服其服，擎執儀仗，分立于外壝内東西諸執事位之後；拱衛使亦就位。大樂令率工人二舞，自南壝東偏門以次入，就壇上下位。奉禮郎先入就位。禮直官分引監祭御史、監禮博士、郊祀令、大官令、良醞令、廩犧令、司尊罍、大官丞、讀祝官、舉祝官、奉玉幣官、太祝、祝史、奉爵官、盥爵洗官、巾篚官、齋郎，自南壝東偏門入，就位。禮直官引監祭、監禮案視壇之上下祭器，糾察不如儀者。及其案視也，太祝先徹去蓋冪，案視訖，禮直官引監祭、監禮退復位。奉禮郎贊「再拜」，禮直官承傳，監祭禮以下皆再拜。奉禮郎贊曰「各就位」，大官令率齋郎以次出詣饌殿，俟立于南壝門外。禮直官分引三獻官、司徒、助奠官、太常禮儀院使、光禄卿、太史令、太常禮儀院同知、僉院、同僉、院判、光禄丞，自南壝東偏門經樂縣内入就位。禮直官進太尉之左，贊曰「有司謹具，請行事」，退復位。宫縣樂作，降神，天成之曲六成，内圜鐘宫三成，黄鐘角、太蔟徵、姑洗羽各一成。文舞崇德之舞。初，樂作，協律郎跪，俛伏，舉麾興，工鼓柷，偃麾，戛敔而樂止。凡樂作、樂止，皆倣此。禮直官引太常禮儀院使率祝史，自卯陛升壇，奉牲首降自午陛，由南壝正門經宫縣内詣燎壇北，南向立。祝史奉牲首升自南陛，置于户内柴上。東西執炬者以火燎柴，升煙燔牲首訖，禮直官引太常禮儀院使、祝史捧盤血詣坎位瘞之。禮直官引太常禮儀院使、祝史各復位。奉禮郎贊「再拜」，禮直官承傳，太尉以下皆再拜，訖，其先拜者不拜。執事者取玉幣于篚，立于尊所。禮直官引太尉詣盥洗位，宫縣樂奏黄鐘宫隆成之曲，至位，北向立，樂止。搢笏、盥手、帨手訖，執笏詣壇，升自午陛，登歌樂作大吕宫隆成之曲，至壇上，樂止。詣正位神座前，北向立，宫縣樂奏黄鐘宫欽成之曲，搢笏，跪，三上香。執事者加璧于幣，西向跪，以授太尉，太尉受玉幣，奠于正位神座前，執笏，俛伏，興，少退立，再拜訖，樂止。次詣皇地祇位，奠獻如上儀。次詣配位神主前，奠幣如上儀。降自午陛，登歌樂作，如升壇之曲，至位，樂止。祝史奉毛血豆，入自南壝門詣壇，升自午陛。諸太祝迎取于壇上，俱跪奠于神座前，執笏，俛伏，興，退立于尊所。

至大三年大祀，奠玉幣儀與前少異，

今存之，以備互考。祀日丑前五刻，設壇上及第一等神位，陳其玉幣及明燭，實籩、豆、尊、罍。樂工各入就位畢，奉禮郎先入就位。禮直官分引分獻官、監祭御史、監禮博士、諸執事、太祝、祝史、齋郎，入自中壝東偏門，當壇南，重行，西上，北向立定。奉禮郎贊曰「再拜」，分獻官以下皆再拜，訖，奉禮郎贊曰「各就位」。禮直官引子丑寅卯辰巳陛道分獻官，詣版位，西向立，北上；午未申酉戌亥陛道分獻官，詣版位，東向立，北上。禮直官分引監祭禮點視陳設，案視壇之上下，糾察不如儀者，退復位。太史令率齋郎出俟。禮直官引三獻官并助奠等官入就位，東向立，司徒西向立。禮直官贊曰「有司謹具，請行事」，降神六成，樂止。太常禮儀使率祝史二員，捧馬首詣燎壇，升煙訖，復位。奉禮郎贊曰「再拜」，「三獻」，司徒等皆再拜，訖，奉禮郎贊曰「諸執事者各就位」，立定。禮直官請初獻官詣盥洗位，樂作，至位，樂止。盥畢詣壇，樂作，升自卯陛，至壇，樂止。詣正位神座前，北向立，樂作，搢笏，跪，太祝加玉于幣，西向跪以授初獻，初獻受玉幣奠訖，執笏，俛伏，興，再拜訖，樂止。次詣配位神座前立，樂作，奠玉幣如上儀，樂止。降自卯陛，樂作，復位，樂止。初獻將奠正位之幣，禮直官分引第一等分獻官詣盥洗位，盥畢，執笏各由其陛升，詣各神位前，搢笏，跪，太祝以玉幣授分獻官，奠訖，俛伏，興，再拜訖，還位。初，第一等分獻官將升，禮直官分引第二等內壝內、內壝外分獻官盥爵，盥洗官俱從至酌尊所，立定，各由其陛道詣各神首位前奠，並如上儀。退立酌尊所，伺候終獻酌奠，詣各神首位前酌奠。祝史奉正位毛血豆由午陛升，配位毛血豆由卯陛升，太祝迎于壇上，進奠于正配位神座前，太史與祝史俱退于尊所〔一〕。八曰進熟。太尉既升奠玉幣，大官令丞率進饌齋郎詣厨，以牲體設于盤，馬牛羊豕鹿各五盤，宰割體段，並用國禮。各對舉以行至饌殿，俟光禄卿出實籩、豆、簠、簋。籩以粉餈，豆以糁食，簠以粱，簋以稷。齋郎上四員，奉籩、豆、簠、簋者前行，舉盤者次之。各奉正配位之饌〔二〕，以序立于南壝門之外，俟禮直官引司徒出詣饌殿，齋郎各奉以序從司徒入自南壝正門。配位之饌入自偏門。宮縣樂奏黄鐘宮寧成之曲，至壇下，俟祝史進徹毛血豆訖，降自卯陛以出。司徒引齋郎奉正位饌詣壇，升自午陛，大官令丞率齋郎奉配位及第一等之饌，升自卯陛，立定。奉禮贊諸太

〔一〕「太史」，元史祭祀志二作「太祝」。
〔二〕「配」，原作「祀」，據光緒本、元史祭祀志二改。

祝迎饌，諸太祝迎于壇陛之間，齋郎各跪奠于神座前。設籩于糗餌之前，豆于醓醢之前，簠于稻前，簋于黍前。又奠牲體盤于俎上，齋郎出笏，俛伏，興，退立定，樂止。禮直官引司徒降自卯陛，大官令率齋郎從司徒，亦降自卯陛，各復位。其第一等至内壝外之饌，有司陳設。禮直官贊，太祝搢笏，立茅苴于沙池，出笏，俛伏，興，退立于本位。禮直官引太尉詣盥洗位，宮縣樂作，奏黄鍾宮隆成之曲，至位，北向立，樂止。搢笏、盥手、帨手訖，出笏，詣爵洗位，北向立。搢笏，執事者奉匏爵以授太尉，太尉洗爵，拭爵訖，以爵授執事者。太尉出笏，詣壇，升自午陛，一作「卯陛」。登歌樂作，奏黄鍾宮明成之曲，至壇上，樂止。詣酌尊所，西向立，搢笏，執事者以爵授太尉，太尉執爵，司尊罍舉冪，良醞令酌太尊之泛齊，凡舉冪、酌酒，皆跪。以爵授執事者。太尉出笏，詣正位神座前，北向立，宮縣樂作，奏黄鍾宮明成之曲，文舞崇德之舞。太尉搢笏，跪，三上香。執事者以爵授太尉，太尉執爵三祭酒于茅苴，以爵授執事者，執事者奉爵退，詣尊所。大官丞傾馬湩于爵，跪授太尉，亦三祭于茅苴，復以爵授執事者，執事者受虚爵以興。太尉出笏，俛伏，興，少退，北向立，樂止。舉祝官搢笏，跪，對舉祝版；讀祝官搢笏，跪，讀祝文。讀訖，舉祝官奠版于案，出笏，興。讀祝官出笏，俛伏，興，宮縣樂奏如前曲。舉祝、讀祝官俱先詣皇地祇位前，北向立。太尉再拜訖，樂止。次詣皇地祇位，並如上儀，惟樂奏大呂宮。次詣配位，並如上儀，惟樂奏黃鍾宮。降自午陛，一作「卯陛」。登歌樂作如前降神之曲，至位，樂止。讀祝、舉祝官降自卯陛，復位。文舞退，武舞進，宮縣樂作，奏黃鍾宮和成之曲，立定，樂止。禮直官引亞獻官詣盥洗位，北向立。搢笏、盥手、帨手訖，出笏詣爵洗位，北向立。搢笏、執爵、洗爵、拭爵，以爵授執事者。出笏詣壇，升自卯陛，至壇上酌尊所，東向一作「西向」。立。搢笏，授爵，執爵，司尊罍舉冪，良醞令酌著尊之醴齊，以爵授執事者。出笏，詣正位神座前，北向立。宮縣樂作，奏黃鍾宮熙成之曲，武舞定功之舞。搢笏，跪，三上香。授爵，執爵，三祭酒于茅苴，復祭馬湩如前儀，以爵授執事者。出笏，俛伏，興，少退立，再拜訖，次詣皇地祇位、配位，並如上儀。訖，樂止，降自卯陛，復位。禮直官引終獻官詣盥洗位，盥手、帨手訖，詣爵洗位，授爵，執爵，洗爵，拭爵，以爵授執事者。出笏，升自卯陛，至酌尊所，搢笏，授爵，執爵，良醞令酌犧尊之盎齊，以爵授執事者。出笏，詣正位神座前，北向立。宮縣樂作，奏黃鍾宮熙成之曲，武舞定功之舞。上香、祭酒、馬湩，並如亞獻之儀，降自卯陛。初，終獻將升壇時，禮直官分引第一等分獻官詣盥洗位，搢笏、盥手、帨手、滌爵、拭爵訖，以爵授執事者。出笏，各由其陛詣酌尊所，搢笏，執事者以爵授分獻官，執爵，酌太尊之泛齊，以爵授執事者。各詣諸神位前，搢笏，跪，三上香、三祭酒訖，出笏，俛伏，興，少退，再拜，興，降，復位。第一等分獻官將升壇時，禮直官引第二等、第三等內壝內、內壝外衆星位分獻官，各詣盥洗位，搢笏、盥手、帨手、酌奠如上儀。訖，禮直官各引獻官復位，諸執事者皆退，復位。禮直官贊太祝徹籩豆。登歌樂作大吕宫寧成之曲，太祝跪，以籩豆各一少移故處，卒徹，出笏，俛伏，興，樂止。奉禮郎贊曰「賜胙」，衆官再拜，禮直官承傳曰「拜」，在位者皆再拜，平立定。送神宫縣樂作，奏圜鍾宫天成之曲一成，止。九曰望燎。禮直官引太尉，亞獻助奠一員，太常禮儀院使、監祭、監禮各一員等，詣望燎位。又引司徒，終獻助奠，監祭、監禮各一員，及太常禮儀院使等官，詣望瘞位。樂作，奏黄鍾宫隆成之曲，至位，南向立，樂止。上下諸執事各執篚進神座前，取燔玉及幣祝版。日月已上，齋郎以俎載牲體、黍稷，各由其陛降，南行，經宫縣樂，出東，詣燎壇。升自南陛，以玉幣、祝版、饌食致于柴上户內。諸執事又以內官以下之禮幣皆從燎。禮直官贊曰「可燎」，東西執炬者以炬燎火半柴。執事者亦以地祇之玉幣、祝版、牲體、黍稷詣瘞坎。

焚瘞畢，禮直官引太尉以下官以次由南壝東偏門出，禮直官引監祭、監禮、奉玉幣官、太祝、祝史、齋郎俱復壇南，北向立。奉禮郎贊曰「再拜」，禮直官承傳曰「拜」，監祭、監禮以下皆再拜，訖，各退出。大樂令率工人二舞以次出。禮直官引太尉以下諸執事官至齊班幕前立，禮直官贊曰「禮畢」，衆官圓揖畢，各退于次。太尉等官、太常禮儀院使、監祭、監禮展視胙肉酒醴，奉進闕廷，餘官各退。

多爾濟巴勒傳：元統元年，擢監察御史。陳時政五事，二曰「親祀郊廟」。

特穆爾達實傳：至元二年，郊，特穆爾達實言大祀竣事，必有實惠及民，以當天心。乃賜民明年田租之半。

蕙田案：至元二年，紀、志都無郊事，或即至正三年之誤，姑附于此。

順帝本紀：至正三年十月己酉，帝親祀上帝于南郊，以太祖配；己未，以郊祀禮成，大赦天下。

祭祀志：至正三年十月十七日，親祀昊天上帝于圜丘，以太祖皇帝配享，如舊行儀制。右丞相托克托爲亞獻官，太尉、樞密知院阿嚕圖爲終獻官，御史大夫伯奇爾爲攝司徒，樞密知院汪家努爲大禮使，中書平章額森特穆爾、特穆爾達實二人爲侍中，御史大夫額森特穆爾、中書右丞太平二人爲門下侍郎，宣徽使達實特穆爾、太常同知李好文二人爲禮儀使，宣徽院使額森特穆爾執劈正斧，其餘侍祀官依等第定擬。前期八月初七日，太常禮儀院移關禮部，具呈都省，會集翰林、集賢、禮部等官，講究典禮。九月，内承奉班都知孫玉鉉具録親祀南郊儀注云：致齋日停奏刑殺文字，應享執事官員莅誓于中書省。享前一日質明，所司備法駕儀仗暨侍享官分左右叙立于崇天門外，太僕卿控御馬立于大明門外，侍儀官、導駕官各具公服，備擎執，立于致齋殿前。通事舍人二員引門下侍郎、侍中入殿相向立。侍中跪奏「請皇帝中嚴」，就拜，興，退出。少頃，引侍中跪奏「外辦」，就拜，興。皇帝出致齋殿，侍中跪奏「請皇帝升輿」，侍儀官、導駕官引擎執前導，巡輦路至大明殿西陛下。侍中跪奏「請皇帝降輿升殿」，就拜，興。皇帝入殿，即御座。舍人引執事等官，叙于殿午陛下，相向立。通班舍人贊起居，引贊鞠躬平身。舍人引門下侍郎、侍中入殿至御座前，門下侍郎、侍中相向立。侍中跪奏「請皇帝降殿升輿」，就拜，興。侍儀官前導，至大明殿門外，侍中跪奏「請皇帝升輿」，就拜，興。至大明門外，侍中跪奏「請皇帝降輿乘馬」，門下侍郎跪奏「請車駕進發」，就拜，興，動稱警蹕。至崇天門外，門下侍郎跪奏「請車駕少駐」，敕衆官上馬，就拜，興。侍中承旨，退稱曰「制可」，門下侍郎退傳制，敕衆官上馬，贊者承傳，敕衆官于欞星門外上馬。少頃，門下侍郎跪奏「請車駕進發」，就拜，興，動稱警蹕。華蓋、繖扇、儀仗百官左右前導，教坊樂鼓吹不作。至郊壇南欞星門外，門下侍郎跪奏「請皇帝權停」，敕衆官下馬。侍中傳制，敕衆官下馬，自卑而尊與儀仗倒捲而北〔一〕，左右駐立。駕至内欞星門，侍中跪奏「請皇帝降馬」，步入欞星門，由右偏門入。稍西，侍中跪奏「請皇帝升輿」，就拜，興。侍儀官暨導駕官引擎執前導，至大次殿門前，侍中跪奏「請皇帝降輿」，入就大次殿，就拜，興。皇帝入就大次，簾降，宿衛如式。侍中入跪奏，敕衆官各退齋次，就拜，興。通事舍人承旨，敕衆官各還齋次。尚食進膳訖，禮儀使以祝册奏御署訖，奉出，郊祀令受而奠于坫。其享日丑時二刻，侍儀官備擎執，同導駕官列于大次殿前。通事舍人引侍中、門下侍郎入大次殿。侍中跪奏「請皇帝中嚴，服衮冕」，就拜，興，退。少頃，舍人再拜，引侍中跪版奏「外辦」，就拜，興，退出。禮儀使入跪奏「請皇帝行禮」，就拜，興。簾捲，出大次，侍儀官備擎

〔一〕「北」，原脱，據光緒本、元史祭祀志六校勘記補。

執，同導駕官前導。皇帝至西壝門，侍儀官、導駕官擎執止于壝門外，近侍官、代禮官皆後從入。殿中監跪進大圭，禮儀使跪請皇帝執大圭，皇帝入行禮，禮節一如舊制。行禮畢，侍儀官備擎執，同導駕官前導，皇帝還至大次。通事舍人引侍中入跪奏「請皇帝解嚴，釋衮冕」。停五刻頃，尚食進膳如儀。所司備法駕儀仗，同侍享等官分左右，敘立于郊南欞星門外，以北爲上。舍人引侍中入跪奏「請皇帝中嚴」，就拜，興，退。少頃，再引侍中跪版奏「外辦」，就拜，興。皇帝出大次，侍中跪奏「請皇帝升輿」，侍儀官備擎執，同導駕官前導，至欞星門外，太僕卿進御馬，侍中跪奏「請皇帝降輿乘馬」，就拜，興。門下侍郎跪奏「請車駕進發」，就拜，興，動稱警蹕。至欞星門外，門下侍郎跪請皇帝少駐，敕衆官上馬，就拜，興。侍中承旨，退稱曰「制可」，門下侍郎傳制，敕衆官上馬，贊者承傳，敕衆官上馬。少頃，門下侍郎跪奏「請車駕進發」，就拜，興。侍儀官備擎執，同導駕官前導，動稱警蹕，華蓋、儀仗、繖扇衆官左右前導，教坊樂鼓吹皆作。至麗正門裏石橋北，引門下侍郎下馬，跪奏「請皇帝權停」，敕衆官下馬，贊者承傳，敕衆官下馬，舍人引衆官分左右，先入紅門内，倒捲而北駐立。引甲馬軍士于麗正門内石橋大北駐立，依次倒捲至欞星門外，左右相向立。仗立于欞星門内，倒捲亦如之。門下侍郎跪奏「請車駕進發」，侍儀官備擎執，導駕官導由崇天門入，至大明門外。引侍中跪奏「請皇帝降馬升輿」，就拜，興。至大明殿，引衆官相向立于殿陛下。俟皇帝入殿升座，侍中跪奏「請皇帝解嚴」，敕衆官皆退，通事舍人承旨，敕衆官皆退，郊祀禮成。

伊埒布哈傳：拜監察御史，首上疏言：「郊廟禮甚缺，天子宜躬祀南郊，殷祭太室。」

順帝本紀：至正十五年冬十月甲子，帝謂右丞相鼎珠等曰：「敬天地，尊祖宗，重事也。近年以來，闕于舉行。當選吉日，朕將親祀郊廟，務盡誠敬，不必繁文，卿等其議典禮，從其簡者行之。」遂命右丞鄂倫、左丞吕思誠領其事。癸酉，哈麻奏言：「郊祀之禮，以太祖配，皇帝出宫，至郊祀所，便服乘馬，不設内外儀仗、教坊隊子，齋戒七日，内散齋四日于别殿，致齋三日，二日于大明殿西幄殿，一日在南郊祀所。」丙子，以郊祀，命皇太子阿裕錫哩達喇祭告太廟。十一月壬辰，親祀上帝于南郊，以皇太子阿裕錫哩達喇爲亞獻，攝太尉、右丞相鼎珠爲終獻。

明史危素傳：至正二十年，上都宫殿火，素請親祀南郊，築北郊，以斥合祭之失。

春明夢餘録：元初，用其國俗，拜天于日月山。成宗大德六年，建壇于燕京，合祭天、地、五方帝。九年，始立南郊，專祀昊天上帝。泰定中，又合祭。然皆不親郊。文宗至順以後，親祀者凡四，惟祀昊天上帝。其郊壇三成，以合陽奇之數。每成高八尺一寸，以合乾之九九。上成縱廣五丈，中成十丈，下成十五丈。四陛，陛十有二級。外設二壝，内壝去壇二十五步，外壝去内壝五十四步。各四門。壇設于丙巳之地，以就陽位。外垣南櫺星門三，東西櫺星門各一。中築圜壇，周圍上下，俱護以甓。内壝、外壝各高五尺，壝四面各有門三，塗以赤。祭時，冕無旒，服大裘而加衮，搢大圭，執鎮圭。皇太子侍祠，服衮冕而執圭，諸臣奉祀。三獻官、司徒、大禮使七梁冠，加籠巾貂蟬，助奠以下諸執事官冠制，加貂蟬，無籠巾，而有六梁、四梁、三梁、二梁之異，御史冠二梁，加獬廌，俱青羅服、裳紱，綬環並同，笏以木。

右元郊禮

五禮通考卷十九

吉禮十九

圜丘祀天

明郊禮

明史太祖本紀：吴元年八月癸丑，圜丘成。

王圻續文獻通考：先是，丙午十二月定議，以明年丁未爲吴元年。群臣建言，國之所重，莫先于宗廟社稷。即于是日，命有司立圜丘于鍾山之陽，以冬至祀昊天上帝。

禮志：洪武元年，中書省臣李善長等奉敕撰進郊祀議，略言：「王者事天明，事地察，故冬至報天，夏至報地，所以順陰陽之義也。祭天于南郊之圜丘，祭地于北郊之方澤，所以順陰陽之位也。周禮大司樂：『冬日至，禮天神。夏日至，禮地祇。』禮曰：『享帝于郊，祀社于國。』又曰：『郊所以明天道，社所以明地道。』自秦立四時，以祀白、青、黄、赤四帝。漢高祖復增北時，兼祀黑帝。至武帝有雍五時，及渭陽五帝、甘泉太乙之祠，而昊天上帝之祭則未嘗舉行。魏、晉以後，宗鄭玄者以爲天有六名，歲凡九祭。宗王肅者，以爲天體唯一，安得有六？一歲二祭，安得有九？雖因革不同，大抵多參二家之説。元始間，王莽奏罷甘泉泰時，復長安南北郊。以正月上辛若丁，天子親合祀天地于南郊。由漢歷唐，千餘年間，皆因之合祭。宋元豐中，議罷合祭。紹聖、政和間，或分或合。高宗南渡以後，唯用合祭之禮。元成宗始合祭天、地、五方帝，已而立南郊，專祀天。泰定中，又合祭。文宗至順以後，唯祀昊天上帝。今當遵古制，分祭天地于南北郊。冬至則祀昊天上帝于圜丘，以大明、夜明、星辰、太歲從祀。太祖從其議，建圜丘于鍾山之陽。」

太祖本紀：洪武元年二月，定郊社宗廟禮，歲必親祀以爲常。

禮志：壇壝之制　明初，建圜丘于正陽門外，鍾山之陽。壇二成，上成廣七丈，高八尺一寸，四出陛，各九級，正南廣九尺五寸，東、西、北廣八尺一寸。下成周圍壇面，縱横皆廣五丈，高視上成，陛皆九級，正南廣一丈二尺五寸，東、西、北殺五寸五分。甃甎闌楯，皆以琉璃爲之。壝去壇十五丈，高八尺一寸，四面靈星門，南三門，東、西、北各一。外垣去壝十五丈，門制同。天下神祇壇在東門外。神庫五楹，在外垣北，南向。厨房五楹，在外壇東北，西向。庫房五楹，南向。宰牲房三楹，天池一，又在外庫房之北。執事齋舍，在壇外垣之東南。坊二，在外門外横甬道之東西。燎壇在内壝外東南丙地，高九尺，廣七尺，開上南出户。

神位　洪武元年冬至，正壇第一成，昊天上帝南向。第二成，東大明，星辰次之，西夜明，太歲次之。　神版長二尺五寸，廣五寸〔一〕，厚一寸，趺高五寸，以栗木爲之。正位題曰昊天上帝。

太祖本紀：元年十一月庚子，始祀上帝于圜丘。

禮志：郊祀儀注。洪武元年冬至，祀昊天上帝于圜丘。先期，皇帝散齋四日，致

〔一〕「五寸廣五寸」，諸本脱，據明史禮志一補。

齋三日。前祀二日，皇帝服通天冠、絳紗袍省牲器。次日，有司陳設。祭之日清晨，車駕至大次，太常卿奏「中嚴」，皇帝服衮冕。奏「外辦」，皇帝入就位。贊禮唱「迎神」，協律郎舉麾奏中和之曲。贊禮唱「燔柴」，郊社令升煙，燔全犢于燎壇。贊禮唱「請行禮」，太常卿奏「有司謹具，請行事」。皇帝再拜，皇太子及在位官皆再拜。贊禮唱「奠玉帛」，皇帝詣盥洗位。太常卿贊曰：「前期齋戒，今晨奉祭，加其清潔，以對神明。」皇帝搢圭，盥手，帨手，出圭，升壇。太常卿贊曰〔一〕：「神明在上，整肅威儀。」升自午陛，協律郎舉麾奏肅和之曲。皇帝詣昊天上帝神位前，跪，搢圭，三上香，奠玉帛，出圭，再拜，復位。贊禮唱「進俎」，協律郎舉麾奏凝和之曲。皇帝詣神位前，搢圭，奠俎，出圭，復位。贊禮唱「行初獻禮」，皇帝詣爵洗位，搢圭，滌爵，拭爵，以爵授執事者，出圭。詣酒尊所，搢圭，執爵，受汎齊，以爵授執事者，出圭。協律郎舉麾奏壽和之曲、武功之舞。皇帝詣神位前，跪，搢圭，上香，祭酒，奠爵，出圭。讀祝官捧祝跪讀訖，皇帝俛伏，興，再拜，復位。亞獻，酌醴齊，樂奏豫和之曲、文德之舞。終獻，酌盎

〔一〕「卿」，諸本脱，據明史禮志二補。

齊，樂奏熙和之曲、文德之舞。儀並同初獻，但不用祝。贊禮唱「飲福，受胙」，皇帝升壇，至飲福位，再拜，跪，搢圭。奉爵官酌福酒，跪進，太常卿贊曰：「唯此酒肴，神之所與，賜以福慶，億兆同霑。」皇帝受爵，祭酒，飲福酒，以爵置于坫。奉胙官奉胙，跪進，皇帝受胙，以授執事者，出圭，俛伏，興，再拜，復位。皇太子以下在位官皆再拜。贊禮唱「徹豆」，協律郎舉麾奏雍和之曲，掌祭官徹豆。贊禮唱「送神」，協律郎舉麾奏安和之曲。皇帝再拜，皇太子以下在位官皆再拜。贊禮唱「讀祝官奉祝，奉幣官奉幣，掌祭官取饌及爵酒，各詣燎所」，唱「望燎」，皇帝至望燎位。半燎，太常卿奏「禮畢」，皇帝還大次，解嚴。

明集禮：洪武元年十一月三日冬至，皇帝親祀圜丘。祝文曰：「臣荷眷佑，戡定區宇，爲億兆主。今當長至，六氣資始，禮典爰舉。敬以玉帛犧齊，粢盛庶品，備兹禋燎，用伸昭告。尚享！」其祝版依唐制，長一尺一分，廣八寸，厚二分，用楸梓木爲之。

明史樂志：洪武元年圜丘樂章：

迎神，中和之曲　昊天蒼兮穹窿，廣覆燾兮龐洪。建圜丘兮國之陽，合衆神兮來臨之同。念螻蟻兮微衷，莫自期兮感通。思神來兮金玉其容，馭龍鸞兮乘雲駕風。顧南郊兮昭格，望至尊兮崇崇。

奠玉帛，肅和之曲　聖靈皇皇，敬瞻威光。玉帛以登，承筐是將。穆穆崇嚴，神妙難量。謹兹禮物，功徵是皇。

進俎，凝和之曲　祀儀祗陳，物不于大。敢用純犢，告于覆載。唯兹菲薦，恐未周完。神其容之，以享以觀。

初獻，壽和之曲　眇眇微躬，何敢請于九重，以煩帝聰。帝心矜憐，有感而通。既俯臨于几筵，神繽紛而景從。臣雖愚蒙，鼓舞歡容，乃子孫之親祖宗。酌清酒兮在鍾，仰至德兮元功。

亞獻，豫和之曲　荷天之寵，睠駐紫壇。中情彌喜，臣庶均歡。趨蹌奉承，我心則寬。再獻御前，式燕且安。

終獻，熙和之曲　小子于兹，唯父天之恩，唯恃天之慈，内外殷勤。何以將之？奠有芳齊，設有明粢。喜極而抃，奉神燕娭。禮雖止于三獻，情悠長兮遠而。

徹饌，雍和之曲　烹飪既陳，薦獻斯就。神之在位，既歆既右。群臣駿奔，徹兹俎豆。物倘未充，尚幸神宥。

送神，安和之曲　神之去兮難延，想遐袂兮翩翩。萬靈從兮後先，衛神駕兮回旋。稽首兮瞻天，雲之衢兮渺然。

望燎，時和之曲　焚燎于壇，粲爛晶熒。幣帛牲黍，冀徹帝京。奉神于陽，昭祀有成。肅然望之，玉宇光明。

太祖實録：上觀圜丘，顧謂起居注熊鼎等曰：「此與古制合否？」對曰：「小異。」上曰：「古人于郊掃地而祭，器用陶匏，以示儉朴。周有明堂，其禮始備，今予創立斯壇，雖不必盡合古制，然一念事天之誠，不敢頃刻怠矣！」

明史禮志：洪武元年，始有事于南郊。有司議配祀。太祖謙讓不許，親爲文告太廟曰：「歷代有天下者，皆以祖配天。臣獨不敢者，以臣功業有未就，政治有缺失。去年上天垂戒，有聲東南，雷火焚舟擊殿吻，早暮兢惕，恐無以承上天好生之德，故不敢輒奉以配。唯祖神與天通，上帝有問，願以臣所行奏帝前，善惡無隱。候南郊竣事，臣當率百司恭詣廟庭，告成大禮，以共享上帝之錫福。」

大政記：上曰：「以玉飾車，考之古禮，唯祀天用之。若常乘之車，只宜用孔子所謂『殷輅』。然祀天之際，玉輅或未備，木輅亦未爲不可。」參政張昶對曰：「木輅，戎輅也。不可以祀天。」上曰：「孔子，萬世帝王之師，其斟酌四代禮樂，實爲萬世之法，乘木輅，何損于祭祀？況祀事在誠敬，不在儀文也。」昶頓首謝。

太祖實録：二年八月，建望祭殿。

大政記：二年八月甲申，命圜丘、方丘南皆建殿九間，爲望祭之所，風雨則于此望祭。

春明夢餘録：禮部尚書崔亮奏：「宋祥符九年，議南郊壇祀天，或值雨雪，則就太尉齋所望祭。元經世大典載：『社稷壇壝外垣之内、北垣之下，亦嘗建屋七間，南望二壇，以備風雨，曰望祀堂，請依此制。』」上從之。

明史禮志：二年，翰林學士朱升等奉敕撰齋戒文曰：「戒者，禁止其外。齋者，整齊其内。沐浴更衣，出宿外舍，不飲酒，不茹葷，不問疾，不弔喪，不聽樂，不理刑名，此則戒也。專一其心，嚴畏謹慎，苟有所思，即思所祭之神，如在其上，如在其左右，精白一誠，無須臾間，此則齋也。大祀七日，前四日戒，後三日齋。」太祖曰：「凡祭祀天地、社稷、宗廟、山川等神，爲天下祈福，宜下令百官齋戒。若自有所禱於天地百神〔一〕，不

〔一〕「於天地百神」，諸本脱，據明史禮志一補。

關民事者，不下令。」又曰：「致齋以七日五日，爲期太久，人心易怠。止臨祭，齋戒三日，務致精專，庶可格神明。」遂著爲令。是年從禮部尚書崔亮奏，大祀前七日，陪祀官詣中書省受誓戒。各揚其職，不共其事，國有常刑。

王圻續通考：二年，禮部尚書崔亮奏：「凡遇大祀，前期七日，陪祀官詣中書受誓戒，曰某月某日，皇帝有事于某神，百官其聽誓戒。祀必先戒，然後可以感神明。」至是，始定諸祭致齋之常期云。

觀承案：應天以實不以文。郊丘大典，惟以誠敬爲之本，而後可以舉其文。明祖開基，即分祭天地，禮文固已克正。而其定制垂訓，則祭必躬親，極其誠敬，尤爲有本。觀元年自作郊天告廟文，一片真朴恭畏之意，上帝能不顧享乎！惜十二年後，仍循用合祀之舊，然其敬恭之心，要未嘗稍怠，則文雖失，而本自在也。厥後，世宗釐定祀典，郊丘改爲分祭，足正歷來沿襲之訛矣。然崇所生而亂所統，蔑公義而狥私恩，則其本已亡。禮云禮云，豈文具之云乎！

明史太祖本紀：洪武二年十一月乙巳，祀上帝于圜丘，以仁祖配。

禮志：二年夏至，將祀方丘，群臣復請配典，太祖執不允。固請，乃曰：「俟慶陽平，議之。」八月，慶陽平。十一月冬至，群臣復固請，乃奉皇考仁祖淳皇帝配天于圜丘，位第一成，西向。

崔亮傳：洪武二年，亮言：「禮運曰：『禮行于郊，則百神受職。』今宜增天下神祇壇于圜丘之東，方澤之西。」又言：「郊特牲『器用陶匏』，周禮疏『外祀用瓦』，今祭祀用瓷，與古意合。而盤盂之屬，與古尚異，宜皆易以瓷，惟籩用竹。」皆允行。帝嘗謂亮：「先賢有言『見其生不忍見其死，聞其聲不忍食其肉』。今祭祀省牲于神壇甚邇，心殊未安。」亮乃奏考古省牲之儀，遠神壇二百步。帝大喜。時仁祖已配南北郊，而郊祀禮成後，復詣太廟恭謝。亮言宜罷，惟先祭三日，詣太廟以配享告。詔可。帝以日中有黑子，疑祭天不順所致，欲增郊壇從祀之神。亮執奏漢、唐煩瀆，不宜取法，乃止。帝一日問亮曰：「朕郊祀天地，拜位正中，而百官朝參則班列東西，何也？」亮對曰：「天子祭天，升自午陛，北向，答陽之義也。祭社，升自子陛，南向，答陰之義也。若群臣朝參，當避君上之尊，故升降皆由卯陛，朝班分列東西，以避馳道，其義不同。」亮倉卒占對，必傅經義，多此類。自郊廟祭祀外，朝賀山呼、百司箋奏、上下冠服、殿上坐墩諸儀及大射軍禮，皆亮所酌定。惟言大祀帝親省牲，中祀、小祀之牲當遣官代，帝命親祭者皆親省〔一〕。

明集禮：神位：上帝位題曰「昊天上帝」，配帝題曰「仁祖淳皇帝」，位版並黄質金字。從祀題曰「風伯之神」、「雲師之神」、「雷師之神」、「雨師之神」，並赤質金字。神席：上帝用龍椅、龍案，上施錦座褥，配位同。從祀位置于案，不設席。祭器：設上帝太尊二、著尊一、犧尊一、山罍一于壇上，皆有勺，有羃。設太尊一、山罍二于壇下，有羃，配帝位同。其從祀則設大明、星辰著尊二、犧尊二于左，設夜明、太歲著尊二、犧尊二于右。上帝及配帝籩、豆各十有二，簠、簋各二，登、盤、篚各一，牲案各一，爵坫各三，沙池、香案各一。其從祀則籩、豆各十，簠、簋各一，牲案各一，爵坫、沙池、香案各一。禮神之玉，冬至祀昊天上帝，用蒼璧。幣，正配位用蒼，大明以紅，夜明、星辰、太歲皆用白。牲，上帝及配帝各用蒼犢一，從祀大明、夜明、星辰、太歲各純色犢一。滌牲、立神牲所設官二人，牧養神牲。祀前三月，付廩犧令，滌治如法。其中祀滌三十日，小祀滌十日者，亦如之。酒齊，正配位，太尊實泛齊、醴齊，著尊

〔一〕「親祭者」，諸本脱，據明史崔亮傳補。

實盎齊，犧尊實醍齊，山罍實昔酒，在壇上；太尊實沈齊，山罍實事酒、清酒，在壇下。從祀著尊實醴齊、盎齊，犧尊實事酒。　籩豆之實，正配位用籩、豆各十二，其籩實以鹽、藁魚、棗、栗、榛、菱、芡、鹿脯、黑餅、白餅、糗餌、粉餈，豆實以韭菹、醓醢、菁菹、鹿醢、芹菹、兔醢、筍菹、魚醢、脾析菹、豚拍、飽實、糝食；從祀籩豆各十者，籩減糗餌、粉餈，豆減飽食、糝食。　祭服，奉祀侍祠官正、從一品，七梁冠，國公、丞相貂蟬二品，六梁冠，三品五梁，四品四梁，五品三梁，六品、七品二梁，八品、九品一梁。臺官加獬廌，梁數各如其品，通服青羅衣，其壽環、革帶則有差。笏以象及木。　褥位，拜褥用緋，不用黄道褥。　版位，皇帝位方一尺二寸，厚三寸，紅質金字。皇太子位方九寸，厚二寸，紅質金字。陪祀官位並黑字白質。　陪祀執事員數，設皇帝大次、皇太子幕次官二人，掃除壇上下官一人，御史監掃除二人，灑掃齋舍神厨官二人，設饌幔官二人，設昊天上帝、仁祖淳皇帝龍椅、龍案從祀神案官一人，設御位、皇太子位官二人，設燔柴官二人，設分獻及文武官、諸執事官、版位官二人，設儀仗官二人，設庭燎黄燭官二人，設牲榜省牲位及割牲官二人，牽牲十五人，掌鼎鑊、視滌濯官二人，協律郎一人，舞士一人，樂生一人，舞生一人，撰祝、書祝官各一人，讀祝兼捧祝官一人，導駕奏禮官六人，導引皇太子官四人，分獻官執事八人，引陪祭官執事四人，糾儀御史四人，奉爵官六人，奉幣官六人，司香官六人，掌祭官十二人，舉飲福案官二人，進福酒官一人，進俎官二人，授胙執事官一人，司御洗捧匜一人，進巾一人，司分獻、罍洗各酌水二人，進巾二人，司御盥洗酌水一人，進巾一人，司分獻盥洗位酌水一人，進巾一人，司御酒尊所官一人，司分獻、酒尊所各二人，進正配位饌官六人，舉案齋郎十二人，舉從祀饌案四十八人。　陳設，祭前二日，有司掃除壇上下，積柴于柴壇，灑掃齋舍、饌室、神厨，設皇帝大次于外壝之東，設皇太子次于大次之右。　祭前一日，設省牲位于內壝東門外，設樂縣于壇下之南，設正位于壇第一層之北正中，配位于壇上之東，設配位酌尊于壇之上，設尊于壇之下，玉幣篚位次之。　大明、星辰位在東，夜明、太歲位在西。　設正大明、夜明、星辰、太歲位于壇第二層。　又設大明、星辰酒尊于神座之左，幣篚位次之。　設夜明、太歲酒尊于神座之右，幣篚位次之。　設正配位籩十二于神位之左，豆十二于神位之右，簠簋各二，登一在籩豆之間，俎一在簠簋之前，香燭案在俎之前，爵在香案之前，設大明、夜明、星辰、太歲籩十在左，豆十在右，簠簋各二，登一在籩豆之間，俎一在簠簋之前，香燭案在俎之前，爵在香燭案之前。　又設御盥洗位于壇前之南，設皇太子褥位于御座之右，設分獻官于御位之南，文武陪祭官于分獻官之南，讀祝官于神之右，司尊、司洗、捧幣、捧爵各于其前，設望燎位于壇東南。告天下神祇，爲壇于圜丘之東。至郊祀散齋之第五日，皇帝備法駕出宫，百官具服前導，躬至壇所，設天下神祇位于壇中，西向以酒脯祭。告曰：「皇帝致祭于天下神祇，兹以某年某月某日冬至，將有事于圜丘，咨爾百神，相予祀事。」祝畢，鑾駕復還齋所，如來儀。至郊祀日，以籩、豆各四，簠、簋、登、爵各一，羊六，豕六，俟分獻從祀。將畢，就壇以祭。

蕙田案：有明典禮，以集禮爲始，成于洪武二年，國初之所定也；以明史禮志爲終，易代之後，本朝之所修也。金聲而玉振，當以二書爲之首尾。其中遷變沿革，則散見于明史、實録、會典、大政記及王圻續文獻通考、新修續文獻通考、春明夢餘録諸書。考禮者，皆不可不加採集。但其事其文，彼此互見者多，若每書皆備録之，則繁蕪複沓。今凡集禮中有別見他處，無月可次者，各于本年下係之。其「祭祀儀注」，不如禮志之簡質，故去此存彼，一皆不載，獨此數條，無議論行事可稽，亦無年次可譜，故删存，以附洪武二年之下。其分年列入者，不復全載。

太祖實録：三年二月命郊祀日。陳户口、錢穀籍于壇下。時太常少卿陳昧言：「案周禮天府：『孟冬，祀司民、司禄而獻民數、穀數，則受而藏之。』蓋民食皆命于天，故民數有拜受之禮。今圜丘郊祀，宜以户口、錢糧之籍陳于臺下，禮畢，藏之内府，以見拜受民數、穀數于天之義，亦聖朝一代之制也。」從之。

明集禮：三年二月，詔立神幣局，設官二員，專掌製神幣，其織文曰：「禮神制幣，色各隨其方。」

太祖實録：三年五月，建齋宫于圜丘之西、方丘之東，前後皆爲殿，左右各小殿，爲庖湢之所，繚以都垣。垣内外爲將士宿衛之所，外環以渠，前爲靈星門，爲橋三，左右及後門各一橋。

春明夢餘録：二年，詔築齋宫于圜丘側，又齋宫東西，懸太和鐘，每郊祀，候駕起，則鐘聲作，登壇則止。禮畢，升駕，又聲之。齋宫在圜丘之西。皇帝親祀，散齋四日，致齋三日于齋宫。駕至南郊昭亨門，降輿；至内壝，恭視壇位。又入神庫，視籩豆；至神厨，視牲。畢，出昭亨門，至齋宫。各官早朝、午朝俱賜飯。

太祖實録：帝以郊祭之牲與群祀牲同牢芻牧，不足以别祀天之敬，乃因其舊地改作而加繪飾。中三間以養郊祀牲，左三間以養后土牲，右三間以養太廟社稷牲，餘屋以養山川百神之牲。凡大祀犧牲，前一月，帝躬視滌養，繼命群臣更日往視，歲以爲常。

春明夢餘録：犧牲所建于神樂觀之南，初爲神所，設千户並軍人專管牧養其牲。正房十一間，中五間爲大祀牲房，即正牛房。左三間爲太廟牲房，右三間爲社稷牲房。前爲儀門，又前爲大門，門西向。遇視牲之日，設小次。大門東連房十二間，西連房十二間，前爲晾牲亭三間，東西有角門，東角門北爲北羊房五間，山羊房五間。又北爲暖屋，滌牲房五間，倉五間，大庫一間。西角門北爲北羊房五間，山羊房五間，穀倉二間，看牲房一間，黄豆倉一間，官廳三間。正牛房之北爲官廨十二間，東爲兔房三間。又東爲鹿房七間，鹿房前亦爲曬晾亭三間，又前爲石栅欄。官廨西爲便門，門西又爲官廨四間，又西爲小倉三間，東羊房後爲新牛房，後牛房十間，餧中祀、小祀牛。正北爲神祠，西羊房後，正南房五間爲大祀猪圈，西房十間爲中祀、小祀猪圈。北有井，又草廠東北爲司牲祠。又神牲所設官二人牧養神牲。祀前三月付廪犧令滌治如法，其中祀滌三十日，小祀滌十日者，亦如之。

明史太祖本紀：三年十一月庚戌，有事于圜丘。

禮志：三年，增祀風雲雷雨于圜丘。

三年，諭禮部尚書陶凱曰：「人心操舍無常，必有所警而後無所放。」乃命禮部鑄銅人一，高尺有五寸，手執牙簡，大祀則書「致齋三日」、中祀則書「致齋二日」于簡上〔一〕，太常司進寘于齋所。

太祖本紀：四年正月，建郊壇于中都。

雙槐歲抄：先是三月，改臨濠府爲中立府，定爲中都。築新城門十有二，立圜丘于洪武門外，方丘于左甲第門外。

大政記：洪武四年正月，詔定親祀圜丘、方丘服衮冕，陪祭官各服本品梁冠祭服。

王圻續通考：時學士陶安奏：「古者天子五冕，祭天地、社稷諸神，各有所用，請製之。」上以五冕禮太繁，令祭天地、宗廟則服衮冕，社稷等祀則服通天冠、絳紗袍，

〔一〕「于簡上」，諸本脱，據明史禮志一補。

餘不用。

明史禮志：四年三月，改築圜丘，上成面廣四丈五尺，高二尺五寸〔一〕，下成每面廣一丈六尺五寸，高四尺九寸。上下二成通徑七丈八尺。壇至内壝墻，四面各九丈八尺五寸。内壝墻至外壝墻，南十三丈九尺四寸，北十一丈，東、西各十一丈七尺。

四年，定天子親祀，齋五日；遣官代祀，齋三日；降香，齋一日。

太祖本紀：四年十一月丙辰，有事于圜丘。

禮志：凡陪祀，洪武四年，太常寺引周禮及唐制，擬用武官四品、文官五品以上，其老疾、瘡疥、刑餘、喪過、體氣者不與，從之。後定郊祀，六科都給事中皆與陪祀，餘祭不與。又定凡南北郊，先期賜陪祀執事官明衣布，樂舞生各給新衣。制陪祀官入壇牙牌，凡天子親祀，則佩以入。其制有二，圜者與祭官佩之，方者執事人佩之。俱藏内府，遇祭則給，無者不得入壇。

五年，命諸司各置木牌，刻文其上曰：「國有常憲，神有鑒焉。」祭祀則設之。又從

〔一〕「二尺五寸」，明史禮志一據太祖實録改爲「五尺二寸」。

陶凱奏，凡親祀，皇太子宫中居守，親王戎服侍從。皇太子、親王雖不陪祀，一體齋戒。

太祖本紀：五年十一月辛酉，有事于圜丘。六年十一月丙寅，冬至，帝不豫，改卜郊。閏月壬午，有事于圜丘。

禮志：六年，復定齋戒禮儀。凡祭天地，正祭前五日午後，沐浴更衣，處外室。次早，百官于奉天門觀誓戒牌。次日，告仁祖廟，退處齋宫，致齋三日。

明會典：六年，奏准郊廟犧牲已在滌者，或有傷則出之，死則埋之。

春明夢餘録：六年，上以祭祀還宫，宜用樂舞生導，命翰林儒臣撰樂章，以致鑒戒之意。于是，承旨撰神降祥、神貺惠、酣酒、色荒、禽荒諸曲，凡三十九章，曰迴鑾樂歌，其詞皆存規戒。其舞分爲四隊，隊皆八人，禮部圖其制以上，命樂工肄習之。

明史太祖本紀：七年十一月辛未，有事于圜丘。

禮志：七年更定，内壝之内，東西各三壇。星辰二壇，分設于東西。其次，東則太歲、五岳，西則風雲雷雨、五鎮。内壝之外，東西各二壇。東四海，西四瀆。次天下神祇壇，東西分設。定制，凡大祀前期四日，太常卿至天下神祇壇奠告，中書丞相詣京師城隍廟發咨。次日，皇帝詣仁祖廟請配享。　祭祀日期，欽天監選擇，太常寺預于十二月朔至奉天殿具奏。　蓋古卜法不存，而擇干支之吉以代卜也。洪武七年命太常卿議祭祀日期，書之于版，依時以祭，著爲式。　其祭日，遣官監祭，不敬失儀者罪之。

太祖實録：洪武七年，定大祀拜禮。　始迎神，四拜，飲福，受胙，四拜，送神，四拜，共十二拜而畢。　又以舊儀，太常司奏中嚴、外辦，及盥洗、升壇、飲福、受胙，各致贊詞。　又凡祀，俱設爵洗位，滌爵、拭爵、初升壇、再拜、祭酒、唱賜福胙之類，俱爲煩瀆，悉去之。又以古人祭用香燭，所以導達陰陽，以接神明，無上香之禮，命凡祭祀，罷上香。

桂彦良傳：洪武七年冬至，詞臣撰南郊祝文用「予」、「我」字，帝以爲不敬。彦良曰：「成湯祭上帝曰『予小子履』，武王祀文王之詩曰『我將我享』，古有此言。」帝色霽曰：「正字言是也。」

明史禮志：凡分獻官，太常寺豫請旨。洪武七年，太祖謂學士詹同曰：「大祀，終獻方行分獻禮，未當。」同乃與學士宋濂議，以上初獻奠玉帛將畢，分獻官即行初獻禮。　亞獻、終獻皆如之。

太祖本紀：八年十一月丁丑，有事于圜丘。

太祖實録：八年，定登壇脱舄之禮。郊祀，廟享前期一日，有司以席藉地，設御幕于壇東南門外，及設執事官脱履之次于壇門外西階側。祭日，大駕臨壇，入幕次，脱舄升壇，其升壇，執事、導駕、贊禮、讀祝並分獻陪祀官皆脱舄于外，以次升壇供事。協律郎、樂舞生依前跣襪就位。祭畢，降壇納舄。

明史樂志：洪武八年，御製圜丘樂章：從翰林學士樂韶鳳之奏也。

迎神　仰惟兮昊穹，臣率百職兮迓迎。幸來臨兮壇中，上下護衛兮景從。旌幢繚繞兮四維，重悦聖心兮民獲年豐。

奠玉帛　民依時兮用工，感帝德兮大化成功。臣將兮以奠，望納兮微衷。

進俎　庖人兮列鼎，殽羞兮以成。方俎兮再獻，願享兮以歆。

初獻　聖靈兮皇皇，穆嚴兮金牀。臣令樂舞兮景張，酒行初獻兮捧觴。

亞獻　載斟兮再將，百辟陪祀兮具張。感聖情兮無已，拜手稽首兮願享。

終獻　三獻兮樂舞揚，殽羞具納兮氣藹而芳。光朗朗兮上方，況日吉兮時良。

徹饌　粗陳菲薦兮神喜將，感聖心兮何以忘。民福留兮佳氣昂，臣拜手兮謝恩光。

送神　旌幢燁燁兮雲衢長，龍車鳳輦兮駕飛揚。遥瞻冉冉兮去上方，可見烝民兮永康。

望燎　進羅列兮詣燎方，炬焰發兮煌煌。神變化兮物全于上，感至恩兮無量。

明會典：洪武九年，議郊祀大禮，雖有三年喪，不廢。

王圻續通考：洪武丙辰，定郊祀大事，國有三年喪，不廢。

明史太祖本紀：九年十一月壬午，有事于圜丘。

禮志：十年秋，太祖感齋居陰雨，覽京房災異之説，謂分祭天地，情有未安，命作大祀殿于南郊。是歲冬至，以殿工未成，乃合祀于奉天殿，而親製祝文，意謂人君事天地猶父母，不宜異處。遂定每歲合祀于孟春，爲永制。

太祖本紀：十年八月，改建大祀殿于南郊。

禮志：十年改定合祀。即圜丘舊制，而以屋覆之，名曰大祀殿，凡十二楹。中石臺設上帝、皇地祇座。每歲正月中旬，擇日合祭，帝具冕服行禮，奉仁祖配。享殿中殿東西廣三十二楹。正南大祀門六楹，接以步廊，與殿廡通。殿後天庫六楹。瓦皆黄琉璃。厨庫在殿東北，宰牲亭井在厨東北，皆以步廊通殿兩廡，後繚以圍墻。南石門三洞以達大祀門，謂之内壇。外周垣九里三十步，石門三洞南爲甬道三，中神道，左御道，右黄道。道兩傍稍低，爲從官之道。齋宫在外垣内西南，東向。其後殿瓦易青琉璃。十一年十月甲子，大祀殿成。

春明夢餘録：大祀殿成。祀昊天上帝、皇地祇，位南向，仁祖配享，從祀丹墀四壇，曰大明，曰夜明，曰星辰，又曰星辰。内壝外二十壇，曰五嶽壇五，中嶽壇以鍾山附；曰五鎮壇五，曰四海壇四，曰四瀆壇，曰風雲雷雨，曰山川，曰太歲，曰天下神祇，曰歷代帝王，各一壇，凡二十四壇。大臣分獻，因命太常，每歲祭天地于首春三陽交泰之時。

王圻續通考：敕太常曰：「近命三公，率工部役梓人于京城之南，創大祀殿，以合祀皇天后土。」冬十月，告工已成。特命禮部云：「前代之祭期，以歲止一祀。古人祀天于南郊，蓋以義起耳，故曰南郊祀天，以其陽生之月，北郊祭地，以其陰生之月，至陰祭之于陽月，于理可疑。且掃地而祭，其來甚遠，蓋言祀地，尚實而不尚華，後世執古而不變，遂使天地之享，反不如人之享。若使人之享，亦執古而不變，則當汙尊而抔飲，茹毛而飲血，巢居而穴處也。以今言之，世果可行乎？斯必不然也。今命太常，每歲合祭天地于春首正三陽交泰之時，人事之始也。」其後，大祀殿復易以青琉璃瓦云。

蕙田案：敕太常，即御製大祀文。

于慎行筆塵：唐時明堂制度，其宇上圜，覆以清陽玉葉。清陽，色也。玉葉，亦瓦之類。今大享殿及圜丘闌干，皆用回青瓦，亦清陽玉葉之類。

明史太祖本紀：十二年正月己卯，始合祀天地于南郊。

禮志：合祀于大祀殿，太祖親作大祀文并歌九章。

明會典：南郊合祀儀洪武十年定。齋戒：前期二日，太常司官今太常寺。宿于本司。次日，具本奏聞，致齋三日。次日進銅人，傳制諭文武官齋戒。不飲酒，不食葱、韭、薤、蒜，不問病，不弔喪，不聽樂，不理刑名。當日，禮部官同太常司官于城隍廟發咨，仍于各廟焚香三日。告廟。正祭前二日，用祝文、酒果奉先殿告仁祖配上帝皇祇。省牲，用牛二十八、羊三十三、豕三十四、鹿二、兔十二。正祭前二日，太常司官奏聞，明日與光禄司官省牲。次日省牲，畢，復命，就奏定分獻官二十四員。陳設，共二十七壇。正殿三壇，上帝南向。犢一，登一，簠一，實以太羹。籩十二，實以形鹽、薧魚、棗、栗、榛、菱、芡、鹿脯、白餅、黑餅、糗餌、粉餈。豆十二，實以韭菹、菁菹、芹菹、筍菹、醓醢、鹿醢、兔醢、魚醢、脾析、豚拍、酏食、糝食。簠簋各二，實以黍、稷、稻、粱。玉用蒼璧一，帛一。蒼色，織成「郊祀制帛」四字。皇祇南向。犢一、登一、籩十二、豆十二、簠簋各二，玉用黃琮一，帛一。黃色「郊祀制帛」。仁祖配位在東，西向。犢一、登一、籩十二、豆十二、簠簋各二，玉用蒼璧一，帛一。蒼色「郊祀制帛」。共設酒尊六、爵九、篚三于東南，西向。祝文案一于殿西，洪熙以後，改奉太祖、太宗並祀，正殿增一壇，加犢一、酒尊二、爵三、帛篚一。丹墀四壇。大明在東，西向。犢一、登一、籩十、無糗餌、粉餈，下同。豆十、無酏食、糝食，下同。簠簋各二、帛一、紅色「禮神制帛」，下同。酒尊三、爵三、篚一。夜明在東，西向。犢一、登一、籩十、豆十、簠簋各二、帛一、白色。酒尊三、爵三、篚一。星辰一壇在東，西向。犢一、羊三、豕三、登一、鉶二盛和羹，籩豆各十、簠簋各二、酒盞三十、帛一、白色。酒尊三、爵三、篚一。星辰二壇，在西，東向。陳設同。東十壇。北嶽壇，犢一、羊一、豕一、登一、鉶二、籩豆各十、簠簋各二、酒盞十、帛一、黑色。酒尊三、爵三、篚一。永樂以後，北岳壇增附天壽山，加酒盞十、帛一。北鎮壇陳設同東岳壇，陳設同帛一。青色。東鎮壇、東海壇陳設並同太歲壇，陳設同帛一。白色。帝王壇陳設同帛十六、白色。酒盞三十。山川壇陳設同帛二、白色。酒盞三、爵三、篚一。四瀆壇陳設與北嶽同帛四、黑色。酒盞三十。西十壇。北海壇陳設與北嶽同，西嶽壇陳設同帛一。白色。西鎮壇、西海壇陳設並同中嶽壇，鍾山附。陳設同帛二、黄色。酒盞二十。中鎮壇陳設同帛一、黄色。酒盞十。風雲雷雨壇陳設同帛四、白色。酒盞三十。南嶽壇陳設同帛一、紅色。酒盞十。南鎮壇、南海壇陳設並同。正祭，典儀唱「樂舞生就位，執事官各司其事」。陪祀官、分獻官各就位。導引官導引皇帝至御位，内贊奏「就位」，典儀唱「燔柴，瘞毛血，迎神」。協律郎舉麾奏樂，樂止，内贊奏「四拜」，百官同。典儀唱「奠玉帛」，奏樂。内贊奏「升壇」，皇帝至上帝前，奏「搢圭」，執事官以玉帛跪進于皇帝右，奠，訖，奏「出圭」。至皇祇前，奏「搢圭」，執事官以玉帛跪進于皇帝左，奠，訖，奏「出圭」。至仁祖前，奏「搢圭」，執事官以玉帛跪進于皇帝右，奠，訖，奏「出圭」。復位，樂止。典儀唱「進俎」，奏樂，齋郎舁饌至，内贊奏「升壇」，至上帝前，奏「搢圭，進俎，出圭」。至皇祇前，奏「搢圭，進俎，出圭」。至仁祖前，奏「搢圭，進俎，出圭」。奏「復位」，樂止。典儀唱「行初獻禮」，奏樂，内贊奏「升壇」。至上帝前，奏「搢圭」，執事官以爵跪進于皇帝右，奏「獻爵，出圭」。至皇祇前，奏「搢圭」，執事官以爵跪進于皇帝左，奏「獻爵，出圭」。詣讀祝位，跪讀祝，樂止。讀祝官取祝，跪于皇帝右，讀祝，樂作，奏「俯伏，興，平身」。百官同。至仁祖前，奏「搢圭」，執事官以爵跪進于皇帝右，奏「獻爵，出圭」。復位，樂止。典儀唱「行亞獻禮」，奏樂，儀同初獻，惟不讀祝，樂止。典儀唱「行終獻禮」，奏樂，儀同亞獻，樂止。太常卿進立殿西，東向，唱「賜福胙」。光禄司官以福酒跪進，奏「飲福酒」。光禄司官以胙跪進，奏「受胙，出圭，俯伏，興，平身，復位」。奏「四拜」，百官同。典儀唱「徹饌」，奏樂，執事官各壇徹饌，樂止。典儀唱「送神」，奏樂。内贊奏「四拜」，百官同。樂止。典儀唱「讀祝官捧祝，進帛官捧帛，掌祭官捧饌，各詣燎位」。奏樂，執事官各執祝、帛、饌出，内贊奏「禮畢」。

王圻續通考：命魏國公徐達及公侯等分獻日月星辰、嶽鎮海瀆、山川諸神，凡一十七壇。正殿三壇，昊天上帝、皇地祇壇俱南向，仁祖配位壇西向。丹陛之東，爲壇曰大明，西向。其西爲壇曰夜明，東向。兩廡爲壇各六，星辰之壇設于東西，星辰之次，東則太歲，次五嶽，次四海；西則風雲雷雨，次五鎮，次四瀆。天下山川、神祇爲壇二，分設于海瀆之次，各壇陳設仍舊儀。但仁祖配位，玉用蒼璧，太歲、風雲雷雨酒盞各十，東西廡各共設酒尊三、爵一十八于壇之南。前期，皇帝致齋五日。前祭二日，太常司同光禄司官詣壇，省牲。至日，奠玉帛，進俎，三獻酒，俱先詣上帝神位前，次詣皇地祇位前，次詣仁祖淳皇帝前，餘悉仍舊儀。其祝文云：「嗣天子臣某名，敢昭告于昊天上帝、后土皇地祇，時維孟春，三陽交泰，敬率臣僚，以玉帛犧牲，粢盛庶品，恭祀于大祀殿，備兹燎瘞，皇考仁祖淳皇帝配。」禮畢，詰旦，駕還御奉天殿，百官行慶成禮，宴群臣于奉天殿前。是祀也，自齋戒百官至將祭之夕，天宇澄霽，升壇，星緯昭焕，祥飆慶雲，光彩煒煜，上心甚悦。禮成，敕中書省臣胡惟庸等曰：「立綱陳紀，治世馭民，始由上古之君，至今相承而法則焉。凡有國者，必以祀事爲先。祀事之禮，起于古先聖王，其周旋上下，進退奠獻，莫不有儀。然儀必貴誠，而人心難測，至誠者少，不誠者多，暫誠者或有之。若措禮設儀，文飾太過，使禮煩人倦，而神厭弗享，非禮也。故孔子曰：『禘自既灌而往者，吾不欲觀之矣。』朕周旋祀禮十有一年，見其儀太煩，乃以義起，更其儀式，合祀社稷，既祀神，乃歡洽。今十二年春，始合天地大祀而上下胥悦。若有肹蠁，答于朕心爾。中書下翰林，令儒臣紀其事，以彰上帝皇祇之昭格而錫黔黎之福。朕與卿等，尚夙夜無怠，以答聖明之休祐焉。」

明史樂志：洪武十二年，合祀天地樂章：

迎神，中和之曲　荷蒙天地兮君主華夷，欽承踴躍兮備筵而祭。誠惶無已兮寸衷微，仰瞻俯首兮惟願來期。想龍翔鳳舞兮慶雲飛，必昭昭穆穆兮降壇壝。

奠玉帛，肅和之曲　天垂風露兮雨澤霑，黄壤氤氲兮氣化全。民勤畎畝兮束帛鮮，臣當設宴兮奉來前。

進俎以後，咸同八年圜丘詞。

丘氏濬曰：漢儒六天之説，既有昊天上帝，又有天皇大帝，又有太乙感生帝之類，皆非正禮也。若天無二日，民無二王，國無二帝之禮，況五六哉？本朝惟于大祀殿祀昊天上帝，凡所謂天皇、太乙、五大帝之類，一切革去，三代祀典之正，所僅見也。又曰：我聖祖合祀天地于南郊之一壇而加屋焉，則是泰壇、明堂爲一制也。列聖相承，皆以太祖、太宗配，是郊祀、宗祀爲一體也，其亦義起之者與？

蕙田案：先儒謂爲壇而祭，冬至圜丘之祭也。祭于屋下，而以宗廟之禮事之，季秋明堂之享也。祭天有此二禮。明太祖以齋居陰雨改分祭爲合祭，止是省煩勞趨便安耳。創立大祀殿，屋而不壇，此古明堂報享之祭，何足以當冬至圜丘之祭乎？丘瓊山謂泰壇、明堂爲一制，郊祀、宗祀爲一體，蓋深知其爲非禮之禮，而不敢斥言之，曰「以義起意」，亦婉而章矣。

太祖實録：又建神樂觀于郊壇之西，以處樂舞生，觀有太和殿，祭則先期演樂于此，帝親爲文勒石焉。

春明夢餘録：神樂觀在天壇内之西，設提點知觀教習樂舞生。洪武初，御製圜丘、方澤分祀樂章，後定合祀，更撰合祀樂章，禮成，歌九章，已病音樂之未復古也。詔尚書詹同、陶凱與協律郎冷謙定雅樂，而學士宋濂爲樂章。著令凡祀有樂，樂四等：曰九奏，曰八奏，曰七奏，曰六奏。樂有歌有舞，歌堂上，舞堂下。舞皆八佾，有文有武，郊廟皆奏中和韶樂，太常領之，協律郎、司樂考協之。凡樂，淫聲、過聲、凶聲、慢聲，若舞失節者，皆有糾禁。十二年十二月，諭神樂觀云：「開基守業，必勤政爲先；趨事赴公，非信誠必責，傳不云乎，『國之大事，在祀與戎』。曩古哲王，謹斯二事，而上帝皇祇悦，賜天下安和，生民康泰。朕起寒微而君宇内，法古之道，依時以奉上下神祇。其于祀神之道，若或不潔，則非爲生民以祈福而保己命也。昔劉康公、成肅公會晉侯伐秦，祭于社稷之神，然後興師。當祭之時，畢則有受胙之禮，其受之時，必思洋洋乎其在上，而穆穆然或左而或右，委心慎敬，而受之則祥，故敬勝怠者吉，怠勝敬者滅。所以成肅公受胙之時，起慢神不恭之貌，因伐秦而卒，是以知敬慎必有動作、禮義、威儀之則以定命也。于斯事神之道，能者養之以福，不能者敗之以禍，是故君子勤禮，小人盡力，勤禮莫如致敬，盡力莫如敦篤，敬在養神，篤在守業。朕觀古人之敬神也，若是其驗，禍福亦若是，斯可謂無神而不信乎，可謂佞神而祈福乎？二者皆不可，唯敬之以禮而已。朕設神樂觀，備樂以享上下神祇，所以撥錢糧若干，以供樂舞生，非傚前代帝王求長生之法而施之，然長生之道，世有之，不過修心清淨，脱離幻化，速疾去來，使無艱阻，是其機也。嗚呼！昔殷、周之父老何存？漢、唐之耆宿安在？果長生之道乎？朕設神樂觀以備樂，碑之于觀，以示後世，其觀主不潔，樂生不精，贍生不足，以此觀之，不但君不勤于祀事，其朝臣、觀主必也亦然。若君勤于祀事，朝臣、觀主無一體之敬，則國有常憲。故茲勒石，想宜知悉。」

明會典：凡帛五等，曰郊祀制帛。十一年，議定在京大祀、中祀，用制帛；在外王國及府州縣亦用帛，小祀止用牲醴。

明史太祖本紀：十三年正月癸卯，大祀天地于南郊。十四年正月乙未，大祀天地于南郊。　十五年正月乙未，大祀天地于南郊。　十六年正月乙卯，大祀天地于南郊。　十七年正月丁未，大祀天地于南郊。　十八年正月辛未，大祀天地于南郊。　十九年正月甲子，大祀天地于南郊。　二十年正月甲子，大祀天地于南郊。禮成，天氣清明。侍臣進曰：「此陛下敬天之誠所致。」帝曰：「所謂敬天者，不獨嚴而有禮，當有其實。天以子民之任付于君，爲君者欲求事天，必先恤民。恤民者，事天之實也。即如國家命人任守令之事，若不能福民，則是棄君之命，不敬孰大焉。」又曰：「爲人君者，父天母地子民，皆職分之所當盡，祀天地，非祈福于己，實爲天下蒼生也。」　二十一年正月辛卯，大祀天地于南郊。

太祖實録：二十一年三月，增修南郊壇位，于大祀殿丹墀内疊石爲臺四，東西相向，以爲日、月、星、辰四壇。又于内壝之外，亦東西相向，疊石爲臺，凡二十，各高三尺有奇，周以石欄，陟降爲磴道，臺之上，琢石爲山形，鑿龕以置神位，以爲嶽鎮、海瀆、風雲雷雨、山川、太歲天下諸神，及列代帝王之壇，壇後樹以松柏，外壝東南鑿池，凡二十區。冬月藏冰，以供夏秋祭祀之用。

明史禮志：二十一年定制，齋戒前二日，太常司官宿于本司。次日，奏請致齋。

又次日，進銅人，傳制諭文武百官齋戒。是日，禮部太常司官檄城隍神，徧請天下當祀神祇，仍于各廟焚香三日。

太祖本紀：二十二年正月丁亥，大祀天地于南郊。二十三年正月己卯，大祀天地于南郊。二十四年正月癸卯，大祀天地于南郊。二十五年正月乙未，大祀天地于南郊。

王圻續通考：壬申夏五月，上以皇太子新薨，欲停祭祀。而時享在邇，乃令禮部右侍郎張智、翰林學士劉三吾以郊廟合行典禮，參考古制，定議以聞。于是智等奏曰：「宋會要王制：『三年不祭，唯祭天地社稷。』蓋不敢以卑廢尊也。真宗居喪，既易月而服除，明年，遂享太廟，合祀天地于圜丘。時衮冕、車輅、宫駕、登歌、鼓吹並陳，如常儀。已而宰臣畢士安請聽樂。真宗批答云：『郊天之事，資禮樂以相成，須用樂外，所有鹵簿鼓吹及樓前宫架、諸軍音樂，皆備而不作，其各處壇場，止鳴鉦鼓角。』今議天地、社稷、先師、太歲、風雲雷雨、嶽鎮、海瀆諸神，皆係祀典神祇，歷代帝王乃是紹承統系，宜如宋制，唯太廟乃祖先神靈所在，國既有喪，而時享仍用樂，恐神不聽，宜亦備而不作。」詔從之。

太祖本紀：二十六年正月辛酉，大祀天地于南郊。

禮志：二十六年定傳制誓戒儀。凡大祀前三日，百官詣闕，如大朝儀，傳制官宣制云：「某年月日，祀于某所，爾文武百官，自某日爲始，致齋三日，當敬慎之。」傳制訖，四拜，奏禮畢。

太祖本紀：二十七年正月乙卯，大祀天地于南郊。　二十八年正月丁未，大祀天地于南郊。　二十九年正月壬申，大祀天地于南郊。　三十年正月丙寅，大祀天地于南郊。　三十一年正月壬戌，大祀天地于南郊。

王圻續通考：明太祖初定天下，他務未遑，首崇禮樂，詔儒臣修禮書，在位三十餘年，每遇祭祀、齋戒、省牲，必誠必敬。其祖訓有曰：「凡祀天地，祭社稷，享宗廟，精誠則感格，怠慢則禍生，故祭祀之時，皆當極其精誠，不可少有怠慢。其風雲雷雨師、山川等神，亦必敬慎自祭，勿遣官代祀，以垂訓子孫。雖南郊合祀，覆屋于壇，以孟春行禮，有乖古義，然亦必審度。十餘年而後，改制以行，其心之所安，不可謂非精虔之至也。若夫釐正祀典，凡天皇、太乙、六天、五帝之類，皆爲革除，而諸神封號，悉改從本稱，一洗矯誣陋習，其度越漢、唐、宋諸君遠矣。」

五禮通考卷二十

吉禮二十

圜丘祀天

明郊禮

明史恭閔帝本紀：建文元年正月庚辰，大祀天地于南郊，奉太祖配。

革朝志：帝始郊見上帝，如歲祀之禮。歲前十二月，躬省牲于南郊。是月戊寅，御奉天殿，誓戒百官。是夕，宿于文華殿齋宫。己卯，出舍皇邸，尚膳進素食。庚辰子夜，合祀天地，配以太祖，罷仁祖配位。

蕙田案：明史于二年無郊。續文獻通考總數惠帝郊三，有二年正月辛未，不知何據。

建文三年正月辛未，大祀天地于南郊。

成祖本紀：建文四年七月壬午朔，大祀天地于南郊。

永樂元年正月辛卯，大祀天地于南郊。　二年正月乙卯，大祀天地于南郊。　三年正月庚戌，大祀天地于南郊。　四年正月丁未，大祀天地于南郊。　五年正月丁卯，大祀天地于南郊。　六年正月辛酉，大祀天地于南郊。　七年正月乙卯，大祀天地于南郊。　八年正月己卯，皇太子攝祀天地于南郊。　九年正月甲戌，大祀天地于南郊。　十年正月丁酉，大祀天地于南郊。　十一年正月辛卯，大祀天地于南郊。　十五年正月丁酉，大祀天地于南郊。　十八年十二月，北京郊廟宮殿成。

禮志：成祖遷都北京，如洪武制。

王圻續通考：建于正陽門南之左，繚以周垣，周九里三十步，規制、禮儀悉如南京，惟增祀天壽山于北岳壇。十九年正月甲子，命皇太子詣壇奉安昊天上帝、后土皇地祇神主。

春明夢餘録：天壇在正陽門外，永樂十八年建，初遵洪武合祀天地之制，稱爲天地壇。後既分祀，乃始專稱天壇。又京師大祀殿成，規制如南京，行禮如前儀。

王圻續通考：成祖屢幸北平，遇郊祀，先期自行在遣官賚書諭太子，令代祭，略曰：「永樂某年正月某日，大祀天地于南郊。命爾行禮，其潔精致齋，恪恭乃事。」禮畢，太子亦遣官復命，率以爲常。至是建都北平，始罷南京郊祀，國有大事，則遣官告祭云。

十九年正月甲戌，大祀天地于南郊。二十年正月辛未，大祀天地于南郊。二十一年正月乙未，大祀天地于南郊。二十二年正月戊子，大祀天地于南郊。

仁宗本紀：洪熙元年正月丙戌，大祀天地于南郊，以太祖、太宗配。

王圻續通考：敕曰：「太祖受命上天，肇興皇業。太宗中興宗社，再奠寰區，聖德神功，咸配天地。易曰：『殷薦上帝，以配祖考。』朕崇敬祖考，永惟一心。今年正月十五日，大祀天地神祇，奉皇祖、皇考配神，仍著典章，垂範萬世。」

宣宗本紀：宣德元年正月丁未，大祀天地于南郊。二年正月庚子，大祀天地于南郊。三年正月甲午，大祀天地于南郊。四年正月己未，大祀天地于南郊。五年正月癸丑，大祀天地于南郊。六年正月丁丑，大祀天地于南郊。七年正月癸酉，大祀天地于南郊。

禮志：宣德七年，大祀南郊。帝御齋宫，命内官、内使飲酒食葷入壇唾地者，皆罪之，司禮監縱容者同罪。齋之日，御史檢視各官于齋次。仍行南京，一體齋戒。

八年正月丁卯，大祀天地于南郊。

宣宗實録：八年正月，詣齋宫，罷早朝。故事，先一日詣郊壇，皆朝百官後乃行。帝諭禮官，明旦早行，不視朝。既至南郊，躬詣神厨，徧閲諸祭品。至暮，旗手衛請放煙火，不許。謂侍臣曰：「朕早來不視朝之故，蓋一心對越，無暇他及，今又暇觀煙火乎？」

春明夢餘録：舊制，歲以十二月朔旦，駕親臨閲牲，以後每夕輪一大臣繼視，自五府、五部、通政、翰林、堂上官不司刑者皆與焉。凡兔房、鹿檻、羊棧、牛枋、猪圈，周行歷視，出入皆騎卒、火甲人等護衛，每夕鐘定人靜乃出，至中宵始回，城門啓鑰以入，次早復命。用騎卒，自宣德年始。

明史宣宗本紀：九年正月辛卯，大祀天地于南郊。

英宗前紀：正統五年正月己未，大祀天地于南郊。六年正月庚戌，大祀天地于南郊。七年正月甲戌，大祀天地于南郊。八年正月丁卯，大祀天地于南郊。

九年正月辛酉，大祀天地于南郊。　十年正月丙戌，大祀天地于南郊。　十一年正月己卯，大祀天地于南郊。　十二年正月癸酉，大祀天地于南郊。　十三年正月丁酉，大祀天地于南郊。　十四年正月甲子〔二〕，大祀天地于南郊。

景帝本紀：景泰元年正月丙戌，大祀天地于南郊。　二年正月庚戌，大祀天地于南郊。　三年正月丙午，大祀天地于南郊。　四年正月辛未，大祀天地于南郊。　五年正月甲子，大祀天地于南郊。　六年正月戊午，大祀天地于南郊。　七年正月壬午，大祀天地于南郊。

英宗後紀：天順二年正月甲戌，大祀天地于南郊。　三年正月乙未，大祀天地于南郊。　四年正月丁亥，大祀天地于南郊。　五年正月庚戌，大祀天地于南郊。　六年正月丁未，大祀天地于南郊。　七年正月丙午，大祀天地于南郊。

憲宗本紀：成化元年正月己未，大祀天地于南郊。　二年正月乙卯，大祀天地于南郊。

〔二〕「甲子」，明史英宗前紀作「甲午」。

蕙田案：續文獻通考數此作「戊申」，誤。

三年正月己卯，大祀天地于南郊。　四年正月甲戌，大祀天地于南郊。　五年正月乙丑，大祀天地于南郊。　六年正月己丑，大祀天地于南郊。　七年正月丙戌，大祀天地于南郊。　八年正月庚戌，大祀天地于南郊。　九年正月丁未，大祀天地于南郊。　十年正月丁酉，大祀天地于南郊。　十一年正月癸亥，大祀天地于南郊。　十二年正月戊午，大祀天地于南郊。　十三年正月庚戌，大祀天地于南郊。　十四年正月甲戌，大祀天地于南郊。　十五年正月丁卯，大祀天地于南郊。　十六年正月甲午，大祀天地于南郊。　十七年正月丙戌，大祀天地于南郊。　十八年正月壬午，大祀天地于南郊。　十九年正月丙午，大祀天地于南郊。　二十年正月丁酉，大祀天地于南郊。　二十一年正月乙未，大祀天地于南郊。　二十二年正月己未，大祀天地于南郊。　二十三年正月庚戌，大祀天地于南郊。

孝宗本紀：弘治元年正月丙午，大祀天地于南郊。　二年正月辛未，大祀天地于南郊。　三年正月甲子，大祀天地于南郊。　四年正月己丑，大祀天地于南郊，停慶成宴。　五年正月壬午，大祀天地于南郊。　六年正月己卯，大祀天地于南郊。

七年正月丁酉，大祀天地于南郊。　八年正月乙未，大祀天地于南郊，以太皇太后不豫，停慶成宴。　九年正月壬辰，大祀天地于南郊。　十年正月庚戌，大祀天地于南郊。　十一年正月丁未，大祀天地于南郊。　十二年正月辛未，大祀天地于南郊。　十三年正月乙丑，大祀天地于南郊。　十四年正月己未，大祀天地于南郊。　十五年正月丙戌，大祀天地于南郊。　十六年二月戊申，大祀天地于南郊。

蕙田案：時帝有疾，故改卜。

十七年正月甲戌，大祀天地于南郊。　十八年正月乙未，大祀天地于南郊。

武宗本紀：正德元年正月己丑，大祀天地于南郊。　六月辛酉，大風雨壞郊壇獸瓦。　二年正月乙酉，大祀天地于南郊。　三年正月丁未，大祀天地于南郊。　四年正月丙午，大祀天地于南郊。　五年正月丁卯，大祀天地于南郊。　六年正月甲子，大祀天地于南郊。　七年正月己未，大祀天地于南郊。　八年正月壬午，大祀天地于南郊。　九年正月丁丑，大祀天地于南郊。　十年正月戊辰，薄暮，祀天地于南郊。

武宗實録：是夜，漏下二鼓，帝始還宫。

十一年正月乙未，大祀天地于南郊。　十二年正月己丑，大祀天地于南郊，遂獵于南海子，夜中還，御奉天殿受朝賀。

武宗實録：十二年，將郊，先期降諭，郊祀畢，幸南海子觀獵。諸臣咸上疏諫，不聽。至日，祀禮甫畢，遂幸南海子縱獵，夜半始入，御奉天殿，行慶成禮。

十三年正月丁未，罷南郊致齋。庚戌，大祀天地于南郊，遂獵于南海子。辛亥，還宫。　十四年正月甲辰，改卜郊。二月丁丑，大祀天地于南郊，遂獵于南海子。是日，京師地震。

王圻續通考：先是，太常寺奏定正月十二日郊祀，帝幸太原，未回，請改卜日，内批改次日，既而又命改卜。禮科給事中邢寰等疏言：「祖宗以來，郊祀必于正月上旬，所以重一歲之首務，而昭莫大之敬也。今改而又改，日復一日，疑且未定，不惟墮祖宗相循之制，且非祗畏天地之道。伏望皇上如期回鑾，以成大禮。」御史牛天麟等亦以爲言，俱不報。二月，始祀天地于南郊，祀畢，幸海子大獵。

十五年正月癸巳，改卜郊。十二月丁酉，大祀天地于南郊。初獻，疾作，不克成禮。

王圻續通考：十五年以征宸濠如南京，十二月還京師，始郊。

十六年正月癸亥，改卜郊。

世宗本紀：嘉靖元年正月己未，大祀天地于南郊。　二年正月乙卯，大祀天地于南郊。

毛玉傳：二年冬，帝以災異頻仍，欲罷明年郊祀慶成宴。裴紹宗言：「祭祀之禮，莫重於郊丘。君臣之情，必通于宴享。往以國戚廢大禮，今且從吉，宜即舉行，豈可以災傷復免？」修撰唐皋亦言之，竟得如禮。

三年正月丁丑，大祀天地于南郊。　四年正月辛未，大祀天地于南郊。　五年正月乙未，大祀天地于南郊。　六年正月己丑，大祀天地于南郊。

世宗實録：六年正月大祀，先期，禮官以宴請，帝曰：「郊祀慶成，次日設宴，乃祖宗朝故典。蓋以上帝監歆，君臣歡會，其禮不可廢也。今四方災異非常，方欲上下同加修省，恐多費勞民，可暫免一年，以見朕奉天恤民之意。」惟四夷使臣，賜宴如故。

七年正月丙戌，大祀天地于南郊。　八年正月庚戌，大祀天地于南郊。　九年正月丁酉，大祀天地于南郊。五月己亥，更建四郊。

禮志：嘉靖九年，世宗既定明倫大典，益覃思制作之事，郊廟百神，咸欲斟酌古法，釐正舊章。乃問大學士張璁：「書稱『燔柴祭天』，又曰『類于上帝』。孝經曰：『郊祀后稷以配天，宗祀文王于明堂以配上帝。』以形體主宰之異言也。朱子謂，祭之于壇謂之天，祭之屋下謂之帝。今大祀有殿，是屋下之祭帝耳，未見有祭天之禮也。況上帝皇地祇合祭一處，亦非專祭上帝。」璁言：「國初遵古禮，分祭天地，後又合祀。說者謂，大祀殿下壇上屋，屋即明堂，壇即圜丘，列聖相承，亦孔子從周之意。」帝復諭璁：「二至分祀，萬代不易之理。今大祀殿擬周明堂或近矣，以爲即圜丘，實無謂也。」璁乃備述周禮及宋陳襄、蘇軾、劉安世、程頤所議分合異同以對。且言祖制已定，無敢輕議。帝銳欲定郊制，卜之奉先殿太祖前，不吉。乃問大學士翟鑾，鑾具述因革以對。復問禮部尚書李時，時請少需日月，博選儒臣，議復古制。帝復卜之太祖，不吉，議且寢。會給事中夏言請舉親蠶禮。帝以古者天子親耕南郊，皇后親蠶北郊，適與所議郊祀相表裏，因令璁諭言陳郊議。言乃上疏言：「國家合祀天地，及太祖、太宗之並配，諸壇之從祀，舉行不于長至而于孟春，俱不應古典。宜令群臣博考詩、書、禮經所載郊祀之文，及漢、宋諸儒匡衡、劉安世、朱熹等之定論，以及太祖國初分祀之舊制，陛下稱制而裁定之。此中興大業也。」禮科給事中王汝梅等詆言説非是〔一〕，帝切責之。乃敕禮部令群臣各陳所見。且言：「汝梅等舉召誥中郊用二牛，謂明言合祭天地。夫用二牛者，一帝一配位，非天地各一牛也。又或謂天地合祀，乃人子事父母之道，擬之夫婦同牢。此等言論，褻慢已甚。又或謂郊爲祀天，社稷爲祭地。古無北郊，夫社乃祭五土之祇，猶言五方帝耳，非皇地祇也。社之名不同，自天子以下，皆得隨所在而祭之。故禮有『親地』之説，非謂祭社即方澤祭地也。」璁因録上郊祀考議一册。時詹事霍韜深非郊議，且言分祀之説，唯見周禮，莽賊僞書，不足引據。于是言復上疏言：「周禮一書，于祭祀爲詳。大宗伯以祀天神，則有禋祀、實柴、槱燎之禮。以祀地祇，則有血祭、薶沈、疈辜之禮。大司樂冬至日地上圜丘之制，則曰禮天神；夏至日澤中方丘之制，則曰禮地祇。天地分祀，從來久矣。故宋儒葉時之言曰：『郊丘分合之説，當以周禮爲定。』今議者既以大社爲祭地，則南郊自不當祭皇地祇，何又

〔一〕「説」，諸本脱，據明史禮志二補。

以分祭爲不可也？合祭之説，實自莽始，漢之前皆主分祭，而漢之後亦間有之。宋元豐一議，元祐再議，紹聖三議〔一〕，皆主合祭，而卒不可移者，以郊賚之費，每傾府藏，故省約安簡便耳，亦未嘗以分祭爲非禮也。今之議者，往往以太祖之制爲嫌爲懼。然知合祭乃太祖之定制爲不可改，而不知分祭固太祖之初制爲可復。知大祀文乃太祖之明訓爲不可背，而不知存心録固太祖之著典爲可遵。且皆太祖之制也，從其禮之是者而已。敬天法祖，無二道也。周禮一書，朱子以爲周公輔導成王，垂法後世，用意最深切，何可誣以莽之僞爲耶？且合祭以后配地，實自莽始。莽既僞爲是書，何不削去圜丘、方丘之制，天地神祇之祭，而自爲一説耶？」于是禮部集上群臣所議郊禮，奏曰：「主分祭者，都御史汪鋐等八十二人；主分祭而以慎重成憲及時未可爲言者，大學士張璁等八十四人；主分祭而以山川壇爲方丘者，尚書李瓚等二十六人；主合祭而不以分祭爲非者，尚書方獻夫等二百六人；無可否者，英國公張崙等一百九十八人。臣等祇奉敕諭，折衷衆論。分祀之義，合于古禮，但壇壝一建，工役浩繁。禮，屋

〔一〕「紹聖」，諸本作「紹興」，據明史禮志二改。

祭曰帝，夫既稱昊天上帝，則當屋祭。宜仍于大祀殿專祀上帝，改山川壇爲地壇，以專祀皇地祇。既無創建之勞，行禮亦便。」帝復諭當遵皇祖舊制，露祭于壇，分南北郊，以二至日行事。言乃奏曰：「南郊合祀，循襲已久，朱子所謂千五六百年無人整理。而陛下獨破千古之謬，一旦舉行，誠可謂建諸天地而不悖者也。」已而命户、禮、工三部偕言等詣南郊相擇。南天門外有自然之丘，咸謂舊丘地位偏東〔一〕，不宜襲用。禮臣欲于具服殿少南爲圜丘。言復奏曰：「圜丘祀天，宜即高敞，以展對越之敬。大祀殿享帝，宜即清閟，以盡昭事之誠。二祭時義不同，則壇殿相去亦宜有所區别。乞于具服殿稍南爲大祀殿，而圜丘更移于前，體勢峻極，可與大祀殿等。」制曰：「可。」于是作圜丘，是年十月工成。明年夏，北郊及東、西郊亦以次告成，而分祀之制遂定。

嘉靖祀典：禮臣言：「圜丘之制，大明集禮壇上成闊五丈，存心録則第一層壇闊七丈。集禮二成闊七丈，存心録則第二層壇面周圍俱闊二丈五尺。蓋集禮之二成即存心録之一層，存心録之二層即集禮之一成矣。臣等無所適從，惟皇上裁定。」奉旨，

〔一〕「咸」，諸本作「僉」，據明史禮志二改。

圜丘第一層徑闊五丈九尺，高九尺。二層徑十丈五尺，三層徑二十二丈，俱高八尺一寸，地面四方，漸墊起五尺。

春明夢餘録：嘉靖九年，從給事中夏言之議，遂于大祀殿之南建圜丘〔一〕，爲制三成。祭時上帝南向，太祖西向，俱一成上。其從祀四壇，東一壇大明，西一壇夜明，東二壇二十八宿，西二壇風雲雷雨，俱二成上。壇制：一成面徑五丈九尺，高九尺。二成面徑九丈，高八尺一寸。三成面徑十二丈，高八尺一寸。各成面塼用一九七五陽數，及周圍欄板柱子皆青色琉璃，四出陛，陛各九級，白石爲之。內壝圓墻九十七丈七尺五寸，高八尺一寸，厚二尺七寸五分。櫺星石門五寸，正南三，東西北各一，外壝方墻二百四丈八尺五寸，高七尺一寸，厚二尺七寸，櫺星門如前。又外圍方墻爲門四：南曰昭亨，東曰泰元，西曰廣利，北曰成貞。內櫺星門南門外左，設具服臺；東門外建神庫、神厨、祭器庫、宰牲亭；北門外正北，建泰神殿，後改爲皇穹宇，藏上帝、太祖之神版，翼以兩廡，藏從祀之神牌。又西爲鑾駕庫，又西爲犧牲所，少北爲神樂觀。

〔一〕「殿」，諸本脱，據春明夢餘録卷一四補。

北曰成貞，門外爲齋宮，迤西爲壇門。

明史禮志：給事中夏言疏言：「太祖、太宗並配，父子同列，稽之經旨，未能無疑。臣謂周人郊祀后稷以配天，太祖足當之。宗祀文王于明堂以配上帝，太宗足當之。」禮臣集議，以爲二祖配享，百有餘年，不宜一旦輕改。帝降敕諭，欲於二至日奉太祖配南、北郊，歲首奉太宗配上帝於大祀殿。大學士張璁、翟鑾等言，二祖分配，於義未協，且録仁宗所撰敕諭並告廟文以進。帝復命集議于東閣，皆以爲：「太廟之祀，列聖昭穆相向，無嫌並列。況太祖、太宗，功德並隆，圜丘、大祀殿所祀，均之爲天，則配天之祖，不宜闕一。臣等竊議南、北郊及大祀殿，每祭皆宜二祖並配。」帝終以並配非禮，諭閣臣講求。璁等言：「古者郊與明堂異地，故可分配。今圜丘、大祀殿同兆南郊，冬至禮行于報而太宗不與，孟春禮行于祈而太祖不與，心實有所不安。」帝復報曰：「萬物本乎天，人本乎祖。天惟一天，祖亦惟一祖。故大報天之祀，止當以高皇帝配。文皇帝功德，豈不可配天？但開天立極，本高皇帝肇之耳。如周之王業，武王實成之，而配天止以后稷，配上帝止以文王，當時未聞爭辨功德也。」因命寢其議。已而夏言復疏言：「虞、夏、殷、周之郊，惟配一祖。後儒穿鑿，分郊丘爲二，及誤解大易配考、孝經嚴父之義。以致唐、宋變古，乃有二祖並侑、三帝並配之事。望斷自宸衷，依前敕旨。」帝報曰：「禮臣前引太廟不嫌一堂。夫配帝與享先不同，此說無當。」仍命申議。

世宗實録：大學士張璁乃言：「郊祀之議，聖見已決，獨臣不忍無言。皇上信以分配之説盡古禮乎？大祀殿非明堂之位，孟春祈穀又非季秋大享之禮，則未免有失于古也。皇上信以並配之説非今宜乎？太祖百有餘年之神座，豈忍言撤？文皇百有餘年配天之報，豈忍言廢？則又未免有失于今也。竊以天地分祀，宜從古禮，彰我皇上善繼善述之孝；祖宗並配，宜從今制，彰我皇上不愆不忘之心。」疏入，帝乃責璁前後變志，非忠愛之道。於是禮臣復上議：「南、北郊，雖曰祖制，實今日新創，請如聖諭，俱奉太祖獨配，至大祀殿，則太祖所創，今乃不得侑享於中，竊恐太宗之心有所未安，宜仍奉二祖並配，則既復古禮，又存祖制，禮意人情，兩不爲失。」疏入，復諭璁曰：「二至祀典，自今日始，當奉太祖獨配。孟春特名祈穀，實存祖制，當如仁宗之舊，可委曲依朕意行之。」璁對：「皇上議郊祀大典，本乎至當可行之道，今議者以圜丘方澤皆以太祖配，以爲皇上新制；以大祀殿祀上帝，以二祖配，以爲祖宗舊制，皆一時遷就之説，非至當不易之論。夫冬至報天之禮重，孟春祈穀之禮輕，天與帝一也。大祀殿既可以二聖並配，圜丘何獨不可？新制、舊制之説，臣之所不解也。臣竊惟斯禮之議，本因天地不可並祭，嫌於龐雜。若祖宗並配，原無可議，既有大祀殿，又建圜丘，同兆南郊，益非禮制。夫禮，時爲大，古今異宜，非可一律。蓋古圜丘因丘陵爲之，非積土而壇。方澤因方澤爲之，非掘地而坎。今儀文大備，屋而祀之，掃地之儀，安可復用？或謂屋祭爲帝，壇祭爲天，臣觀思文之詩，祭后稷配天而歌者也，一詩之中，天帝並稱。我將之詩，祭文王配帝而歌者也，一詩之中，止稱天而不稱帝，則天之與帝原自無異。臣惟今日郊祀之義，有簡易可行之道，足可繼承者，因南郊大祀殿以祀昊天上帝，配以二祖，冬至大報天可也，孟春祈穀可也。萬一雨雪，届期亦可備而成禮。北郊建壇，以祀皇地祇，亦以二祖配之，明夏方有事北郊，工役可徐圖耳。夫天地者，古今之天地，分而祀之，三代之彝典也，不可龐雜，故臣將順皇上爲之。祖宗者，一代之祖宗，功德俱隆，並配天地，當代之定制也，孝子慈孫，不可輕有議擬，故臣不敢將順皇上爲之。蓋宜于古而古，宜于今而今，惟求心之安而已。」帝意終不可奪，乃下禮部申議疏，且責之曰：「祖宗並配，在禮爲黷，但朕所定祈穀，原因曲全祖制，與明堂舉事不同，依擬奉二祖並侑。二至之祀，奉皇祖獨配。禮儀俱從儉，詳擬以聞。」

明史張璁傳：帝自排廷議定大禮，遂以制作禮樂自任。而夏言始用事，乃議皇后親蠶，議勾龍、棄配社稷，議分祭天地，議罷太宗配祀，議朝日、夕月別建東、西二郊，議祀高禖，議文廟設主更從祀諸儒，議祧德祖正太祖南向，議祈穀，議大禘，議帝社帝稷，奏必下璁議。顧帝取獨斷，璁言亦不盡入。其諫罷太宗配天，三四往復，卒弗能止也。

夏言傳：當是時，帝鋭意禮文事。以天地合祀非禮，欲分建二郊，並日月而四。大學士張孚敬不敢決，帝卜之太祖亦不吉，議且寢。會言上疏請帝親耕南郊，后親蠶北郊，爲天下倡。帝以南、北郊之説，與分建二郊合，令孚敬諭旨，言乃請分祀天地。廷臣持不可。孚敬亦難之，詹事霍韜詆尤力。帝大怒，下韜獄。降璽書奬言，賜四品服俸，卒從其請。又贊成二郊配饗議，語詳禮志。言自是大蒙帝眷。

王圻續通考：修撰姚淶議略云：古之祭日于壇，謂春分也。祭月于坎，謂秋分也。其陰陽先後之序，義則得之，從之可也。若冬至、夏至之祭，臣于此竊有疑焉。周人以建子之月爲歲首，故冬至祭天，夏至祭地，陰陽之義，先後之倫，各有攸宜，斯制禮之本意也。今所用者夏正也，如以一歲之月序之，則夏至前而冬至後，苟夏至祭地，冬至祭天，是先地而後天，雖曰陽先陰後，于義無嫌，然實非一歲之事，尊天之義，豈其若此？行周之禮，不可以用今之時，用今之時，不可以行周之禮，是其大者已礙而不通矣。

春明夢餘録：國之大在祀，而祀之大在郊。自古禮殘缺，後儒穿鑿，而五帝六天合祀之説，迄無定論，則以不深考于經、折衷于聖以準之也。書曰：「肆類于上帝，禋于六宗，望于山川，徧于群神。」又曰：「柴望秩于山川。」又曰：「柴望大告武成。」曰類曰柴，皆祀天之祀也。然必及于六宗、山川群神，而不及后土，則郊必兼社之謂也。易曰：「先王作樂崇德，殷薦之上帝，以配祖考。」又曰：「聖人亨，以享上帝。」周禮：「以禋祀祀昊天上帝。」記曰：「郊社之禮，所以事上帝也。」皆舉郊以見社也。家語孔子曰：「天子卜郊，則受命于祖廟，作龜于禰宮，尊祖親考之義也。」郊之必卜而不及社，兼社也。此唐、虞、三代之制也。儒者但見周禮有「冬至祭圜丘，夏至祭方澤」之文，遂主分祀之説，不知周禮一歲之間，祭天凡幾，正月祈穀，孟夏大雩，季秋明堂，至日圜丘，此外有四時之祭，則固合祭者矣。惟是周朔建子，冬至圜丘，適當獻歲，不妨迎陽報天，而後命及于地。故其禮比合祭稍加崇重，此惟行周禮之時則可耳。乃其合祀之禮，則未嘗廢，散見諸經，及孔子之言可據也，使祭而必冬至也，則何用卜之爲？故曰：「至敬不壇，掃地而祭。」則又不必于圜丘、方澤也。以是而知周之未嘗不合祭也。由漢歷唐千餘年，分祀者，惟魏文帝之大和、周武帝之建德、隋高祖之開皇、唐玄宗之開元四祭而已。至宋郊祀皆合祭，其不合祭者，惟元豐六年一郊。元祐詔議北郊，彼時群臣方議合祭之非。哲宗以問輔臣，章惇曰：「北郊止可謂之社，君子當不以人廢言。」夫國之大祀，莫過于郊，明太祖以開天之聖，改分祀爲合祀，此千古卓見，故行之百五十餘年，風雨調順，民物康阜。至嘉靖一改而明遂衰，建議者夏言也，卒死于法，抑太祖之靈弗歆也。

吴鼎辨姚涞、孫承澤天地社合一祭：天地分合祭，聚訟久矣。從未有建子宜分，建寅宜合，如姚氏、孫氏者也。祭社祭地之異同，聚訟久矣，從未有既合地于天，又合社于地，如孫氏者也。周禮圜丘、方澤，分祭甚明。朱子曰：「古聖王制爲祭祀之禮，必以象類，故祀天于南，祭地于北，而其壇壝、樂舞、器幣之屬，亦各不同。若曰合祭于圜丘，則古者未嘗有此瀆亂龐雜之禮。」朱子之言，洵禮家之折衷，可以俟後聖而不惑矣。自王莽諂事元后，肇爲合祭之禮，後人樂便安，憚勞費，遂因仍不易，宋元豐、元祐、紹聖間，凡三議禮，明嘉靖間，又議禮，主分主合，紛拏喧豗。然主分者，皆援據正經，主合者，多苟且從欲，如眉山所云：「官兵暴露，人馬喘汗，非夏至所能堪。」江陵所云：「冬至極寒而裸獻于星露之下，夏至盛暑而駿奔于炎歊之中。」其説概可睹，乃姚氏涞變爲建子宜分、建寅宜合之説，後人疑其有當，是不可不辨。夫冬至圜丘，迎陽氣之始，夏至方澤，迎陰氣之先，此天地陰陽之大分，報本反始之精義，固不因建子而創此禮，亦不可因建寅而廢此禮，況周禮又用夏正之書也。自古三正遞建，周雖建子，逸周書云：「敬授民時，巡狩祭享。」猶自夏焉。周禮，授時祭享之書，故純用夏正。圜丘方澤，正用夏正之事，于建子何與耶？姚氏之言曰：以一歲之月序之，則夏至前而冬至後，苟夏至祭地，是先地而後天，尊天之義，豈其若此？此尤説之不可通者也。先王之制祭祀，因時而舉，初不以先後爲尊卑，宗廟時享，春夏薄而秋冬盛，不聞以薄祭爲尊，盛祭爲卑也。宗廟殷祭，禘祫尤大于時享，而禘以夏，祫以秋，禴乃在春，不聞以禴祭爲尊，禘祫爲卑也。五祀之祭，春祀户，秋祀門，不聞以户爲尊，以門爲卑也。且即以夏正一歲而論，元日祈穀有祭，龍見大雩又祭，又何嘗不先天後地，特義之所起，仍不在先後之序耳。又其説曰：「行周之禮，不可以用今之時；用今之時，不可以行周之禮。」則是周禮與夏正，斷斷背而馳，孔子何以自云「吾從周」，而又告顔子以行夏之時，不自相刺謬耶？孫氏承澤申姚氏之説曰：「周朔建子，冬至圜丘，適當獻歲，不妨迎陽報天，而後命及于地。故其禮比合祭稍加崇重，此惟行周禮之時則可耳。」案孫氏之意，止欲合天地而祭之，而其爲説，直欲舉圜丘一祭而廢之。周朔建子，不妨迎陽報天，明夏朔建寅，則有妨也。周朔建子，可行圜丘崇重之禮，明夏朔建寅，則不可行圜丘崇重之禮也，惑亦甚矣。又曰：「使祭而必冬至也，何用卜之爲？」夫冬至之郊，圜丘之郊也，日不須卜。用辛之郊，祈穀之郊也，日乃用卜。圜丘之郊，惟天子得行之。祈穀之郊，魯亦得行之。兩郊牽連而舉，則祈穀爲次郊，而圜丘爲始郊，故郊特牲既言「郊用辛」，而又曰「周之始郊，日以至」，義各有指。孫氏混而一之，以祈穀之郊礙圜丘之郊，是祈祭可存，正祭決不可存，魯郊可從，周郊決不可從，斯何義耶？又曰：「至敬不壇，掃地而祭，則又不必于方澤也。」案圜丘即泰壇，方澤即泰折，一見于周禮，一見于祭法，則禮器所謂不壇者，非無壇也。方圜高下，因其自然之形，而非人力所爲，故曰不壇。今誤以不壇爲無壇，而欲廢方澤之祭，抑又惑矣！又曰：「嘉靖一改而明遂衰，建議者夏言也，卒死于法。」夫嘉靖以後之衰，豈緣郊祀之更？夏言之死于法，豈由分祭之説？孫氏牽合株連，以證己堅僻之説，不亦誣耶？至于祭地、祭社，尤確然不可合者。王制言「天子祭天地，諸侯祭社稷」。祭地、祭社，截然不同。胡五峰始爲社與方澤無兩祭之説，朱子以爲，看來自有方澤之祭。書傳彙纂曰：「社于新邑。」謂此所以祭地者，非也。若以此社爲祭地，則王制所云祭天地社稷，地與社豈重累而舉之乎？斯可謂一言破的矣。周世樟曰：「考之諸書，地與社鑿然不同。地爲大祀，社爲中祀，祭地用騂犢，祭社用太牢，祭地七獻，祭社三獻，祭地服袞衣，祭社服希衣，祭地以后稷配，祭社以句龍配。」斯尤援引確據，無復可疑。夫言郊可以兼天地，詩序：「昊天有成命，郊祀天地也。」南郊、北郊，皆郊也，言郊不得兼社。召誥「用牲于郊，牛二。越翌日戊午，乃社于新邑」。社又在南、北郊之外也。而孫氏乃云「郊必兼社」，又曰「舉郊以見社」，斯何説耶？至其所引肆類柴望之文，則皆告祭之郊，而非正郊。所引受命作龜之文，則又祈穀之郊，而非正郊，俱不足爲兼社之證。所引中庸郊社之禮，郊社對舉，猶之禘嘗對舉，實皆錯舉成文，亦不足爲社即方澤之證。總之，孫氏之説，既欲合地與天爲一祭，將燔柴、瘞埋、血祭混一合和，都無分別，非朱子所訶瀆亂龐雜之尤甚者耶？我朝折衷古制，冬至祀天圜丘，夏至祭地方澤，祈穀之後祭社稷，壇有分祭而無合祭，斯誠萬世可行之典也夫！

顧我鈞嘉靖分祀論：明世宗尊崇興獻，狥私蔑禮，固天下萬世之所不韙也。至于南北兩郊，力主分祀，則爲天下萬世之所不可易。古人云：「是亦多言矣，豈必不獲！」雖不可據此一事，以爲世宗之賢，而就此一事，其言固不可以人廢矣。即行之未久，張居正進郊祀圖册，復以合祭爲言，而終明之世，亦卒不行。若乃當時之有姚淶，後代之有孫承澤，顧深以分祀爲非，而力詆之，何歟？或以世宗偏私豐昵，人所不服，故并其合禮者而疑之。然議禮，但論其是非，固不當以他事相牽涉，況如學校從祀，舉前代傳經之儒，苛求而黜罷之，此甚非祭于瞽宗之意，後人曾莫爲改正而反于分祀詆之，不可解也。或謂世宗既定分祀而親奉甚疏，率以遣官行事，是何足與言禮？曰：「是則誠非矣！」然而有初鮮終，亦人所有，但當咎其後之不終，不得議其始之不善也。總之，明自嘉靖以下，經學日衰，士人素不深求其義，而又以太祖父母異處之言，垂爲大訓，沉溺錮蔽，牢不可開，雖有聖君賢相百倍于世宗與夏言、張璁者，亦不能破除流俗而使之共信也。蓋嘗論之，古今主合祭者多矣，然其由來不同，不可一概論也。夫王莽，天下之奸雄也，彼必合天地而祭之，然後可合祖妣而配之，欺誑女主，以爲篡竊之計，是固明知其不然而强行之者也。蘇子瞻，天下之辯才也，彼度宋之君臣必不足以行禮，宋之財力必不足以盡禮，而身爲儒臣，又不肯自安簡陋，而必獵取載籍以附會之，是亦明知其不然而謬言之者也。張居正，天下剛愎自用之人也，彼以嚴寒盛暑，駿奔壇折，人主所憚，而諸臣亦無利焉，于是直揭其情而不復爲之掩蓋，是又明知其不然而故犯之者也。此三人者，固非真以爲當合也，若乃經典之不考，義理之不明，上惑于太祖之臆言，下怵于夏言之被禍，遂以合祭之制果爲至當，隱微痞痻，誠一不二者，古今以來，未有如姚淶、孫承澤者矣。此則可謂妄庸也夫！

蕙田案：國之大事在祀，祀之至大者，莫如兩郊分合之議。自漢迄唐、宋，雖屢更而未定，至明世宗，始斷然行之。其言曰：「大祀有殿，是屋下之祭帝，未見有祭天之禮。合祭一處，亦非專祭上帝。」又曰：「二至分祀，萬代不易之禮。天地合祀，擬之夫婦同牢，褻慢已甚。」又曰：「社乃祭五土之祇，非皇地祇，非祭社即方澤祭地。」斯言也，所謂考之三王而不謬，建之天地而不悖，質之鬼神而無疑，百世以俟聖人而不惑者矣！在昔主合祭者，皆有私意，如王莽之媚元后，蘇軾之憚勞費，即後來張居正之溺宴安，皆有所爲，從未有直以分祭爲非者，乃姚淶創爲堅僻之新説，承澤從而附和之，意何所爲？豈真以合祭爲是，分祭爲非耶？其亦疏于學術矣。吴氏、顧氏辨之極詳，並載于後，考禮者幸無爲所惑也！

顧我鈞嘉靖議郊配論：人非聖賢，不能無私。然其本心之明，雖至私之人，必有所發見而未嘗盡没者，惟不能引伸而擴充之，是以卒蔽于私而不當理也。方明世宗之追尊興獻也，舉朝爭之，呼天搶地，而其心悍然，敢犯天下萬世之不韙而不顧，此其不明極矣。然觀其議定郊祀則勰勰焉，以太宗並配爲非禮，人以爲此放飯流歠而問無齒決者也。或曰：「此欲推太宗而遠之，以爲興獻配明堂地也。」此二言者，固皆近是。然以余觀之，是固其本心之明，而不可遽謂之過也。夫明祖崛起，與漢同符，漢代郊堂，俱配高祖，後儒亦有言其不合禮者，此不知通變之論也。太公執嘉秦之黔首，溯其先世誰當爲后稷者，雖使周公處漢，亦必以高祖兼配爲正也。當明祖立國之始，群臣請以考配天，太祖謙讓再三，至于告廟而不配，豈徒以宇内未平哉？以匹夫徒步之人，無一毫功德于天下，徒以子爲天子，忽躋之以配天，死猶有知，亦必有愧赧跼蹐而不敢當者。配天與宗廟，事理固有不同，是謂是非之公，天子所不能私其父也。至太祖既崩，則配天專屬太祖，百世不可易也。彼太宗殺父嫡孫，竊其神器，是乃高煦、宸濠之倖成者耳，而以爲比隆太祖乎？此仁宗之私，不足以協萬世之公。世宗蓋隱見及此，故不禁其執之堅、言之屢也。蓋興獻之爲分親，親則私之者甚而其識昏，其氣悍，雖萬夫爭之而不回；太宗之爲祖遠，遠則私之者輕而其心平、其見清，一人靜思之，而天下之公是公非悠然出矣。使其能引而伸之，思天下事之不當乎理者，雖子孫觀之，而是非之不可昧如此，然則己之有天下也，孰與漢高與太祖？而今之尊崇其父者，乃欲過于漢高與太祖之父，後世子孫，得毋有擬議其失者乎？知此而大禮之議宜有悔心之萌，當私欲錮蔽之中，猶有一隙之可望者，轉關全在乎此矣！彼夏言、張璁者，不務導之于公正，而徒勸之以因仍，于是太宗之配不祧，而興獻配明堂之失，愈無覺悟之路矣！璁不足道也，言獨惡能無罪哉！

明史世宗本紀：十一月己酉，祀昊天上帝于南郊，禮成，大赦。

王圻續通考：將郊祀，帝諭夏言，欲親行奉安禮，乃擬儀注以聞。先期擇捧立執事官十一員，分獻配殿大臣二員，撰祝文，備脯醢、酒果、制帛、香燭。前一日，行告廟禮，設神輿、香案於奉天殿，神案二於泰神殿，神案二於東西配殿，香案一於丹墀正中，設大次于圜丘左門外。是日質明，帝常服詣奉天殿，行一拜三叩頭禮，執事官先後捧昊天上帝、太祖高皇帝及從祀神主，各奉安輿中，至泰神殿門外，帝乘輅至昭享門，禮官導至泰和殿丹墀，執事官就輿，捧神主升石座，奉安于龕中，帝詣香案前，行三獻禮如儀。禮畢，出至大次，升座，百官行一拜三叩頭禮，畢，還宮。

凡祭祀，先期三日及二日，百官習儀于朝天宮。嘉靖九年更定，郊祀冬至，習儀于前期之七日及六日。

嘉靖九年，四郊工成，帝諭太常寺曰：「大祀分獻官預定，方可習儀。」乃用大學士張璁等于大明、夜明、星辰、風雲雷雨四壇。舊制，分獻用文武大臣及近侍官共二十四人，今定四人，法司官仍舊例不與。

明會典：圜丘大祀儀嘉靖九年定。前期十日，太常寺題請視牲。次請命大臣三員看牲，四員分獻。前期五日，錦衣衛備隨朝駕，皇帝詣犧牲所視牲。視牲前一日，皇帝常服告廟。至日，視牲畢，命大臣輪視如常儀。前期四日，皇帝御奉天殿，太常寺奉祭祀，進銅人如常儀。博士捧告，請太祖祝版于文華殿，候皇帝親填御名訖，捧出。前期三日，皇帝具祭服，以脯醢、酒果詣太廟，請太祖配神，訖，易服，御華蓋殿。太常寺卿同光禄寺卿面奏「省牲」，訖，皇帝御奉天殿，百官具朝服，聽受誓戒傳制。前期二日，太常卿同光禄卿奏「省牲」，如常儀。牛九，牝羊三，豕三，鹿一，兔六。是日，錦衣衛具神輿香亭。太常官具玉帛匣及香盒，各設于奉天殿。次日，皇帝至奉天殿，親填祝版，版以青楮硃書。置玉帛于匣，太常卿捧安輿内。皇帝三上香，行一拜三叩頭禮。畢，錦衣衛官校舁至天壇，太常卿奉安于神庫。前期一日，免朝，錦衣衛備法駕，設版輿于奉天門下正中。皇帝吉服告于廟，出乘輿，詣南郊。由西天門入，至昭亨門外降輿。禮部太常官導皇帝由左門入，至内壝。太常卿導皇帝至圜丘，恭視壇位，次至神庫視籩豆，至神厨視牲，畢，仍由左門出，升輿。至齋宫，分獻陪祀官叩頭如常儀。壇上陳設，上帝：南向。犢一，蒼玉一，郊祀制帛十二，俱青色。登一，簠簋各二，籩十二，豆十二，蒼玉爵三，酒尊三，青漆團龍篚一，祝案一。配帝：西向。犢一，奉先制帛一，白色。登一，簠簋各二，籩十二，豆十二，蒼玉爵三，酒尊三，雲龍篚一。從祀四壇。俱在壇之二成。大明：在東，西向。犢一，登一，禮神制帛一，赤色。簠簋各二，籩十，豆十，酒盞二十，青瓷爵三，酒尊三，篚一。夜明：在西，東向。陳設同，禮神制帛一。白色。星辰：在東，西向，北上。曰五星，曰二十八宿，曰周天星辰。犢一，羊一，豕一，登一，鉶一，實以和羹。簠簋各二，籩十，豆十，酒盞三十，帛十，青色一，赤色一，黄色一，白色六，黑色一。青瓷爵三，酒尊三，篚一。雲雨風雷：在西，東向，北上。陳設同，帛四。青色一，白色一，黄色一，黑色一。前期一日，太常寺設香案于皇穹宇丹墀正中，將事之夕，三更一點。禮部太常寺堂上官恭詣香案前。尚書上香，率各官行一拜三叩頭禮。畢，太常寺官九員分詣東西配殿，各請從位神牌出龕，先雷師，次風伯，次雨師，次雲師，次周天星辰，次二十八宿，次五星，次夜明，次大明，捧至丹墀，東西向立。太常寺官一員詣殿中，請太祖主出龕，太常寺少卿一員，恭捧西向立。太常寺官二員請上帝神版出龕，太常寺卿恭捧，南向立。禮部侍郎二員導引出殿，先上帝，次太祖，次大明，次夜明，次五星，次二十八宿，次周天星辰，次雲雨風雷，由圜丘北門入，轉至午陛，升壇。先上帝，次太祖，次從位，各依原序先後，奉安于神座，候皇帝至大次。尚書率各官致詞，復命，叩頭出。祭畢，太常官如前捧請，禮部侍郎導引入殿，以次納于龕中。奉安訖，各官仍行一拜三叩頭禮，出。正祭。是日三鼓，皇帝自齋宫乘輿，至外壝神路之西降輿，導引官導皇帝至神路東大次。上香官同導引官、捧神位官復命，訖，退。百官排班于神路之東西以俟。皇帝具祭服，出，導引官導皇帝由左櫺星門入。内贊、對引官導皇帝行至内壝，典儀唱：「樂舞生就位，執事官各司其事。」皇帝至御拜位，内贊奏「就位」，皇帝就位。典儀唱「燔柴」，唱「迎帝神」，樂作。内贊奏「升壇」，導皇帝至上帝金爐前，奏「跪」，奏「搢圭」，司香官捧香，跪進于皇帝左。内贊奏「上香」，皇帝三上香；訖，奏「出圭」，導至太祖金爐前，儀同；奏「復位」，皇帝復位，樂止。内贊奏「四拜」，傳贊百官同；典儀唱「奠玉帛」，樂作。内贊奏「詣神御前」，導皇帝至神御前；奏「搢圭」，捧玉帛官以玉帛跪進于皇帝右，皇帝受玉帛；内贊奏「獻玉帛」，皇帝奠；訖，奏「出圭」，導至太祖前，奏「搢圭」，奏「獻帛」，奏「出圭」，奏「復位」，皇帝復位，樂止。典儀唱「進俎」，樂作；齋郎舁俎安訖，内贊奏「詣神御前」，導皇帝至神御前，奏「搢圭」，奏「進俎」，奏「出圭」，導至太祖前，儀同；奏「復位」，皇帝復位，樂止。典儀唱「行初獻禮」，樂作；内贊奏「詣神御前」，導皇帝至神御前，奏「搢圭」，捧爵官以爵跪進于皇帝右，皇帝受爵；内贊奏「獻爵」，皇帝獻；訖，奏「出圭」，奏「詣讀祝位」，導皇帝至讀祝位，奏「跪」，傳贊衆官皆跪，樂暫止；内贊奏「讀祝」，讀祝官跪讀祝，畢，樂復作；奏「俯伏，興，平身」，傳贊百官同，讀祝跪進祝版，皇帝捧至御案篚内，安訖，今讀祝官自安。内贊導至太祖前，奏「搢圭」，捧爵官以爵跪進于皇帝右，皇帝受爵，奏「獻爵」，皇帝獻；訖，奏「出圭」，奏「復位」，皇帝復位，樂止。典儀唱「行亞獻禮」，樂作，儀同初獻，惟不讀祝，奏「復位」，樂止。典儀唱「行終獻禮」，樂作，儀同亞獻，奏「復位」，樂止。太常卿進立于壇之二成，東向，唱「賜福胙」，内贊奏「詣飲福位」，導皇帝至飲福位。光禄卿捧福酒，跪進于皇帝左，内贊奏「跪」，奏「搢圭」，奏「飲福酒」，皇帝飲。訖，光禄官捧福胙，跪進于皇帝左，内贊奏「受胙」，皇帝受；訖，奏「出圭，俯伏，興，平身」；奏「復位」，皇帝復位；奏「四拜」，傳贊百官同。典儀唱「徹饌」，樂作，執事官徹饌，訖，樂止。典儀唱「送帝位」，樂作，内贊奏「四拜」，傳贊百官同，樂止。典儀唱「讀祝官捧祝，進帛官捧帛，掌祭官捧饌」，各恭詣泰壇，皇帝退立于拜位之東。典儀唱「望燎」，樂作。内贊奏「詣望燎位」，内贊、對引官導皇帝至望燎位，燎半，内贊奏「禮畢」，樂止。如遇風雪，有司設黄毡小次于圜丘下，皇帝恭就小次，對越行禮，其升降、上香、奠獻俱以太常執事官代。内贊、對引官導皇帝至大次易服，禮部太常官捧神位安于皇穹宇，皇帝還齋宫，少憩，駕還。百官具朝服于承天門外橋南，立迎駕，皇帝入詣廟，參拜如視牲還之儀。百官隨至奉天殿，行慶成禮。　附分獻官儀：皇帝行初獻禮，讀祝訖，奏「俯伏，興，平身」，贊引引分獻官由東西陛詣各神位香案前，贊「搢笏，上香，獻帛，獻爵，出笏，復位」，亞終獻儀同，惟不上香、獻帛。至典儀唱「望燎」，各分獻官詣燎爐前，燎半，贊「禮畢」。

明史樂志：嘉靖九年，復定分祀圜丘樂章：

迎神，中和之曲　仰惟玄造兮於皇昊穹，時當肇陽兮大禮欽崇。臣惟蒲柳兮螻蟻之衷，伏承眷命兮職統群工。深懷愚昧兮恐負洪德，爰遵彝典兮勉竭微衷。遥瞻天闕兮寶輦臨壇，臣當稽首兮祗迓恩隆。百辟陪列兮舞拜于前，萬神翊衛兮而西以東。臣俯伏迎兮敬瞻帝御，願垂歆鑒兮拜德曷窮。

奠玉帛，肅和之曲　龍輿既降兮奉禮先，爰有束帛兮暨瑶瑄。臣謹上獻進帝前，仰祈聽納兮荷蒼乾。

進俎，凝和之曲　殽羞珍饌兮薦上玄，庖人列鼎兮致精虔。臣盍祇獻兮馨醴牲，願垂歆享兮民福淵。

初獻，壽和之曲　禮嚴初獻兮奉觴，臣將上進兮聖皇。聖皇垂享兮穆穆，臣拜手兮何以忘。

亞獻，豫和之曲　禮觴再舉兮薦玉漿，帝顔歆悦兮民福昂。民生有賴兮感上蒼，臣惟鞠拜兮荷恩長。

終獻，熙和之曲　三獻兮禮告成，一念微衷兮露悃情。景張樂舞兮聲鍠鋐，仰瞻聖容兮俯錫恩泓。

徹饌，雍和之曲　祀禮竣兮精意禋，三獻備兮誠已申。敬徹弗遲兮肅恭寅，恐多弗備兮惟賴洪神。

送神，清和之曲　禋事訖終兮百辟維張，帝垂歆鑒兮沐澤汪洋。龍車冉冉兮寶駕旋雲，靈風鼓舞兮瑞露清瀼。洪恩浩蕩兮無以爲酬，粗陳菲薦兮已感歆嘗。香氣騰芳兮上徹帝座，仰瞻聖造兮賜福群方〔一〕。臣同率土兮載懽載感，祗迴寶輦兮鳳嘯龍翔。誠惶誠恐兮仰戀彌切，願福生民兮永錫亨昌。

望燎，時和之曲　龍駕寶輦兮昇帝鄉，御羞菲帛兮奉燎方。環珮鏗鏘兮羅壇壝，炬焰特舉兮氣輝煌。生民蒙福兮聖澤霑，臣荷眷佑兮拜謝恩光。

〔一〕「福」，諸本脱，據明史樂志二補。

世宗本紀：十年十一月甲寅，祀天于南郊。十一年十一月庚申，祀天于南郊。

禮志：十一年冬至，尚書言，前此有事南郊，風寒莫備。乃采禮書天子祀天張大次、小次之説，請「作黄氈御幄爲小次。每大祭，所司以隨。值風雪，則設于圜丘下，帝就幄中對越，而陟降奠獻以太常執事官代之」。命著爲令。

世宗實録：嘉靖十二年，定圜丘遣官代祀儀。前期，太常寺具本，請欽定遣官職名，遣官受命、報名、謝恩、齋宿如常儀。先一日，遣官及分獻陪祀官各致齋于祭所。是日，先期，太常寺陳設如圖儀，設遣官拜位于壇下内壝正中，設遣官讀祝位于壇上，避御拜位，近北陛，設典儀、贊引官位于遣官拜位之南。贊引引遣官、分獻、陪祀官各服法服候于壇壝外，南向立。典儀唱「樂舞生就位，執事官各司其事」。贊引引遣官由内壝右靈星門入，内贊贊「就位」，位在壇下正中，分獻官稍前，遣官就位。典儀唱「燔柴」，唱「迎神」，奏樂。内贊贊「升壇」，遣官由西陛升至神御香案前，贊「跪搢笏」，遣官跪搢笏，司香官捧香跪進于遣官左，贊「上香」，遣官三上香；訖，贊「出笏」，至配帝前，儀同；贊「復位」，樂止。内贊贊「四拜」，遣官四拜，平身，傳贊百官同。典儀唱「奠玉帛」，奏樂，内贊贊「詣神御前」，遣官升至神御前，贊「搢笏」，捧玉帛官以玉帛跪進，遣官受玉帛，奠；訖，贊「出笏」，導至配帝前，儀同；贊「復位」，樂止。典儀唱「進俎」，奏樂，齋郎舁饌至，内贊贊「詣神御前」，遣官升至神御前，贊「搢笏」，進俎，出笏，導至配帝前，儀同；贊「復位」，樂止。典儀唱「行初獻禮」，奏樂，内贊贊「詣神御前」，遣官升至神御前，司尊者舉冪酌酒，捧爵官以爵受酒，内贊贊「搢笏」，捧爵官以爵跪進于遣官右，遣官受爵，贊「獻爵」，遣官獻；訖，贊「出笏」，贊「詣讀祝位」，位擬除一成中；贊「跪」，遣官降至讀祝位，跪，傳贊百官皆跪，樂暫止；内贊贊「讀祝」，讀祝官跪讀，訖，樂復作；内贊贊「俯伏，興，平身」，傳贊百官同。導至配帝前，贊「搢笏」，捧爵官以爵跪進于遣官右，遣官受爵，贊「獻爵」，遣官獻；訖，贊「出笏」，贊「復位」，樂止。典儀唱「行亞獻禮」，奏樂，儀同初獻，惟不讀祝，樂止。典儀唱「行終獻禮」，奏樂，儀同亞獻，樂止。贊「復位」，遣官復壇下拜位，内贊贊「四拜」，遣官四拜，平身，傳贊百官同。典儀唱「徹饌」，奏樂，執事官徹饌，訖，樂止。典儀唱「送神」，奏樂，内贊贊「四拜」，遣官四拜，平身，傳贊百官同，樂止。典儀唱「讀祝官捧祝，進帛官捧帛，掌祭官捧饌，各詣燎位」，遣官退立拜位之東。典儀唱「望燎」，奏樂，内贊贊「詣望燎位」，近御位西，北向立，燎半，内贊贊「禮畢」，樂止。　十三年二月，詔更圜丘爲天壇，方澤爲地壇，禮部尚書夏言言：「圜丘、方澤，本法象定名，未可遽易，第稱圜丘壇省牲，則于名義未協。今後冬至大報、啓蟄祈穀祀天、夏至祭地，祝文宜仍稱圜丘、方澤，其省牲及諸公事有事壇所，稱天壇、地壇。」從之。

明史世宗本紀：十三年十一月庚午，祀天于南郊。十四年十一月乙亥，祀天于南郊。十五年十一月辛巳，祀天于南郊。

明會典：十五年，定進大報等祀日册儀。舊制，每歲十一月上旬，欽天監具明年諸祭祀日，于奉天門奏進〔一〕。嘉靖九年，令以九月奏諸祀日，自大報始。是年，帝親定進祀日册儀，每歲九月朔，禮部尚書以大報及諸祀日告于皇帝，前期宿于公署，鴻臚卿請御殿設案于奉天殿中。至日，百官公服侍班，皇帝服皮弁，禮部尚書具朝服，捧祀日册自午門中道入，立置于案。皇帝就先立定，禮部尚書跪奏：「嘉靖幾年分大報等祀日册，請敬之。」皇帝搢圭，取而恭視，訖，序班舉案，置于華蓋殿中。皇帝升座，百官叩頭如常禮。

〔一〕「奉天門」，諸本作「奏上門」，據明會典卷八一改。

明史世宗本紀：十七年十一月辛卯，祀天于南郊。詔赦天下。

禮志：十七年，撤大祀殿，又改泰神殿曰皇穹宇。

明會典：嘉靖十七年冬十一月，更上昊天上帝泰號曰皇天上帝。改泰神殿曰皇穹宇。

明史禮志：十七年，罷脱舃禮。

春明夢餘録：郊壇門外，每祀設大次，駕臨壇，入幕次，脱舃升壇。其升壇、執事、導駕、贊禮、讀祝，並分獻、陪祭官皆脱舃於外，以次升壇供事，協律郎、樂舞生依前跣韈就位。祭畢，降壇納舃。嘉靖中享廟，皇后助祭，遂罷脱舃禮，後不復行。

世宗本紀：十八年十一月丙申，祀天于南郊。

王圻續通考：明初，最嚴郊祀。太祖以後，無不親郊者。成祖北巡，間令太子攝祀。其以疾改卜郊，止太祖洪武六年、孝宗弘治十六年兩郊而已。百餘年中，肅奉明禋，對越罔懈，事天之誠，唐、宋諸君莫之逮也。惟武宗末年，屢以遊豫改卜郊，然亦未敢輒廢。世宗嗣服，鋭意制作，改合祀爲分祀，罷二祖並配，毅然排衆議而爲之，以蘄合于三代之禮，用意可謂勤矣。十三年南郊，親製大報歌，亦有慎始圖終之語，乃分祀。未幾，遂至遣代大享殿，徒事改作，而祈穀仍于内殿行事，且皇天泰號，徒奉虚稱。睿宗配天，貽譏豐昵，雖日禮玄極寶殿，乃溺于方士幻妄之説，非實有昭事上帝之誠也。蓋帝議禮之後，喜事紛更，始有博復古之虚名，而誠意有所不至。繼乃崇尚玄修，惑溺日深，凡所改作，皆廢置不復再舉，而祖宗以來，嚴恭寅畏之心蕩然無存。再傳而至神宗，怠棄益甚，郊廟之祀，數十年不一躬親，不可謂非帝啓之也。記曰：「惟聖人爲能享帝，孝子爲能享親。」理固不可易矣。

禮志：二十四年，又即故大祀殿之址建大享殿。

穆宗本紀：隆慶元年十一月癸亥，祀天于圜丘。

明會典：隆慶元年，禮部會議圜丘、方澤、朝日、夕月，歲舉四郊，仍如世宗所更定，而罷祈穀及明堂大享禮。

王圻續通考：穆宗隆慶元年，禮部會議郊祀之禮。國初，建圜丘于鍾山之陽，用冬至祀天，以日月星辰、太歲從祀。建方丘于鍾山之陰，用夏至祀地，以岳鎮、海瀆從祀，俱奉仁祖淳皇帝配。又築朝日壇于城東，夕月壇于城西，用春秋分行事，夕月亦以星辰從祀，俱不奉配。洪武十年，始定合祀之制，每歲正月，擇日行于大祀殿。三十二年，更奉太祖高皇帝配。永樂十八年，北京大祀殿成，行禮如前儀。洪熙元年，增奉成祖文皇帝並配。嘉靖九年，始建圜丘于南郊，冬至祀天，以日月星辰、風雲雷雨從祀。建方澤于北郊，夏至祀地，以岳鎮、海瀆、陵寢諸山從祀，俱奉太祖高皇帝配。又建朝日壇于東郊，以春分祭日，無從位。建夕月壇于西郊，以秋分祭月，亦以星辰從祀，俱不奉配。今分祀已久，似難紛更，宜照例南北二郊，于冬夏至日，恭請聖駕親詣致祭，仍奉太祖高皇帝配。時禮部言：「郊廟社稷諸祭，太常寺先期具奏行禮，止奏日不奏時，以故陪祀諸臣失期者衆，請以後並奏日時。」從之。

明史高儀傳：穆宗即位，世宗遺命，郊社諸禮，悉稽祖制更定。儀乃會廷臣議：天地分祀不必改。既而中官李芳復請天地合祀，如洪武制。

舒化傳：冬至郊天，聞帝咳聲，推論陰陽姤復之漸，請法天養微陽，詞甚切直。

明史穆宗本紀：二年十一月戊寅〔一〕，祀天于圜丘。三年十一月甲戌，祀天于圜丘。

四年十一月己卯，祀天于圜丘。

王圻續通考：丙子，以大祀圜丘，上御皇極殿誓戒，文武群臣，致齋三日。命成國

〔一〕「戊寅」，明史穆宗本紀作「戊辰」。

公朱希忠告太廟，請太祖高皇帝配。禮畢，上還宮，尚食監設御筵案于御座之傍，光禄寺設酒亭于御座下之西，膳亭于御座下之東，百味于酒亭、膳亭之東西，設群臣位桌于皇極殿内及中左右門丹墀内之東西。教坊司設九奏樂歌于殿内，設大樂于殿外，立三舞雜隊于殿下，文武百官行慶賀禮，畢，退。執事官及與宴官各具吉服，執事官先趨入殿内伺候，與宴官序立于丹陛，餘俱序于丹墀東西迎駕。伺駕過殿内，與宴官隨即趨入，分班序立。上常服乘板輿，由歸極門出，入皇極門，樂作，至殿，上降輿，升座，樂止。鳴鞭，鴻臚官贊「衆官入班」，外贊贊「排班」，内外各贊「鞠躬」，樂作，四拜，興，平身，樂止。内官進護衣，舉案進花畢，教坊司跪奏上萬壽之曲，樂作。内官斟酒，捧爵至御座前，内外各贊「跪」，衆官皆跪。教坊司奏「進酒」，上飲畢，内外各贊「俯伏，興，平身」，樂止，各就位。衆官到席立定，上諭官人每坐，鴻臚寺官承旨，傳贊官傳，訖，衆官方各就位簪花。教坊司跪奏平定天下之舞，舞畢，上諭官人每斟酒，鴻臚寺官承旨，傳贊官傳，訖，教坊司跪奏，二奏仰天休之曲，樂作。内官斟酒，捧爵至御案前，教坊司跪，奏「進酒」，候上舉酒，各官以次舉飲，訖，樂止。殿外導湯，樂作，至殿内迎湯，樂作，各官起立，内官捧湯，至御座前，各官復位，樂止。教坊司跪奏

「進湯」，樂作，候上舉筯，各官以次舉。訖，鴻臚寺官贊「饌成」，內官徹湯，樂作。教坊司跪奏黄童白叟鼓腹謳歌承應舞，舞畢，復跪奏，三奏感大德之曲，樂作，進酒如前儀，樂止。教坊司跪奏撫安四夷之舞，舞畢，上諭官人每斟滿著，鴻臚寺官承旨，傳贊官傳，訖，教坊司跪奏，四奏慶洪禧之曲，樂作，奉酒湯，如前儀，樂止。教坊司跪奏車書混同之舞，舞畢，復跪奏，五奏荷皇恩之曲，樂作，進酒如前儀，樂止。教坊司跪奏呈祥瑞之舞，舞畢，上諭官人每飲乾著，鴻臚寺承旨，傳贊官傳，訖，教坊司跪奏，六奏民樂生之曲，樂作，進酒、進湯如前儀，樂止。教坊司跪奏讚聖喜之舞，舞畢，復跪奏，七奏景祚隆之曲，樂作，進酒、進湯如前儀，樂止。教坊司跪奏來四夷之舞，舞畢，復跪奏，八奏永皇圖之曲，樂作，進酒、進湯如前儀，樂止。教坊司跪奏表萬方之舞，復跪奏，九奏賀太平之曲，樂作，進酒、進湯如前儀，樂止。內官徹御前爵，殿外導湯膳，樂作，至殿內迎湯膳，樂作，各官起立，內官捧湯膳，至御案前，各官復位，樂止。教坊司跪奏「進膳」，樂作，鴻臚寺官傳贊「膳成」，內官徹湯膳，樂止。教坊司跪奏天命有德之舞，舞畢，奏纓鞭得勝蠻夷隊舞，承應奏，致語畢。鴻臚寺官贊「徹案」，尚膳監徹御案，訖，贊宴成，衆官出席，俱列班。鴻臚寺官贊「入班」，外贊贊「排班」，內外贊「鞠躬」，樂作，贊「行四拜禮」，樂止。鴻臚寺官贊「禮畢」，鳴鞭，駕興還宫。百官退，内外坐宴官，凡遇傳制時，俱各起立拱聽，傳畢，復就坐其殿内。與宴朝鮮國陪臣，及外夷都督，俱各用通事序班一員，引領行禮。

萬曆三年十一月，内閣臣張居正進郊禮圖册，曰：「國初，建圜丘于鍾山之陽，以冬至祀天；建方丘于鍾山之陰，以夏至祀地。洪武二年，始奉仁祖淳皇帝西向配享。十年春，始定合祀之制。時以天地壇、大祀殿未成，暫于奉天殿行禮。至十二年正月，乃合祀于大祀殿，仍奉仁祖配享，命官分獻日月、星辰、岳鎮、海瀆、山川諸神，凡一十四壇。三十二年，更奉太祖高皇帝配享。永樂十八年，北京天、地壇成，每歲仍合祀如儀。南京壇有事，則遣官祭告。洪熙元年，奉太祖高皇帝、太宗文皇帝同配享。嘉靖九年，初建圜丘于大祀殿之南，每歲冬至祀天，以大明、夜明、星辰、雲雨風雷從祀。建方澤于安定門外，每夏至祭地，以五岳、五鎮、四海、四瀆、陵寢諸山從祀，俱止奉太祖一位配享，而罷太宗之配。其大祀殿則以孟春上辛日行祈穀祭，奉太祖、太宗同配享。十年又改以啓蟄日行祈穀禮于圜丘，仍止奉太祖一位配享。十七年秋九月，詔舉明堂大享禮于大内之玄極寶殿，奉睿宗獻皇帝配享。玄極殿即舊欽安殿。是冬十一月，上具册寶，圜丘上昊天上帝爲皇天上帝尊號。十八年春，行祈穀禮于玄極寶殿，不奉配。二十四年，拆大祀殿，改建大享殿，命禮部歲用季秋，奏請卜，吉，行大享禮，隨又命仍暫行于玄極寶殿。隆慶元年，詔罷祈穀、大享二祭，復玄極寶殿仍名欽安殿，而天地則分祀，如世宗所更定。云謹案天地分祀，至洪武十年，聖祖乃定爲合祀之制，每歲正月上辛日行禮于南郊大祀殿，列聖遵行百六十餘年，至世宗皇帝，始案周禮古文，復分建南北郊，俱壇而不屋，南郊以冬至，北郊以夏至行禮，而二至之外，復有孟春祈穀、季秋大享，歲凡四焉。隆慶改元，詔廷臣議郊祀之禮，時議者，並請罷祈穀、大享，復合祀天地于南郊。先帝深維三年無改之義，獨以祈穀、大享在大內行禮不便，從禮官議罷之，而分祀姑仍其舊，蓋亦有待云爾。夫禮，因時宜本乎人情者也。高皇帝初制郊禮，分祀十年矣，而竟定于合享者，良以古今異宜，適時爲順，故舉以歲首，人之始也。卜以春初，時之和也。歲惟一出，事之節也。爲屋而祭，行之便也。百六十餘年，列聖相承，莫之或易者，豈非以其至當允協經文而可守乎？今以冬至極寒而裸獻于星露之下，夏至盛暑而駿奔于炎歊之中，一歲之間，六飛再駕，以時以義，斯爲戾矣。且成祖文皇帝再造宇宙，功同開創，配享百餘年，一朝而罷之，于人情亦大有不安者。故世宗雖分建圜、方之制，而中世以後，竟不親行，雖肇舉大享之禮，而歲時禋祀止于内殿，是斯禮之在當時已窒礙而難行矣，況後世乎？臣等愚昧，竊以爲宜遵高皇之定制，率循列聖之攸行，歲惟一舉合祀之禮，而奉二祖並配，斯于時義允協，于人情爲順，顧郊禋禮重，今且未敢輕議。謹稽新舊規制禮儀而略述其概，以俟聖明從容裁斷焉。」上從之。

蕙田案：舊禮者，太祖所定。新禮者，世宗所定也。據居正稱「極寒而裸獻于星露之下，盛暑而駿奔于炎歊之中」。是冬至圜丘、夏至方澤之禮，果不可行也。爲大臣者，不以敬天勤民相儆勗，而第以宴安逸豫導之，其謂之何？

又案：璁、萼、獻夫以議興獻禮，寵擢于前。夏言以議分祀專配，柄用于後。蓋主眷之所厚，即爲權勢之所歸，而其所以得膺主眷者，則常以議論之投契致之。神宗惰窳之習，江陵蓋有以窺之矣。故陽爲議禮以翻嘉靖之案，陰爲順導以悦神宗之心，所以嘗之而擅其權者，作用在此，徒以失禮議之，不足以盡其情也。

明史神宗本紀：萬曆三年十一月乙巳，祀天于南郊。

明會典：萬曆三年，親祀圜丘儀。正祭前六日早，上常服以親詣南郊，視牲，預告于太廟。前五日，錦衣衛備隨朝駕，如常儀。質明，上常服御皇極殿，太常寺官奏「請聖駕視牲」，百官具吉服，朝參，鳴鞭，訖，先趨出午門外，東西序立候送。上由大明門、正陽門、西天門舊路至犧牲所南門迤西，上降輦，禮部尚書、侍郎、太常卿、少卿導上至所内幄次，禮部官跪奏「請視牲」，仍同太常寺官導上至各牲房前，太常卿跪奏「視大祀牲」，逐一視畢，仍導上至幄次内。上少憩，出，禮部太常寺官仍導上陞輦駕還，百官俱於承天門外序立候迎，上仍詣太廟參謁。前四日，上御皇極殿，太常寺奏。祭祀前三日，質明，上常服乘輿，詣太廟門西，降輿，至幄次内，具祭服，告請太祖配神，行一獻禮畢，出。幄次内易皮弁服，回御中極殿，太常寺、光禄寺官奏「省牲」。畢，御皇極殿，傳制誓戒百官。前二日早，上常服，以親詣南郊大祀，預告于太廟，是日午後，太常寺官捧蒼玉、帛、匣、香盒，同神輿亭進于皇極殿内，司禮監官捧帛，同案設于御案之北。前一日，質明，上從文華殿出，由皇極殿左門入，至御案前立，太常卿捧祝版，由中門進于御案上，上填御名。訖，太常卿捧安輿中，司禮監官進帛，于上裝匣内，并蒼玉安訖，太常卿捧安輿中，太常卿隨捧香盒於香亭右，跪，上三上香，行一拜三叩頭禮。畢，轉於東，西向立，錦衣衛官校入擡輿亭，由中門出，太常卿隨詣天壇神庫奉安，上由殿中門出，乘輿詣南郊，至昭享門西，禮部尚書、侍郎、太常、少卿等官行叩頭禮，畢，分兩傍候上降輿，尚書等官導上由昭享左門入，至内壝左門，太常卿跪迎，同導上至午陛，尚書等官俱止。太常卿導上至圜丘，恭視壇位。尚書等官俱先詣東陛前伺候。上視壇位畢，太常卿導上由東陛下。尚書等官同導上至神庫，視籩豆，至神厨，視牲，俱太常卿導入，逐一奏畢。禮部太常寺官導上仍由昭享左門出，陞輿至齋宫，分獻陪祀官朝參，傳旨賜早飯，各官叩頭謝恩。至午，各官候旨朝參，仍傳旨賜午飯，謝恩如前儀。是日午後，太常寺陳設如常儀，至一更時分，禮部尚書等官詣皇穹宇，尚書上香請神，侍郎二員導引太常寺官以次捧正位配位神版、從位神牌詣壇奉安。訖，候報時，上常服，乘輿出，至外壝神路之西，降輿，導駕官導上至神路東大次，禮部同太常官復命。畢，上具祭服出，由内壝左櫺星門入，行大祀禮如常儀。畢，上至大次，易常服，至齋宫少憩，駕還，仍詣太廟參謁。畢，具衮冕服，御皇極殿，行慶成禮。

明史神宗本紀：萬曆六年十一月辛酉，祀天于南郊。十四年十一月癸卯，祀天于南郊。三十三年五月庚子〔一〕，雷擊圜丘望燈高杆。

熹宗本紀：天啓三年十一月丁巳朔，祀天于南郊。

莊烈帝紀：崇禎元年十一月癸未，祀天于南郊。八年十一月庚申，祀天于南郊。十二年十一月辛巳，祀天于南郊。十三年十一月丁亥，祀天于南郊。十六年十一月壬寅，祀天于南郊。

蕙田案：張居正以神宗三年進新舊禮圖，欲改合祀。然四年、七年五月俱嘗祀地北郊，固未嘗改爲合祀。故神宗、熹宗、烈帝三紀，始終皆書祀天，特祭地之禮不行耳。孰謂後人果以合祭爲是乎？

右明郊禮

〔一〕「五月」，諸本作「四月」，據明史神宗本紀改。

五禮通考卷二十一

吉禮二十一

祈穀

蕙田案：祈穀之禮，見於月令。春秋傳郊祀上帝與冬至圜丘禮同，一是正祭，一是祈祭。但圜丘用日至，不卜日，而祈穀則用辛。郊特牲、家語及春秋所書郊日，皆有明文。而春秋書魯郊者十，皆言卜。先儒謂卜日用辛，皆魯禮。魯無冬至圜丘之祭，故啓蟄而郊，以祈農事，在建寅之月，蓋即天子祈穀之禮。其言是也。自鄭氏合日至、用辛爲一，而郊祭之禮及祈穀之禮俱晦，故自漢以後，郊必用辛，而二祭不分矣。梁祈穀祭先農，是以人鬼爲天帝；唐祈穀祀感帝，是以讖緯惑正經。惟顯慶禮與政和禮，圜丘、祈穀皆祭上帝，始不失古誼。明祈穀禮，自世宗始，後間行之。洪惟聖朝，孟春上辛，祈穀於南郊，每歲天子親行敬勤之義，斯爲至矣。今輯經傳言祈穀之文，以冠篇首，繼以春秋魯郊及諸儒論魯郊者附焉。庶幾先王祀天之正祭，不至淆於漢儒之附會，而後世祈穀之典禮，其本末可具見也。

經傳祈穀郊

禮記月令：孟春之月，天子乃以元日祈穀於上帝。注：謂以上辛郊祭天也。春秋傳曰：「夫郊祀后稷，以祈農事。是故啓蟄而郊，郊而後耕。」疏：鄭引春秋傳，見襄七年左傳。彼祈農事，則此祈穀；彼云郊而後耕，此祈穀之後，即躬耕帝藉，是祈穀與郊一也。

方氏慤曰：元日者，善日也。與王制「習射上功」所言同義。詩言「三之日于耜」，蓋建寅之月也，故于是月始祈穀焉。噫嘻言「春夏祈穀于上帝」，正謂是矣。

春秋桓公五年左氏傳：凡祀，啓蟄而郊。注：啓蟄，夏正建寅之月，祀天南郊。疏：禮，諸侯不得祭天。魯以周公之故，得郊祀上帝。夏小正曰：「正月啓蟄。」其傳曰：「言始發蟄也。」故漢氏之始以啓蟄爲正月中。注以此句爲建寅之月。釋例云：「曆法，正月節立春，啓蟄爲中氣者，因傳有啓蟄之文，故遠取漢初氣名，欲令傳與曆合。」釋例于孟獻子曰：「啓蟄而郊，郊而後耕。」耕謂春分也，言得啓蟄當卜郊，不應過春分也。如此必是建寅之月，方始郊天。周之孟春未得郊也。禮記明堂位曰：「魯君孟春乘大路，載弧韣，以祀帝于郊。」雜記云：「孟獻子曰：『正月日至，可以有事于上帝；七月日至，可以有事于祖。』七月而禘，獻子爲之。」如彼記文，則魯郊以周之孟春，而傳言「啓蟄而郊」者，禮記後人所録，其言或中或否，未必所言皆是正禮。襄七年傳：「孟獻子曰：『啓蟄而郊。』」禮記、左傳俱稱獻子，而記曰「日至」，傳言啓蟄，一人兩説，必有謬者。若七月而禘，獻子爲之時應有七月禘矣。烝嘗過則書，禘過亦應書，何以獻子之時不書七月禘？是知獻子本無此言，不得云禮記是而左傳非也。明堂位後世之書，其末章云：「魯君臣未嘗相弑也，禮樂刑法政俗，未嘗相變。」春秋之世，三君見弑，髽而弔，士有誄，俗變多矣，尚云無之。此言既誣，則郊亦難信。以此知記言孟春，非正禮也。鄭玄注書，多用讖緯，言天神有六，地示有二，夏正郊天，祭其所感之帝焉。周人木德，祭靈威仰也，魯無冬至之祭，惟祭靈威仰耳。先儒悉不然，故王肅作聖證論，引群書以證之，言郊即圜丘，圜丘即郊，天體惟一，安得有六天也？晉武帝，王肅之外孫也，泰始之初，定南北郊祭，一地一天，用王肅之義。杜君身處晉朝，共遵王説，不言有二天。然則杜意，天子冬至所祭，魯人啓蟄而郊，猶是一天，但異時祭耳。此注直云祀天南郊，不言靈威仰，明與鄭異也。

蕙田案：啓蟄而郊，見于此傳及襄七年孟獻子語。是祈穀孟春，實無疑義，即吕覽、月令之文所由來也。自雜記有孟獻子「正月日至」之説，鄭氏注明堂位「孟春爲建子，而日至用辛」之論始淆矣。此疏釋建寅之月，特爲明確，而辨雜記之文爲誣，亦最透快，則孟春之説始定，微特杜氏功臣，抑亦爲康成補過也。

襄公七年左氏傳：「孟獻子曰：『夫郊祀后稷，以祈農事也。』注：郊祀后稷，周始祖，能播殖者。疏：后稷，周之始祖，能播殖者，辨知后稷是何人，不爲能播殖，故祀以祈農事，自謂郊天以祈農耳。案孝經云：「昔者，周公郊祀后稷以配天。」止云配天而祀之，不言祈農也。祭祀者，爲報以往，非求將來之福也。但祭爲明神所享，神以將來致福，將來而獲多福，乃由祭以得之。禮器稱：「君子曰：『祭祀不祈。』」祭者意雖不祈，其實福以祭降，以祭獲福，即祈之義也。宗廟之祭，緣生事死，盡其孝順之心，非求耕稼之利。少牢饋食者，大夫之祭禮也。其祭之末，尸嘏主人，使女受福于天，宜稼于田，彼豈爲田而祭哉？神以宜田福之耳！郊天之義，亦由是也。神以人爲主，人以穀爲命，人以精意事天，天以宜稼佑人，以此謂之祈農，本意非祈農也。詩噫嘻序曰「春夏祈穀于上帝」，禮月令孟春之月曰「是月也，天子乃以元日祈穀于上帝」。即是郊天之祭也。其下即云「乃擇元辰，天子親載耒耜，躬耕帝藉」。是郊而後耕也。獻子此言，正與禮合。是故啓蟄而郊，郊而後耕。』」注：啓蟄，夏正建寅之月。耕，謂春分。疏：啓蟄爲夏正建寅之月中氣也。月令祈穀之後，即擇日而耕，初耕亦在正月。據傳獻子此言，郊天之禮，必用周之三月。而雜記云：「孟獻子曰：正月日至，可以有事于上帝。」此與禮記俱稱獻子，二文不同，必有一謬。禮記後人所録，左傳當得其真。

家語郊問：「定公問于孔子曰：『寡人聞郊而莫同，何也？』孔子曰：『郊之祭也，迎長日之至也。大報天而主日，配以月，故周之始郊，其月以日至，其日用上辛。至于啓蟄之月，則又祈穀于上帝，此二者，天子之禮也。魯無冬至大郊之事，降殺于天子，是以不同也。』」王注：祈，求也，爲農求穀于上帝。月令孟春之月，乃以元日祈穀于上帝，並無仲冬大郊之事。至于祈穀，與天子同，故春秋傳曰：「夫郊祀后稷，以祈農事也。是故啓蟄而郊，郊而後耕也。」而學者不知推經禮之指歸，皮膚妄説至乃顛倒神祇，變易時日，遷改兆位，良可痛心者也。

蕙田案：周禮圜丘之祭以冬日至之日，非月也。家語「其月以日至」，正與孟獻子「正月日至，可以有事于上帝」意相同。先儒以此爲王肅僞撰，殆不誣也。在王肅，意欲破鄭氏「日至、上辛合一」之謬，而不知其有語病耳。

周頌噫嘻序曰：「春夏祈穀于上帝也。」注：祈，猶禱也，求也。月令孟春祈穀于上帝，夏則龍見而雩，是與？疏：噫嘻詩者，春夏祈穀于上帝之樂歌也，謂周公、成王之時，春郊夏雩，以禱求膏雨而成其穀實，爲此祭于上帝，詩人述其事而作此歌焉。經陳播種耕田之事，是重穀爲之祈禱，戒使勸農業，故作者因其禱祭而述其農事。

李氏迂仲曰：凡祀，啓蟄而郊，龍見而雩。禮記月令孟春元日，祈穀於上帝；仲夏之月，大雩帝，用盛樂，祈穀實。春則因民播種，而以啓蟄之時而郊，夏則恐旱暵爲災，而于龍星見之時而雩，皆所以祈穀于上帝者也。

蕙田案〔一〕：祈穀在孟春，祈雨在孟夏，兩祈不同而時亦異。噫嘻詩序謂「春夏祈穀于上帝」，乃騎墻之見，足徵小序之陋。若以祈雨即爲穀祈實，欲牽挽爲一，益復支離矣。鄭箋加「是歟」二字以疑之，尚未害。孔疏及李氏乃質言之，非也。此詩當是祈穀後祭社稷之歌，且已在康王世，則成王主在禰宫。祈穀之郊，先作龜于禰宫，故承卜吉于成王廟，而言噫嘻哉！我皇考成王，既昭格于爾大神矣，今惟祈「率時農夫，以播百穀」云云，所以爲祈穀後祭社稷之詩，則亦非祈穀上帝之正祭也。周人祈穀之郊，與冬至之郊，同歌思文而已。子由解則專以爲雩祭之詩，然詩中並未有祈雨之意，詩雖貴含蓄，恐郊廟樂章，必不作此等歇後語也；或又以發端「噫嘻」二字，爲雩祭吁嗟之徵，亦曲説耳。臣工一篇，凡兩曰

〔一〕「蕙田」，味經窩本、乾隆本、光緒本作「觀承」。

「嗟嗟」，亦將謂雩祭可乎？

詩周頌：「噫嘻成王，既昭格爾。率時農夫，播厥百穀。駿發爾私，終三十里。亦服爾耕，十千維耦。」

李氏曰：蘇黄門民力盡矣，所不足者，惟雨耳。此説可謂盡詩人之意也。噫嘻之詩，春夏祈穀于上帝之樂歌也。是詩所言者，「播厥百穀」，曰「十千維耦」，但言從事于田畝，殊無祈穀之意，以爲人事于此盡矣。若夫百穀順成，非人所能爲天也，故于此而祈穀焉。詳觀此詩，經有盡而意無窮，可以一唱而三嘆也。

嚴氏粲曰：祈穀之後，即躬耕帝藉，故言「率時農夫」，以張本也。言「駿發爾私」，不及公田，爲民祈也。

何氏楷世本古義：卜郊則受命于祖廟，而作龜于禰宫。郊特牲疏曰：「作龜于禰宫者，先告祖受命，又至禰廟卜之也。」明堂位曰：「孟春，乘大路，祀帝于郊，配以后稷。」左氏曰：「啓蟄而郊，郊而後耕。」則魯郊固在夏之孟春矣。古者，一歲郊祀凡再，冬至之郊，爲報本也，建寅之郊，爲祈穀也。建寅之郊用卜，而冬至之郊不用卜，蓋以禮文徵之。郊特牲云：「郊之用辛也，周之始郊，日以至。」家語亦云：「周之始郊，其月以日至，其日用上辛。」所謂始郊者，對建寅之郊而言。日不取至日，而定用上辛，此以知冬至之郊不用卜也。月令云：「孟春之月，天子乃以元日祈穀于上帝，乃擇元辰。天子親載耒耜，躬耕帝藉。」甲乙丙丁等謂之日，子丑寅卯等謂之辰，元之爲言善也。日必須卜，辰必須擇。據春秋，言卜郊者，皆祈穀之郊，此以知唯建寅之郊用卜也。愚所以定噫嘻之詩爲咏祈穀卜郊之事者，以篇中專言勸農，而章首有成王「昭假」之語，明此詩作于康王之世，乃主作龜禰宫而言。不然，周自后稷以農事開國，即欲敕農官，何不于始祖之廟舉始祖爲辭，而顧于成王何取乎？序及蔡邕獨斷亦皆云「春夏祈穀于上帝」之所歌也。此説相傳，必非無本。今觀詩中雖言耕事，而絶無一語及祈穀者。唯章首二語，以爲「作龜禰宫」，乃與孟春祈穀相涉耳。然孟春、仲夏，雖皆有祈穀，而禮各不同，仲夏大雩，帝用盛樂，以祈穀實，無「作龜禰宫」之事，序不應兼夏而言，疑傳説之誤，或「夏」字衍也。

蕙田案：圜丘之祭，但取日至，不必用辛。用辛者，惟祈穀之郊。何氏謂「冬至之郊，不取至日，而定用上辛」，蓋爲家語所惑，非是。其謂「魯郊在夏之孟春，建寅之郊用卜，冬至之郊不用卜」，及春秋言「卜郊者皆祈穀之郊」，皆明確不可易也。

右經傳祈穀郊

春秋書魯祈穀郊

春秋僖公三十一年：夏四月，四卜郊，不從，乃免牲，猶三望。注：不從，不吉也。卜郊不吉，故免牲。免，猶縱也。疏：凡祀，啓蟄而郊。啓蟄，周之三月也。今于夏四月卜郊者，傳舉節氣，有前有却，但使春分未過，仍得爲郊，故四月得卜郊也。言四卜郊者，蓋三月每旬一卜，至四月上旬更一卜，乃成爲四卜也。左氏傳：非禮也。注：諸侯不得郊天。魯以周公故，得用天子禮樂，故郊爲魯常祀。疏：記言正月，謂周正建子之月。與傳「啓蟄而郊」，其月不同。禮記是後儒所作，不可以難左傳。猶三望，亦非禮也。禮，不卜常祀，注：必其時。而卜其牲、日。注：卜牲與日，知吉凶。牛卜日曰「牲」。注：既得吉日，則牛改名曰牲。牲成而卜郊，上怠慢也。望，郊之細也。不郊，亦無望，可也。公羊傳：曷爲或言「三卜」，或言「四卜」？三卜，禮也；四卜，非禮也。三卜何以禮？四卜何以非禮？求吉之道三。疏：三卜禮，謂是魯禮。若天子之郊，則不卜，以其常事。但以魯郊非常，是以卜之，吉則爲之，凶則已之。禘、嘗不卜，郊何以卜？卜郊，非禮也。注：禮，天子不卜郊。卜郊何以非禮？魯郊，非禮也。注：以魯郊非禮，故卜爾。魯郊何以非禮？天子祭天，注：郊者，所以祭天也。天子所祭，莫重于郊。諸侯祭土。注：土，謂社也。諸侯所祭，莫重于社。疏：欲道魯郊爲非禮之意也。天子有方望之事，無所不通；諸侯山川有不在其封内者，則不祭也。注：故魯郊非禮。疏：正以其所主狹，是以不得祭天地也。

穀梁傳：夏四月，不時也，注：郊，春事也。四卜，非禮也。注：郊，春事。四卜，則入夏。

董氏仲舒曰：魯曷爲郊？周公故也。不於日之至，避王室也。比旬而卜之，遠怠慢也。必更三旬，禮盡于三也。

啖氏助曰：天子以冬至祭上帝，又以夏之孟春祈穀于上帝于郊，故謂之郊。魯以周公之故，特以孟春祈穀于上帝，亦謂之郊。郊皆用辛日，故以二月卜三月上辛，不吉則卜中辛，又不吉則卜下辛。所謂吉事，先近日也。卜三旬，皆不吉，則不郊。

趙氏匡采曰：郊者，所以事上帝也。魯曷爲之？周公故也。不于日至，避王室也。卜用夏正，於農耕之始也。

葉氏夢得曰：冬至之日，祭天于地上之圜丘，此周之正禮，不可得而易者也。孟春建寅之郊，蓋祈穀之祭耳。魯雖得郊，不得同於天子，是以因周郊之日以上辛，三卜不從，至建寅之月而止，乃不郊。書于春秋者甚明。則魯郊，殆周祈穀之郊而已，故左傳謂「啓蟄而郊」。

李氏廉曰：魯郊之用孟春，何也？魯無冬至大郊之事，特以孟春祈穀爲郊。以家語及明堂、左氏論之，則孟春爲是。

又曰：郊之用卜，何也？古者，大事皆決于卜。公羊以爲天子之郊，常事則不卜；魯郊非常，是以卜之。左氏以爲，常禮不卜，止卜牲與日。案周祀五帝，前期太宰帥執事而卜日，則天子亦卜也，但所卜者，不過卜日與牲耳。春秋所書，亦卜日與牲也。

汪氏克寬曰：左傳、家語皆云「魯以啓蟄而郊」。朱子謂「夏正之孟春，漢太初以前，以啓蟄爲正月中氣也」。然啖氏謂以周之二月卜三月，且辨穀梁以周之十二月卜正月，非是。今考宣三年、成七年、定十五年、哀元年之改卜牛，皆在正月，蓋成王所賜，止是祈穀之郊，乃夏之孟春。啖氏所言，卜起二月下旬，而盡于三旬者，禮之正也。穀梁所言卜起十二月下旬者，禮之末失也。故子服惠伯云：「魯將以十月上辛，有事于上帝。」孟獻子曰：「正月日至，可以有事于上帝。」而明堂位注疏以孟春爲周之正月。郊特牲疏：崔氏、皇氏用王肅之説，又以魯冬至郊天，建寅之月，又郊以祈穀，皆因魯郊之非時而誤也。聖證論引穀梁言魯止一郊，或用子月，或用寅月，蓋魯郊非時。或僭天子日至之期，而失之太早；或踰啓蟄之節，失之後時也。或謂「卜自建子之月而始」，又謂「郊非祈農事」，則與程子「冬祀圜丘，春祈穀」之説異矣。

華氏泉春秋疑義：天子以冬至祭上帝，又以夏之孟春祈穀于上帝于郊，故謂之郊。魯以周公之故，特以孟春祈穀于上帝，亦謂之郊。郊皆用辛日，故以二月卜三月上辛，不吉則卜中辛，又不吉則卜下辛。卜三旬，皆不吉，則不郊。凡牲，必養二：一以祀上帝，一以祀后稷。帝牛有變，則改卜稷牛以代之，而別以他牛爲稷牛。若卜稷牛不吉，及稷牛又死，亦皆不郊。凡不郊，皆卜免牲。卜免牲，吉則免之；不吉，則但不郊而已，不敢免，繫牲待明年庀牲時卜用。未成牲曰「牛」，牲傷亦曰「牛」。又曰：此記郊之始。據家語郊問，則成王所賜，伯禽所受，其爲祈穀之郊，在啓蟄之月明矣。魯以諸侯而郊已爲非禮，其末流之失，抑又甚焉。或僭用日至之郊，宣三年、成七年、定十五年、哀元年之改卜牛，皆在春正月也。或踰啓蟄之節，僖三十一年、襄十一年及定、哀之改卜，皆以四月、五月。又其甚者，成十七年之書「九月辛丑用郊」是也。夫魯之郊久矣，隱、桓、莊、閔不書。先儒謂聖人不敢無故斥言君父之過，故因其變異而書，不及時書，過時書，卜郊不從書，五卜、四卜以瀆書，用郊以廢卜書，郊牛傷、鼷鼠食郊牛以紀異書，不郊猶三望以可已不已書，此皆直書而自見者也。若夫宣三年王喪未葬而卜郊，哀元年先公未小祥而郊，忘哀從吉，違禮褻天，莫此爲甚，則比其事而觀之，而惡著矣。

蕙田案：董、趙以下諸儒，論「魯孟春郊爲祈穀」詳矣，要非始于諸儒也。左氏「啓蟄而郊」，乃其的據。而公羊「魯郊非禮」及穀梁「四月不時」之説，義正相合。三子之言，必有所傳授，勝于家語、戴記多矣。

又案：魯郊始于僖公，春秋雖不敢無故書郊，然有故而書，皆在僖公之後。華氏謂魯之郊已久，皆因無故不敢斥言君父之過，恐未確。詳見後魯僭郊條内。

宣公三年春，王正月，郊牛之口傷，改卜牛。牛死，乃不郊，猶三望。注：牛不稱牲，未卜日。

左氏傳：三年春，不郊而望，皆非禮也。望，郊之屬也。不郊，亦無望，可也。注：例在僖三十一年。復發傳者，嫌牛死與卜不從異。

公羊傳：曷爲不復卜？養牲養二，卜帝牲不吉，則扳稷牲而卜之。帝牲在于滌三月，于稷者唯具是視。郊則曷爲必祭稷？王者必以其祖配。王者則曷爲必以其祖配？自内出者，無匹不行；自外至者，無主不止。

穀梁傳：之口，緩辭也。傷自牛作也，改卜牛，牛死乃不郊，事之變也。乃者，亡乎人之辭也。注：牛自傷口，非備災之道不至也。故以緩辭言之。牛無故自傷其口，易牛改卜，復死，乃廢郊禮。此事之變異。譏宣公不恭，致天變。

胡傳：乃不郊者，爲郊牛之口傷，改卜牛，而牛又死也，不然郊矣。禮，爲天王服斬衰，周人告喪于魯，史册已書，而未葬也。祀帝于郊，夫豈其時而或謂不以王事廢天事，禮乎？春秋備書，其義自見。

張氏元德曰：此因事之變，以明魯郊之非禮，蓋僭禮之中，復有忘哀從吉之罪，春秋所以特書之。

家氏鉉翁曰：此魯宣除喪始郊，而天示之譴也。

成公七年春，王正月，鼷鼠食郊牛角，改卜牛，鼷鼠又食其角，乃免牛。夏五月，不郊，猶三望。

穀梁傳：不言日，急辭也。過有司也。郊牛日展觓角而知傷，展道盡矣，其所以備災之道不盡也。注：有司展察牛而即知傷，是展察之道盡，不能防災禦患，致使牛傷，故不書日，以顯有司之過。觓，球球然，角貌。改卜牛，鼷鼠又食其角，又，有繼之辭也，其，緩辭也。曰亡乎人矣，非人之所能也，所以免有司之過也。注：前已食，故曰繼。至此復食，乃知國無賢君，天災之爾，非有司之過也，故言其以赦之。乃免牛，乃者，亡乎人之辭也。免牲者，爲之緇衣纁裳，有司玄端，奉送至于南郊，免牛亦然。免牲不曰不郊，免牛亦然。注：郊者用牲，今言免牲，則不郊顯矣。若言免牛，亦不郊，而經復書不郊者，蓋爲三望起耳。言時既不郊，而猶三望，明失禮。

劉氏向曰：鼠，小蟲，性盜竊。鼷，又小者也。牛，大畜，祭天尊物也。角，兵象，在上，君威也。

小小鼷鼠，食至尊之角，季氏執國命，以傷君威象。

十年夏四月，五卜郊，不從，乃不郊。注：卜常祀、不郊，皆非禮，故書。公羊傳：其言「乃不郊」何？不免牲，故言「乃不郊」也。穀梁傳：夏四月，不時也。注：郊時于三月。五卜，强也。乃者，亡乎人之辭也。

吴氏澄曰：二月下旬初卜三月上旬，再卜三月中旬，三卜不從，則當止而不郊矣。乃于三月下旬四卜，又于四月上旬五卜，五卜不從，而後不郊，瀆神甚矣。

十七年九月辛丑，用郊。公羊傳：用者何？用者，不宜用也。九月，非所用郊也。郊用正月上辛，或曰用然後郊。注：周之九月，夏之七月，天氣上升，地氣下降，又非郊時，故加用之。魯郊，博卜春三月。言正月者，因見百王正所當用也。三王之郊，一用夏正。言正月者，春秋之制也。正月者，歲首，上辛，猶始新，皆取其首先之意。日者，明用辛例。不郊，則不日。穀梁傳：夏之始可以承春，以秋之末承春之始，蓋不可矣。注：郊，春事也。僖三十一年夏四月，四卜郊，不從。傳曰「四月不時」。今言可者，方明秋末之不可，故以是爲猶可也。九月用郊，用者，不宜用也。宫室不設，不可以祭；衣服不修，不可以祭；車馬器械不備，不可以祭；有司一人，不備其職，不可以祭。祭者，薦其時也，薦其敬也，薦其美也，非享味也。疏：徐邈云：「宮室，謂郊之齋宮。衣服車馬，亦謂郊之所用，言一事缺，則不可祭，何得九月用郊？」

吴氏澄曰：九月，乃夏時孟秋建申之月，豈郊之時乎？不卜日、不卜牲而彊用其禮焉，故曰「用」，非時之甚，不敬之大也」。

襄公七年，夏四月，三卜郊，不從，乃免牲。注：稱牲，既卜日也。卜郊，又非禮也。疏：牲既成矣而又卜郊，與僖同譏。

左氏傳：孟獻子曰：「吾乃今而後知有卜筮。夫郊，祀后稷以祈農事也，是故啓蟄而郊，郊而後耕。今既耕而卜郊，宜其不從也。」穀梁傳：夏四月，不時也。三卜，禮也。乃者，亡乎人之辭也。

汪氏克寬曰：公、穀、啖氏皆以三卜爲合禮。朱子亦云，四卜、五卜失禮。然春秋四書卜郊，惟此年三卜亦書之者，蓋三卜雖得禮，而卜郊止于三月。今書四月而三卜，不從，則過時不敬，以致龜違，故書以譏非時，而非譏其瀆也。

十一年夏四月，四卜郊，不從，乃不郊。疏：此四月四卜，與僖三十一年文同，蓋亦三月三卜，而四月又一卜也。止言不郊，不云免牲、免牛，蓋不以其禮免，直使歸其本牧而已，故不書也。

高氏閌曰：魯不當郊，郊非禮也。今不郊者，非知其非禮故也，乃卜不從故耳。直書不郊，則不復免牲矣。

定公十五年：春，王正月，鼷鼠食郊牛，牛死，改卜牛。夏五月辛亥，郊。注：五月，不時也。公羊傳：曷爲不言其所食？漫也。穀梁傳：不敬，孰大焉？

趙氏匡采曰：「余早年嘗怪鼷鼠食郊牛致死。上元二年，因避兵旅于會稽，時有水旱疫癘之苦，至明年而牛災。有小鼠能噬牛，纔傷其皮膚，乃無有不死者。」

高氏閌曰：「魯郊當在孟春，今以改卜牛，在滁三月，故至五月乃郊。」

汪氏克寬曰：不書卜郊。徐彦疏云：「言郊，則知卜吉可知。夫正月改卜牛，若在滁三月，則當以四月郊。今郊以五月，蓋卜以四月郊，而不吉又卜五月，必龜從而後郊也。故但書『改卜牛』，不書卜郊。經于卜郊不從，則書之，以譏瀆卜；卜而從，則但書郊之過時，以譏其慢耳。」嘗考史記云：「定公十四年魯郊，不致燔俎于大夫。」今春秋不書「十四年郊」，則郊之不見于經者多矣。惟因其失禮之中又失禮者，則書以示貶，而因見魯郊之僭也。

哀公元年，鼷鼠食郊牛角，改卜牛。夏四月辛巳，郊。穀梁傳：此該郊之變而道之也，于變之中又有言焉。鼷鼠食郊牛角，改卜牛，志不敬也。郊牛日展觓角而知傷，展道盡矣。郊，自正月至于三月，郊之時也。夏四月郊，不時也。五月郊，不時也。夏之始可以承春，以秋之末承春之始，蓋不可矣〔一〕。九月用郊，用者，不宜用也。

〔一〕「蓋」，原作「益」，據光緒本、春秋穀梁傳注疏卷二〇改。

郊三卜，禮也。四卜，非禮也。五卜，强也。卜免牲者，吉則免之，不吉則否。牛傷，不言傷之者，傷自牛作也，故其辭緩。全曰「牲」，傷曰「牛」，未牲曰「牛」，其牛一也，其所以爲牛者異。有變而不郊，故卜免牛也。已牛矣，其尚卜免之，何也？禮，與其亡也寧有，嘗置之上帝矣，故卜而後免之，不敢專也。卜之不吉，則如之何？不免，安置之，繫而待。六月上甲始庀牲，然後左右之。注：庀，具也。待其後牲，然後左右前牛。在我用之，不復須卜，已有新牲故也。周禮「司門掌授管鍵，以啓閉國門」，而祭祀之牛牲繫焉，然則未左右時，監門者養之。子之所言者，牲之變也，而曰我一該郊之變而道之，何也？我以六月上甲始庀牲，十月上甲始繫牲，十一月、十二月牲雖有變，不道也。注：牲有變則改卜牛，以不妨郊事，故不言其變。疏：上言「子」者，弟子問穀梁子辭，而曰「我」者，是弟子述穀梁子自我之意。待正月，然後言牲之變，此乃所以該郊。郊，享道也。貴其時，大其禮。其養牲雖小，不備可也。子不志三月卜郊，何也？郊自正月至於三月，郊之時也。我以十二月下辛卜正月上辛，如不從，則以正月下辛卜二月上辛，如不從，則以二月下辛卜三月上辛，如不從，則不郊矣。注：意欲郊而卜不吉，故曰不從。郊必用上辛者，取其新潔莫先也。四月，則不時矣。

李氏廉曰：春秋書郊止此，故穀梁于此備言之，其言有得有失。

高氏閌曰：魯不當郊，故天示變以警之。而改卜牛，是違天也。況公斬然在衰絰之中，輒行天子之禮以見上帝，可乎？

林氏之奇曰：春秋郊、望之旨，三傳、諸儒之説無得之者，無他，知求小禮而昧于大禮故也。經書郊者九，皆爲有故而書，非因卜不吉而廢郊，則因牲死傷而廢郊，又有不待卜之吉而特郊者，雖牛之死傷而必郊者。因卜不吉而廢郊，則若僖三十一年夏四月、成十年夏四月、襄公七年夏四月、十一年夏四月是也。因牲死傷而廢郊者，則若宣三年正月、成七年正月是也。有不待卜之吉而特郊者，則若成十七年九月辛丑用郊是也。有牛雖死傷而必郊者，則若定十五年正月、哀元年夏四月是也。先儒之説，不過罪其屢卜與其養牲不謹爾。不知聖人書郊，乃惡其非禮之大者。至屢卜之瀆，養牲之慢，非春秋所責也。學者欲究聖人之旨，先當斷魯郊之當否，未暇及其瑣瑣也。夫子傷周之衰，禮樂自諸侯出，其言魯之郊禘，則有周公其衰之嘆。豈有天子郊天，諸侯亦郊？天子望祀山川，諸侯亦望？天子禘祖之所自出，諸侯亦禘？使諸侯亦可行，則聖人不以禮樂自諸侯出爲傷。自夫子没，漢儒不知道者，但見春秋書魯祭祀，多天子之禮，始妄設周賜禮樂之説，所以諸儒不以魯郊爲非，捨其非禮之大者，求其不合禮之小者。魯人既僭竊禮樂，罪莫重焉。就使無四卜、五卜瀆禮之過，則可以郊乎，否乎？又使養牲必謹，不至死傷，則亦可郊乎，否乎？魯人郊、望無時，可也，何區區者之足論？然周郊以冬至，而魯用之于啓蟄。天子四望，而魯三之，名爲後時降殺，但竊郊、望之名，已有罪矣。譬如商賈冠師儒之冠，庶人服卿相之服，望其容飾，已知其非分越制也。予謂春秋所書之旨，正以有故而不郊者爲幸，無故而郊者爲大罪也。季氏旅於太山。夫子曰：「曾謂太山不如林放乎？」太山有知，必不享季氏之祭，矧上帝而可諂乎？宜乎至于三卜、四卜、五卜不從，鼷鼠屢食其牛，可見天心之不享也。魯人曾不知得罪于天，雖屢卜不從而猶三望，雖牛死而改卜牛，甚者至于用郊，可知僭擬之心不能自已，下破王制，上拂天心，其罪爲大也。聖人發憤作春秋，書其因變故而不郊者僅如此。其餘非卜不從，牛死傷而肆意于僭者，又不知其幾也。深味聖師之旨，曰「猶三望」，曰「乃免牲」，其深矣乎，其微矣乎？學者思之。

右春秋書魯祈穀郊

詩魯頌閟宮：乃命魯公，俾侯于東。錫之山川，土田附庸。周公之孫，莊公之子，龍旂承祀，六轡耳耳。春秋匪解，享祀不忒。皇皇后帝，皇祖后稷，享以騂犧，是享是宜，降福既多。周公皇祖，亦其福女。毛傳：周公之孫，莊公之子，謂僖公也。鄭箋：承祀，謂視祭事也。春秋，猶言四時也。忒，變也。皇皇后帝，謂天也。成王以周公功大，命魯郊祭天，亦配之以君祖后稷。其牲用赤牛純色，與天子同也。天亦享之宜之，多予之福。此皇祖，謂伯禽也。

詩緝：曹氏曰：「司常言『日月爲常』，王建之。『交龍爲旂』，諸侯建之。僖公雖僭郊天之禮，而猶以龍旂承祀，不建大常，猶不敢全僭天子禮也。而明堂位乃曰『日月之章』，則又過矣。」李氏曰：「禮記之書，如禮運以爲魯不當郊禘；如明堂、祭統，以爲魯當郊禘。其異如此，當從禮運之説。」伊川嘗謂：「説者以周公能爲人臣所不能爲之功，故得用人臣不得用之禮。夫人臣豈有不能爲之功哉？使功業過于周公，亦人臣所當爲之。天下之事，非人臣爲之而誰爲之？以此觀之，則知賜魯之禮樂者，非成王爲之。春秋書郊多矣，大抵譏其僭。春秋以爲僭，而詩乃以爲美，則知所美非美也。左氏云：『皇皇后帝，皇祖后稷，君子曰：禮，謂其先帝而後稷也。』夫先天而後稷，固足以爲禮。然不知諸侯而用郊禘，果可以爲禮乎？僖公三十一年四月，四卜郊，不從，乃免牲。夫以四月之時而卜郊，足以見非禮也。卜至于四，尤以見其非禮，安在其爲『春秋匪解』也哉？安在其爲『享祀不忒』也哉？詩人之言，大抵失之誇也。」

禮記明堂位：成王以周公爲有勳勞于天下，命魯公世世祀周公以天子之禮樂，是以魯君孟春乘大輅，載弧韣，旂十有二旒，日月之章，祀帝于郊，配以后稷，天子之禮也。注：孟春建子之月，魯之始郊日以至。大輅，殷之祭天車也。弧，旌旗所以張幅也，其衣曰韣。天子之旌旗，畫日月。

新安王氏曰：周天子有日至之郊以報本，有啓蟄之郊以祈穀。其祭天，車用玉路，旗用日月之常。魯僭天子禮，亦不敢盡同。是以有祈穀之郊，無日至之郊。祈穀于孟春，郊而後耕，則孟春乃建寅，非建子也。不敢乘天子玉路，又不肯乘同姓金路，故乘殷之大路，常畫日月。天子建之，旂畫交龍，同姓諸侯建之，常十有二旒，旂則九旒而已。今不敢全用天子之旂，故于旂上畫日月之章，綴以十有二旒，此皆用天子禮而不敢盡同。

祭統：昔者周公旦有勳勞於天下，周公既殁，成王、康王追念周公之所以勳勞者而欲尊魯，故賜之以重祭。外祭則郊、社是也。疏：諸侯常祭，惟社稷以下，魯之祭，社與郊連文，則備用天子之禮也。

程子曰：世儒有論魯祀周公以天子之禮樂，以爲周公能爲人臣不能爲之功，則可用人臣不得用之禮樂，是不知人臣之道也。夫居周公位，則爲周公之事，由其位而能爲者，乃所當爲也。子道亦然。惟孟子知此義也。蓋子之身所能爲者，皆所當爲也。

禮器：魯人將有事於上帝，必先有事於頖宮。注：魯以周公之故，得郊祀上帝，與周同。先有事于頖宮，告后稷也。告之者，將以配天，先仁也。頖，郊之學也，詩所謂「頖宮」也，字或爲「郊宮」。陳氏曰：言祭祀之禮有漸次，由卑以達尊者。頖宮，諸侯之學也。魯郊祀以后稷配，先于頖宮，告后稷然後郊也。

郊特牲：郊之用辛也，周之始郊，日以至。

附諸儒辨鄭氏「冬至郊天爲魯禮」：

郊特牲：周之始郊，日以至。鄭注：郊天之月而日至，魯禮也。三王之郊，一用夏正。魯以無冬至祭天于圜丘之事，是以建子之月郊天，示先有事也。用辛日者，凡爲人君，當齋戒自新耳。周衰禮廢，儒者見周禮盡在魯，因推魯禮以言周事。疏：知魯禮者，以明堂位云：「魯君孟春乘大輅，載弧韣，旂十有二旒。日月之章，祀帝于郊。」又雜記云：「正月日至，可以有事于上帝。」故知冬至郊天，魯禮也。云「三王之郊，一用夏正」者，證明天子之郊，必用夏正。魯既降下天子，不敢郊天與周同月，故用建子之月而郊天，欲示在天子之先而有事也。

王氏肅曰：郊特牲云：「周之始郊，日以至。」周禮云：「冬至祭天於圜丘。」知圜丘與郊一也。言始郊者，冬至陽氣初動，天之始也。對啓蟄又將郊祀，故言始。孔子家語云：「定公問孔子郊祀之事，孔子對之。」與此郊特牲文同，皆以爲天子郊祀之事。鄭玄以爲迎長日，謂夏正也。郊天日以至，玄以爲冬至之日，說其「長日至」於上而妄爲之說，又徙其「始郊日以至」於下，非其義也。玄又云周衰禮廢，儒者見周禮盡在魯，因推魯禮以言周事。若儒者愚人也，則不能記斯禮也。苟其不愚，不得亂於周、魯也。

葉氏夢得曰：明堂位曰：「魯君孟春祀帝于郊，配以后稷。季夏六月，以禘禮祀于太廟。」鄭氏以孟春爲建子之月，季夏爲建巳之月，蓋用周正，非也。郊特牲曰：「郊之祭也，迎長至之日也。」又曰：「郊之用辛也，周之始郊，日以至。」鄭氏謂，證以易說，謂三王之郊，一用夏正，爲建寅之月。迎長日爲建卯之月，晝夜分，分而日長。以日至爲魯禮，亦非也。左氏謂啓蟄而郊，安得孟春爲建子？孟春爲建寅，則所謂季夏六月者，建未之月也。郊特牲以郊爲迎長日之至，下言郊之用辛，周之始郊，日以至，正以别魯禮，而鄭氏反之，强以建卯爲日至。甚矣，先儒之好誣也！雜記曰：「孟獻子曰：『正月日至，可以有事于上帝，七月日至，可以有事于祖。』七月而禘，獻子爲之也。」蓋謂魯不得郊日至，故仲孫蔑欲取建未夏至而禘以配周郊祖，所以記其失，何與六月之禘乎？凡周之政事，大抵皆用夏正，蓋天時有不可亂，故周官每以正歲别之。易説言三王之郊，一用夏正，爲建寅，亦無據。鄭氏取以爲證，徒以成其説爾。鄭氏本不曉郊禘之辨，故以冬至之祭爲大禘，以祈穀爲正郊，此其言所以紛紛。雖詩之雍與長發，亦豈得其正也？

蕙田案：周之始郊，日以至，先儒謂周之始郊冬至，適以辛日，故後遂用辛。愚謂此正言周以别於魯也。言魯郊之所以用辛者，以周先王創制祀典，其冬至始郊天之日，適遇辛日，故魯僭郊，不敢同于日至，而用辛日。此葉石林所謂正以别魯，而鄭氏反之者也。

附辨鄭、王「魯一郊二郊不同」：

郊特牲孔疏：魯之郊祭，師説不同。崔氏、皇氏用王肅之説，以魯冬至郊天，至建寅之月，又郊以祈穀，故左傳云「啓蟄而郊」，又云「郊祀后稷，以祈農事」，是二郊也。若依鄭康成之説，則異于此也。

魯惟一郊，不與天子郊天同月，轉卜三正，故穀梁傳云「魯以十二月下辛卜正月上辛，若不從，則以正月下辛卜二月上辛，若不從，則以二月下辛卜三月上辛，若不從，則止」，故聖證論馬昭以穀梁傳以答王肅之難，是魯一郊則止。或用建子之月郊，則此「日以至」及宣三年正月「郊牛之口傷」是也。或用建寅之月，則春秋左傳云「郊祀后稷，以祈農事」是也。但春秋，魯禮也，無建丑之月耳。若杜預不信禮記，不取公羊、穀梁，魯惟有建寅郊天及龍見而雩。

蕙田案：魯無冬至之郊，而有祈穀之郊。謂魯止一郊可也，而鄭以爲冬至一郊，則非也。魯有祈穀祭，又有雩祭，謂魯二祭天可也。而王以爲冬至既郊，建寅之月又郊，則非也。

雜記：孟獻子曰：「正月日至，可以有事於上帝。」注：魯以周公之故，得以正月日至之後郊天，亦以始祖后稷配之。疏：正月，周正建子之月也。日至，冬至也。有事，謂南郊。周以十一月爲正。

蕙田案：此條與左傳獻子之言不合，詳見前左傳注疏。

又案：春秋止僖八年書「七月禘」。至宣九年，獻子始見經，故云獻子之時不書七月禘。要之，雜記所記，乃譏獻子變魯禮之由，或當時暫行之而不恒行，或獻子曾有是言而魯未之行，未可定也，存疑以俟考。

哀公十三年左氏傳：景伯謂太宰曰：「魯將以十月上辛有事于上帝先王，季辛而畢，何世有職焉。」注：有職于祭事。疏：七月辛丑盟，囚景伯以還，今景伯稱十月，當謂周之十月，非祭上帝先公之時。且祭禮終朝而畢，無上辛盡于季辛之事。景伯以吴信鬼，皆虚言以恐吴耳。

蕙田案：十月非郊帝之時，上辛、季辛兼先王言之，亦未是。注、疏已非之，固不可爲典要也。

禮記禮運：孔子曰：「我觀周道，幽、厲傷之。魯之郊禘，非禮也。周公其衰矣。杞之郊也，禹也；宋之郊也，契也。是天子之事守也。」注：非，猶失也。周公道衰，言魯子孫不能奉行興之也。天子之事守，言先祖法度〔一〕，子孫所當守也。疏：杞郊禹，宋郊契，蓋是夏、殷天子之事，杞、宋是其子孫，當保守。案祭法：「夏郊鯀，殷郊冥。」與此異者，以鯀、冥德薄，故更郊禹、契，蓋時王所命也。

蕙田案：夏、殷禘郊祖宗之制，詳見祭法，後世何自變更？疏云時王所命，蓋臆説耳。玩此節文義，蓋爲杞、宋之郊，由禹、契有大功而有天下，二國實承其

〔一〕「度」，原作「廣」，據光緒本、禮記正義卷二一改。

後，故得修其法守，以見周公雖有大功而不有天下，魯不得援二王之後爲比，非謂杞、宋之郊，改用禹、契配也。左傳載晉侯祀鯀之事，仍曰夏郊，則郊鯀之制，時王未之有改。斯足證疏説之誤矣。

魏書：房景先五經疑問：問：公羊傳王者之後郊天。曰：神不謬享，帝無妄尊。介丘偏祀，猶不歆季氏之旅；昊天至重，豈可納廢饗之虔？唐、虞已往，事無斯典；三后已降，始見其文。揖讓之胄，禮不上通，昏痡後燼，四圭是主。此便至道相承，乾無二統。純風既詖，玄牡肆尊；禮不虚革，庶昭異問〔一〕。

附諸儒論魯僭郊始末：

程子曰：説者以爲，周公能爲人臣所不能爲之功，故得用人臣不得用之禮。夫人臣豈有不能爲之功哉？使功業過於周公，亦人臣所當爲之。天下之事，非人臣爲之而誰爲之？成王之賜，伯禽之受，皆非也。

張子曰：魯用天子之禮樂，必是成王之意，不敢臣周公，即以二王之後待魯，然

〔一〕「異」，諸本作「義」，據魏書房景先傳改。

而非周公本意也。以成王尊德樂道之心則善矣，伯禽不當受，故曰「魯之郊禘，非禮也」，「周公其衰」者，謂周公必不享其祀。

羅泌路史：董子之說曰：「成王之使魯郊，蓋報德之禮也。然則仲舒亦以爲成王之與之矣，是不然。禮之有天子諸侯，自伏羲以來，未之改也。成王，周之顯王也，蓋亦謹于禮矣，而且亂之，則成王其惑矣。」此劉原父所以謂使魯郊者必非周成王，蓋平王以下，固亦未之悉爾。始魯惠公使宰讓請郊廟之禮于天子，桓王使史角往，惠公止之。其後在魯，于是有墨翟之學，魯之用郊，正亦始于此矣。夫魯惠公之止之，則是周不與之矣。不與而魯用郊，自用之也。昔有荆人請大號者，周人不許，荆人稱之。然則魯之郊禘可知矣。兩觀、大輅、萬舞、冕璪，有不自于兹乎？使成王已與魯，則惠公不請矣。

陳氏曰：諸侯之有郊禘，東遷之僭禮也，故曰：秦襄王始稱諸侯，作西畤，祀白帝，僭端見矣。位在藩臣而臚于郊祀，君子懼焉。平王以前，未之有也。記禮者以爲成王賜之，以康周公。案衛祝鮀之言曰：「周公相王室，以尹天下，于周爲睦。分魯公以大路、大旂，夏后氏之璜，封父之繁弱，殷民六族，以昭周公之德，予之土田陪敦，祝宗卜史，備物典册，官司彝器。」則成王命魯，不過如此。隱公考仲子之宫，問羽數于衆仲。周公閱來聘，饗有昌歜、白、黑、形鹽，周公以爲備物，辭不敢受。衛甯武子來聘，燕之，賦湛露及彤弓，武子不答賦，曰：「諸侯朝正于王，于是賦湛露，諸侯敵王所愾而獻其功，于是乎賜之彤弓。」假如記禮之言，得用郊禘，兼四代服、器、官，祝鮀不應不及，況魯行天子之禮久矣。隱公何以始問羽數，閔何以辭備物之享，甯武子何以致譏于湛露、彤弓乎？以見魯僭未久。上自天子之宰，至于兄弟之國之卿，苟有識者，皆疑怪遜謝，而魯人並無一語及于成王之賜以自解。

文獻通考：蔣氏曰：「魯不得用天子禮樂，是成王過賜，而伯禽受之，非也。夫以伯禽受之爲非，而成王之時，禮典未壞，固不應有是過賜之事。說者又從而爲之說曰：『賜非成王，是周之末王賜之也。昔者魯惠公使宰請郊廟之禮于天子，天子使史角往止之。使成王之世而魯已郊，則惠公奚請？惠公之請，殆由平王以下也。』是説然矣。自今言之，聖人觀周道而傷幽、厲，論郊禘而衰周公，則重祭賜魯，豈盛時賢君事？其出于衰世天子諸侯無疑也，故聖人恥魯之事，而因及杞、宋之郊。杞之郊也，存禹後也；宋之郊也，存商後也。是宜以禹、契而配天。周祀未絶，魯以周公配天，于周公能無愧于后稷、太王、王季、文王乎？」

馬氏端臨曰：案先儒論魯郊祀之非，其論正矣。然遂以爲非出於成王之命，特漢儒見春秋所書魯祭祀，多僭天子之禮，始妄設周賜禮樂之説。至蔣氏，遂直以爲出於惠公之請，則愚未敢以爲然。蓋春秋之際，雖諸侯不無上僭，然苟非如楚及吳、越之流，介處蠻貊，自放於禮義之外者，則亦不敢奄然以天子之制自居。雖以五伯盛時，晉侯之請隧，楚子之問鼎，如襄王及王孫滿尚能引正義以責之，不聞晉、楚之君遽至於用隧而求鼎也。僭郊之事，大於請隧、問鼎矣。惠公當平王之時，王室雖弱，其陵夷不至於後來之甚。魯又素爲秉周禮之國，夫子嘗稱其一變可以至道，孰謂惠公於是時而敢以僭郊爲請，王使史角止之而不從。魯由此而僭郊，則惠公之暴横無君，過於晉文、楚莊矣。決不然也。横渠以爲成王之意，不敢臣周公，故以二王之後待魯，而命以禮樂，特伯禽不當受，此説得之。又曰，夫所謂祀周公以天子之禮樂者，如樂用宫懸，舞用八佾，以天子所以祭其祖者，用之於周公之廟，謂之尊周公，可也。至於郊祀后稷以配天，禘其祖之所自出，而以其始祖配之，則非諸侯之所當僭。且郊禘所祀，未嘗及周公，則何名爲報周公之勳勞而尊之乎？以其祖宗之勳勞，而許其子孫僭天子之禮樂以祭之，已非矣。況所祀者，乃天子之太祖而本非有勳勞之臣乎？不知成王何名而賜之，伯禽又何名而受之。孔子曰：「杞之郊也，禹也；宋之郊也，契也。是天子之事守也。」愚嘗因是而考論之，禮制之陵夷，非一朝一夕之故，其所由來者漸矣。蓋周之封杞、宋也，以其爲二王之後，俾之修其禮物，作賓於王家，以奉禹、契之祀。而禹、契，天子之祖也，不可以諸侯之太祖祀之，故許其用天子之禮。然特許其用天子之禮祀禹、契之廟，未必許其郊天也。夷王以下，君弱臣强，上陵下僭。杞、宋因其用天子之禮樂於禹、契之廟，而禹、契則配天之祖也，遂併僭行郊祀上帝之禮焉。此夫子所以有「天子之事守」之嘆也。至於魯，則周公本非配天之祖，而稷、嚳之祀，元未嘗廢，無假於魯之郊禘也。乃因其可以用天子之禮樂於周公之廟，而併效杞、宋之尤，則不類甚矣。明堂位首言「命魯公世世祀周公以天子之禮樂」，又云「季夏六月以禘禮祀周公於太廟，牲用白牡，犧象」云云。即此二言觀之，可見當時止許其用郊禘之禮樂以祀周公，未嘗許其遂行郊禘之祀。後來乃至於禘嚳郊稷，祀天配祖，一一用天子之制，所謂穿窬不戢，遂至斬關，作俑不止，遂至用人，亦始謀之未善，有以肇之也。左傳：「宋公享晉侯於楚丘，請以桑林，荀罃辭。荀偃、士匄曰：『諸侯魯、宋於是觀禮，魯有禘樂，賓祭用之。宋以桑林享君，不亦可乎？』」乃知魯、宋不特僭天子之禮樂以祀郊禘，雖燕享賓客，亦用之矣。

楊氏慎曰：成王命君陳，拳拳以遵周公之猷訓，爲言猷訓之大，無大於上下之分，豈其命伯禽而首廢之哉？且襄王之世，衰亦極矣，猶不許晉文公之請隧，而謂成王不如襄王乎？況伯禽之賢，雖不如周公，然賢于晉文公遠矣，豈肯受之哉？禮又曰「成王、康王賜魯重祭」。成王既賜，康王又何加焉？此蓋不能自掩其僞矣。然則魯之僭禮，何始也？曰：著在春秋與魯頌。春秋：桓公五年書「大雩」，雩之僭，始于桓也；閔二年書曰「禘於莊公」，禘之僭，始于閔也；僖三十一年書曰「四卜郊」，郊之僭，始于僖也。魯頌閟宫三章，首言「乃命魯公，俾侯于東。錫之山川，土田附庸」，無異典也。其下乃言「周公之孫，莊公之子」，以及于「享祀不忒。皇皇后帝，皇祖后稷」，蓋魯自伯禽而下十有八世，自僖公始有郊祀，而詩人頌之，則其不出于成王之賜益明矣。魯之君臣，恐天下議己，乃借名于成王、伯禽，以掩天下之口。魯之陋儒諂佞，遂作明堂位，以文其過。甚矣，其無忌憚也！

何氏楷世本古義：愚案，平王使史角如魯，諭止郊廟之禮。事見竹書，在平王四十二年。與吕氏春秋言魯惠公請郊廟之禮于周天子，使史角往報之者，其事相合。然則在平王之世，魯實未嘗郊。觀夫子作春秋，始于隱公，歷桓、莊、閔三君，未有以郊書者。及僖三十一年，始書「夏四月，四卜郊，不從，乃免牲，猶三望」。而魯頌亦頌僖之郊，然則郊之自僖始，此大據也。夫自惠、隱而下，皆未敢用郊，而僖何以敢創爲之，蓋嘗思之而得其故。駉序云：「僖公能遵伯禽之法，魯人尊之。于是季孫行父請命于周，而史克作是頌。」孔氏但見行父于文六年始見春秋，而史克于文十八年始見左傳，則以爲皆文公時人，而不知僖、文相去甚近，行父之父季友卒于僖之十六年，行父爲魯世卿，雖幼，當即嗣其位，且僖在位三十三年，而卜郊尚在三十一年。意先是行父必曾請命于周，而周天子許之，故僖于是始郊，而史克爲之作頌，序所謂請命作頌者，正指郊而言。而左傳偶軼其事，正賴有此序，以補其闕，亦一快也。又案孔穎達著左傳正義，于隱元年春王正月傳下有云：「魯僖公之時，周王歲二月，東巡狩至于岱宗，柴。季孫行父爲之請于周，太史克爲之作頌。」孔之此説，必有所本。今考僖公之時，在周則惠王、襄王，而二王俱未嘗東巡，唯僖公二十八年，襄王有狩于河陽之事，而僖公常朝于王所，正在春秋書魯四卜郊之先，乃始恍然悟曰，行父之請，在此時也。以僖公數從伯討，遂爲望國，又謹守臣節，再朝王所，當亦襄王所心嘉者，故攀伯得文請隧之後，因緣惠公前朝之請，且小變其説曰：「我不敢求長至之郊，以上擬于天子，但期得行祈穀之郊，略表異于諸國而已。」宜襄王之重違其意，而遂曲狥之也。然則謂魯郊始于僖公，信矣！

蕙田案：先儒論魯僭郊，義理之正，無如程子、張子。考訂證據，以羅氏、陳氏、蔣氏、馬氏、楊氏、何氏爲最。今以禮運之文繹之，則末世僭擬之説爲近。何玄子直始僖公之論，似更直截。通考馬氏，尤其斟酌而當于事勢者，何則？成王命「魯世世祀周公以天子之禮樂」，雖其文出於戴記，先儒亦多疑之。然如馬氏所云者，終不敢謂事之必無，蓋報功崇德之意隆，非此不足以自慊，而不知其爲僭端之始基也。自幽、厲傷周道，平王東遷，周室衰而天下諸侯之心動矣。是以惠公因魯素用天子之禮樂，遂有宰讓郊廟之請，然王使史角止之，亦猶不許晉文請隧之意也。蓋是時王室之勢雖弱，故府典章未移，而諸侯亦無敢有顯然上干王章者。是以王朝列國之賢公卿大夫，如王孫滿拒楚子之問鼎，周公閱辭備物之享，甯武子不答湛露、彤弓，蓋猶詞嚴義正，其氣足以奪僭奸之魄。況魯號稱秉禮，周公之澤未衰，而謂惠公竟儼然用天子之郊禘，尚有所不敢也。此郊禘非禮，所以孔子有「周公其衰」之嘆。若謂成王之賜，伯禽之受，即及郊禘，尤不然矣。是魯之用郊，馬氏謂杞、宋因天子之後僭用禮樂而遂及于郊祀，魯亦因其用天子之禮樂而倂效杞、宋之尤，所謂穿窬不戢，遂至斬關，作俑不止，遂至用人。其陵夷蓋非一朝一夕之故，此固事勢所必然者。故桓五年而書雩矣，閔二年而書禘矣。至僖公數從伯討，遂爲望國。行父請命于先，史克作頌于後。至三十一年而卜郊見于春秋。閟宫頌及皇祖，且爲之微辭曰「周公之孫，莊公之子」，是明著此禮之始于僖公而僭成之一大證據也。不然，何以僖公之後，書郊不絕，而隱、桓、莊、閔及僖三十年以前，無一筆及之耶？若謂魯郊之僭行之已久，視爲常事不書，惟卜之不從、牛之有變及時之大異而後書，豈前此卜必獲吉，而鼷鼠必不傷牛耶？無是理也。是魯之僭郊，其作俑始于成王，其見端由于魯惠，其蔑禮成于僖公，無可疑矣。然猶不敢竟擬天子冬至之祭，而用之于祈穀，故左氏有「啓蟄而郊」，詩有「春秋匪懈」，穀梁有「四月不時」之語，不敢用日至之日，而日必用辛，辛必用卜，所以穀梁有轉卜三正，戴記、家語亦有用辛之文，紛紛附會，易說乃云「三王之郊，一用夏正」，而王肅遂謂魯郊有二，鄭氏謂圜丘爲禘祭，孟春爲郊祭，天子郊天之大禮爲魯禮所亂，久在分離膠轕之中矣。今從先儒之説，以魯郊附入祈穀之後，而復申魯僭郊之本末如此。

宗元案：魯用天子禮樂，程子論固嚴正，要以張子之説爲平允。蓋成王之賜，在周公没身而後，則生時未嘗用之也。周公大聖，實百世師表。成王尊師崇聖之心，特加隆於身後，以彰其德，豈不爲善？如孔子布衣，至今得用天子禮樂，咸以爲宜，則成王之賜，不爲非禮，即伯禽遵君命而受之，亦不爲過也。惟後世遍及於群廟，且魯君亦居然用之，則僭越耳。且所謂天子禮樂者，不過如籩用十二，舞用八佾之類，非許其郊天大禘直齊於天子也。孔子嘆「周公其衰」者，亦專指魯之郊禘言之。可知成王所賜者，尚於周公之典未衰也，或者并謂成王初未嘗賜，乃魯人之矯托而非實事，則未免臆度矣。馬貴與所論，極得情理之安，而楊升庵、何玄子，更證以春秋及魯頌，而斷爲魯之郊禘自僖始，尤爲今收昔遁矣乎。

右經傳論魯郊

漢書成帝本紀：建始二年正月辛巳，上始郊祀長安南郊。

蕙田案：圜丘正祭，以冬至不以辛；孟春郊天用辛，祈穀禮也。然漢止此一郊祀，並不分圜丘、祈穀。

南齊書武帝本紀：永明元年春正月辛亥，車駕祀南郊，大赦，改元。

禮志：武帝永明元年，尚書令王儉啓：「案禮記郊特牲云：『郊之祭也，迎長日之至也，大報天而主日也。』易説『三王之郊，一用夏正』，盧植云：『夏正在冬至後，傳曰啓蟄而郊，此之謂也。』然則圜丘與郊各自行，不相害也。鄭玄云『建寅之月，晝夜分而日長矣』。王肅曰：『周以冬祭天于圜丘，于正月又祭天以祈穀。』祭法稱『燔柴太壇』，則圜丘也。春秋傳云『啓蟄而郊』，則祈穀也。謹尋禮、傳二文，各有其義，盧、王兩説，有若合符。」

蕙田案：此條論先郊後春，已見「圜丘」門。今取其論祈穀數語，附見于此。

文獻通考：梁武帝即位，歲正月，皇帝致齋于萬壽殿，上辛行事。

隋書禮儀志：梁武帝天監三年，左丞吴操之啓稱：「傳云『啓蟄而郊』，郊應在立春後。」尚書左丞何佟之議：「今之郊祭，是報昔歲之功，而祈今年之福。故取歲首上辛，不拘立春先後。周之冬至圜丘，大報天也。夏正又郊，以祈農事，故有啓蟄之説。自晉太始二年，并圜丘、方澤同于二郊。是知今之郊禋，禮兼祈報，不得限以一途也。」帝曰：「圜丘自是祭天，先農即是祈穀。但就陽之位，故在郊也。冬至之夜，陽氣始于甲子。既祭昊天，宜在冬至。祈穀時可依古，必須啓蟄。在一郊壇，分爲二祭。」自是冬至謂之祀天，啓蟄名爲祈穀。

蕙田案：祈穀之祭，三代以後不行久矣。西漢五畤、泰畤，天帝莫分，正祭尚未舉行，何有于祈祭？成帝雖作長安南北郊，旋廢旋復，卒改合祭。後漢，正月祭南郊，時用孟春，却是正祭。魏氏相沿，晉武帝泰始二年，并圜丘、方丘于南北郊，二至之祀，合于二郊。齊王儉所云「義在報天，事兼祈穀」，既不全以祈農，何必俟夫啓蟄？則究爲祀天之正祭，特以其用正月，故曰「事兼祈穀」耳，實非祈穀也。梁武帝云：「陽氣起于甲子，既祭昊天，宜在冬至。祈穀必須啓蟄。」自是分爲二祭，遂爲後世祈穀之始。

梁書武帝本紀：天監四年春正月辛亥，輿駕親祀南郊，赦天下。

隋書禮儀志：天監五年，明山賓稱二儀並尊，三朝慶始〔一〕，同以此日二郊爲允。

梁書武帝本紀：天監八年春正月辛巳，輿駕親祀南郊。　十年春正月辛丑，輿駕親祀南郊。　十二年春正月辛卯，車駕親祀南郊。　十四年春正月辛亥，輿駕親祀南郊。　十六年正月辛未，輿駕親祀南郊。詔曰：「朕當扆思治，政道未明，昧旦劬勞，亟移星紀。今太皞御氣，勾芒首節，升中就陽，禋敬克展，務承天休，布兹和澤。尤貧之家，勿收今年三調。其無田業者，所在量宜賦給。若民有産子，即依格優蠲。孤老鰥寡不能自存，咸加賑恤。」

普通二年春正月辛巳，輿駕親祀南郊。詔曰：「春司御氣，虔恭報祀，陶匏克誠，蒼璧禮備，思隨乾覆，布兹亭育。」夏四月乙卯，改作南北郊。丙辰，詔曰：「夫欽若昊天，曆象無違，躬執耒耜，盡力致敬，上協星鳥，俯訓民時」、「平秩東作，義不在南。前代因襲，有乖禮制，可于震方，簡求沃野，具兹千畝，庶允舊章。」

蕙田案：武帝改祈穀于孟春，而本紀親郊，皆以正月上辛。觀天監十六年、

〔一〕「慶」，諸本作「發」，據隋書禮儀志改。

普通二年，詔明以「勾芒首節」、「平秩東作」爲詞，則其爲祈穀甚明。是當時分冬至、孟春爲二，反以孟春爲重也。

普通四年春正月辛卯，親祀南郊。

大通元年春正月辛未，親祀南郊。

中大通元年春正月辛酉，親祀南郊。　三年春正月辛巳，親祀南郊。　五年春正月辛卯，親祀南郊。

大同三年春正月辛丑，親祀南郊。　五年春正月辛未，親祀南郊。

太清元年春正月辛酉，輿駕祀南郊。

蕙田案：梁武帝上辛親祀南郊，凡十有五，皆祈穀祭。因其別無冬至之祭，故「圜丘」門兼録之，兹存其略。陳代郊祀同。

陳書高祖本紀：永定二年春正月辛丑，親祀南郊。

文帝本紀：天嘉元年春正月辛酉，親祀南郊。　三年春正月辛亥，親祀南郊。五年春正月辛巳，親祀南郊。

廢帝本紀：光大元年春正月辛卯，親祀南郊。

宣帝本紀：太建元年春正月辛丑，親祀南郊。三年春正月辛酉，親祀南郊。五年春正月辛巳，親祀南郊。七年春正月辛未，親祀南郊。

蕙田案：陳因梁制，亦祈穀也。

隋書禮儀志：後齊南北郊則歲一祀，皆以正月上辛。南郊爲壇于國南，廣輪三十六尺，高九尺，四面各一陛。爲三壝，内壝去壇二十五步。中壝、外壝相去如内壝。四面各通一門。又爲大營于外壝之外，廣輪二百七十步，營壍廣一丈，深八尺，四面各一門。又爲燎壇于中壝之外丙地，廣輪二十七尺，高一尺八寸，四面各一陛。祀所感帝靈威仰于壇，以高祖神武皇帝配。禮用四圭有邸，幣各如方色，其上帝及配帝，各用騂特牲一，儀燎同圜丘。

北齊書武成帝本紀：河清元年春正月乙亥，車駕至自晉陽。辛巳，祀南郊。

北周孝閔帝本紀：元年春正月辛亥，祀南郊。

武帝本紀：保定元年春正月甲寅，祀感生帝于南郊。天和元年三月丙午〔二〕，祀

〔二〕「天和」，諸本作「大和」，據周書武帝本紀改。

南郊。　二年春正月，初立郊丘壇壝制度，南郊爲壇于國南五里，其崇一丈二尺，其廣四丈，其壝方一百二十步，内壝半之。其祭南郊，用正月上辛，以始祖獻侯莫那配所感帝靈威仰于其上。　三年春正月辛丑，祀南郊。

建德二年辛丑，祀南郊。

隋書禮儀志：高祖受命，議定祀典。南郊爲壇于國之南，太陽門外道西一里，去宫十里，壇高七尺，廣四丈〔一〕。孟春上辛，祀所感帝赤熛怒于其上，以太祖武元皇帝配，其禮四圭有邸，牲用騂犢二。

高祖本紀：開皇四年春正月辛未，有事于南郊。　十三年春正月壬子，親祀感生帝。

蕙田案：隋制既有圜丘，復有南郊祀所感帝，從鄭氏説也。凡屬孟春親祀者，爲祈穀無疑。

禮儀志：煬帝大業元年孟春，祀感帝，改以高祖文帝配。

〔一〕「丈」，諸本作「尺」，據隋書禮儀志一改。

舊唐書禮儀志：高祖武德初，定令：孟春辛日祈穀，祭感帝于南郊，元帝配，用蒼犢二。

文獻通考：高宗顯慶二年，詔南郊祈穀，祭昊天上帝，罷感帝祠。

唐書禮樂志：高宗顯慶二年，禮部尚書許敬宗與禮官等議曰：「六天出于緯書，而南郊、圜丘一也。玄以爲二物，郊及明堂本以祭天，而康成皆以爲祭太微五帝。傳曰：『凡祀，啓蟄而郊，郊而後耕。』故『郊祀后稷，以祈農事』，而玄謂周祭蒼帝靈威仰，配以后稷，因而祈穀。皆繆論也。」由是盡黜玄説，而南郊祈穀，祭昊天上帝。

蕭德言傳：子子儒字文舉，議：「月令『孟春祈穀上帝』，春秋『啓蟄而郊，郊而後耕』，故郊后稷以祈農事。春夏祈穀于上帝，皆祭天也。著之感帝，尤爲不稽。請郊、明堂罷六天説，止祀昊天。」詔曰：「可。」

蕙田案：顯慶罷感帝之議，乃出于許敬宗。是以君子不以人廢言也，及閲列傳，乃蕭子儒議爾！

唐書禮樂志：乾封元年，詔祈穀，復祀感帝。

舊唐書禮儀志：乾封初，詔依舊祀感帝。司禮少常伯郝處俊等奏曰：「顯慶新禮，廢感帝之祀，改爲祈穀〔一〕，祀昊天上帝，以高祖太武皇帝配。檢舊禮，感帝以世祖元皇帝配。今既奉敕依舊祭感帝，今改祈穀爲感帝以高祖配者，高祖依新禮見配圜丘昊天上帝。若更配感帝，便恐有乖古禮。案禮記『周人禘嚳而郊稷』之義，今若禘郊一祖同配，恐無所據。」從之。

蕙田案：顯慶時，黜康成説，罷感帝祠，善矣。乾封時，乃又復之。鄭氏之學，中于人心者如此。

唐書禮樂志：開元中，起居舍人王仲丘議曰：「案貞觀禮祈穀祀感帝，而顯慶禮祀昊天上帝。傳曰：『郊而後耕。』詩曰：『噫嘻，春夏祈穀于上帝。』禮記亦曰：『上辛祈穀于上帝。』而鄭玄乃云：『天之五帝迭王，王者之興必感其一，因別祭尊之。故夏正之月，祭其所生之帝于南郊，以其祖配之，故周祭靈威仰，以后稷配，因以祈穀。』然則祈穀非祭之本意，乃因后稷爲配爾，此非祈穀之本義也。夫祈穀，本以祭天也，然五帝者，五行之精，所以生九穀也，宜于祈穀祭昊天而兼祭五帝。」

〔一〕「改」，諸本作「後」，據舊唐書禮儀志一改。

王仲丘傳：開元中，上言：「貞觀禮正月上辛，祀感帝于南郊。顯慶禮祀昊天上帝于圜丘以祈穀。臣謂詩『春夏祈穀于上帝』，禮『上辛祈穀于上帝』，則上帝當昊天矣。鄭玄曰：『天之五帝遞王，王者必感一以興，故夏正月祭所生于郊，以其祖配之，因以祈穀。』感帝之祀，貞觀用之矣。請因祈穀之壇，偏祭五方帝。五帝者，五行之精，九穀之宗也。請二禮皆用。」詔：「可。」

蕙田案：王仲丘二禮皆用之説，非是。

册府元龜：開元八年三月敕：「頃歲未登，水旱不節。今春事方起，農桑是憂。祈于上玄，福兹下土。或展郊禋之禮，以申誠請之心，宜令左常侍元行沖攝侍中，祀南郊。」

舊唐書禮儀志：開元二十年，改撰新禮，祀天一歲有四。正月上辛祈穀，祀昊天上帝于圜丘，以高祖配，五方帝從祀。其上帝、配帝，籩、豆等同冬至之數。五方帝太樽、著樽、犧樽、山罍各一，籩、豆等亦同冬至之數。

蕙田案：開元禮皇帝正月上辛祈穀。儀附詳「圜丘祀天」門。

舊唐書玄宗紀：天寶六載正月戊子，親祀圜丘，禮畢，大赦天下。

唐書德宗本紀：建中元年春正月辛未，有事于南郊，大赦。

憲宗本紀：元和二年正月辛卯，有事于南郊，大赦。

舊唐書憲宗本紀：元和二年正月己丑朔，上親獻太清宫、太廟。辛卯，祀昊天上帝于郊丘，是日還宫，御丹鳳樓，大赦天下。先是，將及大禮，陰晦浹旬，宰臣請改日，上曰：「郊廟事重，齋戒有日，不可遽更。」享獻之辰，景物晴霽，人情欣悦。

禮儀志：元和十五年十二月，將有事于南郊。穆宗問禮官：「南郊卜日否？」禮院奏：「伏準禮令，祠祭皆卜。自天寶已後，凡欲郊祀，必先朝太清宫，次日饗太廟，又次日祀南郊。相循至今，並不卜日。」從之。及明年正月，南郊，禮畢，有司不設御榻。上立受群臣慶賀。及御樓仗退，百寮復不于樓前賀，乃受賀于興慶宫。二者闕禮，有司之過也。

唐書穆宗本紀：長慶元年正月辛丑，有事于南郊，大赦，改元。

舊唐書穆宗本紀：長慶元年正月己亥朔，上親薦獻太清宫、太廟。是日，法駕赴南郊。日抱珥，宰臣賀于前。辛丑，祀昊天上帝于圜丘，即日還宫，御丹鳳樓，大赦天下。改元長慶。内外文武及致仕官三品已上賜爵一級，四品已下加一階，陪位白身人賜勳兩轉，應緣大禮移仗宿衛御樓兵仗將士，普恩之外，賜勳階有差，仍准舊例，賜錢物二十萬四千九百六十端匹。禮畢，群臣于樓前稱賀。仗退，上朝太后于興慶宮。

唐書敬宗本紀：寶曆元年春正月辛亥，有事于南郊。

武宗本紀：會昌元年春正月辛巳，有事于南郊，大赦，改元。　五年正月辛亥，有事于南郊，大赦，作仙臺于南郊。

宣宗本紀：大中元年正月甲寅，有事于南郊，大赦，改元。　七年春正月戊申，有事于南郊，大赦。

懿宗本紀：咸通四年春正月庚午，有事于南郊。

僖宗本紀：乾符二年春正月辛卯，有事于南郊。

蕙田案：唐帝親郊，以十一月、正月相間而行。十一月圜丘，正月祈穀也。以前諸帝十一月之祭多于正月，以後諸帝則唯正月爲多，其亦憚寒而畏勞耶！今以正月之祭入祈穀，「圜丘」門不載。

舊唐書音樂志：正月上辛祈穀于南郊，樂章八首：貞觀中褚亮作，今行用。

降神用豫和詞同冬至圜丘。　皇帝行用太和詞同冬至圜丘。

登歌奠玉帛用肅和貞觀禮，祠感帝用此詞，顯慶以後〔一〕，詞同冬至圜丘。　履艮斯繩，居中體正。龍運垂祉，昭符啓聖。式事嚴禋，聿懷嘉慶。惟帝永錫，時皇休命。

迎俎用雍和　殷薦乘春，太壇臨曙。八簋盈和，六瑚登御。嘉稷匪歆，德馨斯飫。祝嘏無易，靈心有豫。

皇帝酌獻飲福酒，用壽和詞同冬至圜丘。

送文舞出，迎武舞入，用舒和　玉帛犧牲申敬享，金絲鏚羽盛音容。庶俾億齡禔景福〔二〕，長欣萬寓洽時邕。

武舞用凱安詞同冬至圜丘。　送神用豫和詞同冬至圜丘。

五代史梁本紀：開平三年春正月辛卯，有事于南郊。

册府元龜：乾化二年正月庚辰，有司以南郊上辛祈穀，命丞相趙光逢攝太尉行事。

〔一〕「顯慶」，諸本作「明慶」，據舊唐書音樂志三改。
〔二〕「禔」，諸本作「提」，據舊唐書音樂志三改。

宋史禮志：乾德二年正月，有司言：「上辛祀昊天上帝，五方帝從祀。今既奉赤帝爲感生帝，一日之内，兩處俱祀，似爲煩數。況同時並祀，在禮非宜。昊天從祀，請不設赤帝坐。」從之。

雍熙四年〔一〕，禮儀使蘇易簡言：「常祀祈穀，以宣祖崇配。」

至道三年十一月，有司言：「上辛祈穀，奉太祖配。上辛祀感生帝，奉宣祖配。」

蕙田案：此又以祈穀與祭感帝爲二，蓋祈穀亦祀昊天上帝也。

淳化、至道，太宗亦以正月躬行祈穀之祀，悉如圜丘之禮。

真宗景德三年，龍圖閣待制陳彭年言：「伏睹畫日，來年正月三日上辛祈穀，至十日始立春。案月令，正月元日注爲祈穀，郊祀昊天上帝。春秋傳曰：『啓蟄而郊，郊而後耕。』蓋春氣初至，農事方興，郊祀昊天，以祈嘉穀，故當在建寅之月，迎春之後。自晉太始二年，始用上辛，不擇立春之先後。齊永明元年，立春前郊，議欲遷日。王儉曰：『宋景平元年、元嘉六年，並立春前郊。』遂不遷日。吴操之云：『應在立春

〔一〕「雍熙」，據宋史禮志二校勘記認爲當作「淳化」。

後。』然則左氏所記，乃三代彝章；王儉所言，乃後世變禮。來年正月十日立春，三日祈穀，斯則襲王儉之末議，違左氏之明文。望以立春後上辛行祈穀禮。」因詔有司詳定諸祠祭祀。

天禧元年十二月，禮儀院言：「準畫日，來年正月十七日祈穀，前二日奏告太祖室，緣歲以正月十五日朝拜玉清昭應宫，景德四年以前，祈穀止用上辛，其後用立春後辛日，蓋當時未有朝拜宫觀禮。王儉啓云：『近代明例，不以先郊後春爲嫌。』又宋孝武朝有司奏『魏代郊天值雨，更用後辛』〔一〕，或正月上辛，事有相妨，並許互用，在于禮典，固亦無嫌。」初，祈穀皆親祀上帝。由熙寧迄靖康，惟有司攝事而已。

乾興元年，禮官請「孟春上辛祈穀，以太祖配」，奏「可」。

仁宗景祐二年十一月，禮院言：「祈穀配以太宗。」

樂志：景祐上辛祈穀，仁宗御製二首：

太宗配位奠幣，仁安　天祚有開，文德來遠。祈穀日辛，侑神禮展。

〔一〕「孝武」，諸本脱「孝」字，據宋史禮志三補。

酌獻，紹安　於穆神宗，惟皇永命〔一〕。薦醴六尊，聲歌千詠〔二〕。

禮志：慶曆三年，禮官余靖言：「祈穀、祀感生帝同日，其禮當異，不可皆用四圭有邸，色尚赤。」乃定祈穀蒼璧尺三寸〔三〕，感生帝四圭有邸。

文獻通考：英宗治平二年正月上辛，祈穀。慶曆用犢一、羊二、豕二，正配篚、簋、俎，各增爲二。前一日，太祝讀祝，視祭玉，餘如冬至。攝事三獻終，禮生引司天監罍洗升詣四方帝神位，上香，奠幣爵，并行一獻，再拜，復。元豐中，禮官言：「慶曆大雩、宗祀之儀，皆用犢、羊、豕各一，惟祈穀，均祀昊天上帝，止用犢一，請依雩祀、大享明堂牲牢儀，用犢、羊、豕各一。」

宋史禮志：神宗元豐四年十月，詳定郊廟奉祀禮文所言：「近詔宗祀明堂以配上帝，其餘從祀群神悉罷。今祈穀猶循舊制，皆群神從祀，恐與詔旨相戾。請孟春祈穀，唯祀上帝以太宗皇帝配，餘從祀群神悉罷。」從之。

〔一〕「永」，諸本作「求」，據宋史樂志七改。
〔二〕「千」，諸本作「于」，據宋史樂志七改。
〔三〕「尺三寸」，宋史禮志一作「尺二寸」。

大觀四年二月，禮局議以立春後上辛祈穀，詔以「今歲孟春上辛在丑，次辛在亥，遇丑不祈而祈于亥，非禮也」，乃不果行。

徽宗本紀：大觀四年四月，立感生帝壇。

政和祈穀儀：前期降御札，以來年正月上辛祈穀，祀上帝。前祀十日，太宰讀誓于朝堂，刑部尚書莅之；少宰讀誓于太廟齋房，刑部侍郎莅之。皇帝散齋七日，致齋三日。前祀一日，服通天冠、絳紗袍，乘玉輅，詣青城。祀日，自齋殿服通天冠、絳紗袍，乘輿至大次，服衮冕，執圭，入正門，宫架儀安之樂作。禮儀使奏請行事，宫架作景安之樂，帝臨降康之舞六成，止。太常升烟，禮儀使奏「請再拜」。盥洗，升壇上，登歌嘉安之樂作。皇帝搢大圭，執鎮圭，詣上帝神位前，北向，奠鎮圭于繅藉，執大圭，俛伏，興。又奏「請搢大圭」，跪，受玉幣。奠訖，詣太宗神位前，東向，奠幣如上儀，登歌作仁安之樂。皇帝降階，有司進熟，禮儀使奏「請執大圭」，升壇，登歌歆安之樂作。皇帝詣上帝神位前酌獻，執爵祭酒，讀册文訖，奏「請皇帝再拜」。詣太宗神位前酌獻，並如上儀，登歌紹安之樂作。皇帝降階，入小次，文舞退，武舞進，宫架容安之樂作。亞獻酌獻，宫架作隆安之樂，神保錫羨之舞。終獻如之，禮儀使奏「請皇帝詣飲福位」，宮架禧安之樂作。皇帝受爵，又請再拜。有司徹俎，登歌成安之樂作。送神，宮架景安之樂作。皇帝詣望燎位。禮畢，還大次。

圖書集成：紹興十四年祈穀，始具樂舞，用政和儀。

宋史禮志：南渡以後，四祀二在南郊圜壇，二在城西惠照院齋宫。紹興十四年始具樂舞，用政和儀，增籩豆之數。宋之祀天者凡四：孟春祈穀，孟夏大雩，皆于圜丘，或别立壇；季秋大享明堂；唯冬至之郊，則三歲一舉，合祭天地焉。

樂志：紹興祈穀三首：

降神、盥洗、升壇、還位及上帝奠玉幣、奉俎，並同圜丘。

太宗位奠幣，宗安　於穆思文，克配上帝。涓選休成，遵揚嚴衛。祗薦明誠，肅陳量幣。享兹吉蠲，申錫來裔。

上帝位酌獻，嘉安　三陽肇新，萬物資始。精誠祈天，其聽斯邇。願均雨暘，田疇之喜。如坻如京，以備百禮。

太宗位酌獻，德安　天錫勇智，允惟太宗。功隆德盛，與帝比崇。禮嚴陟配，誠達精衷。尚其錫祉，歲以屢豐。

明史禮志：祈穀，明初未嘗行。世宗時，更定二祖分配禮。因諸臣固請，乃許于大祀殿祈穀，奉二祖配。嘉靖十年始以孟春上辛日行祈穀禮于大祀殿。禮畢，帝心終以爲未當，諭張璁曰：「自古唯以祖配天，今二祖並配，決不可法後世。嗣後大報與祈穀，但奉太祖配。」尋親製祝文，更定儀注，改用驚蟄節，禮視大祀少殺，帛減十一，不設從壇，不燔柴，著爲定式。祈穀壇大享殿，即大祀殿也。永樂十八年建，合祀天地于此。其制十二楹，中四楹飾以金，餘施三采，正中作石臺，設上帝、皇地祇神座于其上，殿前爲東西廡三十二楹，正南爲大祀門六楹，接以步廡，與殿廡通。殿後爲庫六楹，以貯神御之物，名曰「天庫」。皆覆以黄琉璃。其後，大祀殿易以青琉璃瓦。壇之後，樹以松柏，外壝東南鑿池凡二十區。冬月伐冰藏凌陰，以供夏秋祭祀之用，悉如太祖舊制。至嘉靖二十一年撤大祀殿，擬古明堂，名曰「大享」，每春行祈穀禮。隆慶元年，禮官言：「先農之祭，即祈穀遺意，宜罷祈穀，于先農壇行事，大享禮亦宜罷。」詔：「可。」後至崇禎朝，復舉行。

王圻續通考：嘉靖十年，定祈穀禮。

一，前期五日，上詣犧牲所視牲。先一日，告廟及還參拜，俱如大祀之儀。告詞曰：「明日恭視祈穀牲儀。」參辭次日，視牲，還以後，命大臣輪視如常儀。

一，前期四日，太常寺奏祭祀，諭百官，致齋三日。上親塡告請太祖祝版于文華殿。

一，前期三日，上詣太廟，請太祖配神，以脯醢、酒果行再拜一獻禮。祝文曰：「維嘉靖某年歲某甲子某月某朔某日，孝元孫嗣皇帝某，敢昭告于皇祖太祖高皇帝曰：茲以今月某日啓蟄之辰，恭祀上帝于圜丘，爲民祈穀，謹請皇帝侑神，伏惟鑒知。」

一，前期二日，太常卿同光禄卿奏省牲，如常儀。

一，前期一日，上親塡祝版于文華殿，遂告于廟。告辭曰：「孝元孫嗣皇帝某，明日祗詣南郊，行祈穀禮。謹詣祖宗列聖帝后神位前，恭預告知。」夜二鼓，禮部尚書、侍郎導引太常卿捧請神版，奉安于壇位，俱如大祀之儀。

一，陳設。上帝位犢一，玉用蒼璧一，帛一，青色，登一，簠、簋各二，籩十二，豆十二，蒼玉爵三，酒尊三，篚一，祝案一。配帝位同，唯不用玉。

一，正祭。是日，上常服，乘輿至昭亨門右。上降輿，導引官導上至大次，具祭服出，由左門入，至陛上，行祭禮，如大祀之儀。惟不燔柴。上還至廟，參拜。致辭曰：「孝元孫嗣皇帝某，祗詣南郊祈穀，禮成，躬詣祖宗列聖帝后神位前，謹用。」參拜畢，還宮。

一，祝文：維嘉靖某年某月某日，嗣天子臣某，祗告于皇天上帝曰：「候維啓蟄，農事將舉，爰以兹辰，敬祈洪造。謹率臣僚，以玉幣犧齊，粢盛庶品，備斯明潔，恭祀上帝于圜丘。仰希垂鑒，錫福烝民。俾五穀以皆登，普萬方之咸賴。奉太祖聖神文武欽明啓運峻德成功統天大孝高皇帝侑神，尚享。」

明史樂志：嘉靖十年定祈穀樂章：

迎神，中和之曲　臣惟穹昊兮民物之初，爲民請命兮祀禮昭諸。備筵率職兮祈洪庥，臣衷微渺兮悃悃誠攄。遥瞻駕降兮霽色輝，歡迎鼓舞兮迓龍輿〔二〕。臣愧菲才兮后斯民，願福斯民兮聖恩渠。

奠玉幣，肅和之曲　烝民勤職兮農事顒，蠶工亦慎兮固桑阡。玉帛祗奉兮暨豆籩，仰祈大化兮錫以豐年。

〔二〕「舞」，諸本脱，據明史樂志二校勘記補。

進俎，咸和之曲　鼎亨兮氣馨，香羞兮旨醽。帝垂享兮以歆，烝民蒙福兮以寧。

初獻，壽和之曲　禮嚴兮初獻行，百職趨蹌兮珮琤鳴。臣謹進兮玉觥，帝心歆鑒兮歲豐亨。

亞獻，景和之曲　二觴舉兮致虔，清醴載斟兮奉前。仰音容兮忻穆，臣感聖恩兮實拳拳。

終獻，永和之曲　三獻兮一誠微，禋禮告成兮帝鑒是依。烝民沐德兮歲豐穰，臣拜首兮竭誠祈。

徹饌，凝和之曲　三獻周兮肅乃儀，俎豆敬徹兮弗敢遲。願留福兮丕而，曰雨曰暘兮若時。

送神，清和之曲　祀禮告備兮帝鑒彰，臣情上達兮感昊蒼。雲程肅駕兮返帝鄉，臣荷恩眷兮何以忘。祥風瑞靄兮彌壇壝，烝民率土兮悉獲豐康。

望燎，太和之曲　遥睹兮天衢長，邈彼寥廓兮去上方。束帛薦火兮升聞，悃愊通兮沛澤長。樂終九奏兮神人以和，臣同率土兮感荷恩光。

世宗本紀：嘉靖十一年春正月辛未，祈穀于圜丘，始命武定侯郭勛攝事。

禮志：十一年驚蟄節，帝疾，不能親，乃命武定侯郭勛代。給事中葉洪言：「祈穀、大報，祀名不同，郊天一也。祖宗無不親郊。成化、弘治間，或有故，寧展至三月。蓋以郊祀禮重，不宜攝以人臣，請俟聖躬痊，改卜吉日行禮。」不從。

十七年春正月壬寅，帝祈穀于大祀殿。　十八年改行于大内之玄極寶殿，不奉配，遂爲定制。

隆慶元年，禮臣言：「先農親祭，遂耕耤田，即祈穀遺意。今二祀並行于春，未免煩數。且玄極寶殿在禁地，百官陪祀，出入非便。宜罷祈穀，止先農壇行事。」從之。

莊烈帝本紀：崇禎十四年春正月辛巳，祈穀于南郊。

春明夢餘録：祈穀用孟春上辛，禮也。明初，用二月上戊祭先農，不行祈穀。即嘉靖，亦一再舉而罷。崇禎辛巳年正月初五日上辛，復舉行。有旨祈穀，除不散齋、不出宿于郊，齋宮不朝，亥時正三刻，止升一燈外，其恭視壇位，籩豆牲隻如圜丘儀。行奏祭，著改于正月初一日，樂章奏舞，命太常寺勤督樂舞生預爲演習。

十五年正月，行祈穀禮。上辛即在朔日。辛未，禮部以朝賀不便，疏請改十一日辛巳爲中辛，得旨，改中辛日行禮。

崇禎壬午，蔣德璟上親行祈穀禮記：壬午正月初五日，上常服，詣太廟，以親詣南郊，視牲，預告于太祖及列祖神御前。仍欽遣禮部左侍郎王錫衮、右侍郎蔣德璟、詹事黄景昉充上香、導引官。初六日，遣勳臣等恭代視牲。初七日，上御皇極殿，太常寺奏「祭祀」。初八日爲始，致齋三日。初八日質明，上常服乘輿，詣太廟門西，降輿，至廟門幄次内，具祭服，詣太廟，告請太祖配神。行禮畢，出至幄次，易皮弁服，回御皇極殿。太常寺、光禄寺官奏「省牲」。初九日，大雪，上親享太廟。禮畢，臣璟即偕王、黄二公，冒雪出南郊，宿太常别院。是日午後，太常官捧蒼玉、帛、匣、香盒，同神輿亭進于皇極殿内，司禮監官捧帛，同安設于御案之北。初十日質明，上御皇極殿，太常卿捧祝版，從中左門進，安于御案上。上親填御名，訖，太常卿捧安于輿中。司禮監官進玉帛，上親裝于各匣内。安訖，太常寺官以次奉安輿中。太常卿隨捧香盒于香亭右，跪，上三上香，行一拜三叩頭禮，畢，轉于東西向立。錦衣衛官旗入擡輿亭，從中門出。太常卿隨詣大享殿神庫奉安，上遂詣太廟，以親詣南郊，行祈穀禮，預告于太祖及列祖神御前。行禮畢，還宫。是日早，璟偕王、黄二公及太常少卿高倬具吉服，冒雪至大享殿、皇乾殿演禮，即在北天門内候駕。至未時，錦衣衛官備法駕，設板輿于皇極門下正中。上常服，御皇極門。太常卿奏：「請聖駕詣南郊，行祈穀禮于大享殿。」上陞輿，掌衛官跪，奏「起輿」，從午門、端門、承天門、大明門、正陽門詣南郊壇内西天門，至神路迤西。臣璟偕王、黄二公及高少卿面駕序立，行叩頭禮。畢，分兩旁候，上降輿，臣璟等導上從大享南門左門入。太常卿党崇雅跪迎，同導上至丹陛。太常卿導上至大享殿左門，入恭視神位。臣璟等先詣東陛前候，上視神位，畢，太常卿導上從東陛下，臣璟等同導上至神庫，視籩豆，至神厨，視牲，太常卿逐一奏。畢，復同臣璟等導上仍從大享南門出迤西，陞輿，至齋宫陪祀。各官免朝參。是日，雪勢特猛，導引往還，可數千武，而神庫門路甚深滑，上亦徐行俛體，諸臣便步趨也。至一更時，臣璟等三人具祭服，詣皇乾殿，行一拜三叩頭禮。王公上香請神。璟與黄公導引，太常官以次捧昊天上帝正位、高皇帝配位神版詣大享殿，奉安。訖，臣等三人即趨至大次，候駕。亥時，一燈起，萬燈齊明，燦如列星。上常服，乘輿，冒大雪，從齋宫東門出，至神路之西，降輿。導駕官導上至大次。德璟三人及太常卿復命，上秉圭曰：「朕知道了。」少頃，具祭服出。導駕官導從大享南門左門入，行祈穀禮，用十二拜，如大祀儀。祭畢，上出，至大次，易常服，不回齋宫，即從西天門還，至太廟，參謁如前。儀畢，還宫。

孫承澤曰：案月令「孟春，天子以元日祈穀于上帝」，注謂以上辛郊祭天。春秋傳曰：「啓蟄而郊，郊而後耕。」郊特牲曰：「郊用辛。」注：「凡爲人君，當齋戒自新。」盧植、蔡邕曰：「郊天是陽，故用日；耕耤是陰，故用辰。」孔穎達曰：「甲乙丙丁等謂之日，子丑寅卯等謂之辰。元者，善也。元日，郊用辛；元辰，耕用亥。」黄道周曰：「春日甲乙，則未知其果上辛也。」明初以冬至祀天圜丘，夏至祀地方澤。洪武十年罷之，而止以正月上辛合祀天地于大祀殿，并日月星辰山川等神俱在焉。其禮甚省，其敬甚專。嘉靖九年罷之，而分爲圜丘、方澤、朝日、夕月四郊，其大祀殿則以孟春上辛祈穀。十年，又改啓蟄日祈穀。二十四年，又改大祀殿爲大享殿，然祈穀禮不復行。崇禎十四年復行祈穀禮，用上辛，十五年用中辛云。

蕙田案：祈穀之禮，見于經傳者，惟月令、左氏春秋。後世祀天祈穀，自梁天監始，卒復與圜丘之祀相混，至宋始分明。嘉靖舉之，而未能嘗親行也。莊烈帝奮然行于國勢艱難之日，其亦有不得已于痌瘝者歟？

右歷代祈穀禮

五禮通考卷二十二

吉禮二十二

大雩附祭水旱、祈雨、祈雪、祈晴及禱雨雜儀

蕙田案：月令曰：「大雩帝。」左傳云：「啓蟄而郊，龍見而雩。」即詩頌所謂「春夏祈穀于上帝也」。其禮，天子諸侯皆有之，然天子所雩者上帝，故曰「大」；諸侯特雩境内之山川，不名曰「大」。春秋書魯大雩，魯僭禮也。孟夏大雩，雖無水旱，亦行之，禮之常也。若國大旱，則無論夏秋皆得雩，至冬則無雩。故穀梁子曰：「冬無爲雩也。」春秋大雩二十有一，書「雩」以記災，書「大」以志僭。然古聖王遇災而懼，爲民請命，當水旱時，靡神不舉，又不止雩上帝而已。周禮以索

鬼神爲荒政十有二之一，後世不知恐懼修省、反躬罪己，乃有焚巫、徙市之事，抑末矣。漢無雩祀，而旱祭非一。至齊、梁乃有雩壇，而所雩有五天帝、五人帝，皆非古義。唐有正雩，有旱禱。宋以雩帝爲大祀。明嘉靖時有雩祭，雖不盡古，然亦近焉。

常雩

春秋桓公五年左氏傳：龍見而雩。注：龍見，建巳之月，蒼龍宿之體，昏見東方，萬物始盛，待雨而大，故祭天，遠爲百穀祈膏雨。疏：正義曰：天官東方之星盡爲蒼龍之宿。見，謂合昏見也。雩之言遠也，遠爲百穀祈膏雨，遠者，豫爲秋收，言意深遠也。傳有言雩而經書「大雩」者，賈逵云：「言大，別山川之雩。蓋以諸侯雩山川，魯得雩上帝，故稱大。」月令云：「大雩帝，用盛樂。」是雩帝稱大雩也。此「龍見而雩」，定在建巳之月，而月令記于仲夏章者，鄭玄云：「雩之正，當以四月。凡周之秋三月之中而旱〔一〕，亦修雩祀以求雨，因著正雩于此月，失之矣。」杜君以爲月令秦法，非是周典。潁子嚴以龍見即是五月。釋例曰：「月令之書，出自吕不韋，其意欲爲秦制，非古典也。」潁氏因之，以爲龍見五月。五月之

〔一〕「三月」，原作「五月」，據味經窩本、乾隆本、光緒本改。

時，龍星已過于見。此爲强牽天宿，以附會不韋之月令，非所據而據，既已不安，且又自違。左氏傳稱：「秋，大雩。書不時。」此秋，即潁氏之五月，而忘其「不時」之文，而欲以雩祭。是言月令不得與傳合也。鄭玄禮注云：「雩之言吁也。言吁嗟哭泣以求雨也。」郊、雩俱是祈穀，何獨雩爲吁嗟？旱而修雩，言吁嗟可矣。四月常雩，于時未旱，何當言吁嗟也？賈、服以雩爲遠，故杜從之也。

欽定春秋傳説彙纂曰：以「遠」釋「雩」，本孔疏耳。賈、服皆無此義，杜注謂「萬物待雨」，又曰「遠爲百穀祈膏雨」，似以「雨」釋「雩」。「遠」字，非其所立義也。爾雅謂「雩」爲號祭，則穀梁「吁」義近之。古今文或從類，或諧聲，「雩」文從雨而聲近吁，若遠則雩無取焉。

陳氏禮書：爾雅曰：「雩，號祭也。」鄭氏曰：「雩，吁嗟求雨之祭也。」女巫：「凡邦之大烖，歌哭而請。」則爾雅、鄭氏之説是也。杜預以「雩」爲「遠」，誤矣。

蕙田案：杜氏以「雩」爲「遠」，禮書從鄭氏非之，是也。然必引女巫「歌哭而請」爲證，則未的。蓋邦之大烖，必大旱而雩，乃足當之。若四月龍見而雩，其時旱災未成，未可遽以歌哭釋之。彙纂之義，發前人所未發矣。

詩周頌噫嘻序曰：「春夏祈穀于上帝也。」

蕙田案：疏解見「祈穀」門。

禮記月令：仲夏之月，命樂師修鞀鞞鼓，均琴瑟管簫，執干戚戈羽，調竽笙篪簧，飭鐘磬柷敔。注：爲將大雩帝習樂也。命有司爲民祈祀山川百源，大雩帝，用盛樂。乃命百縣雩祀百辟卿士有益于民者，以祈穀實。注：陽氣盛而常旱，山川百源，能興雲雨者也。衆水始所出爲百源，必先祭其本，乃雩。雩，吁嗟求雨之祭也。雩祭，謂爲壇南郊之旁，雩五精之帝，配以先帝也。自「鞀鞞」至「柷敔」，皆作曰「盛樂」。凡它雩，用歌舞而已。百辟卿士，古者上公若勾芒、后稷之類也。春秋傳曰：「龍見而雩。」雩之正，當以四月。凡周之秋三月之中而旱，亦修雩禮以求雨，因著正雩此月，失之矣。天子雩上帝，諸侯以下雩上公。周冬及春夏雖旱，禮有禱無雩。疏：正以將欲雩祭，故先命有司爲民祈祀山川百源，爲將雩之漸，重民之義也。故先爲民。「大雩帝，用盛樂」者，爲民祈穀後，天子乃大雩天帝，用上鞀鞞之等，故云「用盛樂」。「乃命百縣雩祀百辟卿士」者，謂天子既雩之後。百縣，謂諸侯也。以四月純陽用事，故云「陽氣盛而恒旱」，故制禮此月爲雩〔一〕。縱令雩祭時不旱，亦爲雩祭。

楊氏復曰：「啓蟄而郊，龍見而雩。」此詩頌所謂「春夏祈穀于上帝也」。龍見而雩，與周禮所掌、春秋所書不同。周禮司巫「帥巫而舞雩」，爲旱而雩也。春秋書雩

〔一〕「禮」，諸本脱，據禮記正義卷一六補。

二十有一，因旱而雩也。「龍見而雩」，乃建巳之月，萬物始盛，待雨而長，聖人爲民之心切，遂爲百穀祈膏雨。與「啓蟄之郊」其意同。是以樂則必用盛樂，與它祭獨不同。聲音之號，所以詔告於天地之間，以達神明也。郊非不用樂也，以禮爲主；雩非不用禮也，以樂爲主：各隨其宜也。但注言：「雩五精之帝。」疏言：「春夏秋冬，共成歲功，則不可偏祭一帝。」其言似矣。然天一而已矣，因時迭王，則有五帝之名，易曰「帝出乎震」是也。祭於四郊，則有五帝之位，小宗伯「兆五帝於四郊」是也。注疏謂夏雩總祭五帝，是一天而有五祭。祭於南郊乎，抑兼祭於四郊乎？其義何居？自注疏之説行，諸儒莫之能決。有雩祀五方上帝、五人帝、五官於南郊者，如唐貞觀禮是也。有雩祀昊天上帝於圜丘者，如唐顯慶禮是也。及開元中，起居舍人王仲丘奏：「祀昊天上帝於圜丘，尊天位也。然雩祀五帝既久，請二禮並行，以成大享帝之義。」既祀昊天上帝，又祀五帝，與明堂並祀上帝、五帝之禮同歸於誤，此則學禮者之所深惜而不可以不辨也。

陳氏禮書：春秋書雩二十有一，皆在七月以後。左氏曰：「龍見而雩，過則書。」蓋龍見建巳之月，而建巳乃陽充之時，陰氣所以難達也，故雩祀作焉。過此而後雩，此春秋所以譏也。大雩，禮之盛也，猶所謂大旅、大享。趙氏謂雩，稱大國徧雩，誤矣。詩序曰：「夏祈穀于上帝。」月令曰：「大雩帝。」則雩祀昊天上帝及五帝也。鄭氏謂雩祀五精之帝。然周禮稱上帝與五帝不同，則上帝非止五帝也。月令曰：「令百縣雩祀百辟卿士。」則百辟卿士之祭，亦曰雩也。鄭氏曰：「天子雩上帝，諸侯雩上公。」然周禮小祝：「小祭祀，逆時雨，寧風旱。」則百辟亦天子所祀也。祭法有雩禜之壇。春秋之時，魯以南門爲雩門，先儒皆以魯之舞雩在城南。鄭氏曰：「雩爲壇於南郊之旁。」其説蓋有所受也。古者，雩斂在稻人，雩樂以皇舞，以女巫。皇與女，陰也。則舞所以達陽中之陰而已。董仲舒祈雨之術，閉南門，縱北門，蓋亦古者達陰之意也。然則雩祀上帝必升煙，後世乃謂用火不可以祈水，而爲坎以瘞，就陽不可以求陰，而移壇於東。梁禮。雩必自郊徂宮，後世或祈山川林澤、群廟、百辟卿士，然後及於上帝。亦梁禮也。北齊及唐皆然。雩樂以舞爲盛，後世或選善謳者歌詩而已。北齊禮。皆非古也。

蕙田案：大雩祭不列於周禮，惟大司徒「荒政十有一曰索鬼神」。其他司巫、女巫、舞師、大祝、小祝等職，所載皆旱熯之事，是皆所謂「邦之大烖，歌哭而請」，因旱而雩，非常祭也。惟左氏傳「龍見而雩」及「啓蟄之郊」並舉，與詩序「噫嘻」，春夏祈穀于上帝」之意同。月令亦云：「大雩帝，用盛樂。」先儒因有四月常雩祀天之説，後世因之，制爲禮典，是其説固不可廢也。然所雩之地，經無明文。鄭注祭法「雩宗」曰「水旱壇」，注月令「雩帝」曰「爲壇於南郊之旁」。禮書謂魯南門爲雩門，論語有舞雩，先儒謂魯之舞雩在城南。鄭氏之説蓋有所受，以今考之，若所雩者而不止上帝也。五帝、日月星辰、山川百源、百辟卿士，鬼神雜揉，共在一壇，褻越已甚。若所雩者而專主上帝也，則何爲捨祀天之壇，而更卑就於其旁？於理皆不可通。是則天子雩帝，當在南郊之圜丘無疑。且詩亦曰：「自郊徂宫。」尤爲明證。其餘諸祀，則各就其處而祭之可也。至魯人舞雩，或因僭行大雩之禮，而不敢純同於王制，故於城南别爲一壇，名之曰「舞雩」，猶其僭郊，而不敢同用「日至」之意。乃或者因是而謂天子之雩帝，亦别有壇，是以魯禮言周事，恐不然也。若其常雩之時，左傳與月令又各不同。鄭注謂「雩之正，當以四月」。杜氏亦以爲月令秦法，非是周典。今考春秋，書雩皆爲旱，非常祭。其中有但書秋而不記其月者，則雖七月，亦爲非常而書矣。周之七月，當夏五月，五月非常，則常祭在四月可知。月令屬之仲夏，蓋吕不韋之誤，固當以左傳爲正也。其所雩之帝，鄭注謂五精之帝。夫五帝兆於四郊，祭五帝而不及昊天，固無是理。且四郊各有壇兆，則不在南郊水旱之壇可知，即其説已矛盾而不可信矣。陳氏禮書又謂昊天上帝及五帝，夫合上帝、五帝而雩於南郊之旁，則必與百神並舉，則猶鄭注之謬也。若合上帝、五帝而祭於圜丘，則又虛設四郊之兆而六天並祭，禮所必無。則唯楊氏專祭上帝之説爲簡易明確，而不可混矣。至於雩之稱大，賈逵云：「言大，别山川之神，雩帝故稱大。」禮書謂禮之盛，與大旅、大享同，其説並通。

右常雩

因旱而雩

詩大雅雲漢：靡神不舉，靡愛斯牲。圭璧既卒，寧莫我聽。箋：靡、莫，皆無也。言王爲旱之故，求於群神，無不祭也。無所愛於三牲，禮神之圭璧又已盡矣，曾無聽聆我之精誠而興雲雨〔一〕。　疏：群神無所不祭，即下經所陳「上天下地、從郊至宫」之類也。大司徒以荒政十有二聚萬民，

〔一〕「誠」，諸本作「神」，據毛詩正義卷一八改。

其一有曰「索鬼神」。鄭司農云[一]：「索鬼神者，求廢祠而修之。」是遭遇天災，必當廣祭群神。所祭者廣，天地五帝，當用特牲，其餘諸神，或用太牢，或用少牢，三牲皆用，故言「無所愛於三牲」也。祭神又用玉器。春官大宗伯「以玉作六器，以禮天地四方」。典瑞云：「四圭有邸以祀天，兩圭有邸以祀地，裸圭有瓚以祀先王，圭璧以祀日月星辰，璋邸射以祀山川。」皆是祭神所用。故云「禮神之圭璧已盡矣」。禮神之圭璧，自有多名，言圭璧，爲其總稱。以三牲用不可盡，故言「無愛」。圭璧少而易竭，故言「既盡」。水旱皆是上天之爲，假祭群神，未必能已。聖王制此禮者，何哉？將以災旱不熟，必至于死。人君爲之父母，不可忍觀窮厄，固當責躬罪己，求天禱神，罄忠誠之心，爲百姓請命。聖人緣人之情，而作爲此禮。非言祈禱必能止災也[二]，徒以民情可矜，不得不爲之禱。禱而無雨，不得不訴於神耳。**不殄禋祀，自郊徂宮。上下奠瘞，靡神不宗。**傳[三]：上祭天，下祭地，奠其禮，瘞其物。宗，尊也。國有凶荒，則索鬼神而祭之。疏：我勤於請禱，不絶其潔敬之祭。既祀天於郊，又從郊而往至宗廟之宮，以次而祭，未嘗絶已。其祭之禮，則上祭天，下祭地。而天則奠其禮，地則瘞其物，從此以至於百靈，無神而不齊肅尊敬之。以郊爲祭天，即此上也。上既爲天，下與之對，故知是地也。奠謂置之於地，瘞謂埋之於土，飲食牲

〔一〕「鄭司農」，諸本作「鄭司徒」，據毛詩正義卷一八改。
〔二〕「禱」，原作「穀」，據味經窩本、乾隆本、光緒本、毛詩正義卷一八改。
〔三〕「傳」，原作「注」，據味經窩本、乾隆本、光緒本、毛詩正義卷一八改。

玉之屬也。「國有凶荒，則索鬼神而祭之」，即司徒「荒政索鬼神」是也。言此者，解「靡神不宗」之意。祭郊祭廟，不必同日爲之，而云「自郊徂宫」，爲相因之勢者，明其不絶之意也。

周禮地官大司徒：以荒政十有二聚萬民，十有一曰索鬼神。注：索鬼神，求廢祠而修之。雲漢之詩所謂「靡神不舉，靡愛斯牲」者也。

春官大祝：掌六祈，以同鬼神示，四曰禜。注：祈，嘄也。謂爲有災變號呼告於神。禜，日月星辰、山川之祭也。春秋傳曰：「日月星辰之神，則雪霜風雨之不時，於是乎禜之；山川之神，則水旱癘疫之災，於是乎禜之。」禜，音詠。嘄，音叫。　疏：祭法雩、禜，祭水旱，用少牢。天災有幣無牲，得有牲者，災始見時無牲，及災成之後，則有牲。

國有天烖，彌祀社稷禱祠。注：天烖，疫癘水旱也。彌，猶徧也。徧祀社稷及諸所禱，既則祠之以報焉。　疏：禱祀之事，靡神不舉，以彌爲徧。云「既則祠之以報焉」者，以其始爲曰禱，得求曰祠，故以報賽解祠。

小祝：將事侯、禳、禱之祝號，以祈福祥，逆時雨，寧風旱。注：侯之言候也，候嘉慶、祈福祥之屬。禳，禳卻凶咎，寧風旱之屬。　疏：逆時雨是候，寧風旱是禳，皆有祝號。

鄭氏鍔曰：農民之望甘雨，欲以時至，故逆之而來。旱之爲災，皆人所懼，故寧之使不作。

劉氏執中曰：寧風旱，謂恒風恒暘，皆反休而爲咎，故祭以寧之。

蕙田案：四月常雩，似逆時雨；因旱而雩，似寧風旱。

周禮春官司巫：若國大旱，則帥巫而舞雩。注：雩，旱祭也。天子於上帝，諸侯於上公之神。鄭司農云：「魯僖公欲焚巫尫，以其舞雩不得雨。」

王氏安石曰：帥女巫也。不言女，以女巫見之。

王氏昭禹曰：陽亢在上，阻陰而旱，帥巫而舞雩，所以助達陰中之陽。

女巫：旱暵則舞雩。注：使女巫舞旱祭，崇陰也。鄭司農云：「求雨以女巫。故檀弓曰：歲旱，繆公召縣子而問焉，曰：『吾欲暴巫而奚若？』曰：『天則不雨，而望之愚婦人，毋乃已疏乎？』」疏：此謂五月已後修雩，故有旱暵之事。旱而言暵者，暵謂熱氣也。

凡邦之大烖，歌哭而請。注：有歌者，有哭者，冀以悲哀感神靈也。疏：大烖，謂旱暵者。董仲舒曰：「雩，求雨之術，呼嗟之歌。」此云歌者，憂愁之歌，若雲漢之詩是也。

丘氏光庭曰：孟夏之月，萬物昌茂，必資雨澤以膏潤之，然後秋成可望。故三代盛時，當龍見之月，爲大雩之祭，備盛樂，集群巫，八音之聲迭奏，歌呼之聲不絕。至旱暵之甚，則或舞而擗踊，或嘘而歎息，蓋以斯民窮苦之狀上達於天，庶其垂憫而降雨澤以蘇之也。後世此禮不傳，往往假異端之術，令方士用符咒指斥怒罵。噫！上帝之靈，不以誠感，而以法術刦制之，可乎？

宗元案：古禮有不可復行於今者，如旱雩用女巫舞雩是也。古民質朴，而又設之專官，男女必能一心專志，故可和同天人之際。如國語所謂「古者，民之精爽不攜貳」，又能「齊肅中正」，則神明降之。故男覡、女巫，相沿已久，先王不能廢也。然女巫所掌，大率王后之事，故弔則與祝前。至邦有大烖，歌哭而請，亦必各有其所，未必雜於郊壇間也。惟旱雩，則司巫帥之舞雩，先儒謂是崇陰以致雨，然天則不雨，而望之愚婦人，昔縣子已譏其疏矣，況後世不設此官，而可復用之乎？或謂今用僧道符咒，以代巫覡之歌舞，似差勝於女巫之混瀆，則非也。此輩罪孽多端，即在異氏，亦爲敗類，其能上回帝眷乎？荆川稗編乃欲用女冠、比丘尼以代女巫，則更媟嫚不經之甚矣。竊謂是在古人，原有已試之成法，而人自忽之。如桑林之禱，雲漢之憂，梁武之先行七事，明祖之露處五日，皆行之而有效者，何不師其意而用之？其他則擇土立壇，依方正位，如董子求雨，閉諸陽，縱諸陰，尚得古人以類致類之遺意，而非同厭勝。若繁露乃董子贋書，已不可全信，況可以女道、尼僧代女巫也哉？

地官舞師：教皇舞，帥而舞旱暵之事。注：旱暵之事，謂雩也。鄭司農云：「皇舞，蒙羽舞。

書或作『翌』，或爲『義』。」玄謂皇，析五采羽爲之，亦如帗。　疏：「皇羽，蒙羽舞」者，先鄭之意，蓋見王制「有虞氏皇而祭」，皇是冕，爲首服，故以此皇爲鳳皇羽，蒙於首，故云蒙羽舞。自古未見蒙羽於首，故後鄭不從。玄謂「析五采羽爲之，亦如帗」者，鍾氏染鳥羽，象翟鳥鳳皇之羽，皆五采，此舞者所執，亦以威儀爲節。言皇是鳳皇之字，明其羽亦五采，其制亦如帗舞，用五色繒，有柄也。

鄭氏鍔曰：旱暵出於非常，故不言祭祀而言事。偶有是事，則染羽爲鳳皇之形以舞焉。不象鳳者，鳳雄而皇雌，所以召陰而却陽也。

易氏祓曰：皇舞用於旱暵之事，則有陰陽相濟之意。

蔡氏德晉曰：旱暵，陽氣過甚，故以皇舞。五色咸備，取陰陽之氣不偏也。

蕙田案：三説皆與後鄭略同，高紫超謂「皇」，故書或爲「翌」。案字説「黄白曰翌」。疑以黄白之繒，若羽爲之，蓋旱暵炎赤，欲以秋金白氣勝之。案旱暵炎赤，屬火象，勝之當以水，色黑，金白乃火所勝，豈能反勝火耶？無理，不可從。似鄭剛中、蔡宸錫之説爲長。

稻人：旱暵，共其雩斂。　注：稻人共雩斂。稻，急水者也。鄭司農云：「雩事所發斂。」　疏：餘官不言共雩斂，於此官特言共者，以稻是水穀，急須水，故旱時特使共雩之發斂也。

禮記祭法：雩宗，祭水旱也。　注：宗，當爲「禜」，字之誤。禜之言營也。雩禜，水旱壇也。

疏：「雩宗，祭水旱也」者，亦壇名也。禜亦營域也。爲營域而祭之，故曰雩禜也。

張子曰：大雩，龍見而雩。當以孟夏爲百穀祈甘雨也，有水旱則別有雩祭。

馬氏彦醇曰：先王之待水旱，人力已至而猶有旱乾水溢，則爲雩禜以祭之，見人力有不勝於天時者也。

蕙田案：祭水旱者，因水旱而祭，非祭水旱也。宗，當如字，蓋雩帝在圜丘，其餘諸神則各就其處祭之，不須別爲一壇，故曰「自郊徂宫」，以其求雨而尊祭之，故謂之雩宗，疑是雩祭名，非壇名也。詩云：「靡神不宗。」可以證明「宗」字之義。注疏「禜」爲「營域」之説，存參。

觀承案：龍見之郊，與啓蟄之郊，自宜同在圜丘，蓋孟夏大雩，乃每歲常行之典，即仍其地可也。若因旱而雩，則迫切哀懇，如周禮所謂「歌哭以請」者，既無常期，且大變其常度，而必仍在圜丘嚴肅之地行之，恐非所安。且圜丘在南郊，乃正陽之位，就之求雨，亦於事類不合。古壇雖無正文，然祭法有雩禜，及魯舞雩之另爲一壇，可知不當與圜丘同所矣。魯壇在城東南，是辰方。梁時在天壇之東曰巳位者，恐非，亦應在辰方耳。蓋辰乃先天兑位，兑澤可以致雨，五行亦辰爲水庫也。更有一説，王明齋謂古者雩於北郊，雖未有所考，然南郊祀天者，本先天乾南坤北之常位，若後天則乾反居於西北，今旱雩既非常祀，宜用後天乾位，以通其變。亥爲天門，後天之乾，介於兑澤、坎水之間，夏月之雨，亦以西北風爲驗，則當於西北亥位立壇，似更合於義類也。附此以俟考禮者擇焉。

爾雅：舞號，雩也。注：雩之祭，舞者吁嗟而請雨。疏：孫炎曰：「雩之祭有舞有號。」左傳云：「龍見而雩。」杜注云：「雩之言遠也，遠爲百穀祈膏雨。」月令仲夏云：「大雩帝。」鄭注云：「雩，吁嗟求雨之祭也。」郭云：「雩之祭，舞者吁嗟而請雨。」是同鄭説也。

右因旱而雩

魯大雩

春秋桓公五年：大雩。左氏傳：秋大雩，書不時也。凡祀，啓蟄而郊，龍見而雩，始殺而嘗，閉蟄而烝。過則書。

公羊傳：大雩者何？旱祭也。然則何以不言旱？言雩則旱見，言旱則雩不見。何以書？記災也。

胡氏安國曰：大雩者，雩於上帝，用盛樂也。諸侯雩於境内之山川耳。魯，諸侯，而大雩，欲悉書於册，則有不勝書者。故雩祭則因旱以書，而特謂之大；因事以書，而義自見。此皆國史所不能與，君子以爲性命之文是也。

程子曰：成王尊周公，故賜魯重祭，得郊、禘、大雩。大雩，雩於上帝，用盛樂也。諸侯雩於境内之山川耳。成王之賜，魯公之受，皆失道也。故夫子曰：「魯之郊禘非禮也。周公其衰矣！」大雩，歲之常祀，不能皆書也。故因其非時則書之。遇旱災，則非時而雩，書之所以見其非禮，且志旱也。

孫氏復曰：建巳之月，常祀也，故經無六月雩者；建午建申之月，非常則書。謂之大者，雩於上帝也。天子雩於上帝，諸侯雩於山川百神。魯雩山川百神，禮也。雩於上帝，非禮也。春秋，魯史，孔子不敢斥也。其或災異非常，改作不時者，則從而録之，以著其僭天子之惡。

吴氏澄曰：魯之雩祀，僭王禮，特書曰「大雩」，以表其爲天子祀上帝之雩，而非諸侯祭山川之雩也。左氏謂「龍見而雩，過則書」。「龍見」者，孟夏建巳之月，經無書六月雩者，蓋得禮不書，七月、八月、九月，則皆過時，故書。書冬，則建酉之月，穀已成熟，尤爲非時也。魯有舞雩壇，蓋祀帝於壇，如郊焉，而用盛樂歌舞於壇上，故名其壇爲舞雩。

李氏廉曰：經書「雩」二十一，止書秋者七，此年及成三、襄五、十六、昭八、定七、十二是也。書七月者二，昭二、十五是也。書九月者七，僖十三、襄八、十七、昭六、十六、定元、七是也。書冬者一，成七年是也。蓋左氏但知「龍見而雩」爲正，故以爲不時，而不知因旱而雩，乃記災也。公羊以大雩爲大旱，趙子以稱大爲徧雩，舊説又以爲大者，禮物有加也。是皆不知大雩之爲僭矣。穀梁例曰：「雩月，正也；時，不正也。」其説以爲必待時窮人力盡而請之，此又豈君人之心哉？穀梁又以爲請乎應上公，是又不知諸侯雩於山川之義也。一年而二雩者，昭二十五、定七年也，皆旱甚而無格天之誠也。

僖公十一年秋八月，大雩。穀梁傳：雩月，正也。雩得雨曰雩，不得雨曰旱。

吴氏澄曰：諸侯旱而雩，禮也。大雩祀及上帝，非禮也。

十三年秋九月，大雩。

成公三年秋，大雩。七年冬，大雩。穀梁傳：雩不月而時，非之也。冬無爲雩也。

劉氏敞曰：穀梁云「冬無爲雩」也，非也。周之十月，今之八月，若久不雨，可不雩乎？

襄公五年秋，大雩。左氏傳：旱也。八年秋九月，大雩。左氏傳：旱也。十六年秋，大雩。十七年秋九月，大雩。二十八年秋八月，大雩。左氏傳：旱也。

昭公三年八月，大雩。左氏傳：旱也。六年秋九月，大雩。左氏傳：旱也。

八年秋，大雩。　十六年秋九月，大雩。左氏傳：旱也。　二十四年秋八月，大雩。左氏傳：旱也。　二十五年秋七月上辛，大雩；季辛，又雩。左氏傳：秋，書再雩，旱甚也。注：季辛，下旬之辛。言又，重上事。

定公元年秋九月，大雩。穀梁傳：雩月，雩之正也。秋大雩，非正也。冬大雩，非正也。秋大雩之爲非正何也？毛澤未盡，人力未竭，未可以雩也。雩月，雩之正也。月之爲雩之正何也？其時窮，人力盡，然後雩，雩之正也。何謂其時窮、人力盡？是月不雨，則無及矣，是年不艾，則無食矣，是謂其時窮、人力盡也。雩之必待其時窮、人力盡何也？雩者，爲旱求者也。求者，請也，古之人重請。何重乎請？人之所以爲人者，讓也。請道去讓也，則是舍其所以爲人也，是以重之。焉請哉？請乎應上公。古之神人，有應上公者，通乎陰陽，君親帥諸大夫道之而以請焉。夫請者，非可詒託而往也，必親之者也，是以重之。

陸氏淳曰：公、穀言月雩正，秋冬大雩，皆非正也。毛澤未盡，人力未竭，未可雩。啖子曰：「雩者，以祈雨也。若待毛澤盡、人力竭，雖雨何救哉？蓋傳以日月爲例，故有此分別。」又曰：「古之神人，有應上公者，通乎陰陽，君親帥諸大夫而請焉。」趙子曰：「案大雩，即山林川澤能興雲雨而皆祈焉，不必專乎上公也。」

蕙田案：雩祭，所請者，上帝也，山川百源也，百辟卿士有益於民者也。而穀梁獨有「請乎應上公」之説，注疏不言其所指，儒者或以誕妄訾之，非也。蓋應上公，即百辟卿士有益於民者也，即所謂生爲上公，死爲貴神，若勾芒、后稷之類是也。古無上公之稱，傳者以其品秩尊崇，應比周上公之爵，故曰「應上公」云爾。不言上帝者，侯國無祭天之禮也。不及山川百源者，祈祀在雩之先也。

七年秋，大雩。九月，大雩。

薛氏季宣曰：一秋而兩大雩，僭瀆之甚也。

十二年秋，大雩。

蕙田案：春秋常事不書，其書雩者，皆爲旱而設也。厥義有三：一則記災也；一則言大，以志其僭也；一則見其時，君臣猶有憂旱之心。以别於書大旱、書不雨、書自某月不雨至於某月，而不言雩者之忘民事也。經義宏深，所該者廣，傳者區區較量於月時之間，豈能通其旨哉？

莊公十年左氏傳：公子偃自雩門竊出。注：魯南城門。

論語：樊遲從遊於舞雩之下。風乎舞雩。

熊氏過曰：魯南爲雩門，舞雩在城南。舞以女巫，雩樂以皇。雩祭以舞爲盛，遂名壇爲「舞雩」。舞雩有二：龍見而雩，設壇祈澤，常雩也；旱而雩，非常也。大雩，上帝用盛樂，又非常，僭也。胡氏義備矣。月令建午之雩，則秦制耳。

右魯大雩

水旱雜禳

禮記檀弓：歲旱，穆公召縣子而問然。曰：「天久不雨，吾欲暴尫而奚若？」曰：「天則不雨，而暴人之疾子，虐，毋乃不可與！」注：穆，或作「繆」。尫者，面鄉天，覬天哀而雨之。錮疾，人之所哀，暴之是虐。「然則吾欲暴巫而奚若？」曰：「天則不雨，而望之愚婦人，於以求之，毋乃已疏乎！」注：巫主接神，亦覬天哀而雨之。春秋傳説巫曰：「在女曰巫，在男曰覡。」周禮女巫「旱暵則舞雩」。所引春秋傳者，外傳楚語昭王問觀射父絶地通天之事，觀射父對云：「民之精爽不攜貳者，明神降之，在男曰覡，在女曰巫。」然案楚語「精爽不攜貳者」，始得爲巫，此經之云「愚婦人」者，據末世之巫，非復是精爽不攜貳之巫也。「徙市則奚若？」曰：「天子崩，巷市七日；諸侯薨，巷市三日。爲之徙市，不亦可乎！」注：徙市者，庶人之喪禮。今徙市，是憂戚於旱若喪。　疏：今徙市是憂戚於旱，若居天子諸侯之喪，必巷市者，以庶人憂戚，無復求覓財利，要有急須之物，不得不求，故于邑里之内而爲之巷市。

陳氏祥道曰：先王之於旱也，内則責諸己，外則求諸神。責諸己則有成湯之事，宣王之行，求諸神則巫以女巫，舞以皇舞，祭以雩禮。以牲璧責諸己者，本也；求諸神，則以爲文而已。穆公不能責諸己，又不知求諸神，而欲暴尪與巫，豈不惑哉？市，陰也。雨，陰中之陽也。徙市，所以助發陰中之陽，與周官皇舞、女巫同意。

春秋莊公二十有五年：秋，大水，鼓，用牲於社，於門。左氏傳：亦非常也。凡天災，有幣無牲。注：天災，日月食、大水也。祈請而已，不用牲也。　疏：傳言「亦非常」，亦上日食也。天之見異，所以譴告人君，欲改過修善，非爲求人飲食。既遇天災，隨時即告，唯當請告而已，是故有幣無牲。若乃亢旱歷時，霖雨不止，然後禱祀群神，求弭災沴者，設禮以祭，祭必有牲。詩雲漢之篇，美宣王爲旱禱請，「自郊徂宫」，無所不祭，云「靡神不舉，靡愛斯牲」，是其爲旱禱，祭皆用牲也。祭法曰：「埋少牢於泰昭，祭時也。相近於坎壇，祭寒暑也。王宫，祭日也。夜明，祭月也。幽禜，祭星也。雩禜，祭水旱也。」鄭玄云：「凡此以下，皆祭用少牢，寒暑不時，則或禳之，或祈之。」是説祈禱之祭皆用牲。非日、月之眚，不鼓。注：眚，猶災也。月侵日爲眚。陰陽逆順之事，賢聖所重，故特鼓之。　疏：周禮大僕職云：「凡軍旅、田役，贊王鼓，救日月，亦如之。」是日食、月食，皆有鼓也。**公羊傳：于社，禮也；于門，非禮也。**注：于門，非禮，故略，不復舉鼓、用牲。不舉，非禮爲重者，如去于社，嫌于門，禮也。大水與日食同禮者，水亦土地所爲，雲實出於地而施於上，乃雨，歸功於天，猶臣歸美於君。疏：同禮，謂同鼓、同牲矣。**穀梁傳：高下有水，災曰大水。既戒鼓而駭衆，用牲可以已矣。救日以鼓兵，救水以鼓衆。**疏：既戒鼓駭衆者，謂既警戒、擊鼓而駭動衆人，則用牲可以已矣。知不合用牲者，用者不宜用，故知不合也。又云「救日以鼓兵」者，謂伐鼓以責陰，陳兵示禦侮。「救水以鼓衆」者，謂擊鼓聚衆也，皆所以發陽也。

孔氏穎達曰：國門，謂城門也。鼓與牲二事皆失，故譏之。

劉氏敞曰：凡天災，有幣無牲，非日月之眚不鼓。幣，請之也；鼓，攻之也；牲，享之也。鼓，用牲于社、于門，非禮也。○又曰：公羊曰「于社，禮也；于門，非禮也」，非也。若于社爲得禮，春秋亦當不書矣。

孫氏覺曰：日食必鼓者，爲陰侵陽，其爲驗甚，而爲災未見。大水，則災及於物，其驗已明，其災已著。災未見，則伐鼓以救陽；驗已著，則無取乎鼓也。穀梁曰「救水以鼓衆」，非也。

高氏閌曰：古人遇水旱，雖有雩禜祈禳之理，詩「靡神不舉，靡愛斯牲」，宣王必以側身修行爲之本，況于社、于門，非所以致水災者也。自古豈有伐鼓、用牲救水災之禮乎？

胡氏銓曰：未聞大水而用牲者，況伐鼓于門乎？書者，惡其不務修政事，以消患弭災，而爲是區區浧巫瞽史之見也。

春秋僖公十九年左氏傳：衛大旱，卜有事於山川，不吉。甯莊子曰：「昔周饑，克殷而年豐。今邢方無道，諸侯無伯，天其或者欲使衛討邢乎？」從之，師興而雨。注：有事，祭也。伯，長也。

二十一年左氏傳：夏，大旱。公欲焚巫尪。臧文仲曰：「非旱備也。修城郭，貶食省用，務穡勸分，此其務也。巫尪何爲？天欲殺之，則如勿生，若能爲旱，焚之滋甚。」公從之。是歲也，饑而不害。注：巫尪，女巫也，主祈禱請雨者。或以爲尪非巫也，瘠病之人，其面上向，俗謂天哀其病，恐雨入其鼻，故爲之旱，是以公欲焚之。穡，儉也。勸分，有無相濟。

昭公十六年左氏傳：鄭大旱，使屠擊、祝款、豎柎有事於桑山。斬其木，不雨。子産曰：「有事於山，蓺山林也；而斬其木，其罪大矣。」奪之官邑。注：三子，鄭大夫。有事，祭也。蓺，養護令繁。

十九年左氏傳：鄭大水，龍鬭於時門之外洧淵，國人請爲禜焉。子産弗許，曰：「我鬭，龍不我覿也；龍鬭，我獨何覿焉？禳之，則彼其室也。吾無求於龍，龍亦無求於我。」乃止也。注：時門，鄭城門也。有水出滎陽密縣，東南至潁川長平入潁。覿，見也。淵，龍之室。傳言子產之知。

說苑君道篇：湯之時，大旱七年，雒坼川竭，煎沙爛石。於是使人持三足鼎祝山川，教之祝曰：「政不節耶？使人疾耶？苞苴行耶？讒夫昌耶？宮室營耶？女謁盛耶？何不雨之極也！」蓋言未已而天大雨，故天之應人，如影之隨形，響之效聲者也。詩云：「上下奠瘞，靡神不宗。」言疾旱也。注：東漢鍾離意傳注云：帝王紀曰：「成湯大旱七年，齊戒，剪髮斷爪，以己爲犧牲，禱於桑林，以六事自責。」

辨物篇：齊大旱之時，景公召群臣問曰：「天不雨久矣，民且有饑色。吾使人卜之，祟在高山廣水。寡人欲少賦斂以祠靈山，可乎？」群臣莫對。晏子進曰：「不可，祠此無益也。夫靈山固以石爲身，以草木爲髮，天久不雨，髮將焦，身將熱，彼獨不欲雨乎？祠之無益。」景公曰：「不然，吾欲祠河伯，可乎？」晏子曰：「不可，祠此無益也。夫河伯以水爲國，以魚鱉爲民，天久不雨，水泉將下，百川將竭〔一〕，國將亡，日將滅矣〔二〕，彼獨不用雨乎？祠之何益？」景公曰：「今爲之

〔一〕「將」，諸本脱，據説苑校證卷一八補。
〔二〕「日」，説苑校證卷一八作「民」。

奈何？」晏子曰：「君誠避宫殿暴露，與靈山、河伯共憂，其幸而雨乎。」於是景公出野暴露，三日，天果大雨，民盡得種樹。景公曰：「善哉！晏子之言可無用乎？其唯有德也。」

齊景公之時，天大旱三年，卜之曰：必以人祠乃雨。景公下堂頓首曰：「凡吾所以求雨者，爲吾民也。今必使吾以人祠乃且雨，寡人將自當之。」言未卒，而天大雨。

春秋繁露：春旱求雨。令縣邑以水日令民禱社稷山川〔一〕，家人祠户。毋伐名木，毋斬山林，暴巫聚尪八日〔二〕。於邑東門之外爲四通之壇，方八尺，植蒼繒八。其神共工，祭之以生魚八，玄酒，具清酒、膊脯。擇巫之潔清辨言利辭者以爲祝。祝齋三日，服蒼衣，先再拜，乃跪陳，陳已，復再拜，乃起。祝曰：「昊天生五穀以養人，今五穀病旱，恐不成實〔三〕，敬進清酒、膊脯，再拜請雨，雨幸大澍。」即奉牲禱〔四〕，

〔一〕「山川」，諸本脱，據春秋繁露義證卷一六補。
〔二〕「尪」，諸本作「蛇」，據春秋繁露義證卷一六改。
〔三〕「實」，諸本脱，據春秋繁露義證卷一六補。
〔四〕「即」，諸本脱，據春秋繁露義證卷一六補。

以甲乙日爲大青龍一，長八丈，居中央。爲小龍七，各長四丈，於東方。皆東鄉，其間相去八尺。小僮八人，皆齋三日，服青衣而舞之。田嗇夫亦齋三日，服青衣而立之。鑿社通之於閭外之溝〔一〕。取五蝦蟇，錯置社之中，池方八尺，深一尺，置水蝦蟇焉。具清酒、膊脯，祝齋三日，服蒼衣，拜跪陳祝如初。取三歲雄雞與三歲豭豬，皆燔之於四通神宇。令民闔邑里南門，置水其外。開里北門，具老豭豬一，置之里北門之外。市中亦置一豭豬，聞鼓聲，皆燒豬尾。取死人骨埋之，開山淵，積薪而焚之。決通橋道之壅塞不行者，決潰之。幸而得雨，報以豚一，酒、鹽、黍財足，以茅爲席，毋斷。夏求雨。令縣邑以水日家人祀竈。毋舉土功，更大浚井。暴釜於壇，杵臼於術，七日。爲四通之壇於邑南門之外，方七尺，植赤繒七。其神蚩尤，祭之以赤雄雞七，玄酒，具清酒、膊脯。祝齋三日〔二〕，服赤衣，拜跪陳祝如春辭〔三〕。以丙丁日爲大赤龍一，長七丈，居中央。又爲小龍六，長三丈五尺，於南方。皆南鄉，其間相去七

〔一〕「鑿」，諸本作「諸里」，據春秋繁露義證卷一六改。
〔二〕「三日」，諸本作「一日」，據春秋繁露義證卷一六改。
〔三〕「辭」，諸本脱，據春秋繁露義證卷一六補。

尺。壯者七人，皆齋三日，服赤衣而舞之。司空嗇夫亦齋三日，服赤衣而立之。鑿社而通之閭外之溝。取五蝦蟇，錯置里社之中，池方七尺，深一尺。酒脯，祝齋，衣赤衣，拜跪陳祝如初。取三歲雄雞、豭豬，燔之四通神宇。開陰閉陽如春也。季夏禱山陵以助之。令縣邑十日一徙市〔一〕，於邑南門之外。五日禁男子無得行入市。家人祠中霤。毋興土功。聚巫市旁，爲之結蓋。爲四通之壇於中央，植黄繒五。其神后稷，祭之以毋䱹五，毋音模，禮謂之淳毋。䱹，音移，周禮曰䱹食。玄酒，具清酒、膊脯。令各爲祝齋三日，衣黄衣。皆如春祠。以戊己日爲大黄龍一，長五丈，居中央。又爲小龍四，各長二丈五尺，於南方。皆南鄉，其間相去五尺。丈夫五人，皆齋三日，服黄衣而舞之。老者五人〔二〕，亦齋三日，衣黄衣而立之。亦通社中於閭外溝。蝦蟇池方五尺，深一尺。他皆如前。秋暴巫尪至九日，毋舉火事，無煎金器〔三〕，家人祠門。爲四通之壇於邑西門之外，方九尺，植白繒九。其神太昊，祭之桐木魚九，玄酒，

〔一〕「十日」，諸本脱，據春秋繁露義證卷一六補。
〔二〕「五人」，諸本脱，據春秋繁露義證卷一六補。
〔三〕「無」，諸本脱，據春秋繁露義證卷一六補。

具清酒、膊脯。衣白衣。他如春。以庚辛日爲大白龍一，長九丈，居中央。爲小龍八，各長四丈五尺，於西方。皆西鄉，其間相去九尺。鰥者九人，皆齋三日，服白衣而舞之。司馬亦齋三日，衣白衣而立之。蝦蟇池方九尺，深一尺。他皆如前。冬舞龍六日，禱於名山以助之。家人祠井。毋壅水。爲四通之壇於邑北門之外，方六尺，植黑繒六。其神玄冥，祭之以黑狗子六，玄酒，具清酒、膊脯。祝齋三日，衣玄衣，祝禮如春。以壬癸日爲大黑龍一，長六丈，居中央。又爲小龍五，各長三丈，於北方。皆北鄉，其間相去六尺。老者六人，皆齋三日，衣黑衣而舞之。尉亦齋三日，服黑衣而立之。蝦蟇池皆如春。四時皆以水日爲龍，必取潔土爲之，結蓋〔一〕，龍成而發之。四時皆以庚子日令吏民夫婦皆偶處。凡求雨之大體，丈夫欲藏而居，女子欲和而樂。神農書又曰〔二〕：「開神山神淵，積薪，夜擊鼓，譟而燔之，爲其旱也〔三〕。」雨太多，令縣邑以土日塞水瀆，絶道，蓋井，婦人不得行入市。令縣鄉里皆掃社下。縣邑若丞令吏、嗇

〔一〕「結」，諸本作「潔」，據春秋繁露義證卷一六改。
〔二〕「神農書」，諸本脱「農」字，據春秋繁露義證卷一六補。
〔三〕「旱」，諸本作「皁」，據春秋繁露義證卷一六改。

夫三人以上，祝一人。鄉嗇夫若吏三人以上，祝一人；里正父老三人以上，祝一人。皆齋三日〔一〕。以下文闕〔二〕。

蕙田案：董子，大儒，所稱求雨、止雨法，類於方術小數。或其遺書殘闕，後人所附益也。

右水旱雜禳

〔一〕「三日」，諸本脱，據春秋繁露義證卷一六補。

〔二〕闕文有三百四十九字，春秋繁露義證卷一六曰：「各衣時衣，具豚一，黍鹽美酒財足，祭社。擊鼓三日而祝。先再拜，乃跪陳，陳已，復再拜，乃起。祝曰：『嗟！天生五穀以養人，今淫雨太多，五穀不和。敬進肥牲清酒，以請社靈，幸爲止雨，除民所苦，無使陰滅陽。陰滅陽，不順於天。天之常意，在於利人，人願止雨，敢告於社。』鼓而無歌，至罷乃止。凡止雨之大體，女子欲其藏而匿也，丈夫欲其和而樂也。開陽而閉陰，闔水而開火。以朱絲縈社十周。衣赤衣赤幘。三日罷。二十一年八月甲申朔。丙午，江都相仲舒告内史中尉：『陰雨太久，恐傷五穀，趣止雨。止雨之禮，廢陰起陽。書十七縣，八十離鄉，及都官吏千石以下，夫婦在官者，咸遣婦歸，女子不得至市，市無詣井，蓋之，勿令泄，鼓用牲於社。』祝之曰：『雨以太多，五穀不和，敬進肥牲，以請社靈，社靈幸爲止雨，除民苦，無使陰滅陽。陰滅陽，不順於天。天意常在於利民，願止雨，敢告。』鼓用牲於社，皆壹以辛亥之日，書到即起，縣社令長，若丞尉官長，各城邑社嗇夫，里吏正里人皆出，至於社下，鋪而罷。三日而止。未至三日，天晴亦止。」

漢至南北朝雩禮

通典：漢承秦滅學，正雩禮廢。旱，太常禱天地宗廟。

文獻通考：武帝元封六年，旱，女子及巫、丈夫不入市。

漢書昭帝本紀：始元六年夏，旱，大雩，不得舉火。臣瓚曰：「不得舉火，抑陽助陰也。」

漢舊儀：成帝三年六月〔一〕，始命諸官止雨，朱繩反縈社，擊鼓攻之。是後，水旱常不和。干寶曰：「朱絲縈社。社，太陰也。朱，火色也。絲，維屬。天子伐鼓于社，責群陰也；諸侯用幣于社，請上公也。伐鼓于朝，退自責也。此聖人厭勝之法也。」孟夏，龍見而始雩，壇在城東南，引龜山，爲沂水，至壇西南，行曰：『雲水曲中，壇上舞雩。』」舊制，求雨，太常禱天地、宗廟、社稷、山川以賽，各如具常祭牢禮。四月立夏後旱，乃求雨禱之，七月畢，賽之。秋、冬、春三時，不求雨。

文獻通考：馬氏曰：漢世未嘗舉雩祀。通典謂漢承秦滅學，正雩禮廢。而漢舊儀以爲有雩壇，且指龜山、沂水以言其所，即論語言曾點、樊遲所遊之地。蓋魯國祀天

〔一〕「三年」，諸本作「二年」，據後漢書禮儀志中改。

之所，去漢都甚遠，非國城南郊之外也。然漢人舉祀事，大概多即前代舊祀之地，如雍五畤祀上帝，則因秦所建。其他如作明堂奉高旁，祀后土汾陰之類，皆以爲古者嘗於其地祠祭。然則豈魯沂水之雩壇舊址尚存，漢曾就其地立壇舉雩祀耶？

後漢書禮儀志：自立春至立夏盡立秋，郡國上雨澤。若少，府郡縣各埽除社稷；其旱也，公卿官長以次行雩禮求雨。何休公羊傳注曰：「君親之南郊，以六事謝過自責。使童男女各八人舞而呼雩，故謂雩也。」春秋繁露曰：「大旱雩祭而請雨，大水鳴鼓而攻社，天地之所爲，陰陽之所起也。或請焉，或攻焉〔一〕，何如也？曰：大旱，陽滅陰也。陽滅陰者，尊厭卑也。固其義也，雖大甚，拜請之而已，無敢有加也。大水者，陰滅陽也。陰滅陽者，卑勝尊。賤凌貴，逆節也，故鳴鼓而攻之，朱絲而脅之，爲其不義。此亦春秋之不畏彊禦也。」又董仲舒奏江都王云：「求雨之方，損陽益陰。願大王無收廣陵女子爲人祝者一月租，賜諸巫者；諸巫無大小皆相聚於郭門，爲小壇，以脯酒祭；女獨擇寬大便處移市〔二〕，市使無内丈夫，丈夫無得相從飲食；令吏妻各往視其夫，皆到即起，雨注而已。」閉諸陽，衣皂，興土龍，山海經曰：「大荒東北隅有山，名曰凶犂土丘。應龍處南極，殺蚩尤與夸父，不得復上，故下

〔一〕「攻」，諸本作「怒」，據後漢書禮儀志中改。
〔二〕「女」，諸本作「文」，據後漢書禮儀志中改。

數旱。旱而爲應龍之狀，乃得大雨。」郭璞曰：「今之土龍，本此氣應，自然冥感，非人所能爲也。」應龍有翼。法言曰：「象龍之致雨。艱矣哉，龍乎！龍乎！」新論曰：「劉歆致雨，具作土龍，吹律，及諸方術，無不備設。譚問：『求雨所以爲土龍，何也？』曰：『龍見者，輒有風雨興起，以迎送之，故緣其象類而爲之。』」立土人舞僮二佾，七日一變如故事。反拘朱索縈社〔一〕，伐朱鼓。禱賽以少牢如禮。

漢書董仲舒傳：仲舒治國，以春秋災異之變推陰陽所以錯行，故求雨，閉諸陽，縱諸陰，其止雨反是。

後漢書鍾離意傳：永平三年夏旱，而大起北宮，意詣闕免冠上疏。帝策詔報曰：「湯引六事，咎在一人。其冠履，勿謝。比上天降旱，密雲數會，朕戚然慙懼，思獲嘉應，故分布禱請，窺候風雲，北祈明堂，南設雩場。今又敕大匠止作諸宮，減省不急，庶消災譴。」詔因謝公卿百寮，遂應時澍雨焉。

明帝本紀：永平十八年夏四月己未，詔曰：「自春以來，時雨不降，宿麥傷旱，秋種未下，政失厥中，憂懼而已。其賜天下男子爵，人二級，及流民無名數欲占者人一

〔一〕「縈」，諸本脱，據後漢書禮儀志中補。

級，鰥、寡、孤、獨、篤癃、貧不能自存者，粟人三斛。理冤獄，録輕繫。二千石分禱五岳、四瀆。郡界有名山大川能興雲致雨者，長吏各絜齊禱請，冀蒙嘉澍。」

蕙田案：後世祈雨之法不一，類皆巫覡方士之術。永平之詔，以恤鰥寡、理冤獄爲先，可謂知要者矣。

安帝本紀：永初七年五月庚子，京師大雩。

順帝本紀：陽嘉元年春二月，京師旱。庚申，敕郡國二千石各禱名山岳瀆，遣大夫、謁者詣嵩高、首陽山，并祠河、洛，請雨。戊辰，雩。以冀部比年水潦，民食不贍，詔案行稟貸，勸農功，賑乏絶。甲戌，詔曰：「政失厥和，陰陽隔并，冬鮮宿雪，春無澍雨。分禱祈請，靡神不禜。深恐在所慢違『如在』之義〔一〕，今遣侍中王輔等，持節分詣岱山、東海、滎陽、河、洛，盡心祈焉。」濟水，四瀆之一，至河南溢爲滎澤，故于滎陽祠焉。

質帝本紀：永嘉元年，帝即位，夏四月壬申，雩。五月甲午，詔曰：「朕以不德，託母天下，布政不明，每失厥中。自春涉夏，大旱炎赫，憂心京京，故特禱祈明祀，冀蒙

〔一〕「深」，諸本作「政」，據後漢書順帝本紀改。

潤澤。前雖得雨，而宿麥頗傷；比日陰雲，還復開霽。寤寐永嘆，重懷慘結。將二千石、令、長不崇寬和，暴刻之爲乎？」其令中都官繫囚罪非殊死考未竟者，一切任出，以須立秋。郡國有名山大澤能興雲雨者，二千石長吏各潔齋請禱，竭誠盡禮。

桓帝本紀：延熹元年六月，大雩。

靈帝本紀：熹平五年夏四月，復崇高山名爲嵩高山，大雩。

東觀記：使中郎將堂谿典請雨，因上言改之。

論衡明雩篇：變復之家，以久雨爲湛，久暘爲旱，旱應亢陽，湛應沈溺。或難曰：「夫一歲之中，十日者一雨，五日者一風。雨頗留，湛之兆也。暘頗久，旱之漸也。湛之時，人君未必沈溺也；旱之時，未必亢陽也。人君爲政，前後若一。然而一湛一旱，時氣也。」范蠡計然曰：「太歲在子，水毁，金穰，木饑，火旱。」夫如是，水旱饑穰，有歲運也。歲直其運，氣當其世，變復之家，指而名之。人君用其言，求過自改。暘久自雨，雨久自暘，變復之家，遂名其功；人君然之，遂信其術。試使人君恬居安處，不求己過，天猶自雨，雨猶自暘。暘濟雨濟之時，人君無事，變復之家，猶名其術。是則陰陽之氣，以人爲主，不説於天也。夫人不能以行感天，天亦不隨行而應人。春秋魯大雩，旱求雨之祭也。旱久不雨，禱祭求福，若人之疾病祭神解禍矣。此變復也。詩云：「月離于畢，俾滂沱矣。」書曰：「月之從星，則以風雨。」然則風雨隨月所離從也。房星四表三道，日月之行，出入三道。出北則湛，出南則旱。或言出北則旱，南則湛。案月爲天下占，房爲九州候。月之南北，非獨爲魯也。孔子出，使子路齎雨具。有頃，天果大雨。子路問其故，孔子曰：「昨暮月離于畢。」後日，月復離畢。孔子出，子路請齎雨具，孔子不聽，出果無雨。子路問其故，孔子曰：「昔日，月離其陰，故雨。昨暮，月離其陽，故不雨。」夫如是，魯雨自以月離，豈以政哉？如審以政，令月離于畢爲雨占，天下共之，魯雨，天下亦宜皆雨。六國之時，政治不同，人君所行賞罰異時，必以雨爲應政，令月離六七畢星，然後足也。魯繆公之時，歲旱。繆公問縣子：「天旱不雨，寡人欲暴巫，奚如？」縣子不聽。「欲徙市，奚如？」對曰：「天子崩，巷市七日；諸公薨，巷市五日。爲之徙市，不亦可乎？」案縣子之言，徙市得雨也。案詩、書之文，月離畢得雨〔一〕。日月之行，有常

〔一〕「畢」，諸本作「星」，據論衡校釋卷一五改。

節度，肯爲徙市故，離畢之陰乎？夫月畢，天下占，徙魯之市，安耐移？月之行天，三十日而周。一月之中，一過畢星，離陽則陽。假令徙市之感，能令月離畢陰〔一〕，其時徙市而得雨乎？夫如縣子之言，未可用也。董仲舒求雨，申春秋之義，設虚立祀，父不食於支庶，天不食於下地，諸侯雩禮所祀，未知何神。如天神也，唯王者天乃歆，諸侯及今長吏，天不享也。神不歆享，安耐得神？如雲雨者氣也，雲雨之氣，何用歆享？觸石而出，膚寸而合，不崇朝而徧雨天下，泰山也。泰山雨天下，小山雨國邑。然則大雩所祭，豈祭山乎？假令審然，而不得也。何以效之？水異川而居，相高分寸，不決不流，不鑿不合。誠令人君禱祭水傍，能令高分寸之水流而合乎？見在之水，相差無幾，人君請之，終不耐行。況雨無形兆，深藏高山，人君雩祭，安耐得之？夫雨水在天地之間，猶夫泣涕在人形之中也。或齎酒食請於惠人之前，求出其泣，惠人終不爲之隕涕。夫泣不可請而出，雨安可求而得？雍門子悲哭，孟嘗爲之流涕。蘇秦、張儀悲説坑中，鬼谷先生泣下沾襟。或者儻可爲雍門之聲，出蘇、張之説以感天乎。天又

〔一〕「陰」，諸本作「陽」，據論衡校釋卷一五改。

耳目高遠，音氣不通。杞梁之妻，又已悲哭，天不雨而城反崩。夫如是，竟當何以致雨？雩祭之家，何用感天？案月出北道，離畢之陰，希有不雨。由此言之，北道，畢星之所在也。北道星肯爲雩祭之故，下其雨乎？孔子出，使子路齎雨具之時，魯未必雩祭也。不祭，沛然自雨；不求，曠然自暘。夫如是，天之暘雨，自有時也。一歲之中，暘雨連屬，當其雨也，誰求之者？當其暘也，誰止之者？人君聽請，以安民施恩，必非賢也。天至賢矣，時未當雨，僞請求之故，妄下其雨，人君聽請之類也。變復之家，不推類驗之，空張法術，惑人君。或未當雨，而賢君求之而不得；或適當自雨，惡君求之，遭遇其時。是使賢君受空責，而惡君蒙虛名也。世稱聖人純而賢者駮，純則行操無非，無非則政治無失。然而世之聖君，莫有如堯、湯。堯遭洪水，湯遭大旱。如謂政治所致，堯、湯惡君也。如非政治，是運氣也。運氣有時，安可請求？世之論者，猶謂堯、湯水旱。水旱者，時也，其小旱湛皆政也。假令審然，何用致湛？審以政治之不修，所以失之，而從請求，安耐復之？世審稱堯、湯水旱，天之運氣，非政所致。夫天之運氣，時當自然，雖雩祭請求，終無補益。而世又稱湯以五過禱於桑林，時立得雨。夫言運氣，則桑林之説絀；稱桑林，則運氣之論消。世之説稱者，竟當何由？救水旱之術，審當何用？夫災變大抵有二：有政治之災，有無妄之變。政治之災，須耐求之，求之雖不耐得，而惠愍惻隱之恩，不得已之意也。慈父之於子，孝子之於親，知病不祀神，疾痛不和藥，又知病之必不可治。治之無益，然終不肯安坐待絶，猶卜筮求祟、召醫和藥者，惻痛慇懃，冀有驗也。既死氣絶，不可如何，升屋之危，以衣招復，悲恨思慕，冀其悟也。雩祭者之用心，慈父孝子之用意也。無妄之災，百民不知，必歸於主。爲政治者慰民之望，故亦必雩。問：政治之災，無妄之變，何以别之？曰：德豐政得，災猶至者，無妄也；德衰政失，變應來者，政治也。夫政治，則外雩而内改，以復其虧；無妄，則内守舊政，外修雩禮，以慰民心。故夫無妄之氣，歷世時至，當固自一，不宜改政。何以驗之？周公爲成王陳立政之言曰：「時則勿有間之。自一話一言，我則末，維成德之彦，以乂我受民。」周公立政，可謂得矣。知非常之物，不賑不至，故敕成王自一話一言，政事無非，毋敢變易。然則非常之變，無妄之氣，間而至也。水氣間堯，旱氣間湯。周宣以賢，遭遇久旱。建初孟年〔一〕，北州連旱，牛死民乏，放流就賤。

〔一〕「年」，諸本作「季」，據論衡校釋卷一五改。

聖主寬明於上，百官共職於下，太平之明時也。政無細非，旱猶有，氣之間也。聖主知之，不改政行，轉穀賑贍，損豐濟耗。斯見之審明，所以救赴之者得宜也。魯僖公間歲大旱，臧文仲曰：「修城郭，貶食省用，務嗇勸分。」文仲知非政，故徒修備，不改政治。變復之家，見變輒歸於政，不揆政之無非，見異懼惑，變易操行，以不宜改而變，祇取災焉！何以言必當雩也？曰：春秋大雩，傳家在宣〔一〕，公羊、穀梁無譏之文，當雩明矣。夫雩，古而有之。故禮曰：「雩祭，祭水旱也。」故有雩禮，故孔子不譏，而仲舒申之。夫如是，雩祭，祀禮也。雩祭得禮，則大水，鼓用牲於社，亦古禮也。得禮無非，當雩一也。禮，祭也社，報生萬物之功。土地廣遠，難得辨祭，故立社爲位，主心事之。爲水旱者，陰陽之氣也，滿六合難得盡祀，故修壇設位，敬恭祈求，效事社之義，復災變之道也。推生事死，推人事鬼。陰陽精氣，倘如生人能飲食乎，故共馨香，奉進旨嘉，區區惓惓，冀見答享。推祭社言之，當雩二也。歲氣調和，災害不生，尚猶而雩。今有靈星，古昔之禮也。況歲氣有變，水旱不時，人君

〔一〕「在宣」，論衡校釋卷一五云「在」乃「左」字之誤，「宣」乃衍文。

之懼，必痛甚矣。雖有靈星之祀，猶復雩，恐前不備，形繹之義也。冀復災變之虧，獲豐穰之報，三也。禮之心悃愊，樂之意歡忻。悃愊以玉帛效心，歡忻以鐘鼓驗意。雩祭請祈，人君精誠也。精誠在内，無以效外。故雩祀盡己惶懼，關納精心於雩祀之前，玉帛鐘鼓之義，四也。臣得罪於君，子獲過於父，比自改更，且當謝罪。惶懼於旱，如政治所致，臣子得罪獲過之類也。默改政治，潛易操行，不彰於外，天怒不釋，故必雩祭。惶懼之義，五也。漢立博士之官，師弟子相訶難，欲極道之深，形是非之理也。不出横難，不得從説；不發苦詰，不聞甘對。導才低仰，欲求裨也；砥石劘厲，欲求銛也。推春秋之義，求雩祭之説，實孔子之心，考仲舒之意，孔子既殁，仲舒已死，世之論者，孰當復問？唯若孔子之徒，仲舒之黨，爲能説之。

晉書武帝本紀：咸寧二年夏五月庚午，大雩。

禮志：武帝咸寧二年春〔一〕，久旱。四月丁巳，詔曰：「諸旱處廣加祈請。」五月庚午，始祈雨於社稷山川。六月戊子，獲澍雨。

〔一〕「春」下，諸本衍「分」字，據晉書禮志上删。

太康三年四月，大雩。十年二月，大雩。其雨多則禜祭。赤幘朱衣，閉諸陰，朱索縈社〔一〕，伐朱鼓焉。

元帝本紀：太興元年六月，旱，帝親雩。

穆帝本紀：永和八年秋七月，大雩。

通典：穆帝永和時，議制雩壇於國南郊之旁，依郊壇近遠，阮諶云：「壇在巳地。」案得衛宏漢儀，稱魯人爲雩壇在城東南。諸儒所説，皆云壇，而今作墠。論語：「樊遲從遊于舞雩之下。」魯城東南有舊迹存。祈上帝百辟。旱則祈雨，大雩社稷、山林、川澤。舞僮八佾，凡六十四人，皆玄服，持羽翳而歌雲漢之詩。戴邈議云：「周冬春夏旱，禮有禱無雩。夫旱日淺則災微，日久則災甚，微則祈小神、社稷之屬，甚乃大雩帝耳。案春秋左傳之義，春夏無雨，未成災，雩而得雨則書雩，不得雨則書旱，明災成也。然則始雩未得，便告饑饉之甚，爲歌哭之請。」博士議：「雲漢之詩，宣王承厲王，撥亂遇災而懼，故作是歌。今晉中興，奕葉重光，豈比周人耗斁之辭乎？漢、魏之代，别造新詩，晉室太平，不必因

〔一〕「朱」，原脱，據味經窩本、乾隆本、光緒本、晉書禮志上補。

故。」司徒蔡謨議曰：「聖人迭興，禮樂之制，或因或革。雲漢之詩，興於宣王，今歌之者，取其修德、禳災，以和陰陽之義，故因而用之。」

南齊書禮志：明帝建武二年旱，有司議雩祭依明堂。祠部郎何佟之議曰：「周禮司巫云：『若國大旱，則帥巫而舞雩。』鄭玄云：『雩，旱祭也。天子於上帝，諸侯以下於上公之神。』又女巫云：『旱暵則舞雩。』鄭玄云：『使女巫舞旱祭，崇陰也。』鄭衆云：『求雨以女巫。』禮記月令云：『命有司爲民祈祀山川百源，大雩帝，用盛樂。乃命百縣雩祀百辟卿士有益於民者，以祈穀實。』鄭玄云：『陽氣盛而恒旱。山川百源，能興雲致雨者也。衆水所出爲百源，必先祭其本。雩，吁嗟求雨之祭也。雩帝，謂爲壇南郊之旁，祭五精之帝，配以先帝也。自鞉鞞至柷敔爲盛樂，他雩用歌舞而已。百辟卿士，古者上公以下，謂勾龍、后稷之類也。』春秋傳曰龍見而雩，止當以四月。』王肅云：『大雩，求雨之祭也。傳曰龍見而雩，謂四月也。若五月、六月大旱，亦用雩，禮於五月著雩義也。』晉永和中，中丞啓，雩制在國之南爲壇，祈上帝百辟，舞僮八列六十四人，歌雲漢詩，皆以孟夏。得雨，報太牢。於時博士議，舊有壇，漢、魏各自討尋。月令云『命有司祈祀山川百源，乃大雩』，又云『乃命百縣雩祀百辟卿士』。則大雩所祭，唯應祭五精之帝而已。勾芒等五神，既是五帝之佐，依鄭玄説，宜配食于庭也。鄭玄云『雩壇在南郊壇之旁』，而不辨東西。尋地道尊右，雩壇方郊壇爲輕，理應在左。宜於郊壇之東，營域之外築壇。既祭五帝，謂壇宜圓。尋雩壇高廣，禮、傳無明文，案覲禮設方明之祀，爲壇高四尺，用珪璋等六玉，禮天地四方之神，王者帥諸侯親禮焉，所以教尊尊也。雩祭五帝，粗可依放。謂今築壇宜崇四尺，其廣輪仍以四爲度，徑四丈，周圓十二丈而四階也。設五帝之位，各依其方，如在明堂之儀。皇齊以世祖配五精帝於明堂，今亦宜配享于雩壇矣。古者孟春郊祀祈嘉穀，孟夏雩祭祈甘雨，二祭雖殊，而所爲者一。禮惟有冬至報天，初無得雨賽帝。今雖缺冬至之祭，而南郊兼祈報之禮，理不容別有賽答之事也。禮記祭帝於郊，則所尚省費，周祭靈威仰若后稷，各用一牲，今祀五帝、世祖，亦宜各用一犢，斯外悉如南郊之禮也。武皇遏密未終，自可不奏盛樂。至於旱祭舞雩，蓋是吁嗟之義，既非存歡樂，謂此不涉嫌。其餘祝史稱辭，仰祈靈澤而已。禮，舞雩乃使無缺，今之女巫，並不習歌舞，方就教試，恐不應速。依晉朝之議，使童子，或時取舍之宜也。司馬彪禮儀志云雩祀著皂衣，蓋是崇陰之義。今祭服皆緇，差無所革。其所歌之詩，及諸供須，輒勒當是「敕」字之誤。

主者申攝備辦。」從之。

齊謝朓雩祭歌　清明暢，禮樂新。候龍景，練貞辰。陽律亢，陰晷伏。秏下土，薦穜稑。宸儀警，王度乾。嗟雲漢，望昊天。張盛樂，奏雩儛。集五精，延帝祖。雩有諷，禜有秩。膋鬯芬，圭瓚瑟。靈之來，帝閽開。車煜燿，吹徘徊。停龍轙，徧觀此。凍雨飛，祥雲靡。壇可臨，奠可歆。對甿社，鑒皇心。

歌世祖武皇帝依廟歌四言〔一〕。　濬哲維祖，長發其武。帝出自震，重光御寓。七德攸宣，九疇咸叙。靜難荆舒，凝威蠡浦。　昧旦丕承，夕惕刑政。化壹車書，德馨粢盛。昭星夜景，非雲曉慶。衢室成陰，璧水如鏡。　禮充玉帛，樂被筦絃。於鑠在詠，陟配于天。自宫徂兆，靡愛牲牷。我將我享，永祚豐年。

歌青帝木生數三。　營翼日，鳥殷宵。凝冰泮，玄蟄昭。景陽陽，風習習。女夷歌，東皇集。奠春酒，秉青珪。命田祖，渥群黎。

歌赤帝火成數七。　惟此夏德德恢台，雨龍既御炎精來。火景方中南譌秩，靡

〔一〕「廟」，諸本作「廣」，據南齊書樂志改。

草云黃含桃實。族雲蓊鬱温風煽，興雲祁祁黍苗徧。

歌黄帝土成數五。稟火自高明，毓金挺剛克。凉燠資成化，群方載厚德。陽季勾萌達，炎徂溽暑融。商暮百工止，歲極凌陰沖。皇流疏已清，原隰甸已平。咸言祚惟億，敦民保齊京。

歌白帝金成數九。帝悦于兑，執矩固司藏。百川收潦，精景應徂商。嘉樹離披，榆關命賓鳥。夜月如霜，金風方嫋嫋。商陰肅殺，萬寶咸亦遒。勞哉望歲，場功冀可收。

歌黑帝水成數六。白日短，玄夜深。招摇轉，移太陰。霜鐘鳴，冥陵起。星回天，月窮紀。聽嚴風，來不息。望玄雲，黝無色。曾冰冽，積羽幽。飛雪至〔一〕，天山側。關梁閉，方不巡。合國吹，饗蜡賓。充微陽，究終始。百禮洽，萬祚臻。

送神歌辭　敬如在，禮將周。神之駕，不少留。躡龍鑣，轉金蓋。紛上馳，雲之外。警七曜，詔八神。排閶闔，渡天津。有渰興，膚寸積。雨冥冥，又終夕。俾

〔一〕「雪」，諸本作「雲」，據南齊書樂志改。

棲糧，惟萬箱。皇情暢，景命昌。

隋書禮儀志：春秋「龍見而雩」，梁制不爲恒祀。四月後旱，則祈雨，行七事：一，理冤獄及失職者；二，賑鰥寡孤獨者；三，省徭輕賦；四，舉進賢良；五，黜退貪邪；六，命會男女，恤怨曠；七，撤膳羞，弛樂懸而不作。天子又降法服。七日，乃祈社稷；七日，乃祈山林川澤常興雲雨者；七日，乃祈群廟之主於太廟；七日，乃祈古來百辟卿士有益於人者；七日，乃大雩，祈上帝，徧祈所有事者。大雩禮，立圓壇於南郊之左，高及輪廣四丈，周十二丈，四陛。牲用黃牯牛一。祈五天帝及五人帝於其上，各依其方，以太祖配，位於青帝之南，五官配食於下。七日乃去樂。又徧祈社稷山林川澤，就故地處大雩。國南除地爲墠，舞僮六十四人。祈百辟卿士於雩壇之左，除地爲墠，舞僮六十四人，皆袨服，爲八列，各執羽翳。每列歌雲漢詩一章而畢。旱而祈澍，則報以太牢，皆有司行事。唯雩則不報。若郡國縣旱請雨，則五事同時並行：一，理冤獄失職；二，賑鰥寡孤獨；三，省徭役；四，進賢良；五，退貪邪。守令皆潔齋三日，乃祈社稷。七日不雨，更齋祈如初。三變仍不雨，復齋祈其界內山林川澤常興雲雨者。祈而澍，亦各有報。

通志：梁武帝天監元年，有事雩壇。

隋書禮儀志：梁武帝天監九年，有事雩壇。帝以爲雨既類陰，而求之正陽，其謬已甚。東方既非盛陽，而爲生養之始，則雩壇應在東方，祈晴亦宜此地。於是遂移於東郊。

文獻通考：十年，帝又以雩祭燔柴，以火祈水，於理爲乖，於是停用。燔柴，從坎瘞典。

梁書許懋傳：天監十年，轉太子家令。降敕問：「凡求陰陽，應各從其類，今雩祭燔柴，以火祈水，意以爲疑。」懋答曰：「雩祭燔柴，經無其文，良由先儒不思故也。案周宣雲漢之詩曰：『上下奠瘞，靡神不宗。』毛注云：『上祭天，下祭地，奠其幣，瘞其物。』以此而言，爲旱而祭天地，並有瘞埋之文，不見有燔柴之説。若以祭五帝必以燔柴者，今明堂之禮，又無其事。且禮又云『埋少牢以祭時』，時之功是五帝，此又是不用柴之證矣。昔雩壇在南方正陽位，有乖求神；而已移於東，實柴之禮猶未革。請停用柴，其牲牢等物，悉從坎瘞，以符周宣雲漢之説。」詔並從之。

文獻通考：時議曹郎朱异議曰：「案周宣雲漢之詩，毛注有瘞埋之文，不見燎柴之說，若以五帝必柴，則明堂又無其事。」

隋書禮儀志：天監十二年〔一〕，揚州主簿顧協議：「禮『仲夏大雩』，春秋『龍見而雩』，則雩常祭也，水旱且又禱之，謂宜式備斯典。」從之。

大同五年，又築雩壇於籍田兆内。有祈禜，則齋官寄籍田省云。

陳氏亦因梁制，祈而澍則報以少牢。武帝時，以德皇帝配；文帝時，以武帝配；廢帝即位，以文帝配青帝。牲用黄牯牛，而以清酒四升洗其首。其壇壝配享歌舞，皆如梁禮。天子不親奉，則太宰、太常、光禄行三獻禮，其法皆採齊建武二年事也。

文獻通考：魏文成帝和平元年四月旱，詔州郡於其界内，神無大小，悉灑掃薦以酒脯。年登之後，各隨本秩，祭以牲牢。

北魏書孝文帝本紀：太和十五年四月，自正月不雨，至於癸酉。有司奏祈百神，詔曰：「昔成湯遇旱，齊景逢災，並不由祈山川而致雨，皆至誠發中，澍潤千里。萬方

〔一〕「十二年」，隋書禮儀志二作「十一年」。

有罪，在予一人。今普天喪恃，幽顯同哀，神若有靈，猶應未忍安享，何宜四氣未周，便欲祀事。唯當考躬責己，以待天譴。」

孝明帝本紀：神龜二年二月壬寅，詔曰：「農要之月，時澤弗應，嘉穀未納，三麥枯悴。德之無感，歎懼兼懷。可敕内外，依舊雩祈，率從祀典。」

正光三年六月己巳，詔曰：「朕以沖昧，夙纂寶曆，不能祗奉上靈，感延和氣，致令炎旱頻歲，嘉雨弗洽，百稼燋萎，晚種未下，將成災年，秋稔莫覬。在予之責，憂懼震懷。今可依舊分遣有司，馳祈岳瀆及諸山川百神能興雲雨者，盡其虔肅，必令感降，玉帛牲牢，隨應薦享。」

隋書禮儀志：後齊以孟夏龍見而雩，祭太微五精帝於夏郊之東。爲圓壇，廣四十五尺，高九尺，四面各一陛。爲三壝外營，相去深淺，并燎壇，一如南郊。於其上祈穀實，以顯宗文宣帝配。青帝在甲寅之地，赤帝在丙巳之地，黄帝在己未之地，白帝在庚申之地，黑帝在壬亥之地。面皆内向，藉以藁秸。配帝在青帝之南，少退，藉以莞席，牲以騂。其儀同南郊。又祈禱者有九焉：一曰雩，二曰南郊，三曰堯廟，四曰孔、顔廟，五曰社稷，六曰五岳，七曰四瀆，八曰滏口，九曰豹祠。水旱癘疫，皆有事焉。

無牲，皆以酒脯棗栗之饌。若建午、建未、建申之月不雨，則使三公祈五帝於雩壇。禮用玉幣，有燎，不設金石之樂，選伎工端潔善謳詠者，使歌雲漢詩於壇南。自餘同正雩。南郊則使三公祈五天帝於郊壇，有燎，座位如雩。五人帝各在天帝之左。其儀如郊禮。堯廟，則遣使祈於平陽。孔、顔廟，則遣使祈於國學，如堯廟。社稷如正祭。五岳，遣使祈於岳所。四瀆如祈五岳，滏口如祈堯廟，豹祠如祈滏口。

北齊書高阿那肱傳：令録尚書事。尚書郎中源師嘗諮肱：「龍見當雩。」問師云：「何處龍見？何物顔色？」師云：「此是龍星見，須雩祭，非是真龍見。」肱云：「漢兒强知星宿！」其墻面如此。

隋書源師傳：遷尚書左外兵郎中，又攝祠部。後屬孟夏，以龍見請雩。時高阿那肱爲相，謂真龍出見，大驚喜，問龍所在，師整容報曰：「此是龍星初見，依禮當雩祭郊壇，非謂真龍别有所降。」阿那肱忿然作色曰：「何乃干知星宿！」祭竟不行。師出而竊歎曰：「國家大事，在祀與戎。禮既廢也，何能久乎？齊亡無日矣。」

右漢至南北朝雩禮

五禮通考卷二十三

吉禮二十三

大雩

隋至明雩禮

隋書高祖本紀：開皇三年四月，旱，甲申，上親祈雨于國城之西南。癸巳，上親雩。

禮儀志：隋雩壇，國南十三里啓夏門外道左。高一丈，周百二十尺。孟夏之月，龍星見，則雩五方上帝，配以五人帝于上，以太祖武元帝配享，五官從配于下。牲用犢十，各依方色。京師孟夏後旱，則祈雨，理冤獄失職，存鰥寡孤獨，賑困乏，掩骼埋嵴，省徭役，進賢良，舉直言，退佞諂，黜貪殘，命有司會男女，恤怨曠。七日，乃祈岳鎮海瀆及諸山川能興雲雨者；又七日，乃祈社稷及古來百辟卿士有益于人者；又七日，乃祈宗廟及古帝王有神祠者；又七日，乃修雩，祈神州；又七日，仍不雨，復從岳瀆已下祈如初典。秋分已後不雩，但禱而已。皆用酒脯。初請後二旬不雨者，即徙市禁屠。皇帝御素服，避正殿，減膳撤樂，或露坐聽政。百官斷傘扇。令人家造土龍。雨澍，則命有司報。州郡尉祈雨，則理冤獄，存鰥寡孤獨，掩骼埋嵴，潔齋祈于社。七日，乃祈界内山川能興雨者，徙市、斷屠如京師。祈而澍，亦各有報。霖雨則禜京城諸門〔一〕，三禜不止，則祈山川、岳鎮、海瀆、社稷。又不止，則祈宗廟、神州。報以太牢。州郡縣苦雨，亦各禜其城門，不止則祈界内山川。及祈報，用羊豕。

樂志：雩祭奏諴夏辭：迎送神、登歌，與圜丘同。

朱明啓候，時載陽。肅若舊典，從五方。嘉薦以陳，盛樂奏。氣序和平，資靈祐。公田既雨，私亦濡。人殷俗富，政化敷。

〔一〕「霖」，諸本作「零」，據隋書禮儀志二改。

舊唐書禮儀志：孟夏之月，龍星見，雩五方上帝于雩壇，五帝配于上，五官從祀于下。牲用方色犢十，籩豆已下，如郊祭之數。唐武德初，定令每歲孟夏之月，雩祀昊天上帝于圜丘，景帝配，牲用蒼犢二。五方上帝、五人帝、五官並從祀，用方色犢十。

音樂志：孟夏雩祀上帝于南郊樂章八首：貞觀中褚亮等作，今行用。

降神，用豫和詞同冬至圜丘。

皇帝行，用大和詞同冬至圜丘。

登歌奠玉帛，用肅和　朱鳥開辰，蒼龍啓映。大帝昭享，群生展敬。禮備懷柔，功宣舞詠。旬液應序，年祥叶慶。

迎俎，用雍和　紺筵分彩，瑶圖吐絢。風管晨凝，雲歌曉囀。肅事蘋藻，虔申桂奠。百穀斯登，萬箱攸薦。

皇帝酌獻飲福酒，用壽和詞同冬至圜丘。

送文舞出，迎武舞入，用舒和　鳳曲登歌調令序，龍雩集舞泛祥風。綵旞雲迴昭睿德〔一〕，朱干電發表神功。

〔一〕「旞」，諸本作「檖」，據舊唐書音樂志三改。

送神，用豫和詞同冬至圜丘。

武舞，用凱安詞同冬至圜丘。

唐六典：凡京師孟夏以後旱，則先祈岳鎮瀆海及諸山川能興雲雨者，皆于北郊望祭。又祈社稷，又祈宗廟，每七日一祈，不雨，還從岳瀆如初。旱甚，則修雩。

舊唐書玄宗本紀：開元四年二月，以關中旱遣使祈雨于驪山，應時澍雨。令以少牢致祭，仍禁斷樵採。

文獻通考：開元十一年初，孟夏後旱，則祈雨，審理寃獄，賑恤窮乏，掩骼埋胔，先祈岳鎮海瀆及諸山川能興雲致雨者。一祈不雨，還從岳瀆如初。旱甚，則大雩。秋分後，不雩。初祈後一旬不雨，即徙市，禁屠殺斷扇，造大土龍。雨足，則報祀。所用酒脯醢，報準常祀，皆有司行事。已齊未祈及經祈者皆報祀。

舊唐書禮儀志：起居舍人王仲丘既掌知修撰，乃建議曰：「案貞觀禮，孟夏雩祀五方上帝、五人帝、五官於南郊，顯慶禮，則雩祀昊天上帝於圜丘。且雩祀上帝，蓋爲百穀祈甘雨。故月令云：『命有司大雩帝，用盛樂，以祈穀實。』鄭玄云：『雩上帝者，天之別號，允屬昊天，祀於圜丘，尊天位也。』然雩祀五帝既久，亦請二禮並行，以成大雩帝之義。」

開元禮：孟夏雩祀昊天上帝於圜丘，以太宗文武聖皇帝配。籩豆等，如冬至儀，都十七座。又祀五帝於壇第一等，五人帝於壇第二等，籩、豆各四，簠、簋各一也。又祀五官於內壝之外，每座籩、豆各二，餘各一。其儀並如冬至圜丘。

蕙田案：開元雩祀圜丘，儀同冬至，已見「祀天」門，不重出。

時旱，祈太廟。將祈，有司卜日，如別儀。前二日，守宮設祈官以下次各于常所，右校掃除內外，又爲瘞埳于北門之內道西，方深取足容物。前一日，諸祈官清齋於廟所。諸衛令其屬，晡後一刻，各以其方器服守衛廟門。奉禮設版位於內外，並如常儀。設望瘞位於堂之東北，當瘞埳西南。又設奉禮位於瘞埳東北，南向。贊者二人在西，少退，太廟令拂拭神幄，又帥其屬以罇、坫、罍、洗、篚、冪、制幣、篚入設，皆如常儀。執罇、罍、篚、冪者，各位於罇、罍、篚、冪之後，太官令先饌酒脯醢。告日，未明三刻，諸告官以下各服其服。太廟令、良醞令之屬入實罇、罍及幣。每室春夏用兩犧罇，秋冬用兩著罇，一實明水爲上，一實醍齊次之。山罍二，一實玄酒爲上，一實清酒次之。幣以白，各長一丈八尺。未明二刻，奉禮帥贊者先入就位，贊引引御史、博士、太廟令、宮闈令、太祝以下入，當階間，北面，西上，立定，奉禮曰「再拜」，贊者承傳，凡奉禮有詞，贊者皆承傳。御史以下皆再拜，訖，升，行掃除於上。太廟令以下升自東階，入，開埳室，奉出獻祖以下九室神主，各置於座，如常儀，訖，各引就位。質明，謁者引祈官以下俱就門外位。謁者引祈官、贊引引執事者次入就位，立定，奉禮曰「再拜」，祈官以下皆再拜。謁者進祈官之左，白「有司謹具，請行事」，退，復位。太官令出，帥進饌陳於東門之外。初，太官令出，諸太祝俱取幣于篚，各立於罇所。謁者引祈官升自東階，詣獻祖廟室户前，北向，太祝以幣東向授，祈官受，進幣，北向跪，奠於獻祖神座，俛伏，興，出户，北向再拜；訖，謁者引祈官次進幣於懿祖以下諸室，皆如上儀；訖，謁者引還本位。諸太祝各還罇所，太官令引饌入自正門，升自大階，諸太祝迎引於階上，各設神座前；訖，太官令以下降，復位，諸太祝各還罇所。謁者引祈官詣罍洗，盥手，洗爵；訖，升自東階，詣獻祖酒罇所，執罇者舉冪，祈官酌醴齊；訖，謁者引祈官入詣獻祖神座前，北向跪，奠爵，俛伏，興，出户，北向立。太祝持版進於户外之右，東向跪，讀祝文；其文爲水旱、厲疾、蝗蟲及征伐四夷，各臨時制之。訖，興，祈官再拜，太祝進，跪，奠版於神座前，俛伏，興，還罇所。謁者引祈官次詣懿祖以下諸室，如獻祖之儀；唯不盥洗。訖，謁者引祈官詣東序，西向立，諸太祝以爵酌罍福酒，合置一爵，一太祝持爵，進祈官之左，北向立，祈官再拜受爵，跪祭酒，遂飲，卒爵。太祝進受爵，復於坫，祈官俛伏，興，再拜，訖，謁者引祈官降，復位。諸太祝各入室跪，撤豆如式，興，還罇所，奉禮曰「再拜」，在位者皆再拜。已飲福者不拜。奉禮曰「再拜」，祈官以下皆再拜。訖，謁者進祈官之左，白「請就望瘞位」，贊者轉就瘞埳東北位，謁者引祈官就望瘞位，西向立，於祈官將拜，諸太祝各執篚，進神座前，跪取幣，興，降自大階，詣瘞埳，以制幣置於埳；訖，奉禮曰「可瘞」，東西面各四人寘土，半埳，謁者進祈官之左，白「禮畢」，奉禮贊者還本位。御史、太祝以下俱復執事位，立定，奉禮曰「再拜」，御史以下俱再拜，贊引引出，太廟令、太祝、宫闈令納神主如常儀。其祝版燔於齋坊。若得所祈，報祠用太牢，受胙與將祈同，餘與告禮同，祭文臨時制撰。

時旱，祈於太社。將祈，有司卜日，如别儀，行事、薦獻與巡狩、告社稷禮並同。太社祝文曰：「維某年歲次月朔日，子嗣天子某，謹遣具位姓名，敢昭告于太社：爰以農功，久闕時雨，唯神哀此蒼生，敷降靈液。謹以清酒脯醢，明薦于太社，以后土勾龍氏配神作主，尚享。」太稷祝文同。后土氏祝文曰：「嗣皇帝某，謹遣具位姓名，敢昭告于后土氏。」餘同社。后稷文同，得雨報用太牢，瘞幣血、飲福、受胙與正祭同，餘與告禮同。太社祝文曰：「往以久缺時雨，敢陳情誠。惟神昭祐，降茲靈液。率土霑洽，蒼生咸賴。謹以玉帛、清酒、醴齊、粢盛、庶品，明薦于太社，以后土勾龍氏配神作主，尚享。」太稷、后土氏、后稷祝文並同。每配祝，無「玉帛」字。

時旱，祈岳鎮以下於北郊。報祀同。將祈，有司筮日，如別儀。就祈及祭同。前二日，守宮設祈官以下次於東壝之外道南，北向，以西爲上。設陳饌幔於内壝東門外道北，南向。右校掃除壇之内外，又爲瘞埳於壇之壬地，方深取足容物。前一日，諸祈官清齋於祈所，諸衛令其屬，晡後一刻，各以其方器服守衛壝門，俱清齋一宿。奉禮設祈官位於内壝東門之内道北，執事位于道南，每等異位，俱重行，西面，以北爲上。設御史位于壇下西南，東向，令史陪其後。設奉禮位於祈官西南，贊者二人次之，少退，俱西向，北上。設望瘞位于壇之東北，西向，又設祈官門外之位於東壝之外道南，每等異位，重行，北向，以西爲上。郊社令以酒罇入設於位，嶽鎮海瀆各山罇二，山川各蜃罇二，每方皆於神座之左，俱右向。皆有坫以置爵。設罍、洗、篚、冪各於其方，皆道之左，俱内向，執罇、罍、篚、冪者位於罇、篚之後。其日，未明二刻，太史令、郊社令各服其服，設嶽鎮海瀆及諸山川神座各於其方，俱内向，席皆以莞。設神位各於座首。

未明一刻，諸祈官以下各服其服，郊社與良醞令之屬入實罇罍。山罇實以醴齊，㕍罇實以汎齊〔一〕，其明水各實于上罇。嶽鎮海瀆皆有幣，各依方色，俱丈八尺。太官令帥進饌者實籩豆，入設於内壝東門之外饌幔内。太祝以幣置於篚，設於饌所。奉禮帥贊者先入就位，贊引引御史、太祝以下與執罇、罍、篚、冪者入，詣南方山川之西南，當門重行，北向，以西爲上，立定。奉禮曰「再拜」，贊者承傳，御史以下皆再拜。執罇、罍、篚、冪者各就位，贊引引御史以下行掃除如常，訖，出還齋所。奉禮以下次還齋所。質明，謁者引獻官以下俱就門外位，奉禮帥贊者先入就位，贊引引御史以下入就位。謁者引獻官、贊引引執事者次入就位，立定，奉禮曰「再拜」，獻官以下皆再拜。謁者進獻官之左，白「有司謹具，請行事」，退，復位。奉禮曰「再拜」，在位者皆再拜。太祝各取幣于篚以授獻官，獻官受幣，詣東嶽座，諸太祝各奠幣于諸嶽鎮海瀆之座，謁者引獻官再拜，訖，降還本位，於獻官右授幣。太官令帥進饌者奉饌陳于東門之外，獻官奠幣，再拜；訖，太官令引饌入，諸太祝迎引於座首，各奠於神位前；施設訖，太官令以下還本位。

〔一〕「汎齊」，通典卷一一〇作「沈齊」。

諸祝各還罇所，謁者引獻官詣罍洗，盥手，洗爵，詣東嶽酒罇所，執罇者舉冪，獻官酌酒，謁者引獻官進東嶽神座前，東向跪，奠爵，興，少退，東向立。初，獻官進奠，祝史以爵酌酒，助奠東鎮以下，還罇所。太祝持版進於神座之右，南面跪，讀祝文曰：「敢昭告於東方嶽鎮海瀆，久闕時雨，黎元忷懼。惟神哀救蒼生，敷降嘉液。謹以制幣、清酌、脯醢，明薦於東方嶽鎮海瀆，尚享。」太祝興，獻官再拜，太祝進，跪，奠版于神座，興，還罇所。獻官再拜，謁者引獻官以次獻諸方嶽鎮海瀆，如東方之儀。諸方祝文並同。訖，贊引引獻官還本位。初，獻東嶽，贊引次引獻官就罍洗，盥手、洗爵，訖，詣東方山川酒罇所，執罇者舉冪，獻官酌酒，訖，贊引引獻官進詣東方山川首座前，跪，奠爵，興，少退，東向立。初，獻官奠酒，齋郎酌酒助奠，訖，還罇所。祝史持版進於神座之右，西向跪，讀祝，文同嶽祭。興，獻官再拜，跪，奠版於神座，興，還罇所。獻官再拜，訖，贊引引獻官以次獻諸方山川，如東方之儀；諸方祝文皆同。訖，贊引引獻官還本位。諸祝各進，跪，撤豆如式，興，還罇所。奉禮曰「再拜」，獻官以下皆再拜。謁者進獻官之左，白「請就望瘞位」，謁者引獻官就望瘞位，西向立。於在位者將拜，諸太祝各進神座前，跪取幣，置於埳，奉禮曰「可瘞」，東西厢各二人寘土，半埳，謁者進初獻之左，白「禮畢」，遂引獻官出，贊引引執事者以次出。御史、太祝以下俱復執事位，立定，奉禮曰「再拜」，御史以下皆再拜，贊引引出。祝版燔於齋所。報祀用牲幣、飲福、受胙于東方嶽鎮山川首座之前。其山川，唯飲福而不受胙，埋毛血與正祭同，餘與祈禮同，祝文與報社同。

時旱，就祈嶽鎮海瀆。前一日，諸祈官皆於祈所清齋一宿，所司清埽内外，又爲埋埳於壇南如常。奉禮設祈官位於壇東南，執事者位於祈官東南，奉禮位於執事西南，贊者二人在南，差退，俱西向，北上。又設太祝奉幣位於瘞埳之南，北向。海瀆南，設奉幣位向沈所〔一〕。又設祈官以下門外位於南門之外道東，重行，西面，北上。設罇、坫、罍、篚各於當所，執罇、罍、篚者各位於罇、罍之後。其日未明，祈官以下各服其服，所司帥其屬入，設神座及實罇、罍如常儀，太祝以幣置於篚，幣各本方色，長丈八尺。掌饌者實籩豆，籩一實脯，豆一實醢。奉禮帥贊者先入就位，贊引引太祝及執罇、罍、篚者入當壇南，重行，北面，以西爲上。立定，奉禮曰「再拜」，贊者承傳，太祝以下皆再拜，執罇、罍者各就位。贊引引太祝升自東陛，行埽除於上，訖，降，行掃除於下，皆就位。

〔一〕「沈」，諸本作「光」，據通典卷一二〇改。

質明，謁者引祈官、贊引引執事者俱入就位，立定，奉禮曰「再拜」，祈官以下皆再拜。其先拜者不拜。謁者進祈官之左，白「有司謹具，請行事」，退，復位。奉禮曰「再拜」，在位者皆再拜。初白「請行事」，掌饌者帥進饌者奉饌陳於東門外，祈官拜，訖，太祝跪，取幣於篚，以授祈官。祈官奉幣置於神座，祈官拜，訖，降，復位。掌饌者引饌入，升自南陛，太祝迎引於壇上，進設於座前，設訖，掌饌者以下降，復執事位。謁者引祈官詣罍洗，盥手、洗爵，升自南陛，詣酒罇所。執罇者舉冪，祈官酌酒，謁者引祈官進，北面跪，奠於神座前，俛伏，興，少退，北向立。太祝持版進於神座之右，東面跪，讀祝。文與祈社同，嶽鎮海瀆各隨其稱。祝興，祈官再拜，祝進，跪，奠版於神座，興，還罇所。祈官拜，訖，謁者引祈官降，復位。太祝進，跪，撤豆如式，還罇所。奉禮曰「再拜」，在位者皆再拜。謁者進祈官之左，白「請就望瘞位」，謁者引祈官就望瘞位，西向立。於在位者將拜，太祝進神座前，跪取幣，置於埳。東西面各二人寘土，半埳，海瀆則以幣沈之。奉禮曰「再拜」，祈官以下皆再拜。謁者進祈官之左，白「禮畢」，遂引祈官出，贊引引執事者以次出。太祝以下俱復執事位，立定，奉禮曰「再拜」，太祝以下皆再拜以出，奉禮、贊者以次出。其祝版燔於齋所。得雨報祠以特牲。其沈瘞幣血及飲福、受胙，皆與正祭同，餘與祈禮同。祝文與北郊報祠同。

久雨，禜祭國門。　將祭，有司筮日，如別儀。前一日，諸祭官清齋於祭所，右校掃除祭所，太官丞先饌酒脯醢。鐏以瓢齊。其日質明，郊社丞帥其屬設神座，皆內向，設酒鐏各於神座之左，設罍洗及篚於酒鐏之左，俱內向。並實以巾、爵。執鐏、罍、洗、篚者，各位於鐏、罍、洗、篚之後，奉禮設獻官位於罍洗之左而右向，執事者於其後，皆以近神爲上。郊社丞與良醖之屬實鐏、罍，獻官以下俱就位，立定，謁者贊拜，獻官以下皆再拜，祝與執鐏、罍、篚者各就位。太官丞出詣饌所，謁者進獻官之左，白「有司謹具，請行事」，退，復位。太官丞引饌入，太祝跪迎，設於神座前，訖，太官丞以下還本位，祝還鐏所。謁者引獻官詣罍洗，盥手、洗爵，詣鐏所，執鐏者舉冪，獻官酌酒進神座前，跪，奠爵，俛伏，興，少退，向座立。太祝持版進於神座之右，跪讀祝文曰：「維某年歲次月朔日，子嗣天子遣某官姓名，昭告於國門。霖雨淹久，害於百穀，唯靈降福，應時開霽。謹以清酌嘉薦，明告於神，尚享。」祝興，獻官再拜，太祝跪，奠版於神座，俛伏，興，還鐏所。獻官再拜，訖，謁者引還本位。祝進，跪，撤豆，俛伏，興，還鐏所。祝與執鐏、罍、篚者俱復執事位，謁者贊拜，獻官以下皆再拜，謁者進獻官之左，白「禮畢」，遂引獻官以下出，每祭皆如之。祝版皆燔於齋所。若雨止，報祠用少牢，飲福與祈同。祝文曰：「前日以霖雨，式陳誠禱，唯神降祉，應時開霽。謹以清酌、少牢、粢盛、庶品，明薦于神，尚享。」

諸州縣祈社稷。前二日，本司掃除壇之内外，又爲瘞埳於壇北如常。設上佐以下次於社壇西門之外道北，隨地之宜。前一日，諸祈官皆於祭所清齋一日。掌事者饌酒脯醢，設上佐位於稷壇西北，掌事以下位於西門之内道北，俱重行，東向，以南爲上。設贊唱者位於上佐東北，東面，南上。設望瘞位於埋埳北如常。設上佐以下門外位於西門之外道南，俱重行，北面，以東爲上。其日，夙興，本司帥其屬守社壇四門，去壝九十步所，禁斷行人。掌事者入設神席、罇、坫、罍、洗、篚、冪，如常祭之儀。每座各一籩豆，篚實巾二、爵二，酌座皆爵一，置於坫。質明，上佐以下各服其服，本司帥掌事者入實罇、罍，祝以祝版各置於坫〔一〕，又以幣各置於篚，設於饌所，其幣各長一丈八尺。贊禮者引上佐以下俱就門外位，贊唱者先入就位，祝與執罇、罍、篚者入，

〔一〕「祝以」，諸本作「洗以」，據通典卷一二〇、開元禮卷七〇改。

當社壇北，重行，南向，以東爲上。立定，贊唱者曰「再拜」，祝以下皆再拜。執罇者各升自西階，立於罇所，執罍、篚者各就位〔一〕。諸祝詣社壇，升自西階，行掃除；訖，降，入詣稷壇，升，行掃除；訖，諸祝出，奉幣、篚入就瘞埳北位。贊禮者引上佐以下入就位，立定，贊唱者曰「再拜」，上佐以下皆再拜。贊禮者進上佐之左，白「請行事」，還本位。贊唱者曰「再拜」，上佐以下皆再拜。初白「請行事」，掌饌者帥執饌者奉饌陳於西門之外，祝以幣授上佐，贊者引上佐升壇北陛，南向跪，奠於社神座前；訖，興，少退，再拜；訖，復位。又祝以幣授上佐，上佐奉幣升稷壇，跪，奠如社壇之儀；訖，掌饌者引饌入，社稷之饌升自北階，配座之饌升自西階，諸祝迎引於壇上，各設於神座前；訖，掌饌者降，自西階復位，諸祝各還罇所。贊禮者引上佐詣罍洗，盥手、洗爵，自社壇北階升，詣社神酒罇所，執饌者舉冪，上佐酌酒，進詣神座前，南向跪，奠爵，興，少退，南向立。祝持版進於神座之右，西面跪，讀祝文曰：「歲月日，子刺史姓名謹遣具位姓名，敢昭告於社神。自社稷以下祝文，並與國祈同。尚饗。」訖，興，上佐再拜，祝進，跪，

〔一〕「篚」，諸本脱，據通典卷一二〇補。

奠版於神座，興，還罇所。上佐再拜，訖，贊禮者引上佐詣配座酒罇所，取爵於坫，執罇者舉冪，上佐酌酒進，詣后土氏神座前，西向跪，讀祝文，尚饗。訖，興，上佐再拜，祝進，跪，奠版於神座，興，還罇所。上佐再拜，訖，贊禮者引上佐降自北階，詣罍洗，盥手、洗爵，詣稷壇之北階，升獻如社壇之儀。獻訖，贊禮者引上佐降，復位。諸祝各進神座前，跪，徹豆，興，還罇所。贊唱者曰「再拜」，上佐以下皆再拜。贊禮者進上佐之左，白「請就望瘞位」，贊者引上佐就望瘞位，南向立。祝以篚進於神前，取幣及血、黍稷飯，皆寘於埳。贊唱者曰「可瘞」，埳東西各二人寘土，半埳，贊者進上佐之左，白「禮畢」，遂引出，諸執事者以次出。諸祝與執罇、罍、篚者降，復執事位。贊唱者曰「再拜」，祝以下俱再拜以出。其祝版燔於齋所。得雨，報祠以羊、豕，其祭器之數及飲福、受胙、瘞幣血，皆與正祭同，餘與祈禮同。祝文自社稷及后土、后稷等，並與國祈報同。

諸州縣祈諸神。前一日，本司設上佐以下次於祈所，隨地之宜。又爲瘞埳於神座之南，方取深足容物。諸祈官皆於祈所清齋一日，掌事饌酒脯醢，每座籩豆各一。祈日，質明，去祭所七十步，禁止行人。上佐以下各服其服，祝帥掌事者奉席，入設神座於北厢，南向，若更有諸座，則以西爲上。贊禮者帥執罇者設罇於神座之左，北向，設洗於酒罇東，北向。罍水在洗東，篚在洗西，南肆，篚實以巾、爵。執罇、罍、篚者各位於罇、罍、篚後。設上佐以下位於神座東南，重行，西面，以北爲上。設贊唱者位於上佐西南，西向。設望瘞位於瘞埳之南，北向，西上。設門外位於東門之外道南，北向，西上。掌事者入實罇、罍、洗，以祝版置於坫。又以幣置於篚，設於饌所，其幣各長一丈八尺。贊禮者引上佐以下俱就門外位，贊唱者先入就位，祝與執罇、罍、篚者入當神座前〔一〕，重行，北面，西上。立定，贊唱者曰「再拜」，祝以下皆再拜。執罇、罍、篚者各就位，祝進神座前，行掃除，訖，贊唱者曰「再拜」，上佐以下皆再拜。贊禮者進上佐之左，白「請行事」，還本位。贊唱者曰「再拜」，上佐以下皆再拜。初，白「請行事」，掌饌者帥執饌者奉饌陳於西門之外，祝以幣授上佐，上佐受幣，跪奠於神座前；訖，興，少退，再拜；訖，復位。掌饌者引饌入，祝迎引於座首，各設於神座前，訖，執饌者退，復位。祝還罇所，贊禮者引上佐詣罍洗，盥手、洗爵，詣酒罇所，執罇者舉冪，上佐酌酒，贊禮者引上佐詣神座前，北向跪，奠爵；興，少退，北向立。祝持版進

〔一〕「篚」，諸本脱，據通典卷一二〇補。

於神座之右，東向跪，讀祝文；訖，興，上佐再拜，祝進，跪，奠版於神座，興，還罇所，若更有諸座，祈官酌獻，皆如其儀，唯不盥手。奠、祝文與上同。贊禮者引上佐還本位。祝進神座前，跪，徹豆，興，還罇所。贊唱者曰「再拜」，上佐以下皆再拜。贊禮者進上佐之左，白「請就望瘞位」，上佐就望瘞位，北面立。祝以幣寘於坎，坎東西各二人寘土，半坎，贊者進上佐之左，白「禮畢」，遂引上佐以下出。訖，祝與執罇、罍、篚者俱復執事位。贊唱者曰「再拜」，祝以下皆再拜。其祝版燔於齋所。若祈海瀆等，其幣沈之。設奉幣位，各向所祈之水，沈之時節，一與瘞同。若祈先代帝王，其瘞幣如正祭之禮。得雨報祠，牢饌、飲福、受胙、瘞幣血，皆同祭社之禮。若非嶽鎮海瀆、先代帝王，唯飲福，不受胙，其瘞坎之位，仍依祈禮。若海瀆等沈幣，又并沈血，位及沈之時節，准祈沈之禮。若報祠先代帝王，埋幣與祈同。

蕙田案：馬氏通考採開元禮，脱此二段，但載「諸州縣禜城門」一段。故起句「若霖雨不止」，於上文全不承接，中云「餘與祈祝同」，而祈祝不知何指，蓋其採輯疏略，致有此病，今照圖書集成補入。

諸州縣禜城門。若霖雨不止，禜祭城門，設神座，皆内向。設瓢齊之罇各於神座之左，設罍洗及篚於酒罇之左，俱内向。設司功縣則縣尉。位於罍洗之左而右向，執事者位於其後，皆以近神爲上。贊禮者贊拜，無幣不爲瘞埳，餘與祈祝同。祝文曰：「維某年歲次月朔日，子刺史姓名縣則縣令姓名。遣具位姓名，昭告於城門。霖雨淹久，害於百穀，唯靈降福，應時開霽。謹以清酌嘉薦，明告於城門，尚享。」若雨止，報祠用特牲，飲福，餘與禜同。祝曰：「前以霖雨，式陳誠禱，唯靈降祉，應時開霽。」餘同上。

圖書集成肅宗實録：乾元二年四月癸亥，以久旱徙東西二市，祭風伯雨師，修雩祀壇，爲泥土龍，望祭名山大川而祈雨。

唐書馬璘傳：永泰初，檢校工部尚書，北庭行營、邠寧節度使。天大旱，里巷爲土龍聚巫以禱。璘曰：「旱由政不修。」即命撤之。明日，雨。是歲大穰。

舊唐書代宗本紀：大曆九年七月，久旱，京兆尹黎幹歷禱諸祠，未雨。又請禱文宣廟，上曰：「丘之禱久矣。」

十二年六月癸巳，時小旱，上齋居祈禱，聖體不康，是日不視朝。

德宗本紀：貞元元年五月癸卯，分命朝臣禱群神以祈雨。十五年四月丁丑，以久旱，令陰陽人法術祈雨。十九年五月甲辰，自正月至是未雨，分命祈禱山川。七月甲戌，始雨。

宋史太祖本紀：建隆元年八月甲戌，命宰相禱雨。　二年六月壬子，祈雨。

文獻通考：建隆二年夏，旱，翰林學士王著請令近臣案舊禮告天地、宗廟、社稷，及望告嶽鎮海瀆於北郊，以祈甘澤。詔用其禮，惟不設配坐及名山大川。雨足，報賽如禮。

宋史太祖本紀：三年三月癸亥，禱雨。五月甲子，幸相國寺禱雨。齊、博、德、相、霸五州自春不雨，以旱減膳徹樂。

乾德元年夏四月，旱。甲申，偏禱京城祠廟，夕雨。五月壬子朔，禱雨京城。甲寅，遣使禱雨嶽瀆。七月丁丑，分命近臣禱雨。十二月甲寅，命近臣祈雪。　二年三月丁酉，遣使祈雨於五嶽。

開寶三年四月丁亥，幸寺觀，禱雨。辛卯，雨。　五年五月乙丑，命近臣祈晴。十二月乙酉朔，祈雪。　六年十二月壬午，命近臣祈雪。　七年二月癸卯，命近臣祈雨。十二月辛亥，命近臣祈雪。　八年三月己丑〔一〕，命祈雨。五月辛巳，祈晴。　九

〔一〕「三月」，諸本作「二月」，據宋史太祖本紀改。

年三月庚寅，大雨。命近臣詣諸祠廟祈晴。四月己亥，雨霽。庚子，有事圜丘。七月丙戌，命近臣禱晴。

禮志：開寶中，太祖幸西京，以四月有事南郊，躬行大雩之禮。

太宗本紀：太平興國三年正月辛亥，命群臣禱雨。癸丑，京畿雨足。五年五月辛酉，命宰相祈晴。六年四月辛未，幸太平興國寺祈雨。七年三月乙巳，以旱分遣中黄門徧禱方嶽。

雍熙三年八月丁未，大雨，遣使禱嶽瀆，至夕雨止。十一月丙戌〔一〕，幸建隆觀、相國寺祈雪。

禮志：雍熙四年正月〔二〕，禮儀使蘇易簡言：「太祖皇帝光啓丕圖，恭臨大寶，以聖授聖，傳於無窮。欲望將來雩祀，以太祖崇配。」奏可。

太宗本紀：淳化二年閏二月戊寅，禱雨。三月己巳，以歲蝗旱禱雨，弗應，手詔宰

〔一〕「十一月丙戌」，諸本作「十二月」，據宋史太宗本紀改。
〔二〕「雍熙」，據宋史禮志二校勘記當作「淳化」。

相吕蒙正等：「朕將自焚，以答天譴。」翼日而雨，蝗盡死。　三年九月丙申，遣官祈晴京城諸寺觀。

至道二年三月丙寅[一]，以京師旱，遣中使禱雨。戊辰，命宰臣祀郊廟、社稷，禱雨。

禮志：至道三年十一月，有司言：「孟夏雩祀，請奉太宗配。」詔可。

真宗本紀：咸平元年五月甲子，幸大相國寺祈雨，升殿而雨。

文獻通考：咸平元年，以旱遣使禱衞州百門廟、白鹿山。百門廟以祈禱有應，賜名靈源廟。

真宗本紀：咸平二年閏三月丁亥，以久不雨。戊子，幸太一宫、天清寺祈雨。

禮志：祈報。周官：「太祝掌六祝之辭，以事鬼神祇[二]，祈福祥。」於是歷代皆有禬禜之事。宋因之，有祈、有報。祈，用酒脯醢，郊廟、社稷，或用少牢；其報，如常祀。或親禱諸寺觀，或再幸，或徹樂、減膳、進蔬饌，或分遣官告天地、太廟、社稷、嶽鎮、海

[一]「三月」，諸本作「五月」，據宋史太宗本紀改。
[二]「祇」，原脱，據味經窩本、乾隆本、光緒本、周禮注疏卷二五補。

瀆，或望祭於南北郊，或五龍堂、城隍廟、九龍堂、浚溝廟諸祠，如子張、子夏、信陵君、段干木、扁鵲、張儀、吴起、單雄信等廟，亦祀之。或啓建道場於諸寺觀，或遣内臣分詣州郡，如河中之后土廟、太寧宫，亳之太清明道宫，兖之會真景靈宫、太極觀，鳳翔之太平宫，舒州之靈仙觀，江州之太平觀，泗州之延祥觀，皆函香奉祝，驛往禱之。凡旱、蝗、水潦、無雪，皆禜禱焉。咸平二年旱，詔有司祠雷師、雨師。内出李邕祈雨法：以甲乙日擇東方地作壇，取土造青龍，長吏齋三日，詣龍所，汲流水，設香案、茗果、餈餌，率群吏、鄉老日再至祝酹，不得用音樂、巫覡。雨足，送龍水中。餘四方皆如之，飾以方色。大凡日干及建壇取土之里數，器之大小及龍之修廣，皆以五行成數焉。詔頒諸路。

真宗本紀：四年二月丁未，祈雨。五年六月，都城大雨。七月戊戌，幸啓聖院、太平興國寺、上清宫致禱，雨霽。

文獻通考：景德三年，詔有司詳定諸祠祭事。有司言：「今年四月五日，雩祀昊天上帝。十三日立夏，祀赤帝。案月令：『立夏之日，天子迎夏於南郊。』注云：『迎夏，爲祀赤帝於南郊。』又云：『是月也，大雩。』注云：『春秋傳曰，龍見而雩。』謂建巳之月，陽氣盛而常旱，萬物待雨而長，故祭天以祈雨。龍星，謂角、亢也，立夏後，昏見於東方。又案五禮精義云：『自周以來，歲星差度，今之龍見，或在五月。以祈甘雨，於時已晚，但四月上旬卜日。』今則唯用改朔，不待時節，祭於立夏之前，違茲舊禮之意。苟或龍見於仲夏之時，雩祀於季春之節，相去遼闊，於理未周，欲請自今並於立夏後卜日，如立夏在三月，則待改朔。庶節氣協於純陽，典禮符於舊史。又案月令云：『季秋之月，乃命冢宰，農事備收，藏帝籍之收於神倉。是月也，大饗帝。』則季秋之月，農事之終，大享明堂，報茲嘉穀。苟或猶未得節，尚當建酉，因而卜日，有屬先時，欲望自今並過寒露，然後卜日，或寒露在八月，則至九月乃卜，自餘諸祠祭，皆叶禮令，無所改易。」奏可。

禮志：景德三年五月旱，又以畫龍祈雨法付有司刊行。其法：擇潭洞或湫濼林木深邃之所，以庚、辛、壬、癸日，刺史、守令帥耆老齋潔，先以酒脯告社令，訖，築方壇三級，高二尺〔二〕，闊一丈三尺，壇外二十步，界以白繩。壇上植竹枝，張畫龍。其圖以

〔二〕「尺」，諸本作「丈」，據宋史禮志五改。

縑素，上畫黑魚左顧，環以元黿十星，中爲白龍，吐雲黑色；下畫水波，有龜左顧，吐黑氣如綫，和金銀朱丹飾龍形。又設皂旛，刎鵝頸血置槃中，柳枝洒水龍上，俟雨足三日，祭以一豭豕，取畫龍投水中。

真宗本紀：大中祥符二年二月乙巳，幸大相國等寺、上清宮祈雨。戊申，遣使祀太一，祀玄冥。己酉，雨。四月己未〔一〕，河北旱，遣使祠北嶽。

禮志：大中祥符二年旱，遣司天少監史序祀玄冥、五星於北郊，除地爲壇，望告。已而雨足，遣官報謝及社稷。初，學士院不設配位，及是問禮官，言：「祭必有配，報如常祀，當設配坐。」又諸神祠、天齊、五龍用牛，祀祆祠〔二〕、城隍用羊一，八籩，八豆。舊制，不祈四海。帝曰：「百谷之長，潤澤及物，安可闕禮？」特命祭之。

真宗本紀：四年九月戊子，幸太乙宮祈晴。八年二月癸酉，祈雨。天禧元年三月辛丑，以不雨禱于四海。

〔一〕「己未」，宋史真宗本紀作「乙未」。
〔二〕「祆祠」，諸本作「奧祀」，據宋史禮志五改。

仁宗本紀：明道二年三月丁亥，祈雨于會靈觀、上清宫、景德開寶寺〔一〕。慶曆三年四月丙辰，以春夏不雨，遣使禱祠嶽瀆。五月庚辰，祈雨于相國寺、會靈觀。五年二月辛亥，祈雨于相國天清寺、會靈祥源觀。乙卯，謝雨。七年三月辛丑，祈雨于西太一宫，及還，遂雨。四月丁未，謝雨。八年六月壬辰〔二〕，以久雨齋禱。

禮志：仁宗慶曆，大雩宗祀之儀，皆用犢、羊、豕各一。

樂志：孟夏雩祀，仁宗御製二首：

太祖配坐奠幣，獻安　昊天蓋高，祀事爲大。嚴配皇靈，億福來介。

酌獻，感安　龍見而雩，神之來格。犧象精良，威靈赫奕。

仁宗本紀：嘉祐七年三月乙丑，祈雨于西太一宫。庚午，謝雨。

英宗本紀：治平元年四月甲午，祈雨于相國天清寺、醴泉觀。二年九月乙酉，

〔一〕「景德」，諸本作「景治」，據宋史仁宗本紀改。
〔二〕「六月」，諸本作「五月」，據宋史仁宗本紀改。

以久雨，遣使祈于嶽瀆名山大川。

神宗本紀：治平四年時未改元。十一月戊子，分命宰臣祈雪。熙寧元年春正月，以旱減天下囚罪一等，杖以下釋之。壬辰，幸寺觀祈雨。夏四月戊申，命宰臣禱雨。

禮志：熙寧元年正月，帝親幸寺觀祈雨，仍令在京差官分禱，各就本司先致齋三日，然後行事。諸路擇端誠修潔之士，分禱海鎮嶽瀆名山大川，潔齋行事，毋得出謁宴飲、賈販及諸煩擾，令監司察訪以聞。諸路神祠、靈迹、寺觀，雖不係典祀，祈求有應者，並委州縣差官潔齋致禱。已而雨足，復幸太一宮報謝。

神宗本紀：元年十一月癸未，命宰臣禱雪。十二月己亥朔，命宰臣禱雪。癸丑，禱雪于郊廟、社稷。壬戌，雪。二年三月丙戌，命宰臣禱雨。

熙寧五年七月己酉，始建雩壇祀上帝，以太宗配〔一〕。六年五月戊申，禱雨。九月戊辰，詔禱雨，決獄。七年四月，以旱罷方田。是日，雨。十年七月甲寅，禱雨。

禮志：熙寧十年四月，以夏旱，内出蜥蜴祈雨法：捕蜥蜴數十納甕中，漬之以雜

〔一〕「始建雩壇祀上帝」事，乃宋神宗元豐五年七月己酉日事，宋史神宗本紀有記載，秦氏誤繫於此，與下重複，當删。

木葉，擇童男十三歲下〔一〕、十歲上者二十八人，分兩番，衣青衣，以青飾面及手足，人持柳枝霑水洒散，晝夜環繞，誦咒曰：「蜥蜴蜥蜴，興雲吐霧，雨令滂沱，放汝歸去！」雨足。

神宗本紀：元豐三年二月丁巳，命輔臣禱雨。　四年九月甲辰，詳定郊廟奉祀禮儀。

禮志：詳定郊廟奉祀禮文所言：「近詔宗祀明堂配以上帝，其餘從祀群神悉罷。今大雩猶循舊制，皆群神從祀，恐與詔旨相戾。請孟夏大雩，唯祀上帝，以太宗皇帝配，餘從祀群神悉罷。又請改築雩壇於國南門〔二〕，以嚴祀事。」祈用少牢，並從之。

神宗本紀：元豐五年秋七月己酉，始建雩壇祀上帝，以太宗配。

禮志：禮部言：「雩壇當立於圜丘之左巳地，其高一丈，廣輪四丈，周十二丈，四出陛，爲三壝各二十五步，周垣四門，一如郊壇之制。」從之。

哲宗本紀：元祐元年正月丙辰，久旱，幸相國寺祈雨。　五年二月癸卯〔三〕，禱雨

〔一〕「十三歲」，諸本作「十二歲」，據宋史禮志五改。
〔二〕「門」，諸本脱，據宋史禮志三補。
〔三〕「二月」，諸本作「正月」，據宋史哲宗本紀改。

嶽瀆。　八年八月丁未，久雨，禱山川。

紹聖元年十二月，命諸路祈雪。

高宗本紀：紹興五年六月癸丑〔一〕，以久旱減膳，祈禱。　七年七月癸酉，以旱禱于天地、宗廟、社稷。

文獻通考：紹興八年，以時雨愆候，令臨安府差官迎請天竺觀音赴法慧寺，建置道場，如法祈求。候到，宰執率侍從前詣燒香。其後每祈水旱，則迎天竺觀音入城，或就明慶寺建道場，或差官就天竺寺祈禱。　紹興後，孟夏雩祀上帝，在城西惠照院望祭齋宫行禮。其後又於圓壇行禮。

宋史樂志：紹興雩祀一首：

上帝位酌獻，嘉安　蒼蒼昊穹，覆臨下土。欽惟歲事，民所依怙。爰竭精虔，禮典斯舉。甘澤以時，介我稷黍。

孝宗本紀：淳熙十年七月甲戌，分命群臣禱雨于天地、宗廟、社稷、山川。　十四

〔一〕「六月」，諸本作「五月」，據宋史高宗本紀改。

年六月戊寅，以久旱，頒畫龍祈雨法。甲申，幸太一宫、明慶寺禱雨。

樂志：孝宗時，因雨澤愆期，分禱天地、宗廟，精修雩祀。案禮，大雩帝，用盛樂，而唐開元祈雨雩壇，謂之特祀，乃不以樂薦。於是太常朱時敏言：「通典載雩禮用舞僮歌雲漢，晉蔡謨議謂：『雲漢之詩，興于宣王，歌之者取其修德禳災，以和陰陽之義。』乞用舞僮六十四人，衣玄衣，歌雲漢之詩。」詔亟從之。

文獻通考：淳熙十四年七月，太常寺言：「亢陽爲沴，檢點國朝典禮，凡京都旱，則祈嶽鎮海瀆及諸山川能興雲雨者，於北郊望告。又祈宗廟、社稷及雩祀上帝、皇地祇。」詔命宰臣以下分詣告祭。八月三日，獲感應，復命報謝。宰執進呈太常寺，乞謝雨。王淮等奏：「初疑後時，而禮官謂有祈必有報。」上曰：「既是天地、宗廟、社稷，宫觀亦不容已。」淮等奏：「報謝只是酒脯。」上曰：「如何無牲牢？」淮等奏：「國朝典禮，祈用酒脯，謝如常祀。但紹興以來，並只是酒脯，唯雩祀用牲，然雩無報謝之理。」上問：「前日雩祭禮儀及歌雲漢之詩，樂工能之否？」淮等奏：「三獻並用宰執，一篇之詩，工人兩日習歌，亦如法。」

寧宗本紀：慶元二年五月辛巳，以旱禱于天地、宗廟、社稷。三年四月壬子，以旱禱于天地、宗廟、社稷。

嘉泰元年五月戊午，以旱禱于天地、宗廟、社稷。七月丁巳，以旱復禱于天地、宗廟、社稷。二年七月庚午，以旱禱于天地、宗廟、社稷。

開禧三年二月辛未，以旱禱于天地、宗廟、社稷。五月己丑，以旱禱于天地、宗廟、社稷。

嘉定元年閏四月辛卯〔一〕，以旱禱于天地、宗廟、社稷。六月乙酉，以蝗禱于天地、宗廟、社稷。二年五月庚申，以旱禱于天地、宗廟、社稷。六月乙酉，復禱雨于天地、宗廟、社稷。七年六月，以旱命諸路州軍禱雨。八年五月，命有司禱雨。

王圻續通考：八年，幸太乙宫、明慶寺，禱雨于天地、宗廟、社稷。十七年，時理宗已即位。以久雨，命從臣日一人禱于天竺山。

蕙田案：天竺山，亦在境内山川能興雲雨之列，本當秩祀。但宋自高宗紹興八年已後，凡遇水旱，則迎天竺觀音入城，或差官就禱，遂成典故。續通考所載，

〔一〕「閏」，諸本脱，據宋史寧宗本紀補。

命從臣禱于天竺山者，蓋即指此。考其事，自嘉定十七年至景定五年，四十年之間凡十五見。

理宗寶慶二年三月，命從臣日一人禱晴于天竺山。八月、十月復如之。三年，以久雨，命臨安守臣禱于天竺山，一月凡二舉。

紹定元年，命臨安府禱雨于天竺山。二年，以久雨，命從臣日一人禱于天竺山。四年，以久雨，命臨安守臣禱于天竺山。四月，復如之。

端平三年，以霖雨害稼，命近臣禱于天地、宗廟、社稷及宫觀、嶽瀆等處。

宋史理宗本紀：端平三年七月丁巳，祈晴。

王圻續通考：嘉熙二年，以久雨、烈風，禱于天地、宗廟、社稷。

宋史理宗本紀：嘉熙三年四月壬寅，祈雨。四年六月乙未，祈雨。

王圻續通考：四年，命近臣禱雨于天地、宗廟、社稷、宫觀。

宋史理宗本紀：淳祐四年七月己亥朔，祈雨。五年六月甲申，祈雨。七月甲辰，祈雨。

王圻續通考：淳祐五年，以闕雨，命臨安府守臣禱于天竺山。七月，復如之。是年以祈雪，詔釋罪囚。

宋史理宗本紀：淳祐六年六月丙午，祈雨。

王圻續通考：六年，命從臣日一人禱雨于天竺山。　七年禱雨于天地、宗廟、社稷。　八年九月辛未，以秋霖雨，命從臣日一人禱于天竺，監郎官禱于霍山。　十一年，命侍從卿監一人禱雨于天竺山。

寶祐四年，以雨，命從臣禱于天竺山。

宋史理宗本紀：寶祐五年六月丁酉，祈雨。　七月丙辰，祈雨。　六年三月辛亥朔，祈雨。

王圻續通考：六年，命臨安府守臣禱雨于天竺山、霍山，又命侍從卿監日一人禱于天竺山，郎官詣霍山。　是年十一月，分委朝臣遍詣群祠祈雪。

開慶元年，都省言兩浙雨多，詔漕司行下諸郡縣，守倅、令佐親詣寺觀、神祠，精加祈禱。

景定元年，命從臣卿監日一人禱雨于天竺山，郎官詣霍山。　二年，以雨命侍從卿監日一人禱于天竺山，郎官詣霍山。　五年，命從臣卿監日一人禱雨于天竺山，郎官詣霍山。

宋史度宗本紀：咸淳二年七月壬辰，祈雨。　五年九月丙午〔一〕，祈晴。

遼史禮志：若旱，擇日行色克色儀以祈雨〔二〕，前期，置百柱天棚。及期，皇帝致奠于先帝御容，乃射柳。皇帝再射，親王、宰執以次各一射。中柳者質誌柳者冠服，不中者以冠服質之。不勝者進飲於勝者，然後各歸其冠服。又翼日，植柳天棚之東南，巫以酒醴、黍稷薦植柳，祝之。皇帝、皇后祭東方畢，子弟射柳。皇族、國舅、群臣與禮者，賜物有差。既三日雨，則賜多囉倫穆騰馬四匹、衣四襲；否則以水沃之。

國語解：色克色禮，祈雨射柳之儀，耀尼蘇爾罕制〔三〕。

蕙田案：色克色儀，契丹俗禮也。儀禮鄉射禮、大射儀，皆飲不勝者以示罰，而此反進飲于勝者。古者唯宗廟之祭，夫婦親之，后無與外事之禮，惟此祈雨之祭，皇后與焉。誌，猶記也。誌柳者，謂植柳爲記之人，蓋擇親王、宰執中一人爲

〔一〕「丙午」，諸本作「丙子」，據宋史度宗本紀改。
〔二〕「色克色」，味經窩本、乾隆本、光緒本、遼史禮志一作「瑟瑟」。
〔三〕「制」，原脱，據味經窩本、乾隆本、光緒本補。

之。質，讀如交質之質。中柳者，取誌柳者之冠服爲質，不中者，以冠服與誌柳者爲質，既飲而後各還之也。

遼史太祖本紀：神册四年十月丙午，次烏爾古部〔一〕，天大風雪，兵不能進，上禱於天，俄頃而霽。

太宗本紀：天顯三年六月己卯，行色克色禮。四年五月癸巳，行色克色禮。

穆宗本紀：應曆十二年五月庚午，以旱命左右以水相沃，頃之，果雨。十六年五月甲申，以旱泛舟于池禱雨，不雨，捨舟立水中而禱，俄頃乃雨。十七年四月丙子，祈雨，復以水沃群臣。

景宗本紀：保寧元年六月丙申朔，射柳祈雨。七年四月辛亥，射柳祈雨。

乾亨二年四月庚辰〔二〕，祈雨。

聖宗本紀：統和十六年四月己酉，祈雨。

〔一〕「烏爾古部」，味經窩本、乾隆本、光緒本、遼史太祖本紀作「烏古部」。

〔二〕「二年」，諸本作「十年」，據遼史景宗本紀改。

興宗本紀：重熙九年六月，射柳祈雨。

禮志：道宗清寧元年，皇帝射柳訖，詣風師壇，再拜。

道宗本紀：太康六年五月庚寅，以旱命左右以水相沃，俄而雨降。

天祚本紀：乾統八年六月丙申，射柳祈雨。

金史世宗本紀：大定四年五月乙巳〔一〕，詔禮部尚書王競禱雨于北嶽。己酉，命參知政事石琚等于北郊望祭禱雨。六月甲子，以雨足，命有司祭謝嶽鎮海瀆于北郊。

禮志：世宗大定四年五月，命禮部尚書王競祈雨北嶽，以定州長貳官充亞、終獻。又卜日於都門北郊，望祀嶽鎮海瀆，有司行事，用酒脯醢。後七日不雨，祈太社、太稷。又七日祈宗廟，不雨，仍從嶽鎮海瀆如初祈。其設神座，實尊罍，如常儀。其尊罍用瓢齎，擇甘瓠去蔕以爲尊。祝版惟五嶽、宗廟、社稷御署，餘則否。後十日不雨，乃徙市，禁屠殺，斷繖扇，造土龍以祈雨，足，報祀，送龍水中。

世宗本紀：十二年四月癸亥，以久旱，命禱祠山川。十六年五月，遣使禱雨于

〔一〕「乙巳」，諸本作「乙未」，據金史世宗本紀改。

靜寧山神，有頃而雨。　十七年夏六月，京畿久雨，遵祈雨儀祈晴，命諸寺觀啓道場祈禱〔一〕。

章宗本紀：明昌元年五月，不雨。乙卯，祈于北郊及太廟。壬戌，祈雨于社稷。己巳，復祈雨于太廟。丙子，以祈雨，望祭嶽鎮海瀆于北郊。　三年三月丁酉，命有司祈雨，望祀嶽鎮海瀆山川于北郊。四月甲辰，祈雨于社稷。丁卯，復以祈雨，望祭嶽鎮海瀆山川于北郊。五月甲戌，祈雨于社稷。乙酉，以雨足，致祭于社稷。六月甲寅，以久雨，命有司祈晴。　四年五月癸未，以久雨，禜。六月丙辰，以晴，祭嶽鎮海瀆。　五年五月戊子，桓、撫二州旱，遣使禱于縉山。　六年六月丙寅，以久雨，禜。

承安元年三月丁酉，不雨，遣官望祭嶽鎮海瀆于北郊。甲辰，遣參知政事尼瑪哈鑑禱雨于社稷。丁未，復遣使就祈于東嶽。四月辛亥，命尚書右丞胥持國祈雨于太廟。乙丑，命御史大夫伊喇仲方祈雨于社稷。壬申，命參知政事馬琪祈雨于太廟。戊寅，上以久不雨，命禮部尚書張暐祈于北嶽。己卯，遣官望祭嶽鎮海瀆于北郊。庚

〔一〕「十七年」至「祈禱」，引自金史禮志八，非世宗本紀，秦氏誤載。

子，雨足。六月壬子，禁京城繖扇。乙酉，以久旱，徙市。十一月癸卯，命有司祈雪，仍遣官祈于東嶽。二年四月丙辰，命有司祈雨，望祭嶽鎮海瀆于北郊。甲子，祈雨于社稷。五月庚辰，以雨足，報祭于社稷。甲申，望祭嶽鎮海瀆于北郊。四年五月壬辰朔，以旱，下詔責躬，求直言，避正殿，減膳，審理冤獄。戊戌，命有司祭嶽瀆禱雨。壬子，祈雨于太廟。六月甲戌，以雨足，命有司報謝于太廟。己卯，報祭社稷。辛巳，遣官報祭嶽瀆。七月丙辰，以久雨，令大興府祈晴。十一月庚戌〔二〕，命有司祈雪。五年三月壬戌，命有司禱雨。六月乙巳，遣有司祈晴，望祭嶽瀆。七月乙卯朔，以晴，遣官望祭嶽鎮海瀆。

泰和元年六月辛卯，祈雨于北郊。二年四月癸卯，命有司祈雨。四年二月，山東、河北旱，詔祈雨東、北二嶽。三月乙酉，祈雨于北郊。壬辰，祈雨于社稷。四月己亥，祈雨于太廟。丙午，以祈雨，望祀嶽鎮海瀆于北郊。癸丑，祈雨于社稷。庚申，祈雨于太廟。五月乙丑，祈雨于北郊。有司請雩，詔三禱嶽瀆、社稷、宗廟，不雨，乃

〔二〕「十一月」，諸本作「十月」，據金史章宗本紀改。

行之。甲戌，雨。乙酉，謝雨于宗廟。丁亥，報祀社稷。辛卯，報祀嶽鎮海瀆。

泰和三年四月，敕有司祈雨，仍頒土龍法。

宣宗本紀：興定二年七月甲戌，以旱災，詔中外。己卯，遣官望祀嶽鎮海瀆于北郊，享太廟，祭太社、太稷，祭九宮貴神于東郊，以禱雨。遣太子太保阿布哈德剛、禮部尚書楊雲翼分道審理冤獄。癸未，大雨。十二月乙巳，命圖克坦忠祈雪，已而，大雪。四年六月己卯，祈雨。十二月甲戌，祈雪。五年三月丙戌，上御仁安殿，祈雨，仍望祭于北郊。丙午，以旱築壇祀雷雨師。壬子，雨。四月辛酉，禱雨于太廟。

哀宗本紀：正大三年四月辛丑，以旱，遣官禱于濟瀆。癸卯，祈于太廟，禁繖扇。五年八月乙卯，以旱，遣使禱于上清宮。

元史成宗本紀：大德九年五月，大都旱，遣使持香禱雨。十年五月，大都旱，遣使持香禱雨。

仁宗本紀：皇慶二年三月丙辰，以亢旱既久，帝于宮中焚香默禱，遣官分禱諸祠，甘雨大注。

延祐四年四月，帝夜坐，謂侍臣曰：「雨暘不時，奈何？」蕭拜珠對曰：「宰相之過也。」帝曰：「卿不在中書耶？」拜珠惶愧。帝露香默禱，既而大雨，左右以雨衣進，帝曰：「朕爲民祈雨，何避焉！」

泰定帝本紀：泰定三年三月乙巳朔，帝以不雨自責，命審決重囚，遣使分祀五嶽四瀆、名山大川及京城寺觀。

文宗本紀：天曆二年三月壬申，以去冬無雪，今春不雨，命中書及百司官分禱山川群祀。

伯勒奇爾布哈傳：至正二年，拜浙江行省左丞相，或遇淫雨亢旱，輒出禱于神祠，所禱無不應。

明太祖實録：甲午歲七月，禱雨于滁之豐山柏子潭。時滁大旱，帝憂之。滁之西南豐山陽谷柏子潭有龍祠，水旱禱之輒應，既禱或魚躍，或黿鼉浮，皆雨兆。帝既齋沐往禱，禱畢立淵西崖，久之無所見，乃彎弓注矢，祝曰：「天旱如此，吾爲民致禱，神食兹土，其可不恤民。吾今與神約，三日必雨，不然，神恐不得祠於此也。」祝畢，連發三矢而還。後三日，大雨如注，帝即乘雨往謝。是歲，滁大熟。

明史禮志：大雩。明初，凡水旱災傷及非常變異，或躬禱，或露告於宫中，或於奉天殿陛，或遣官祭告郊廟、陵寢及社稷、山川，無常儀。

洪武二年，太祖以春久不雨，祈告諸神祇，中設風雲雷雨嶽鎮海瀆，凡五壇。東設鍾山、兩淮、江西、兩廣、海南北、山東、燕南燕薊山川、旗纛諸神，凡七壇。西設江東、兩浙、福建、湖廣荊襄、河南北、河東、華州山川、京都城隍，凡六壇。中五壇奠帛。初獻，帝親行禮，兩廡命官分獻。

太祖實録：每壇牲用犢、羊、豕各一，幣則太歲、風雲雷雨用白，餘各隨其方色。籩豆、簠簋視社稷，登一，實以大羹，鉶二，實以和羹，儀同常祀。

通鑑綱目三編：洪武三年五月，旱。六月，帝親禱于山川壇。越五日，雨。帝齋於西廡，皇后躬執爨爲農家食，太子、諸王躬饋於齋所。帝素服草屨，徒步詣壇，席藁曝日中，夜卧於地，凡三日。詔省獄囚，命有司訪求通經術深明治道者。越五日，大雨。

宣宗實録：洪熙元年七月，宣宗已即位。以久雨，遣官祭大小青龍之神，自後每歲旱，輒遣官致禱。

宣德三年四月，旱，遣成國公朱勇祭大小青龍之神。

倪嶽青谿漫藳：大小青龍之神。案碑記，昔有僧名盧，自江南來，寓居西山之尸陀林秘魔巖。一日，二童子來拜于前，盧納之，爨薪供奉，寒暑無怠。時久旱不雨，二童子白于盧，能限雨期，言訖，即委身龍潭，須臾，化青龍一大一小，至期，果得甘雨。事聞，賜盧師號曰感應禪師，建寺設像，立碑以記其事。又别建祠于潭上，春秋遣官祭青龍神。宣德中，敕建大圓通寺，二青龍出現，禱之有應，加以封號。

英宗實録：正統四年六月，以京畿水災，祭告天地。

明史禮志：九年三月，雨雪愆期，遣官祭天地社稷神祇諸壇。

景帝本紀：景泰六年五月，禱雨于南郊。

憲宗本紀：成化六年二月，禱雨于郊壇。　八年四月，京師久旱，運河水涸，遣官禱于郊社、山川、淮瀆、東海之神。　二十三年五月，旱，遣使分禱天下山川。

禮志：孝宗弘治十七年五月，畿內、山東久旱，遣官祭告天壽山，分命各巡撫祭告北嶽、北鎮、東嶽、東鎮、東海。

武宗本紀：正德五年三月，禱雨。

世宗本紀：嘉靖八年二月，旱，禱于南郊及山川社稷。

禮志：嘉靖八年春，帝諭禮部：「去冬少雪，今當東作，雨澤不降，當親祭南郊社稷山川。」尚書方獻夫等言：「周禮大宗伯：『以荒禮哀凶札。』釋者謂：『君膳不舉，馳道不除，祭事不縣，皆所以示貶損之意。』又曰：『國有大故，則旅上帝及四望。』釋者曰：『故謂凶災。旅，陳也，陳其祭祀以禱焉，禮不若祀之備也。』今陛下閔勞萬姓，親出祈禱，禮儀務簡約，以答天戒。常朝官並從，同致省愆祈籲之誠。」隨具上儀注。二月親禱南郊，山川同日，社稷用次日，不除道。冠服淺色，群臣同。文五品、武四品以上於大祀門外，餘官於南天門外，就班陪祀。是秋，帝欲親祀山川諸神。禮部尚書李時言：「舊例山川等祭，中夜行禮，先一日出郊齋宿，祭畢，清晨回鑾。兩日畢事，禮太重。宜比先農壇例，昧爽行禮。」因具儀以進，制「可」。祭服用皮弁，迎神、送神各兩拜。

明會典：嘉靖八年春，祈雨，冬祈雪，皆御製祝文，躬祀南郊及山川壇。次日，祀社稷壇，冠服淺色，鹵簿不陳，馳道不除，皆不設配，不奏樂。

禮志：嘉靖九年，帝欲于奉天殿丹陛上行大雩禮。夏言言：「案左傳『龍見而雩』，蓋巳月萬物始盛，待雨而大，故祭天爲百穀祈膏雨也。月令：『雩帝用盛樂，乃命百縣雩祀百辟卿士有益於民者，以祈穀實。』通典曰：『巳月雩五方上帝，其壇名雩，禜於南郊之傍。』先臣丘濬亦謂：『天子於郊天之外，别爲壇以祈雨者也。後世此禮不傳，遇有旱暵，輒假異端之人爲祈禱之事，不務以誠意感格，而以法術劫制，誣亦甚矣。』濬意欲於郊傍擇地爲雩壇，孟夏後行禮。臣以爲孟春既祈穀，苟自二月至四月，雨暘時若，則大雩之祭，可遣官攝行。如雨澤愆期，則陛下躬行禱祝。」乃建崇雩壇於圜丘壇外泰元門之東，爲制一成，歲旱則禱，奉太祖配。

明會典：嘉靖十一年，建崇雩壇於圜丘壇外泰元門之東，歲旱則祭上帝以禱雨，亦奉太祖配享。爲制一成，廣五丈，「五」字上下恐有脱字。高七尺五寸，四出陛，各九級。内壝徑二十七丈，高四尺九寸五分，厚二尺五寸。欞星門六，正南三，東西北各一。外圍墻方四十五丈，高八尺一寸，厚二尺七寸。正南三門曰崇雩門，共爲一區。其南郊之西外圍墻，東西面闊八十一丈五尺，南北進深五十六丈九尺，高九尺，厚三尺。

嘉靖祀典：雩壇止去地一級，四圍用爐鼎四，壇面用爐鼎二，比圜丘減四分之一。

明會典〔一〕：大雩儀。前期五日，太常寺奏請大臣視牲，如常儀。前期三日，告請太祖配神于太廟，行一獻禮。前期二日，太常卿、光禄卿奏「省牲」，如常儀。正祭前期，太常寺陳設，如常儀。是日早，錦衣衛備法駕設輿于奉天門正中，皇帝常服，乘輿至南郊，由西天門歷昭亨門，降輿，過門升輿，至崇雩壇門西，降輿。禮部太常官導皇帝入東左門，由正南櫺星左門入壇，由中陛、左陛至壇。恭視神位畢，出，至神庫視籩豆，神厨視牲，畢，導駕官導皇帝至幕次〔二〕，具祭服出，導駕官導皇帝由左門至内壝櫺星左門入壇。典儀唱「樂舞生就位，執事官各司其事」。内贊奏「就位」，皇帝就拜位。典儀唱「迎神，奏樂」，樂止，内贊奏「四拜」，皇帝四拜，平身。傳贊百官同。典儀唱「奠玉帛，奏樂」，内贊奏「升壇」，皇帝升至上帝前，奏「跪，搢圭」，皇帝跪，搢圭；司香官捧香，跪進于皇帝左，奏「上香」，皇帝三上香；訖，捧玉帛官以玉帛跪進于皇帝右，皇帝受玉帛，奠；訖，奏「出圭」。導至太祖前，儀同。進香，并帛俱右。奏「復位」，樂

〔一〕「明會典」，下文引自嵇璜續文獻通考卷七〇，非明會典。
〔二〕「幕」，原作「冪」，據光緒本、續文獻通考卷七〇改。

止。典儀唱「進俎，奏樂」。齋郎舁饌至，内贊奏「升壇」，皇帝升至上帝前，搢圭，進俎，出圭。導至太祖前，儀同。奏「復位」，樂止。典儀唱「行初獻禮，奏樂」，内贊奏「升壇」，皇帝升至上帝前，奏「搢圭」；捧爵官以爵跪進于皇帝右，皇帝受爵，奉獻爵，皇帝獻；訖，奏「出圭」，奏「詣讀祝位」，奏「跪」，皇帝至讀祝位，跪，傳贊百官皆跪，樂暫止。内贊贊「讀祝」，讀祝官跪讀，訖，樂復作。内贊奏「俯伏，興，平身」，傳贊百官同。導上至太祖前，儀同。奏「復位」，樂止。典儀唱「行亞獻禮，奏樂」，儀同初獻，惟不讀祝，樂止。典儀唱「行終獻禮，奏樂」，儀同亞獻，樂止。太常卿進立于壇前，東向立，唱「賜福胙」，内贊奏「詣飲福位」，皇帝升至飲福位；奏「跪」，奏「搢圭」，光禄卿捧福酒，跪于皇帝左；内贊奏「飲福酒」，皇帝飲；訖，光禄官捧福胙，跪于皇帝左，内贊奏「受胙」，皇帝受；訖，奏「出圭，俯伏，興，平身」，奏「復位」，皇帝復位；内贊奏「四拜」，皇帝四拜，平身。傳贊百官同。典儀唱「徹饌，奏樂」，執事官徹饌，訖，樂止。典儀唱「送神，奏樂」，内贊奏「四拜」，皇帝四拜，平身。傳贊百官同。樂止，典儀唱「讀祝官捧祝，進帛官捧帛，掌祭官捧饌，各詣燎位」，皇帝退，立拜位東。典儀唱「望燎，奏樂」，樂奏雲門之曲。内贊奏「禮畢」，導駕官導皇帝至幕次，易祭服，畢，還宫。壇上猶奏樂舞，九成乃止。

明史樂志：嘉靖十一年定雩祀樂章：十七年罷。

迎神，中和之曲　於穆上帝，爰處瑶宫。咨爾黎庶〔一〕，覆憫曷窮。旗幢戾止，委蛇雲龍。霖澤斯溥，萬寶有終。

奠帛，肅和之曲　神之格思，奠兹文纁。盛樂斯舉，香氣氤氲。精禋孔熯，徹於紫冥。懇祈膏澤，渥我嘉生。

進俎，咸和之曲　百川委潤，名山出雲。愆陽孔熾，膏澤斯屯。祈年於天，載牲於俎。神之格思，報以甘雨。

初獻，壽和之曲　有嚴崇祀，日吉辰良。酌彼罍洗，椒馨飶香。元功溥濟，時雨時暘。惟神是聽，綏以多穰。

亞獻，景和之曲　皇皇禋祀，孔惠孔明。瞻仰來歆，拜首欽承。有醴維醽，有酒維清。雲韶侑獻，肅雍和鳴。聖靈有赫，鑒享精誠。

〔一〕「咨」，諸本作「資」，據明史樂志二校勘記改。

終獻，永和之曲　靈承無斁，駿奔有容。嘉玉以陳，酌鬯以供。禮三再稱，誠一以從。備物致志，申薦彌恭。神昭景貺，佑我耕農。

徹饌，凝和之曲　有赫旱暵，民勞瘁斯。於牲於醴，載舞載詩。禮成三獻，敬徹不遲。神之聽之，雨我公私。

送神，清和之曲　爰迪寅清，昭事昊穹。仰祈甘雨，惠我三農。既歆既格，言歸太空。式霑下土，萬方其同。

望燎，太和之曲　赤龍旋馭，禮洽樂成。燔燎既舉，昭格精禋。維帝降康，雨施雲行。登我黍稌，溥受厥明。

祭畢，樂舞童群歌雲門之曲　景龍精兮時見，測鶉緯兮宵懸。肆廣樂兮鏗鍧，列皇舞兮蹁躚。祈方社兮不莫，薦圭璧兮孔虔。需密雲兮六漠，霈甘澍兮九玄。慰我農兮既渥，錫明昭兮有年。

禮志：十二年夏言等言：「古者大雩之祀，命樂正習盛樂、舞皇舞。蓋假聲容之和，以宣陰陽之氣。請于三獻禮成之後，九奏樂止之時，樂奏雲門之舞。仍命儒臣括雲漢詩詞，制雲門一曲，使文武舞士並舞而合歌之。蓋雲門者，帝堯之樂，周官以祀天神，取雲出天氣，雨出地氣也。且請增鼓吹數番，教舞童百人，青衣執扇，繞壇歌雲門之曲而舞，曲凡九成。」因上其儀，視祈穀禮。又言：「大雩乃祀天禱雨之祭，凡遇亢旱，則禮部于春末請行之。」帝從其議。

世宗實録：十七年四月，大雩，時將躬禱郊壇，帝諭禮部：「禱雨乃脩省事，不用全儀，亦不奉祖配。」乃定青衣上香進帛，三獻，八拜成禮。百官陪拜，祭用酒果脯醢，牛一以熟薦。前一日戌刻，詣郊壇中夕行禮。

王圻續通考：十七年夏四月甲子，大雩，上躬禱雨，製祝文爇之，不應，復于宫中嘿禱。己巳，大雨霑足，群臣表賀。四十三年夏四月，大雩，祈得雨，表賀。

明會典：神宗十三年，上親禱郊壇，却輦步行。其步禱儀：一，前期一日，上具青服，以躬詣南郊祈禱，預告于奉先殿，行禮如常儀。一，前期一日，太常寺進祝版，上親填御名，訖，太常博士捧出，安輿亭内，擡至南郊神庫奉安。一，太常寺預設酒果、脯醢、香帛于圜丘，牛一熟薦，設上拜位于壇壝正中。一，錦衣衛設隨朝駕，不除道。一，正祭，是日免朝。昧爽，上具青服，御皇極門。太常寺官跪奏，請聖駕詣圜丘。上起步行，護駕侍衛并導駕，侍班翰林科道等官如常儀，百官各青衣角帶，恭候于大明門外。內閣、禮部、太常寺近前，其餘文東武西，各照常朝班行序立。駕至，魚貫前導，卑者在前，崇者在後，緣道兩旁，離御路稍遠，文武兩班就中，又各自爲對。至昭亨門，照前序立候駕，監禮御史等官如常儀，鴻臚寺仍委序班十餘員，整肅班行，不許喧譁越次。一，駕至昭亨門，導引官導上至櫺星門外幕次，少憩。禮部尚書、侍郎、太常寺卿、少卿跪，奏「詣壇位」，內贊、對引官導上行，典儀唱「執事官各司其事」，內贊奏「就位」，上至拜位。典儀唱「迎神」，內贊奏「陞壇」，導上至香案前，奏「跪」，奏「上香」，上香，三上香」，訖，奏「復位」，奏「四拜」。傳贊百官同。典儀唱「奠帛，行初獻禮」，內贊奏「陞壇」，導上至神御前。奏「獻帛」，訖，奏「獻爵」，訖，奏「詣讀祝位」，奏「跪」，贊衆皆跪。贊讀祝訖，奏「俯伏，興，平身」，贊百官同。奏「復位」。典儀唱「行亞獻禮」，內贊奏「陞壇」，導上至神御前，奏「獻爵」，訖，奏「復位」。典儀唱「行終獻禮」，儀同亞獻。典儀唱「送神」，內贊奏「四拜」，贊百官同。典儀唱「讀祝官捧祝，進帛官捧帛，各詣燎位」，內贊奏「禮畢」，導引官導上出，至幕次，少憩。上還，仍詣奉先殿參謁，如常儀。

明史莊烈帝本紀：崇禎四年五月，步禱于南郊。

蕙田案：明代，凡水旱災傷，或躬禱，或露告于宮中及奉天殿陛，或遣官祭郊廟、陵寢及社稷、山川，無常儀。至世宗，始復古禮，建雩壇，定儀制，製樂章，亦一時之盛也。惜終帝之世，止舉一祭。神宗莊烈復行步禱，亦暫焉耳，古人常雩、旱雩之典，終未備焉。

唐順之稗編：祭法雩禜祭水旱，漢儒謂雩者，吁嗟，禜者，營域，若雩禜兼祭水旱也。又案司巫「大旱，則帥巫而舞雩」，女巫「旱暵則舞雩」，是雩祭旱也。鬯人「禜門用瓢齎」，注引魯莊二十五年秋「大水，鼓用牲於門」，是禜祭水也。自秦變古，雩禜禮廢，漢武帝元封六年旱，女子、巫、丈夫不入市。昭帝始元六年旱，雩，禁舉火，故雩以祈雨用皂衣，禜以祈晴用朱衣，雩則閉陽而求諸陰，禜則閉陰而求諸陽。後漢行雩禮衣皂。晉穆帝采後漢禮，舞童皆皂服，持羽翳，歌雲漢之詩。齊梁至隋，皆歌雲漢詩。梁武帝以雩壇不當在南郊正陽之方，移之東郊。又謂雩祭燔燎，以火祈水，於理爲乖，改燎爲瘞。議郎朱异謂，雲漢詩有瘞無燎也。大同五年，又定祈雨七事：一理冤獄及失職者，二賑鰥寡孤獨，三省徭役，四舉賢，五黜貪，六恤怨曠，七減膳。舞童皂服爲八列，各執羽翳，每列歌雲漢一章。魏武成帝和平元年雩旱，選伎工端潔善謳者歌雲漢，每列一章。古人救旱之法，自七事外，若徙市、禁屠、斷扇、官府露坐聽政，皆可舉行。近世祈雨，不知以陰求陰，既不反求七事，專以僧道法師符醮、焫香、燒燭、燔符、燎楮，秖助其熱，不知古人救旱，必用女巫，今用僧道法師，若果術行精至，亦亢陽之人，非所以求雨。後世貴僧道而賤巫，古無僧道法師，今爲人祈禱，是亦巫爾，若郡邑急於救旱，不得女巫，或用女冠、比丘尼，以陰求陰也。若禜門，則雨中閉南門，用甘瓠二，去蒂，刳其中，一以奉盛，一以奉醴，朱衣伐鼓於門，祭畢開門，屢獲開霽，此亦古禮之有驗而可行於後世者。自舜禋六宗，已有雩禜，古人救水旱者在此，而流俗慢之甚者，科率富民，以爲齋醮，官買香燭，迎送土偶，擾遍坊市，何以救水旱乎？

右隋至明雩禮

五禮通考卷二十四

吉禮二十四

明堂

蕙田案：明堂之制，詳於考工記。嚴父配天，見於孝經。十二月布政，見於月令。負依朝諸侯，見於明堂位。然則明堂者，祀天享親之所，而布政事、朝諸侯咸在，故孟子曰：「明堂者，王者之堂也。」然自漢儒，已莫能名其義。大戴禮、白虎通、蔡邕所説制度，各不相符，且合太廟、靈臺、辟雍、路寢爲一，以爲與明堂異名同事。後儒雖能辨之，而説猶難定。迨朱子出，而明堂之制度與夫享帝配天之義、布政受朝之事，各有條理，不相淆惑。兹輯「明堂」門，先叙經傳之文，次詳諸儒之説，以朱子説爲宗。其歷代制度典禮，備載於後。

明堂制度

考工記：夏后氏世室，堂修二七，廣四修一。注：世室者，宗廟也。魯廟有世室。夏度以步，令堂修十四步，其廣益以四分修之一，則堂廣十七步半。疏：云「夏度以步」者，下文云「三四步」，明此「二七」是十四步也。云「令堂修十四步」者，言假令以此堂云二七約之，知用步無正文，故鄭以假令言之也。知「堂廣十七步半」者，以南北爲修十四步，四分之，取十二步，益三步爲十五步。餘二步，益半步，爲二步半，添前十五步，是十七步半也。五室，三四步，四三尺。注：堂上爲五室，象五行也。三四步，室方也。四三尺，以益廣也。木室於東北，火室於東南，金室於西南，水室於西北，其方皆三步，其廣益之以三尺。土室於中央，方四步，其廣益之以四尺。此五室居堂，南北六丈，東西七丈。疏：「五室象五行」者，以其宗廟制如明堂，明堂之中有五天帝、五人帝、五人神之坐，皆法五行，故知五室象五行也。

王氏安石曰：夏之世室，堂修二七，爲南北十有四步。廣四修一，爲東西十有七步半。則是一堂，修不過八丈四尺，廣不過十丈五尺矣。堂上五室，中央一室，修四步，廣四步四尺。四角四室，修三步，廣三步三尺，則是南北三室，不過六丈，東西不過七丈矣。每室之間，修不過丈八，廣不過丈八尺加三，而大室所加，不過一尺耳。曾不謂宗廟之室，所以安乎神靈，而王之所以爲祼者，即丈八之地而可爲乎？

蕙田案：堂修二七，堂字對室而言，堂之内爲室，室之外爲堂，堂之修廣，不兼室也。自康成注曰「堂上爲五室」，則指堂室之基總名之曰堂，而室在堂之上，非也。王氏蓋亦襲鄭之意，故以爲不可耳。

李氏謐曰：康成釋五室之位，謂土居中，木、火、金、水各居四維。然四維之室，既乖其正，施令聽朔，各失厥衷。左右之个，棄而不顧，乃反文之以美説，言水木用事，交於東北；木火用事，交於東南；火土用事，交於西南；金水用事，交於西北。五行從其用事之交，出何經典？可謂工於異端，言非而博，疑誤後學。

李氏覯曰：夫既以五室象五行矣，則木、火、金、水之王，當在東南西北之正，何乃置之四角，而云「木室兼水，火室兼木」，若必如是，則中央之室，復何所兼哉？此説誠未可用也。

蕙田案：二説辨鄭注四室在四隅之注，甚是。如鄭説，則方位不正，而必不可通之大戴、月令矣。

九階，注：南面三，三面各二。疏：案賈、馬諸家，皆以爲九等階。鄭不從者，以周、殷差之，夏人卑宮室，當一尺之堂爲九等階，於義不可，故爲旁九階也。鄭知南面三階者，見明堂位云：「三公中階之前，北面，東上。諸侯之位，阼階之東，西面，北上。諸伯之國，西階之西，東面，北上。」故知南面三階也。知餘三面各二者，大射禮云：「升自北階。」又雜記云：「升自側階。」奔喪云：「升自東階。」以此而言，四面有階可知。**四旁有夾窗**，注：窗，助户爲明，每室四户八窗。　疏：言「四旁」者，五室，室有四户，四户之旁皆有兩夾窗，則五室二十户、四十窗也。**白盛**。注：蜃灰也。盛之言成也，以蜃灰堊牆，所以飾成宮室。**門堂，三之二**；注：門堂，門側之堂，取數於正堂。令堂如上制，則門堂南北九步二尺，東西十一步四尺。爾雅曰：「門側之堂謂之塾。」**室，三之一**。注：兩室與門，各居一分。　疏：此室即在門堂之上作之也。言「各居一分」者，謂兩室與門各居一分。

陳氏祥道曰：是室也，非三四步四三尺之室，乃門堂之室也。門堂之修九步二尺，則二室之南北，計其修則四步四尺矣。假令堂上南北十四步，門堂三之二，以十四步裂爲三分而得其二，則爲九步二尺；室三之一，裂爲三分而得其一，則爲四步四尺矣。門堂之廣十有一步有四尺，則二室之東西，計其廣則五步有五尺也。假令堂上東西十七步半，門堂三之二，以十七步半裂爲三分而得其二，則爲十一步四尺；室三之一，以十四步裂爲三分而得其一，則爲四步六尺也。

王氏昭禹曰：其居有堂，其處有室，升降有階，出入有門，慮其不徹也，夾窗以爲明，慮其不潔也，白盛以爲飾，夏后氏如此，則商、周之制亦然矣。

殷人重屋，堂修七尋，堂崇三尺，四阿，重屋。注：重屋者，王宮正堂若大寢也。其修七尋五丈六尺，放夏、周，則其廣九尋七丈二尺也，五室各二尋。崇，高也。四阿，若今四柱屋。重屋，複笮也。疏：雖言放夏、周，經云「堂修七尋」，則廣九尋。若周言南北七筵，則東西九筵，是偏放周法，而言放夏者，七九偏據周。夏后氏南北狹，東西長，亦是放之，故得兼言放夏也。「四阿，若今四柱屋也」者，燕禮云：「設洗當東霤。」則此四阿，四霤者也。云「重屋，複笮也」者，若明堂位云：「復廟重檐。」鄭注云：「重檐，重承壁材也。」則此複笮亦重承壁材，故謂之重屋。

陳氏祥道曰：阿者，屋之曲重者。屋之複，四隅之阿四柱，複屋則上員下方可知。圖説曰：「于室之四阿，皆爲重屋。」

蕙田案：重屋，謂上下兩層檐霤，若樓之製，其實非樓也，今廟寢皆然。鄭氏謂重承壁材，鄭氏鍔因之，曰：「重檐以爲深密，似檐之外復接檐。」非是。

周人明堂，度九尺之筵，東西九筵，南北七筵，堂崇一筵，五室，凡室二筵。注：明堂者，明政教之堂，周度以筵，亦王者相改。周堂高九尺，殷三尺，則夏一尺矣，相參之數。禹卑宮室，謂此一尺之堂與？此三者，或舉宗廟，或舉王寢，或舉明堂，互言之，以明其同制。疏云：明「其同制」者，謂當代三者其制同，非謂三代制同也。

李氏覯曰：鄭康成注「此三者，或舉宗廟，或舉正寢，互言之，以明其同制」。又注玉藻曰：「天子廟及路寢，皆如明堂制。」愚竊以爲不然，苟路寢有四時之位，則天子自可坐而聽朔，奚用遠赴明堂？若以尊嚴國正，當假祭天之廟以聽之，則事畢而還，復於路寢，居其時之堂，何所爲也？宗廟之祭，堂室是一面而足，四方之堂，未聞所設施也。既曰明堂將以事上帝，宗廟將以尊先祖，而以己之正寢，與之同制，蓋非尊祖事天之意也。鄭之此說，並是胸臆，得非康成見世室有五室，既以五行推之，明堂之文，復有五室，求其說而不獲，及重屋之下，都無室數，遂乃巧爲之辭，以謂其制皆同乎？

陳氏禮書：鄭康成謂明堂、太廟、路寢異實同制，其豈然哉？諸侯之廟，見於公食大夫，有東西房、東西夾而已，天子路寢，見於書，亦東西房、東西夾，又東序、西序、東堂、西堂而已，則太廟、路寢無五室十二堂矣。

李氏謐曰：路寢有左右房，見於顧命。諸侯左右房，見喪服大記：「婦人髽，帶麻於房中。」鄭注乃論路寢，則明其左右；言明堂，則闕其左右个。同制之說，還相矛盾，通儒之注，何其然乎？

蕙田案：鄭注互言，以明其同制，非也。蓋廟寢有堂室而無中央之太廟、太室，明堂有左右个而無廟寢之東西夾室；廟寢有南面之堂室而無青陽、總章、玄堂之三面，明堂都宫之内有四門，堂室僅一區；廟寢則都宫之内，並無四門，七廟則堂室七區，五廟則堂室五區。其名不同，其制亦絶異，李氏、陳氏駁之，極是。

陳氏祥道曰：夏謂之世室，殷謂之重屋，周謂之明堂，其名雖殊，其實一也。所謂世室非廟，所謂重屋非寢，以其皆有所謂堂者故也。言夏后氏世室矣，而曰堂修七尋，則重屋非明堂乎？明堂者，王者之堂也，有堂斯有室，有室與堂，斯有屋矣。曰世室者，以室言之；曰重屋者，以屋言之；曰明堂者，以堂言之。商因於夏禮，周因於殷禮，損益雖不同，制度本無二，自其異者視之，夏度以步，商度以尋，周度以筵。自其同者視之，則五室九階，其下同；四户八窗，其旁同；四阿重屋，其上同。自經之所記而互見者言之，夏、周五室，則商可知矣；殷人四阿重屋，則夏、周可知矣；夏后氏九階，四旁兩夾窗，有門堂，有室，則商、周可知矣；四隅之阿，四柱複屋，則上圓下方，又從可知矣。以夏后氏之堂修二七，廣益以四分修之一，周人明堂，東西九筵，南北七筵觀之，則知商人重屋，堂修七尋，其廣九尋，明矣。或以四增一，或以七加二，所謂不相襲禮也。要之，五室以象五行，四户以象四序，八窗以應八節，上圓下方，以法天地之形，此三代明堂之大致也。

蕙田案：凡書言制度，必詳於近而略於遠，今記文獨詳於夏，而略於殷、周，蓋其大局夏后氏已定，殷人特加重屋，周度以筵耳。加重屋，則室已崇，而非如夏之卑也。度以筵，則其制數有别耳。陳氏不取注疏而發明三代制同，與蔡邕等説相合，今從之。

唐氏仲友曰：三代之制雖異，其實皆明堂也。夏堂修二七，則四面之堂，皆修七步矣。廣四修一，則東西九步，南北七步矣。東西雖九步，其二則四堂之修均矣。「四旁兩夾窗」者，八窗而四闥，室中之制也。殷謂之重屋，始重屋也。堂重三尺，記其沿於夏也。唐、虞至儉，猶土階三尺。夏之堂，止崇一尺，其爲康成臆説明矣。四阿，所以爲上員也。重屋，所以爲四阿也。堂各居十二辰之位，而謂堂亦在兩隅，則先儒之失也。東西九筵，南北七筵，舉每堂之修耳。而謂五室十二堂，總在九筵、七筵之内，則又先儒之失也。

蕙田案：唐氏所解及駁正處，俱精確。但既曰「東西九筵，南北七筵，舉每堂之修」而言，而夏堂又曰「四面之堂，皆修七步」，則又將堂修二七分屬兩面，似屬未安，正不如後一説爲直截。

又案：如鄭、賈説，則世室之堂修八十四尺，廣一百五尺；重屋修五十六尺，其廣當七十二尺；明堂修六十三尺，廣八十一尺。然三代制度，由質而文，何夏后之寛而殷、周反狹歟？鄭、賈亦知不得通，故注云：「令堂修十四步。」疏云：「知用步無正文，故鄭以假令言之。」夫記方細述營造而顧爲假設之辭歟？然則後之學者，固難拘注疏之度數，而强求其合矣。

禮記月令：孟春之月，天子居青陽左个。注：大寢，東堂北偏。疏：左个，是明堂北偏，而鄭注云「大寢」者，欲明明堂與太廟、路寢制同，故兼明於明堂聽朔竟，次還太廟，次還路寢也。然鄭云「東堂」，則知聽朔皆堂，不於五角之室中也。

方氏慤曰：青陽者，少陽之稱也。春爲少陽，故所居之堂名之。然其堂也，中有太廟，左右个處其兩旁，故孟月居左，仲月居中，季月居右，各從其類焉。謂之太廟，以其大饗於此故也。謂之左个，以其介於左故也。謂之右个，以其介於右故也。推此，則秋與冬夏，亦若是而已。

仲春之月，天子居青陽太廟。注：東堂當太室。陸氏佃曰：爾雅曰：「室有東西廂曰廟。」所謂青陽、明堂、總章、玄堂、太廟，以其居正，有左右廂故也。若太室，無左右廂，故曰太廟太室，且著青陽等，皆太廟也。

季春之月，天子居青陽右个。注：東堂南偏。

孟夏之月，天子居明堂左个。注：太寢南堂東偏。

仲夏之月，天子居明堂太廟。注：南堂當太室。

季夏之月，天子居明堂右个。注：南堂西偏。

中央土，天子居太廟太室。注：中央室。疏：周人明堂五室，並皆二筵，無大小也。今中央室稱太室者，以中央是土室，土爲五行之主，尊之故稱太。以夏之世室，則四旁之室，皆南北三步，東西三步三尺；中央土室，南北四步，東西四步四尺。則周之明堂，亦應土室在中央，大於四角之室也，但文不具耳。

蕙田案：疏以夏世室擬周明堂，曰「文不具」，則丈尺之制，微特不可考，亦不必拘矣。

孟秋之月，天子居總章左个。注：大寢西堂南偏。

仲秋之月，天子居總章太廟。注：西堂當太室。

季秋之月，天子居總章右个。注：西堂北偏。

孟冬之月，天子居玄堂左个。注：北堂西偏。

仲冬之月，天子居玄堂太廟。注：北堂當太室。

季冬之月，天子居玄堂右个。注：北堂東偏。

方氏慤曰：總章者，陰成之稱也。赤白爲章者，文之成，秋，成之時，其章總矣，故所居之堂，其名以此。明者，南之方；玄者，北之色。夏爲明堂，則知冬之爲幽；冬爲玄堂，則知夏之爲朱。或言方，或言色，互相備也。故夏則居明堂，冬則居玄堂焉。至若太廟，爲左右个之中；太室，又爲太廟之中，故中央土居之。古者，非特明堂中有太廟也，而太廟亦謂之明堂焉。左氏傳所謂「不登於明堂」是也。以其或饗神於此，故謂之廟；以其或聽政於此，故謂之堂。廟堂之名，皆得以通稱之，故天子則聽朔於明堂，諸侯則聽朔於太廟，而魯之太廟，則比天子明堂之制焉。个，即左氏傳所謂「置饋於个」是也，釋者謂東西廂。

觀承案：明堂之制古矣。黄帝曰合宫，唐曰衢室，虞曰總章，夏曰世室，商曰陽館，蓋皆爲朝會諸侯、聽朔頒政之所，非天子之常居。及周曰明堂，而即宗祀文王於此，以配上帝，則尤嚴父配天、對越森嚴之地，而非可常居也。月令天子居青陽、居明堂、居總章、居玄堂云云，分方案月而居者，豈必竟月居之耶？且每室異名，而統名以明堂者，取向明出治之意也。如居必依方，方皆外向，則一歲十二月，惟仲夏一月，人君得正其南面之位。若玄堂，則臣反南面，而君反北面，即餘月，亦皆不合於向明之義也。夫天子之居，春面東而夏面南，固無礙也。如秋面西而冬面北，則西風蕭條，朔風慘烈，亦豈合於時令之宜乎？儒者固貴考古，而亦不可泥古。竊謂明堂之制，以五室而有九室，以九室而有十二堂者，不過如朱子之説，各隨其時方位以開門，而符於十二月之時令，斯已耳。其實天子總坐明堂以朝會布令也，觀明堂位所列之位，五服群辟、四夷、九采，各有東西南北之定位，其君則惟負斧依而南鄉立，可知月令之文，尤不可泥也已。

玉藻：天子玄端，聽朔於南門之外。閏月則闔門左扉，立於其中。注：南門，謂國門也。天子廟及路寢，皆如明堂制。明堂在國之陽，每月就其時之堂而聽朔焉，卒事，反宿於路寢亦如之。閏月，非常月也。聽其朔於明堂門中，還處路寢門終月。疏云：「南門，謂國門」者，孝經緯云：「明堂在國之陽。」又異義：「淳于登説明堂在三里之外，七里之内。」故知南門亦謂國城南門也。云「天子廟及路寢，皆如明堂制」者，案考工記云「夏后氏世室」，鄭注云：「謂宗廟。」「殷人重屋」，注云：「謂正寢也。」「周人明堂」，鄭云：「三代各舉其一，明其制同也。」又周書亦云：「宗廟、路寢、明堂，其制同。」又案明堂位：「太廟，天子明堂。」魯之太廟如明堂，則知天子太廟，亦如明堂也。然太廟、路寢既如明堂，則路寢之制，上有五室，不得有房。而顧命有東房、西房，又鄭注樂記云：「文王之廟，爲明堂制。」案覲禮，朝諸侯在文王廟。而記云「几俟於東箱」者，鄭答趙商云：「成王崩時在西都。文王遷豐、鎬，作靈臺、辟廱而已，其餘猶諸侯制度焉。故知此喪禮設衣物有夾有房也。周公攝政，制禮作樂，乃立明堂於王城。」如鄭此言，是成王崩時，路寢猶如諸侯之制，故有左右房也。覲禮在文王之廟，而記云「几俟於東箱」者，是記人之説誤耳。或云文王之廟，不如明堂制，但有東房、西房，故魯之太廟如文王廟，明堂位云「君卷冕立於阼，夫人副褘立於房中」是也。樂記注稱「文王之廟如明堂制」，有「制」字者，誤也。然西都宮室，既如諸侯制，案詩斯干云：「西南其户。」箋云：「路寢制如明堂。」是宣王之時在鎬京，而云「路寢制如明堂」，則西都宮室如明堂也。故張逸疑而致問，鄭答之云：「周公制於土中，洛誥云：『王入太室祼。』是顧命成王崩於鎬京，承先王宮室耳。宣王承亂，又不能如周公之制。」如鄭此言，則成王崩時，因先王舊宮室。至康王已後，所營依天子制度。至宣王之時，承亂之後，所營宮室，還依天子制度，路寢如明堂也，不復能如周公之時先王之宮室也。若然，宣王之後，路寢制如明堂。案詩王風：「右招我由房。」鄭答張逸云：「路寢房中所用男子。」而路寢又有左右房者，劉氏云：「謂路寢下之燕寢，故有房也。」熊氏云：「平王微弱，路寢不復如明堂也。」異義：「明堂制，今戴禮說，禮盛德記曰：『明堂自古有之，凡有九室，室有四户八牖，三十六户，七十二牖，以草蓋屋，上員下方，所以朝諸侯，其外水名曰辟廱。』明堂月令書說云：『明堂高三丈，東西九仞，南北七筵，上員下方，四堂十二室，室四户八牖，宫方三百步，在近郊。近郊三十里。』講學大夫淳于登說：『明堂在國之陽丙巳之地，三里之外，七里之内，而祀之就陽位。上員下方，八窗四闥，布政之宫。周公祀文王於明堂，以配上帝。上帝，五精之帝。太微之庭，中有五帝座星。』其古周禮、孝經說：『明堂，文王之廟，夏后氏世室，殷人重屋，周人明堂，東西九筵，筵九尺，南北七筵，堂崇一筵。五室，凡室二筵，蓋之以茅。』謹案，今禮、古禮，各以其義說，無明文以知之。玄之聞也，戴禮所云，雖出盛德記，及其下，顯與本章異。九室、三十六户、七十二牖，似秦相吕不韋作春秋時，說者所益，非古制也。『四堂十二室』，字誤，本書云『九堂十二室』。淳于登之言，取義於援神契。援神契說『宗祀文王於明堂，以配上帝』，曰『明堂者，上員下方，八窗四闥，布政之宫，在國之陽。帝者，諦也，象上可承五精之神。五精之神，實在太微，於辰爲巳』。是以登云然。今說立明堂於丙巳，由此爲也。水木用事，交於東北；木火用事，交於東南；火土用事，交於中央；金土用事，交於西南；金水用事，交於西北。周人明堂五室，帝一室，合於數。」如鄭此言，是明堂用淳于登之說；禮戴說云，明堂、辟雍是一；古周禮、孝經說以明堂爲文王廟。又僖五年：「公既視朔，遂登觀臺。」服氏云：「人君入太廟視朔、告朔，天子曰靈臺，諸侯曰觀臺，在明堂之中。」又文二年服氏云：「明堂，祖廟。」並與鄭說不同者。案王制云：「小學在公宫南之左，大學在郊。」又云：「天子曰辟廱。」辟廱是學也，不得與明堂同爲一物。又天子宗廟在雉門之外。孝經緯云：「明堂在國之陽。」又此云「聽朔於南門之外」，是明堂與祖廟别處，不得爲一也。孟子云：「齊宣王問曰：『人皆謂我毁明堂。』孟子對曰：『夫明堂者，王者之堂也。王欲行王政，則勿毁之矣。』」是王者有明堂，諸侯以下皆有廟，又知明堂非廟也。以此故，鄭皆不用，具於鄭駮異義也。云「每月就其時之堂而聽朔焉」者，月令「孟春居青陽左个，仲春居青陽太廟，季春居青陽右个」，以下所居，各有其處，是每月就其時之堂也。云「卒事反宿路寢亦如之」者，路寢既與明堂同制，故知反居路寢，亦如明堂每月異所。反居路寢，謂視朔之一日也，其餘日即在燕寢，視朝則恒在路門外也。

蕙田案：鄭注謂太廟、路寢與明堂同制，考之於經多不合，其誤明甚，具見前李氏、陳氏説。此疏臚鄭義頗詳，今繹其説，於尚書顧命東房、西房，則曰「成王崩時在鎬京，承先王宫室，猶諸侯制度」。於覲禮東廂，則曰「記人之誤」，或曰「文王之廟，不如明堂制」。於詩「西南其户」，則曰「宣王承亂，所營宫室，還依天子制度，路寢如明堂」。於王風「右招我由房」，則又曰「平王微弱，路寢不復如明堂」。審如是，則路寢如明堂之制，僅一見於宣王，而成、康之時，東遷以後，皆如諸侯之制矣。夫定禮樂制度者，成王、周公也，豈有成王時因陋就簡，而宫室制度必待後王改作耶？且詩所謂「築室百堵，西南其户」者，亦泛言宣王宫室之多。西向、南向者不一，非指言路寢也。如執以爲路寢如明堂之證，則明堂九室，亦應有百堵矣。是以辭害志也，可乎哉？種種遷就支離，隨意曲說，皆遁詞耳。唯謂辟雍不與明堂同爲一物，明堂與祖廟别處之說得之。

葉氏時禮經會元：月令有春居青陽，夏居明堂，秋居總章，冬居玄堂，中央居太室之文，說者多疑吕氏之說爲妄。及觀周禮有「閏月，詔王居門」之文，則知先王每月各有攸居，順時布政，皆於此乎出也。周之祭祀，四方圭幣，且放其色，五帝郊兆，必因其方，豈於居處，而獨無所取法耶？蓋明堂有五室，室有二，居青陽、總章、玄堂、太室，皆明堂也。王者南面而立，向明而治，故總謂之明堂。

蕙田案：月令、玉藻爲明堂布令聽朔及左右个并在南門外之確證。

明堂位：天子負斧依，南鄉而立。注：負之言背也。斧依，爲斧文屏風於户牖之間，於前立焉。疏：户牖之間謂之扆，在明堂中央，太室户牖間。三公，中階之前，北面，東上。諸侯之位，阼階之東，西面，北上。諸伯之國，西階之西，東面，北上。諸子之國，門東，北面，東上。諸男之國，門西，北面，東上。九夷之國，東門之外，西面，北上。八蠻之國，南門之外，北面，東上。六戎之國，西門之外，東面，南上。五狄之國，北門之外，南面，東上。九采之國，應門之外，北面，東上。四塞，世告至，此周公明堂之位也。注：九采，九州之牧，典貢職者也。正門謂之應門，二伯帥諸侯而入，牧居外而糾察之也。四塞，謂夷服、鎮服、蕃服在四方爲蔽塞者，新君即位，則乃朝。周禮：「侯服歲一見，甸服二歲一見，男服三歲一見，采服四歲一見，衛服五歲一見，要服六歲一見。九州之外，謂之蕃國，世一見。」疏：此應門，非路門外之應門也。爾雅釋宫云：「正門謂之應門。」李巡云：「宫中南嚮大門，應門也。」應，是當也。以當朝正門，故謂之應門。但天子宫内有路寢，故應門之内有路門。明堂既無路寢，故無路門及以外諸門，但有應門耳。

逸周書明堂：大維商紂暴虐，脯鬼侯以享諸侯，天下患之。四海兆民，欣戴文、武，是以周公相武王以伐紂，夷定天下。既克紂，六年而武王崩，成王嗣，幼弱，未能踐天子之位。周公攝政君天下，弭亂，六年而天下大治。乃會方國諸侯於宗周，大朝諸侯明堂之位。天子之位，負斧扆南面立，率公卿士侍於左右。三公之位，中階之前，北面，東上。諸侯之位，阼階之東，西面，北上。諸伯之國，西階之西，東面，北上。諸子之位，門内之東，北面，東上。諸男之位，門内之西，北面，東上。九夷之國，東門之外，西面，北上。八蠻之國，南門之外，北面，東上。六戎之國，西門之外，東面，南上。五狄之國，北門之外，南面，東上。四塞之國，世告至者，應門之外，北面，東上。宗周明堂之位也。明堂，明諸侯之尊卑也。故周公建焉，而明諸侯於明堂之位。制禮作樂，頒度量，而天下大服，萬國各致其方賄。七年致位於成王。

蕙田案：禮記、逸周書爲明堂朝侯及有四門、應門之確證。其朝位，詳見「賓禮」門。

明堂也者，明諸侯之尊卑也。注：朝於此，所以正儀辨等也。

太廟，天子明堂。注：廟如天子之制。　疏：周公太廟，制似天子明堂。

李氏覯曰：鄭以魯行天子之禮，魯之太廟，既如明堂，則周之太廟，亦如明堂矣。是魯之太廟，如周之太廟也。何不曰太廟、天子太廟，而云明堂哉？斯蓋魯行天子禮樂，饗帝告朔，當放於周，然以人臣不敢立天子政教之堂，故於周公之廟，略擬明堂之制，以備其禮，非周之宗廟如明堂也。

蕙田案：此條，乃鄭氏所據以爲太廟、明堂同制之證者，豈知魯本無明堂，特於廟中僭倣其制，非謂魯之廟直如明堂之制，而明堂之制竟同太廟也。李氏之言，可正鄭氏之失。

春秋文公二年左傳：周志有之：「勇則害上，不登於明堂。」杜注：明堂，祖廟也。所以策功序德，故不義之士不得升。

蕙田案：杜氏釋明堂爲祖廟，病同蔡邕。

大戴禮盛德篇：明堂者，古有之也。凡九室，一室而有四户八牖，三十六户，七十二牖。以茅蓋屋，上圓下方。明堂者，所以明諸侯尊卑。外水曰辟雍，南蠻，東夷，北狄，西戎。明堂月令。赤綴户也，白綴牖也。二九四七五三六一八。堂高三尺，東西九筵，南北七筵，上圓下方，九室十二堂，室四户，户二牖，其宫方三百步。在近郊，近郊三十里。或以爲明堂者，文王之廟也。朱草日生一葉，至十五日，生十五葉，十六日一葉落，終而復始也。周時德澤洽和，蒿茂大以爲宫柱，名蒿宫也。此天子之路寢也。不齊不居其屋。待朝在南宫，揖朝出其南門。

通考：大戴禮曰：「明堂者，古有之也。」淮南子言，神農之世，祀於明堂，明堂有蓋，四方。又漢武帝時，有獻黄帝明堂圖者，或始於此。「凡九室，一室有四户八牖，三十六户，七十二牖，以茅蓋屋。」茅取其潔質也。「上圓下方。明堂者，所以明諸侯尊卑。外水曰辟雍。」韓詩説辟圓如璧，雍似水。不言圓言辟者，取辟有德。不言水言雍，雍，和也。「南蠻，東夷，北狄，西戎。」言四海之君於祭也，各以其方，列於水外。「明堂月令」，於明堂之中，施十二月之令。「赤綴户也，白綴牖也。」綴，飾也。「二九四七五三六一八。」記用九室，謂龜文。「堂高三尺，東西九筵，南北七筵，上圓下方，九室十二堂，室四户，户二牖，其宫方三百步〔一〕。在近郊，近郊三十里。」淳于登説：「明堂在國之陽，三里之外，七里之内，丙巳之地。」韓詩説：「明堂在南方，七里之郊。」然三十里無所取也。再言方圓及户牖之數，亦煩重。「或以爲明堂者，文王之廟也。」明堂與文王之廟不同處，或説謬。「朱草日生一葉，至十五日，生十五葉，十六日一葉落，終而復始也。」孝經援神契曰：「朱草生，蓂莢孳，嘉禾成，蓮莆生。」蓂莢，堯時夾階而生，以記朔也。朱草可食，王者慈仁則生，其形無記。「周時德澤洽和，蒿茂大以爲宫柱，名爲蒿宫也。」晏子春秋曰：「明堂之制，下之潤濕不及也，上之寒暑不入也。木工之鏤，示民知節也。」然或以蒿爲柱，表其儉質也。「此天子之路寢也。不齊不居其室。」路寢，亦爲此制。

蕙田案：通考引大戴禮，傳注相雜，不分大小字。朱子集中論九爲洛書云：「頃讀大戴禮，又得一證。據鄭注明堂云：『象龜文。』即指此注而言。」然注大戴者盧辯，非康成也，朱子亦誤記。

五經異義淳于登説：「明堂在國之陽，丙巳之地，三里之外，七里之内。」

陳氏禮書：大戴禮、白虎通、韓嬰、公玉帶、淳于登、桓譚、鄭康成、蔡邕之徒，其論明堂多矣。特淳于登以爲在國之陽，三里之外，七里之内，其説蓋有所傳然也，

〔一〕「方」，諸本脱，據文獻通考卷七三校勘記補。

何則？聽朔必於明堂，而玉藻曰：「聽朔於南門之外。」則明堂在國之南可知。成王之朝諸侯、四夷之君，咸列四門之外，而朝寢之間，有是制乎？則明堂在國之外可知。

蕙田案：大戴禮明堂在近郊，近郊三十里。韓詩説明堂在南方，七里之郊。顔師古曰：「周書敘明堂，有應門、雉門之制。此知爲王者之常居，且門有皋、庫，謂宜近在宮中。」非也。考天子五門，皋、庫、雉、應、路，惟應門爲治朝之門。明堂位所言應門，乃明堂宮垣之門，在廟門之外，天子朝覲於此，故取治朝之門名之，非五門之應門也，顔氏乃據爲明堂在宮中之證耶？大戴禮謂在近郊三十里，則太遠。每月聽朔，出令爲不便，惟淳于登與韓詩説相近，陳氏禮書謂「蓋有所傳」，不誣也。

逸周書作雒：乃位五宮，太廟、宗宮、考宮、路寢、明堂。注：五宮，宮府寺也。太廟，后稷。二宮，祖考廟、考廟也〔一〕。路寢，王所居也。明堂，在國南者也。咸有四阿反坫。重亢，

〔一〕「考廟」，諸本脱，據逸周書盧文弨校本補。

重郎，常累，復格，藻棁。設移，旅楹，惷常，畫旅〔一〕。内階、玄階，堤唐，山廧，注：咸，皆也。廟四下曰阿。反坫，外向室也。重亢，累棟也。重郎，累屋也。常累，係也。復格，累芝栭也〔二〕。井藻棁，畫梁柱也。承屋曰移。旅，列也〔三〕。惷常〔四〕，謂井藻之節也。畫旅〔五〕，言皆畫列柱爲文〔六〕。玄階，以黑石爲間。唐，中庭道。堤，謂高爲之也〔七〕。山廧〔八〕，謂廧畫山雲〔九〕。應門、庫臺、玄閫。注：門者皆有臺，於庫門見之，後可知也。又以黑石爲門階也。

白虎通：明堂上圓下方，八窗四闥，布政之宫，在國之陽。上圓法天，下方法地，八窗象八方，四闥法四時，九室法九州，十二座法十二月，三十六户法三十六

〔一〕「旅」，諸本脱，據逸周書盧文弨校本補。
〔二〕「芝栭」，諸本作「之檽」，據逸周書盧文弨校本改。
〔三〕「列」，原作「別」，據光緒本、逸周書盧文弨校本改。
〔四〕「常」，諸本脱，據逸周書盧文弨校本補。
〔五〕「畫旅」，諸本脱，據逸周書盧文弨校本補。
〔六〕「畫列柱爲文」，原作「畫列也爲之」，據逸周書盧文弨校本改。
〔七〕「高爲」，諸本誤倒，據逸周書盧文弨校本乙正。
〔八〕「山」，諸本脱，據逸周書盧文弨校本補。
〔九〕「廧」，諸本脱，據逸周書盧文弨校本補。

雨，七十二牖法七十二風。

蔡邕明堂月令說：明堂制度，數各有所法。堂方百四十四尺，坤之策也。屋圜屋徑二百一十六尺，乾之策也。太廟明堂方三十六丈，通天屋徑九丈，陰陽九六之變也。圓蓋方載，六九之道也。八闥以象八卦，九室以象九州，十二宮以應辰，三十六户、七十二牖，以四户九牖乘九室之數也。户皆外設而不閉，示天下不藏也。通天屋高八十一尺，黄鐘九九之實也。二十八柱列於四方，亦七宿之象也。堂高三尺，以應三統。四鄉五色者，象其行。外廣二十四丈，應一歲二十四氣。四周以水，象四海。王者之大禮也。

三輔黄圖：周明堂，明堂所以正四時，出教化，天子布政之宫也。黄帝曰合宫，堯曰衢室，舜曰總章，夏后氏曰世室，殷人曰陽館，周人曰明堂。先儒舊説，其制不同，或曰明堂在國之陽。大戴禮云：「明堂九室，一室有四户八牖，凡三十六户、七十二牖，以茅蓋屋，上圓下方。」援神契曰：「明堂上圓下方，八窗四牖。」考工記云：「明堂五室。」稱九室者，取象陽數也。八牖者，陰數也，取象八風。三十六户者，取六甲之文，六六三十六也。上圓象天，下方象地，八窗即八牖也。四闥者，象四時四方也。五室者，象五行也。皆無明文，先儒以意釋之耳。禮記明堂位曰：「朝諸侯於明堂之位，天子負斧依，南鄉而立。明堂也者，明諸侯之尊卑也。制禮作樂，頒度量，而天下服。」知明堂是布政之宫也。又孝經曰：「宗祀文王於明堂，以配上帝。」則周有明堂也明矣。

家語：孔子觀於明堂，觀四門墉有堯、舜、桀、紂之象，各有善惡之狀，廢興之戒。

蕙田案：四門墉，廟垣之門墉也。

北史李孝伯傳：李謐明堂之制論：「論明堂之制者雖衆，然校其大略，則二途而已。言五室者，則據周禮考工之記以爲本，是康成之徒所執；言九室者，則案大戴盛德之篇以爲源，是伯喈之倫所持。余採掇二家，參之月令，以爲明堂五室，古今通則。其室居中者，謂之太廟太室；太室之東者，謂之青陽；當太室之南者，謂之明堂；太室之西者，謂之總章；當太室之北者，謂之玄堂。四面之室，各有夾房，謂之左右个，三十六户，七十二牖矣。室个之形，今之殿前是其遺像耳。个者，即寢之房也。但明堂與寢，施用既殊，故房个之名，亦隨事而遷耳。故檢之五室，則義明於考工；校之户牖，則數協於盛德；考之施用，則事著於月令；求之閏也，合周禮與玉藻。既同夏、殷，又符周、秦，雖乖衆儒，倘或在斯矣。考工記曰：『周人明堂，度以九尺之筵，東西九筵，南北七筵，堂崇一筵。五室，凡室二筵。室中度以几，堂上度以筵。』余謂記得之於五室，而謬於堂之修廣。盛德篇云：『明堂凡九室，三十六户，七十二牖，上圓下方，東西九仞，南北七筵〔一〕，堂高三尺也。』余謂盛德篇得之於户牖，失之於九室。」

蕙田案：北史李永和著論凡二千餘言，蓋主考工記五室之説。但其位制四室，當太室東西南北之中，與康成四角異。又謂四面之室，各有夾房，謂之左右个，則又與月令、大戴合，而講「个」字尤精。至謂記得之於五室，而謬於堂之修廣，盛德篇得之於户牖，失之於九室，則大舛矣。其全文載於後，並著辨説，茲摘附於大戴諸書之後，以爲五室即九室之義所權輿耳。

北史賈思伯傳：案月令亦無九室之文，原其制置，不乖五室。其青陽右个，即明堂左个；明堂右个，即總章左个；總章右个，即玄堂左个；玄堂右个，即青陽左

〔一〕「七筵」，諸本作「十筵」，據北史李孝伯傳改。

个。如此，則室猶是五，而布政十二。五室之理，謂爲可案。

蕙田案：思伯之議最精，可息五室、九室分爭之喙，通考工、大戴異制之郵。

朱子說即本於此，全說見後。

陳氏禮書：夏世室，商重屋，周明堂，則制漸文矣。夏度以步，商度以尋，周度以筵，則堂漸廣矣。夏言堂修廣而不言崇，商言堂修而不言廣，言四阿而不言室，周言堂修、廣、崇而不言四阿，其言蓋皆互備。月令中央太室，東青陽，南明堂，西總章，北玄堂，皆分左右个，與太廟則五室十二堂矣。明堂位前中階、阼階、賓階，旁四門，而南門之外又有應門，則南三階，東西北各二階，而爲九階矣。考工記五室九階。四時之氣，春爲青陽，夏爲朱明，秋爲白藏，冬爲玄英。則青者春之色，春者陽之中，故春堂名之；總者物之聚，章者文之成，故秋堂名之；明者萬物之相見，玄者萬物之復本，故冬夏之堂名之。左右之堂曰个，以其介於四隅故也。中之堂曰太廟，以其大享在焉故也。古者，鬼神所在皆謂之廟，書與士虞禮以殯宮爲廟〔一〕，則

〔一〕「書」，原脱，據味經窩本、乾隆本、光緒本、禮書卷四〇補。

大享在焉，謂之太廟，可也。

蕙田案：陳氏此條，最爲該備。五室并左右个四室，則亦九室矣。其四面，太廟左右个各有一堂，合之則十二堂矣，正與大戴九室十二堂之制相符。

朱子曰：論明堂之制者非一，某竊意當有九室，如井田之制，東之中爲青陽太廟，東之南爲青陽右个，東之北爲青陽左个；南之中爲明堂太廟，南之東即東之南，爲明堂左个，南之西即西之南，爲明堂右个；西之中爲總章太廟，西之南即南之西，爲總章左个，西之北即北之西，爲總章右个；北之中爲玄堂太廟，北之東即東之北，爲玄堂右个，北之西即西之北，爲玄堂左个。中是太廟太室，凡四方之太廟異方所，其左个右个，則青陽之右个，乃明堂之左个，明堂右个，乃總章之左个也，總章之右个，乃玄堂之左个，玄堂之右个，乃青陽之左个也，但隨其時之方位開門耳。太廟太室，則每季十八日天子居焉。古人制事，多用井田遺意，此恐也是。又曰：明堂，想只是一个三間九架屋子。

蕙田案：朱子論九室制度，至爲明晰，但後一説云「三間九架屋子」，正謂九室象洛書之形耳。但言室而不及堂，猶爲未備，必合禮書五室十二堂參之，其制乃詳也。

楊氏復曰：明堂者，謂王者所居，以出政之堂也。夫王者所居，非謂王者之常居也。疏家云：「明堂在國之南，丙巳之地。」其制必凜然森嚴，肅然清淨。王者朝諸侯、出教令之時而後居焉，而亦可以事天地、交神明於此而無愧〔一〕，説者乃以明堂爲宗廟，又爲大寢，又爲太學，則不待辨説而知其謬矣。惟考工記謂明堂五室，大戴謂明堂九室，二説不同。前代欲建明堂者，或云五室，或云九室，往往惑於二説，莫知所決而遂止。愚謂五室，取五方之義也。九室，則五方之外，而必備四隅也。九室之制，視五室爲尤備。

蕙田案：明堂制度，五室、九室，見考工記、大戴禮。太室太廟、左右个，見月令。四門、應門，見明堂位。南門之外，見玉藻。自漢以來，注疏家及歷代諸儒，言如聚訟。今考其制，外爲宫垣，内爲廟垣，中央一室曰太室，當太室之南曰明堂太廟，太室之東曰青陽太廟，太室之西曰總章太廟，太室之北曰玄堂太廟，是

〔一〕「天地」，諸本作「天祖」，據文獻通考卷七三改。

爲五室，考工記所云「五室」是也。太廟之前有堂，兩旁各有夾室，介於四隅，其形如个，東之北曰青陽左个，東之南曰青陽右个，即南之東曰明堂左个，南之西曰明堂右个，即西之南曰總章左个，西之北曰總章右个，即北之西曰玄堂左个，北之東即東之北曰玄堂右个。左右个四方各二，而室惟四，合太廟及太室五室爲九室，大戴禮所云「九室」是也。左右个之前，各有堂與太廟之堂合。考工記云：「夏堂修二七，廣四修一。殷堂修七尋，崇三尺。周堂高三尺，東西九筵，南北七筵，崇一筵。」左右个室一而堂二，合太廟之堂而三，大戴禮所云「十二堂」者是也。中一室，享祀於此，故曰太廟。左右个，猶廟寢之東房、西房也。不言房而言个者，四阿之屋，介於四隅，象形以取義也。四隅之堂，皆於室外接四角爲之。經傳曰：五室者，舉其正室之居中者言。九室者，合四隅之左右个言。十二室者，由堂以推於室，四面各三也。四堂，舉其堂之合者言也。十二堂，從其室之分者言也。其實一也。堂九階，南面三，曰中階、西階、東階，三面各二，東西曰側階，北曰北階。廟垣之門四：曰南門，明堂門也；東門，青陽門也；西門，總章門也；北門，玄堂門也。南門之外，有宮垣之門，曰應門。門皆有堂有室，門側之堂，猶左塾、右塾也。門之内爲庭。庭，三堂之深，牆壁以蜃灰堊之，爲白盛。堂室之制，上圓下方，四阿重屋，茅茨采椽。上圓者，即九室之屋，在上一層，蔡邕所謂「通天屋」者是也。下方者，圓屋下重，四阿爲之，角在四隅，即室外十二堂之屋也。室有四户八牖，室外與堂通者，十二户，二十四牖；室内與室通者，亦十二户，二十四牖。一户牖兼兩室，若分每室各數之，則三十六户，七十二牖也。其丈尺之制，夏度以步，商度以尋，周度以筵。夏堂修二七，爲十四步，廣益四分修之一，爲十七步半。室三四步，四三尺。據鄭注，四室方一丈八尺，廣二丈一尺，中央室方二丈四尺，廣二丈八尺。殷堂修七尋，爲五丈六尺，廣九尋，爲七丈二尺。周堂東西九筵，爲八丈一尺，南北七筵，爲六丈三尺，室二筵，爲一丈八尺，堂崇一筵，爲九尺。長短廣狹，各因乎時，其制固不得而詳也。明堂者，王者之堂也。先王每月各有攸居，順時布政，皆於是乎出。室九而居，十有二者，朱子曰「左个右个，但隨其時之方位開門」。蓋所謂居者，非常居也。且居在室，而聽政於堂，室則一，而堂有二，春向東，夏向南，秋向西，冬向北。户牖門闥，隨時啓閉，迴乎不同，以九室而行十二月之政於堂，奚不可也？聽朔既各於其月之方，則閏月居門，亦當隨四時更易，不專在明堂之門矣。古天子之祭行於廟，大朝覲會同亦行於廟，而季秋饗帝，既不可於廟中行事，諸侯朝會助祭，又當正其儀節，分其等威，故明堂朝位，公侯伯子男、五服近者立於門内，蠻夷戎狄列於門外，采服又在其外，記曰「所以明諸侯之尊卑」，謂是也。書曰：「周公位冢宰，正百官。」詩序曰：「周公既成洛邑，朝諸侯，乃率以祀文王。」蓋成王宅憂，周公位冢宰，而百官總己以聽焉，及既成洛邑，輔成王以朝諸侯。詩序言「朝諸侯，乃率以祀文王」，則朝不在廟，而在明堂可知矣。然考其名，夏曰世室，則取義於宗廟。殷曰重屋，則取義於棟宇。意者夏卑宫室，以茅蓋屋，或其舊制，殷人易以重屋，故名之歟？周曰明堂，蓋兼朝廟之用，聖人南面而聽，天下嚮明而治。易曰：「離者，明也，南方之卦也。」明堂之義，蓋取諸此。白虎通、蔡邕，其言雖不無附會，亦可想見聖人制作之精意矣。

又案：上圓即九室，下方即十二堂。或疑其制難於營建。乾隆癸酉，予適陪祀，見少司空長白三公，名和三，精於營造，予問曰：「考古明堂之制，應如是，可乎？」曰：「可。」並言今大高殿後有一殿，上圓下方，明嘉靖時所建也，古法有之，論乃定。

附諸儒辨明堂、太廟、靈臺、辟雍、路寢異名同事：

蔡邕明堂論：明堂者，天子太廟，所以崇禮其祖以配上帝者也。夏后氏曰世室，殷人曰重屋，周人曰明堂。東曰青陽，南曰明堂，西曰總章，北曰玄堂，中央曰太室。易曰：「離也者，明也，南方之卦也。聖人南面而聽天下，向明而治。」人君之位，莫正於此焉。故雖有五名，而主以明堂也。其正中皆曰太廟，謹承天順時之令，昭令德宗祀之禮，明前功百辟之勞，起養老敬長之義，顯教幼誨穉之學，朝諸侯、選造士於其中，以明制度，生者乘其能而至，死者論其功而祭，故爲大教之宫，而四學具焉，官司備焉。譬如北辰，居其所而衆星拱之，萬象翼之，政教之所由生，變化之所由來，明一統也。故言明堂，事之大，義之深也，取其宗祀之貌，則曰清廟，取其正室之貌，則曰太廟，取其尊崇，則曰太室，取其堂，則曰明堂，取其四門之學，則曰太學，取其四面周水，圓如璧，則曰辟廱，異名而同事，其實一也。以周清廟論之，魯太廟皆明堂也。魯禘祀周公於太廟明堂，猶周宗祀文王於清廟明堂也。禮記檀弓曰：「王齊，禘於清廟明堂也。」孝經曰：「宗祀文王於明堂。」禮記明堂位曰：「太廟，天子曰明堂。」又曰：「成王幼弱，周公踐天子之位以治天下。朝諸侯於明堂，制禮作樂，頒度量，而天下大服。成王以周公有大勳勞於天下，命魯公世世禘祀周公於太廟，以天子之禮樂升歌清廟，下管象舞，所以異魯於天下也。」取周清廟之歌，歌於魯太廟，明魯之太廟，猶周之清廟也，皆所以昭文王、周公之德，以示子孫也。禮記古大明堂之禮曰：「膳夫是相禮，日中出南闈，見九侯，反問於相；日側出西闈，視五國之事；日入出北闈，視帝節猷。」爾雅曰：「宫中之門謂之闈。」王居明堂之禮又别陰陽門，東南稱門，西北稱闈，故周官有門闈之學，師氏教以三德，守王門；保氏教以六藝，守王闈。然則師氏居東門、南門，保氏居西門、北門也。知掌教國子，與易傳、保傅、王居明堂之禮參相發明，爲學四焉。文王世子篇曰：「凡大合樂，則遂養老，天子至，乃命有司行事，興秩節，祭先師先聖焉。始之養也，適東序，釋奠於先老，遂設三老五更之位。言教學，始之於養老，由東方歲始也。」又：「春夏學干戈，秋冬學羽籥，皆習於東序。凡祭與養老，乞言合語之禮，皆小樂正詔之於東序。」又曰：「大司成論説在東序。」然則詔學，皆在東序。東序，東之堂也，學者聚焉，故稱詔太學。仲夏之月，令祀百辟卿士之有德於民者。禮記太學志曰：「禮，士大夫學於聖人善人，祭於明堂，其無位者，祭於太學。」禮記昭穆篇曰：「祀先賢於西學，所以教諸侯之德也。」即所以顯行國禮之處也。太學，明堂之東序也，皆在明堂、辟廱之内。月令記曰：「明堂者，所以明天氣，統萬物。明堂上通於天，象日辰，故下十二宫，象日辰也。水環四周，言王者動作，法天地，德廣及四海，方此水也。」禮記盛德篇曰：「明堂九室，以茅蓋屋，上圓下方。此水名曰辟廱。」王制曰：「天子出征，執有罪，反釋奠於學，以訊馘告。」樂記曰：「武王伐殷，薦俘馘於京太室。」詩魯頌云：「矯矯虎臣，在泮獻馘。」京，鎬京也。太室，辟廱之中明堂太室也。與諸侯泮宫俱獻馘焉，即王制所謂「以訊馘告」者也。禮記曰：「祀乎明堂，所以教諸侯之孝也。」孝經曰：「孝悌之至，通於神明，光於四海，無所不通。」詩曰：「自西自東，自南自北，無思不服。」言行孝者，則曰明堂，行悌者，則曰太學，故孝經合以爲一義，而稱鎬京之詩以明之，凡此皆明堂、太室、辟廱、太學事通文合之義也。葉氏時禮經會元：匠人曰：「夏世室，殷重屋，周人明堂。」鄭氏謂世室，宗廟也。重屋，正寢也。三代各舉其一，明其制同也。案孝經「周公宗祀文王於明堂」，明堂乃宗祀之地，則亦爲宗廟矣。有明堂則有太室，書曰：「王入太室裸。」孔安國以太室爲清廟，清廟亦明堂也，則亦爲太室矣。月令五室所居之中，皆謂之太廟，則亦爲太廟可知矣。古人建國，左立祖廟，乃在雉門之左，此天子七廟之制，而明堂乃在南門之外，有五廟之寢，則明堂非祖廟即寢廟也。夏官隸僕掌五寢，鄭氏以爲五廟之寢是也。又引天子七廟，唯祧無廟，則非矣。先王先公之廟祧，乃守祧掌之，非隸僕也。明堂有五室，故有五寢。明堂之名，不見於周禮而見於考工記，意在當時或稱爲寢廟歟？天子十二月既有常居，閏月非常月，則太史詔王居門終月，説者謂聽朔於明堂門中，退處路寢門中。玉藻曰：「天子聽朔於南門之外。」是明堂在南門之外，每月則聽朔於此。又曰：「閏月則闔門左扉，立於其中。」彼謂之立，是閏月聽朔則立於明堂門中。此謂之居，是聽朔而退則居於路寢門中。如此，則明堂與路寢門相通，故知其爲寢廟矣。世室，謂之宗廟，重屋，謂之正寢，同此制也。

袁準正論：明堂、宗廟、太學事義，固各有所爲而代之，儒者合爲一體，取詩、書放逸之文，經典相似之語，推而致之，考之人情，失之遠矣。宗廟之中，人所致敬，幽隱清淨，鬼神所居，而使衆學處焉，饗射於中，人鬼慢黷，死生交錯，囚俘截耳，瘡痍流血，以干鬼神，非其理也。茅茨采椽，至質之物，建日月，乘玉輅，以處其中，非其類也。夫宗廟，鬼神之居，祭天而於人鬼之室，非其處也。王者五門，宗廟在一門之内，若在廟而張三侯，又辟廱在内，人物衆多，非宗廟之中所能容也。

陳氏禮書：大戴謂九室三十六户、七十二牖，上圓下方。公玉帶謂爲一殿居中，覆之以茅，環之以水，設之以複，通之以樓。蔡邕謂明堂、太廟、辟廱，同實異名，豈其然哉！宗廟居雉門之内，而教學飲射於其中，則莫之容處。學者於鬼神之宫，享天神於人鬼之室，則失之瀆。袁準嘗攻之矣。則謂之明堂、太廟、辟雍，同實異名，非也。彼蓋以魯之太廟，有天子明堂之飾，晉之明堂，有功臣登享之事，乃有同實異名之論。是不知諸侯有太廟，無明堂，特魯放其制，晉放其名也。

唐氏仲友曰：古人以辟雍、太廟、明堂，同制而異名，是起於大戴記。言外水爲辟雍，又言或以爲文王之廟也，又言此天子之路寢也。蔡邕之徒，祖其説，皆考之未詳爾。路寢之不在郊，明堂之不可爲學宫，太廟之不可爲明堂之制，不待論而明矣。大戴所記，雜有三代之禮，兩存或者之傳，則亦未可以決辭觀也。古之辟雍居中，而四學居其四旁。太室上圜，則水有辟雍之象。五室謂之太室，而於是祀文王，複廟重檐，茅屋示儉，則有清廟之制，外之四堂，與其户牖、路門則亦合於路寢，常居謂之路寢，猶宗廟之謂之太廟。四堂及五室，皆有太廟之名，古人簡質，不嫌同辭，非謂明堂即常居之寢、太祖之廟也。世室、重屋、明堂，同制異名，而鄭氏離之，明堂、辟雍、清廟，制有同者，其實異所，而蔡邕合之，歷代之不爲明堂，與其議論之不決，蓋由此。

楊氏復曰：蔡邕所論，以太廟、靈臺、辟雍、明堂合爲一區，此失之雜者也。

蕙田案：太廟者，祖廟也，亦曰清廟。詩「於穆清廟」、左傳「清廟茅屋」、禮記「清廟之瑟」，注：「清者，肅然清靜之稱。」太室者，廟中之正室。書「王入太室祼」是也。皆祖廟也。周禮宫人「掌王六寢之修」，鄭注：「六寢者，路寢一，小寢五。」玉藻：「君日出而視朝，退適路寢聽政。」路寢者，王治事之所也。太學者，教國子之學。周禮大司樂「掌成均之法，合國之子弟教焉」，王制「天子曰辟雍」，詩「鎬京辟雍」是也。夫太廟在王宫之左，雉門之外，庫門之内，四時祠礿烝嘗及禘祫之所，而非南門之外聽朔、朝覲、大享帝、嚴父配天之明堂也。路寢在路門之内，乃天子之大寢。太學、辟雍在西郊，與明堂何涉？蔡邕乃混而爲一，袁準非之，是也。邕又以魯太廟、天子明堂及周禮師氏守王門、保氏守王闈爲説，不知諸侯有太廟，無明堂，魯特僭禮而倣其制耳。師氏、保氏居虎門，守王闈，此王宮中之小學，非太學。且非辟雍，何況明堂乎？大戴禮或謂文王之廟，夫明堂，乃享帝之所，文王爲配，而非文王之廟也。袁氏等辨之極是。

又案：康成注云：「或舉宗廟，或舉王寢，或舉明堂，互言之，以明其同制。」疏云：「夏舉宗廟，則王寢、明堂，亦與宗廟同制。殷舉王寢，則宗廟、明堂，亦與王寢同制。周舉明堂，則宗廟、王寢，亦與明堂同制。言同制者，謂當代三者制同，非謂三代制同也。」然則鄭、孔之意，本以宗廟、寢廟、明堂分爲三處，其説甚明。與蔡邕牽合爲一處不同，葉氏反摘鄭語，爲合一之證，其亦讀之不審矣。

附先儒辨蔡邕、聶崇義四室之角又爲四室：

李氏覯曰：盛德記九室，蔡伯喈之徒傳之，接四室之角，又爲四室。聶崇義誤以爲秦人明堂圖者是也。案，秦實無明堂，後儒見月令吕不韋所作，有居明堂之文，疑爲秦之明堂爾。然其四室之角，復爲四室，未知何所使用。將以象五行、饗五帝乎，則五室足以備之矣，安用其餘？將以配十二辰乎，則四隅各兩室，重在一方之上，覈其意義，反復不安。此説未可用。

附先儒辨鄭注月令之非：

李氏覯曰：月令一太室，四廟，八左右个，凡十三位。鄭注青陽左个，則曰「大寢東堂北偏」。正義以爲云「東堂」者，則知聽朔皆在堂，不於四角之室中。且夫謂之廟與个者，當須各自一位，豈同在一堂，靡所限隔，而可稱爲廟與个也？蓋康成既執明堂爲五室，若於此十三位又爲限隔，則是實數頗多，與己意相違，故曲飾其辭，以爲三位同在一堂，實不害於五室之文爾。此説不可用。

蕙田案：鄭氏既以四室居四角矣，於此乃曰「大寢東堂北偏」，所謂大寢者，非太室乎？若指太室，則不唯其名不合，而東堂北偏，乃太室於東北之正位，何有此北偏之地？是康成解考工，已知五室之位與月令不合，故爲明堂與大寢同制之説，以爲牽合月令之地，是以於此直注曰「大寢東堂」，而不知不可行也。李氏以三位同在一堂駁之，尚屬似是而非，未深窮其病根所在。

附辨李泰伯四角置室不能各在其辰之上：

李氏覯曰：唐李林甫等注月令，但知十三室各在其辰之上，而不謀所以建立之處，且太室既居中央，若其餘室連太室而爲之，則四面各可置一室，四角闕處，又各可置室，復不能令各在其辰之上，其餘四室，更何所安？後魏時，李謐作明堂制度論，謂太室四面，各爲一室，則四角闕處，各方二筵，二筵之地，乃爲兩便房，基址既狹，況地形斜角，不知何所置之，復何以能令各在其辰之上。且四面之室，既以二筵爲一辰，左右之个，乃以二筵爲兩辰哉？

蕙田案：李氏欲以一室當一辰，故以四角之室不能各在其辰之上爲疑，豈知九室之左右个，皆以兩面隨其時之方位開門，於十二辰本無不備耶。觀朱子之論，則全無窒礙矣。

附先儒辨李泰伯明堂定制：

李氏覯明堂定制説曰：東西九筵，南北七筵，是言東西之堂各深四筵半，南北之堂各深三筵半。五室，凡室二筵，是言四堂中央有方十筵之地，自東至西，可營五室，自南至北，可營五室。十筵，中央方二筵之地，既爲太室矣，欲連太室南作餘屋，則不能令十二位各直其辰，當須於東南西北四面，各虚方二筵之地，四角闕處，又各虚方二筵之地，周而通之，以爲太廟，而太室正居中。所謂太廟太室者，言此太廟之中有太室也。太廟之外，當子午卯酉四位，上各畫方二筵地，以與太廟相通，所謂青陽、明堂、總章、玄堂等太廟者也，當寅申巳亥辰戌丑未八位上，各畫方二筵地以爲室〔一〕，所謂左个右个者也。青陽、明堂、總章、玄堂四太廟前面，各爲一門，出於堂上，門旁夾兩窗，所謂八窗四闥也。聶崇義明堂圖，其制十有二階，當亦取之。禮記外傳曰：「明堂四面，各五門，南門之外，既有應門，則不得不有皋、庫、雉門矣。」明堂者，四時所居，四面如一，南面既有五門，則餘三面皆有五門矣。

唐氏仲友曰：李泰伯謂南北七筵，東西九筵，各用其半，四堂之修不等，一不可也。用其半，則三筵有半，僅三丈一尺而已。祭祀之時，登歌鐘磬、彝尊在堂，自筵之内，爲地三丈一尺，何以容之？況王者於此，聽朔祀帝，百官在列，四海來祭，而以修三丈一尺之堂臨之，不亦陋乎？二不可也。營造之法，修廣崇高，略須相稱，以修三丈一尺之堂，而崇九尺，不亦太高乎？三不可也。王者會朝諸侯，正在明堂，獨徧其南北，此爲何意？四不可也。窗闥設於堂前之楹，則諸侯之位當於何所？容户牖設於堂之四面，二筵之中，尚可酌獻跪起乎？五不可也。九階著於考工，必爲十二階，朝止於應門，而必虚設皋、庫，不亦衍乎？六不可也。

〔一〕「二」，諸本作「一」，據李覯集卷一五改。

蕙田案：唐氏駁李氏之説當矣，而猶有未備者。李説之謬，莫甚於中央方十筵之地，自東至西，凡五室，自南至北，凡五室，九室四廟，共十三位，自謂本禮記月令，而不知與考工、大戴之制判然不可合，且並非月令本旨，至爲不可也。

附辨金華唐氏明堂制度：

唐氏仲友曰：於國之陽畫地，四面方二百四十筵，於中取方二十四筵，以爲五室，每室方三筵，虚其十六筵，室之兩旁爲窗，合八窗。子午卯酉所虚二筵，開四闈，總謂之太廟。以中央四隅爲五室，縱横數之爲九室，崇於堂，一筵前爲一階，以通明堂太廟室之外，東西虚各四筵，南北虚各二筵，占地修十筵，廣十四筵，南北之堂廣十四筵，修七筵，崇一筵，三在前，四在後，以設其户牖上，爲重屋。横六楹，以爲五間，左右个前，直三楹，如个字之形，每楹間二牖一户，太廟敞其前，凡一堂爲九十八牖。東西之堂，亦如之。四堂八个，三十六户，七十二牖，一户太廟，面各二階，與太室合爲九階。堂之四隅，以爲四阿，堂皆有門，門堂各有室，外爲應門、雉門，設兩觀。

蕙田案：唐氏所言，横六楹前直三楹，其規制皆穿鑿不可曉。至云室崇於堂，一筵爲一階，以通明堂，一堂爲九十八牖，雉門設兩觀等，皆不待白而知其非也。録此，以見明堂異説之夥。

附辨明堂有壇墠：

王炎文獻志：明堂之制度，考工記固嘗言之矣。夏有世室、宗廟之制也，殷有重屋、路寢之制也，而周有明堂，其制一堂而五室。鄭康成曰：「或舉宗廟，或舉路寢，或舉明堂，互言之，以明其同制。」康成之言，固不足證。而考工所記，亦未可盡信也。其未可盡信者，何也？若有堂室而無壇墠，則嚴父配天當在宫室之中矣。先王之禮，非特禋祀上帝於郊丘也，祀日月星辰，祀四郊，祀方望山川，皆壇而不屋。漢文帝作廟，以祀五帝於渭陽。夫五帝，五人帝也，祀之於廟，人且議其非禮，況祀天帝之尊，乃即宫室行事，而謂周公爲之乎？故曰考工所記，未可以盡信也。夫考工記，先秦古書也，且難以盡信，則諸家之異説，紛紛從可知矣。是故莫若求之於經，二禮，周公之經也。周官司儀「將合諸侯，則爲壇三成，宫旁一門」，此明堂之説也，然略而未詳。儀禮所載，則詳矣。諸侯覲於天子，爲宫四門，爲壇，加方明於其上，而設六玉焉，上圭下璧，祀帝也，圭璋琥璜，祀四方也，於是拜日禮月，祭天燔柴，此則明堂之壇，而祀神以爲盟也。既盟，王設几即席，諸侯之駕，不入王門，奠圭繅上，此則明堂之宫，而明諸侯以爲朝會也。其盟會詔於明神，是故謂之明堂。鄭康成曰：「王巡守至於方嶽。諸侯來會，亦爲此宫以見之。」康成雖知方嶽之爲此宫，而不知此宫之爲明堂。是説也，吾於孟子有證焉。齊國於泰山之下者也，宣王之時，明堂尚存。趙岐曰：「泰山下明堂，本周天子東巡守朝諸侯之處也。」是説也，吾於班史有證焉。漢武帝之東封也，泰山東北址，有古時明堂處，則宫壇不存，而其址猶在也。雖然，鄭康成、趙臺卿知時會、殷同之有明堂，而未能明夫所以朝諸侯、祀五帝之義也。周公祀文王於明堂，以配上帝，蓋即其壇而祀之，輔成王，負扆以朝諸侯，蓋即其宫而朝之。由此言之，明堂制度與其祀典曉然如指掌矣。

蕙田案：明堂之堂、室制度，及泰山之明堂，經固有明據矣。覲禮所云，蓋指巡狩方岳，未立明堂者而言，故爲壇壝以行禮。所謂爲宫四門者，必係帷宫之門，而王設几度，亦必指氈案王邸之大次，猶後世之帳殿也，豈可據爲明堂之制？且謂盟會，詔於明神，謂之明堂，抑陋甚矣！至祀上帝，壇而不屋。朱子曰：「爲壇而祭，故謂之天；祭於屋下，而以神祇祭之，故謂之帝。」則明堂，正取不壇爲義。王氏牽合周禮，爲壇三成，儀禮爲宫爲壇者，非也。

右明堂制度

明堂饗帝宗祀

禮記月令：季秋之月，大享帝，嘗，犧牲告備於天子。

陸氏佃曰：大享帝，嘗；大飲，烝。嘗，嘗新穀而已。烝，進衆物焉。故季秋大享明堂，嘗新穀，亦謂之嘗。十月農工畢，天子諸侯與其群臣飲酒於太學，進衆物焉，亦謂之烝。言犧牲，則鼎俎告潔，粢盛告豐可知。

方氏慤曰：雩，所以祈；饗，所以報。祈必於仲夏者，以陰生於午，而物盛之始也。報必於季秋者，以陽窮於戌，而歲功之終也。雩於帝，然後爲大雩；饗於帝，然後爲大饗。嘗者，宗廟之秋祭，特以秋祭之犧牲，告備於天子，則以物成可嘗之時尤所重故也。嘗如此，則大饗從可知矣。

孝經：子曰：「孝莫大於嚴父，嚴父莫大於配天，則周公其人也。昔者周公郊祀后稷以配天，宗祀文王於明堂以配上帝。是以四海之内，各以其職來祭。」注：言以父配天之禮，始於周公。明堂，天子布政之宫，周公因祀五方上帝於明堂，乃尊文王以配之。

詩周頌我將序曰：祀文王於明堂也。

我將我享，維羊維牛，維天其右之。儀式刑文王之典，日靖四方。伊嘏文王，既右享之。我其夙夜，畏天之威，於時保之。

程子曰：萬物本乎天，人本乎祖。故冬至祭天而祖配之，以冬至氣之始也。萬物成形於帝，而人成形於父，故季秋享帝，而以父配之，以季秋物成之時也。

問：「郊祀后稷以配天，宗祀文王以配上帝。帝只是天，天只是帝，却分祭，何也？」朱子曰：「爲壇而祭，故謂之天。祭於屋下，而以神祇祭之，故謂之帝。」

吕氏讀詩記：明堂祀上帝而文王配焉。故此詩雖祀文王之樂歌，必先言祀天，而次言祀文王。「我將我享，維羊維牛，維天其右之」，言祀天也。「儀式刑文王之典，日靖四方。伊嘏文王，既右享之」，言祀文王也。

朱子詩集傳：陳氏曰：「古者，祭天於圜丘，掃地而行事，器用陶匏，牲用犢，其禮極簡。聖人之意，以爲未足以報本，故於季秋之月，有大享之禮焉。天即帝也，郊而曰天，所以尊之也，故以后稷配焉。后稷遠矣，配稷於郊，所以尊稷也。明堂而曰帝，所以親之也，故以文王配焉。文王親也，配文王於明堂，亦以親文王也。尊尊而親親，周道備矣。然則郊者古禮，而明堂者，周制也。周公以義起之也。」

王炎文獻志：郊以事天，廟以祀祖禰，三代之達禮也。明堂以享帝則非郊，以享親則非廟，夏、商所未有也，而周始爲之。故夫子曰：「昔者周公郊祀后稷以配天，宗祀文王於明堂以配上帝。」武王之伐商而歸也，祀明堂以教民知孝，其禮行于朝覲、耕藉、養老之先，而嚴父配天之義，夫子不屬之武王而屬之周公者，蓋明堂之禮，武王主其事而行之。其制度，則周公明其義而爲之也，其在周頌思文「后稷配天」之樂章也，我將「祀文王於明堂」之樂章也。萬物本乎天，人本乎祖，尊祖以明有本，此百世所不變者也。而周之王業，實成於文王，配天於郊，則不可以二太祖之尊烝嘗於廟，則不足以明文王之德，是故宗祀明堂以配上帝，此義之所當然，禮之所從起，而非厚於其禰也。知此，則周公制禮之義明矣。

楊氏復曰：郊祀配天，明堂配上帝，天與上帝一也。祀上帝禮，並如郊祀。然月令有「大享」之文，我將之詩有「維羊維牛」之語，則明堂之禮爲尤備。故程子曰：「其禮必以宗廟之禮享之。」朱子亦曰：「祭於屋下，而以神祇祭之。」蓋謂此也。

濮氏一之曰：文王之祀，既不敢同后稷於郊，又無屈天神於宗廟之理，故特尊其祀於明堂也，斯其爲曲盡矣。

何氏楷曰：胡致堂云：「文王已有廟矣，以季秋享帝，而奉文王配焉，不可於七廟中獨舉大禮於一廟，故迎主致之明堂，以配帝也。祭帝必於明堂者，帝出震而宰萬物，猶向明而治天下也。武王即位，追王文王，周公制禮，推本王功，故以文王配帝而祀於明堂，此義類也。」

陳氏禮書：明堂之祀，於郊爲文，於廟爲質，故郊掃地、藁秸而已，明堂則有堂有筵；郊特牲而已，明堂則維羊維牛。然郊有燔燎，而明堂固有升煙。漢武帝明堂禮畢，燎於堂下，古之遺制也。由漢及唐，或祀太乙五帝，孝武。或特祀五帝，明帝。

或除五帝之坐，同稱昊天上帝，晉武帝時，議除明堂五帝之坐，同稱昊天上帝，各設一坐而已。後又復五帝位。或合祭天地，唐武后合祭天地於明堂，中宗仍之。或配以祖，或配以群祖。漢武帝祠明堂，高皇帝配之。章帝祠明堂，以光武配，後又以高祖、太宗、世宗、中宗、世祖、顯祖配，各一大牢。其服也，或以衮冕，東晉武帝。或以大裘。梁禮。其獻也，或以一獻，或以三獻。梁朱异曰：祀明堂，改服大裘。又以貴質，不應三獻，請停三獻，止於一獻。隋於雩壇，行三獻禮。抑又明堂之制，變易不常，與考工之説不同，皆一時之制然也。

附先儒辨鄭注禮書明堂祀五帝：

月令：大饗帝。鄭注：言大饗者，徧祭五帝也。曲禮曰：「大饗不問卜。」謂此。

陳氏禮書：孝經嚴父配天矣，又曰祀上帝者，天則昊天上帝也，上帝則五帝與天也。明堂不祀昊天上帝，不可謂配天；五帝不與，不可謂配上帝。以上帝爲昊天上帝耶，而周禮「以旅上帝」對「旅四望」言之，則上帝非一帝也。以明堂特祀昊天上帝耶，而考工記明堂有五室，則五室非一位也。

應氏鏞曰：春祈穀，夏大雩，秋大饗，皆主於爲民。故噫嘻之詩，以春夏皆爲祈穀於上帝，而秋大饗與冬圜丘，則皆致其報。鄭氏獨以祈穀爲天，而大雩、大饗皆爲五帝，豈以祭之頻而近於瀆乎？「昊天曰明，及爾出王；昊天曰旦，及爾游衍。」程子言，人子不可一日不見父母，人君不可一時不見天，固非慮其頻且瀆也。

楊氏復曰：我將之詩言天者再，天即帝也，帝即天也，則知周人明堂祀天，非總享五帝明矣。又孟春大雩，季秋大享，鄭注謂合祭五天帝，而以五人帝配之。合祭五帝之説，無所據。

蕙田案：明堂祭帝，止是祭天。程子、朱子之言，深得其旨。五帝之説，始於鄭氏，應氏、楊氏辨之是也。陳氏禮書謂祭五帝與天，仍用鄭氏六天之説，明堂五室而祭六天，亦難强通矣。

附辨注疏武王配五人神於明堂下：

祭法：祖文王而宗武王。鄭注：祭五帝、五神於明堂曰祖、宗，祖、宗通言爾。孝經曰：「宗祀文王於明堂以配上帝。」月令：「春曰其帝太皞，其神勾芒；夏曰其帝炎帝，其神祝融；中央曰其帝黄帝，其神后土；秋曰其帝少昊，其神蓐收；冬曰其帝顓頊，其神玄冥。」孔疏云：「祭五帝、五神於明堂曰祖、宗，祖、宗通言爾」者，以明堂月令五時皆有帝及神，又月令季秋大饗帝，故知明堂之神有五人神及五天帝也。孝經云「宗祀文王於明堂以配上帝」，故知於明堂也。郊特牲孔疏：五時迎氣及雩祭，則以五方人帝配之。九月大饗五帝，則以五人帝及文、武配之，以文王配五天帝，則謂之祖；以武王配五人神，則謂之宗。崔氏曰：「皆在明堂之上。」祖、宗通言，故祭法云「祖文王」，文王稱祖。孝經云「宗祀文王於明堂」，是文王稱宗。文王既爾，則武王亦有祖、宗之號，故云祖、宗通言。

王氏肅曰：古者祖有功而宗有德，祖、宗自是不毁之名，非謂配食於明堂者也。審如鄭言，則經當言祖祀文王於明堂，不得言宗祀也。宗者，尊也。周人既祖其廟，又尊其祀，孰謂祖於明堂者乎？鄭引孝經以解祭法，而不曉周公本意，殊非仲尼之義旨也。

杜氏通典：宗祀文王於明堂，以配上帝，謂祀昊天上帝。先儒所釋不同，若以祭五帝，則以天帝皆坐明堂之中，以五人帝及文王配之，五官之神坐於庭中，以武王配之，通名曰祖、宗，故云「祖文王而宗武王」，文王爲父，配祭於上，武王爲子，配祭於下。如其所論，非爲通理，但五神皆生爲上公，死爲貴神，生存之日，帝王享會，皆須升堂。今死爲貴神，獨配於下，屈武王之尊，同下坐之義，爲不便。

陳氏禮書：祭法曰：「周人禘嚳而郊稷，祖文王而宗武王。」鄭氏曰：「禘、郊、祖、宗，謂祭祀以配食也。」其説以爲坐五帝於堂上，以五人帝及文王配之；坐五神於庭中，以武王配之。然古者祖有功而宗有德，謂祖宗其廟耳，非謂配於明堂也。月令之五人帝、五人神，所以配食四郊也。其與享明堂，於經無見，又況降五神於庭中，降武王以配之，豈嚴父之意哉！

唐氏仲友曰：文王配上帝，周之子孫，未之有改。孝經謂之嚴父，爲周公言之也。樂記謂「祀乎明堂而民知孝」者，爲武王言之也。若成王以降，則亦祖而已。德如文王，而可以配上帝，文王既配上帝，則武王雖無配可也。康成謂配以文、武，鑿説也。其説謂祭法禘、郊、祖、宗，皆配天之祭，亦考之未詳耳。禘、祖、宗，宗廟之祭；郊，配天之祭也。鄭氏注大傳「祖之所自出」，謂祭感生帝，不足信也。虞、夏禘黄帝，殷、周禘嚳，所以爲祖之所自出也。長發，大禘之詩，而叙契至於阿衡，其爲禘昭穆之祭何疑？禘不爲郊，則祖、宗不爲明堂，審矣！

蕙田案：諸儒辨注疏明堂之神有五人帝、五人神，最爲透快。要之，注疏之病，在於明堂大饗爲祭五帝，所以支離穿鑿，一至於此也。不知禮書何以亦有祭五帝之説，亦考之未精耳。

附辨陳氏成王應宗祀武王：

陳氏禮書：宗祀文王，則成王矣，成王不祀武王而祀文王者，蓋於是時，成王未畢喪，武王未立廟，故宗祀文王而已。此所以言周公其人也。

司馬氏光曰：竊以孝子之心，誰不欲尊其父者。聖人制禮，以爲之極，不敢踰也，故祖己訓高宗曰：「典祀無豐於昵。」孔子與孟懿子論孝，亦曰祭之以禮。然則事親者，不以數祭爲孝者，貴於得禮而已。前漢以高祖配天，後漢以光武配明堂，以是觀古之帝王，自非建邦啓土及造有區夏者，皆無配天之文。故雖周之成、康，漢之文、景、明、章，其德業非不美也，然而子孫不敢推以配天者，避祖宗也。孝經曰：「嚴父莫大於配天，則周公其人也。」孔子以周公有聖人之德，成太平之業，制禮作樂，而文王適其父也，故引之以證聖人之德莫大於孝，答曾子之問而已，非謂凡有天下者，皆當以父配天，然後爲孝也。近世祀明堂者，皆以其父配五帝，此乃誤識孝經之意，而違先王之禮，不可以爲法也。

或問：朱子曰：我將之詩，乃「祀文王於明堂」之樂章。詩傳以爲物成形於帝，人成形於父，故季秋祀帝於明堂，而以父配之，取其成物之時也。此乃周公以義起之，非古制也。不知周公以後，將以文王配耶，以時王之父配耶？曰：諸儒正持此二議，至今不決，看來只得以文王配。且周公所制之禮，不知在武王之時，在成王之時，若在成王時，則文王乃其祖也，亦自可見。又問：繼周者如何？曰：只得以有功之祖配之。問：周公郊后稷以配天，宗祀文王於明堂以配上帝，此説如何？曰：此是周公創立一箇法如此，將文王配明堂，永爲定例，以后稷配郊，推之自可見。後來妄將嚴父之説亂了。

蕙田案：禮書謂成王未畢喪，武王未立廟，故宗祀文王而已。然則成王終喪之後，當改以武王配帝耶？康、昭而後，亦各以其父配耶？此蓋泥孝經嚴父之説，而失其旨者也。夫明堂宗祀之禮，雖制於周公，而行之實自武王始，武王身有開創之功，而爲之父者，又文王也，故得推尊其父以配上帝。其後王，既無武王之功，而其父之德，又或不如文王，則烏可援嚴父之例耶？且嚴父之説，在周亦有不得已者。周之王業成於文王，而配天者則后稷也。不能祀文王於郊以配天，故特祀之於明堂以配帝，此聖人之行權耳。若文王可配圜丘，又何事創制斯禮，以彰嚴父之義哉？後世既無遥遥始祖如后稷之可以配天，而開創之君，亦既配於圜丘，則固不必徵引古義，而泥於孝經之文矣。

附辨禮書豐年秋冬報爲明堂及郊：

陳氏禮書：詩序曰：「豐年，秋冬報。」則秋報者，季秋之於明堂也。冬報者，冬至之於郊也。先明堂而後郊者，禮由内以及外也。先嚴父而後祖者，禮由親以及尊也。

蕙田案：秋冬報，鄭箋謂嘗也，烝也。鄭解此與噫嘻、載芟、良耜異者，緣詩明言烝畀祖妣，知是祭於宗廟，非祭外神。禮書以爲明堂及郊，非是。至冬至郊天，一歲之正祭，雖亦可謂之大報，而曰「由内及外，由親及疏」，鑿矣。

禮記樂記：祀乎明堂而民知孝。注：文王之廟，爲明堂制。

祭義：祀乎明堂，所以教諸侯之孝也。

蕙田案：祀乎明堂，即所謂宗祀文王於明堂也。孝經以爲創自周公，而此屬之武王，何也？周公制之，武王行之，所以並稱，達孝也。注以文王之廟當之，誤矣。

右明堂饗帝宗祀

方岳明堂

孟子：齊宣王問曰：「人皆謂我毁明堂，毁諸，已乎？」孟子對曰：「夫明堂者，王者之堂也。王欲行王政，則勿毁之矣。」注：明堂，謂泰山下明堂，本周天子東巡狩、朝諸侯之處也。齊侵地而得有之。遂覲東后。　疏：案地理志云：「齊南有泰山。」史記封禪書云：「舜二月東巡狩，至於岱宗。」岱宗，泰山也。又云：「此山黄帝之所常遊，自古受命帝王，未有睹符瑞見而不臻乎泰山也。」云「泰山下明堂，本周天子東巡狩、朝諸侯之地」者，案禮記明堂位云：「明堂者，明諸侯之尊卑。昔殷紂亂天下，脯諸侯以享諸侯，是以周公相武王伐紂。武王崩，成王幼弱，周公踐天子之位。六年，朝諸侯於明堂。七年，致政於成王。成王封周公於曲阜，令魯世世祀周公以天子禮樂。」然則泰山下明堂，即周公朝諸侯之處，蓋魯封内有泰山，後嘗爲齊所伐，故齊南有泰山。文中子云：「如有用我者，當處於泰山矣。」注云：「泰山，黄帝有合宫在其下，可以立明堂之制焉。」禮器云：「魯人將有事於上帝，必先有事於頖宫。齊人將有事於泰山，必先有事於配林。」則泰山在齊明矣。案周制明堂云：「周人明堂，度九尺之筵，東西九筵，南北七筵，堂崇一筵。五室，凡室二筵。」賈釋云：「明堂者，明政教之堂。又夏度以步，殷度以尋，周度以筵，是王者明政也。周堂高九尺，殷三尺，以一相參之數，而卑宫室，則夏堂高一尺矣。」又上注云：「堂上爲五室，象五行，以宗廟制如明堂。明堂中有五天帝、五人神之坐，皆法五行。以五行先起於東方，故東北之堂爲木，其實兼水矣。東南火室矣兼木，西南金室兼火，西北水室兼金，以中央太室有四堂，四角之室亦皆有堂，乃知義然也。」賈釋「太史閏月」下義云：「明堂、路寢及宗廟，皆有五室十二堂門是也。四角之堂，皆於太室外接四角爲之，則五室南北止有二筵，東西各二筵，有六尺，乃得其度，若聽朔，皆於時之堂，不於木火等室居。若閏月，則闔門左扉，立其中而聽朔焉。」

楊氏復曰：此又王者巡狩之地，有明堂以朝諸侯，行政教，非在國之明堂也。

輔氏廣曰：漢書郊祀志：「武帝元封元年，封泰山。」泰山東北址，古有明堂矣。

蕙田案：孫疏明堂，亦仍鄭氏五室之謬，辨見前。

右方岳明堂

明堂附録

大戴禮盛德篇：凡人民疾、六畜疫、五穀災者，生於天，天道不順，生於明堂不飾，故有天災則飾明堂也。

素問序：黄帝坐明堂之上，臨觀八極，考建五帝。

晏子春秋：明堂之制，土事不文，木事不鏤，示民知節也。

荀子强國篇：雖爲之築明堂於塞外而朝諸侯使，殆可也。

尸子君治篇：黄帝曰合宫，有虞氏曰總章，殷人曰陽館，周人曰明堂，皆所以名休其善也。

周公踐東宫，祀明堂，假爲天子，明堂在左，故謂之東宫。

吕氏春秋：周明堂外户不閉，示天下不藏也。周明堂金在其後，有以見先德後武也。茆茨蒿柱，土階三等，以見節儉。

淮南子主術訓：昔者神農之治天下也，甘雨時降，五穀蕃殖，春生夏長，秋收冬藏，月省時考，歲終獻功，以時嘗穀，祀於明堂。明堂之制，有蓋而無四方，風雨不能襲，寒暑不能傷，遷延而入之。文王周觀得失，徧覽是非，堯、舜所以昌，桀、紂所以亡者，皆著於明堂。成、康繼文、武之業，守明堂之制，觀存亡之迹，見成敗之變。

泰族訓：昔者五帝三王之莅政施教，立明堂之朝，行明堂之令，以調陰陽之氣，以和四時之節，以辟疾病之菑。

白虎通：禮三老於明堂，以教諸侯孝也。禮五更於太學，以教諸侯弟也。

文中子問易篇：議其盡天下之心乎？黄帝有合宫之聽，堯有衢室之問，舜有總章之訪，皆議之謂也。并天下之謀，兼天下之智。

通典：黄帝拜祀上帝於明堂。或謂之合宫。其堂之制，中有一殿，四面無壁，以茆蓋，通水，水圜宫垣爲複道，上有樓，從西南入，名曰昆侖，天子從之入，以拜祀。

蕙田案：此即漢書公玉帶之事。

唐、虞祀五帝於五府，蒼曰靈府，赤曰文祖，黄曰神計，白曰明紀，黑曰元矩。

五府之制未詳。

蕙田案：此即鄭注之説。

路史：帝堯居於明堂，橑題不枅，土階不戚，茆茨不翦，泊如也。作七廟，立五府，以享先祖，而配五帝。

三禮圖：明堂，布政之宫。周制五室，秦爲九室十二階，各有所居。

玉海：孔子言宗祀，祀事以之明。孟子言行王政，政事以之明。記言朝諸侯，朝事以之明也。先王之祀，酒曰明水，食曰明粢，服曰明衣，皆神之也。在國之陽，天子居其中，行政教，神而明之，故曰明堂。

右明堂附録

五禮通考卷二十五

吉禮二十五

明堂

西漢明堂

漢書武帝本紀：建元元年秋七月，議立明堂。遣使者安車蒲輪，束帛加璧，徵魯申公。

郊祀志：武帝初即位，尤敬鬼神之祀。漢興已六十餘歲矣，天下乂安，縉紳之屬皆望天子封禪改正度也，而上鄉儒術，招賢良。趙綰、王臧等以文學爲公卿，欲議古立明堂城南，以朝諸侯，草巡狩、封禪、改曆、服色事，未就。竇太后不好儒術，使人微伺趙綰等姦利事，案綰、臧，綰、臧自殺，諸所興爲皆廢。

武帝本紀：元封元年夏四月癸卯，登封泰山，降坐明堂。臣瓚曰：郊祀志「初，天子封泰山，泰山東北阯古時有明堂處」，則此所坐者也。明年秋，乃作明堂耳。

兒寬傳：從東封泰山，還登明堂。寬上壽曰：「臣聞三代改制，屬象相因。間者聖統廢絶，陛下發憤，合指天地，祖立明堂辟雍，宗祀泰山，六律五聲，幽贊聖意，神樂四合，各有方象，以丞嘉祀，爲萬世則，天下幸甚。將建大元本瑞，登告岱宗，發祉闓門，以候景至。癸亥宗祀，日宣重光；上元甲子，肅邕永享。光輝充塞，天文燦然，見象日昭，報降符應。臣寬奉觴再拜，上千萬歲壽。」制曰：「敬舉君之觴。」

史記封禪書：初，天子封泰山，泰山東北趾古時有明堂處，處險不敞。師古曰：「言其阻阨，不顯敞。」上欲治明堂奉高旁，未曉其制度。濟南人公玉帶上黄帝時明堂圖。公玉，姓；帶，名。明堂圖中有一殿，四面無壁，以茅蓋，通水，圜宫垣，爲複道，上有樓，從西南入〔一〕，命曰昆侖，天子從之入，以拜祀上帝焉。于是上令奉高作明堂汶上，徐廣

〔一〕「西」，諸本脱，據史記封禪書補。

曰：「在元封二年秋。」如帶圖。及五年修封，則祀太一、五帝于明堂上坐，令高皇帝祠坐對之。祠后土于下房，以二十太牢。天子從昆侖道入，始拜明堂如郊禮。禮畢，燎堂下。

蕙田案：明堂制度見于經傳者明矣，從未有如公玉帶所圖「四面無壁，通水，圜宮垣，上有樓，而命曰昆侖」者也。明堂之室，皆有户牖夾窗，無壁，則安所施？宮垣之外，有諸侯朝位，通水圜之，則朝于何所？明堂四阿重檐，乃室與堂之棟宇，分爲兩層，上圓下方，以合崇效卑法之義，非樓也。方士者流，以黄帝有登仙之説，又有仙人好樓居之説，遂附會穿鑿，造爲此圖，荒誕極矣！後世異議紛紜，違戾經典，皆作俑于此。

漢書武帝紀：元封二年秋，作明堂于泰山下。

五年冬，行南巡狩。春三月甲子，祠高祖于明堂，以配上帝，因朝諸侯王、列侯，受郡國計。

三輔舊事：上自封禪後，夢高祖坐明堂。群臣亦夢想。于是祀高祖于明堂以配天，還作高靈館。

蕙田案：武帝紀元封元年夏四月，登封泰山，降坐明堂，即古明堂處。二年秋，作明堂于泰山下，即公玉帶所上圖也。云「令高皇帝祠坐對之」，謂以高皇配祀。對，即配也。服虔謂：「漢是時未以高祖配，光武以來乃配之。」非是。據元始中莽言，孝文祭太一，以高皇帝配；孝武祠太一，亦以高祖配。又太始四年，祀高祖于明堂，以配上帝。非至光武始配也。

史記封禪書：其後二歲，十一月甲子朔旦冬至，祠上帝明堂，其贊饗曰：「天增授皇帝泰元神策，周而復始。皇帝敬拜太一。」

漢書武帝紀：太初元年冬十月，行幸泰山。十一月甲子朔旦冬至，祀上帝于明堂。

蕙田案：古者，明堂大饗，行于季秋。是時，萬寶告成，備物以祭，所以答天功也。太初之元，乃以冬日至祀明堂，是混郊與明堂爲一矣。後世或于正月行禮，又與祈穀之郊相混，皆漢武開其端也。

天漢三年，行幸泰山，祀明堂，因受計。

太始四年三月，行幸泰山。壬午，祀高祖于明堂，以配上帝，因受計。癸未，祀孝景皇帝于明堂。

蕙田案：漢武以孝景配祀，蓋亦泥孝經嚴父之説，而昧其旨者也。兩日之內，連舉大事，而異其配，可謂進退失據，而自陷于弗欽之過矣。

征和四年春三月，幸泰山。庚寅，祀于明堂。

平帝紀：元始四年春正月，宗祀孝文以配上帝。夏，安漢公奏立明堂、辟雍。

蕙田案：漢書所載，武帝時止有泰山明堂，王莽始奏立于京師。而三輔黄圖則云：「明堂在長安西南七里。」漢書曰：「武帝初即位，立明堂于城南。」應劭注云：「武帝立明堂，王莽修飾令大。」是長安舊有明堂也。今漢書未見此注，不可考。

五年春正月，祫祭明堂。諸侯王二十八人、列侯百二十人、宗室子九百餘人徵助祭。禮畢，皆益户，賜爵及金帛，增秩補吏，各有差。

蕙田案：祫者，宗廟之大祭。明堂，乃饗帝之所。天神人鬼之祀，截然不可紊也。漢平乃混而一之，其斯爲末世之制乎？

右西漢明堂

後漢明堂

後漢書世祖本紀：中元元年，是歲，初起明堂、靈臺、辟雍及北郊兆域。宣布圖讖于天下。

祭祀志：世祖中元元年，初營明堂、辟雍、靈臺，未用事。

明帝本紀：帝及公卿列侯始服冠冕、衣裳、玉佩、絢屨以行事。禮畢，登靈臺。使尚書令持節詔驃騎將軍、三公曰：「今令月吉日，宗祀光武皇帝于明堂，以配五帝。禮備法物，樂和八音，詠祉福，舞功德，其頒時令，敕群后。事畢，升靈臺，望元氣，吹時律，觀物變。群僚藩輔，宗室子孫，衆郡奉計，百蠻貢職，烏桓、濊貊，咸來助祭，單于侍子、骨都侯亦皆陪位。斯固聖祖功德之所致也。朕以闇陋，奉承大業，親執圭璧，恭祀天地。仰惟先帝，受命中興，撥亂反正，以寧天下，封泰山，建明堂，立辟雍，起靈臺，恢弘大道，被之八極；而嗣子無成、康之質，群臣無吕、旦之謀，盥洗進爵，踧踖惟慚。素性頑鄙，臨事益懼，故曰『君子坦蕩蕩，小人長戚戚』。其令天下自殊死以下，皆赦除之。百僚師尹，其勉修厥職，順行時令，敬若昊天，以綏兆人。」

祭祀志：明帝永平二年正月辛未，初祀五帝于明堂，光武帝配。五帝坐位堂上，各處其方。黄帝在未，皆如南郊之位。光武帝位在青陽之南少退，西面。牲各一犢，奏樂如南郊。卒事，遂升靈臺，以望雲物。

班固東都賦明堂詩：於昭明堂，明堂孔陽。聖皇宗祀，穆穆煌煌。上帝宴享，五位時序。誰其配之，世祖光武。普天率土，各以其職。猗歟緝熙，允懷多福。

張衡東京賦：複廟重屋，八達九房。薛綜注：「八達，謂室有八窗也。堂後有九室，所以異于周制也。」王隆漢官篇曰：「是古者清廟茅屋。」胡廣曰：「古之清廟，以茅蓋屋，所以示儉也。今之明堂，茅蓋之，乃加瓦其上，不忘古也。」

蕙田案：西漢明堂，皆以泰一爲主，五帝爲從。至此，始專祀五帝，而光武配之，失之又甚矣。

章帝本紀：建初三年正月己酉，宗祀明堂。禮畢，登靈臺，望雲物。大赦天下。元和二年二月丙辰，東巡狩。壬申，宗祀五帝于汶上明堂。癸酉，告祠二祖、四宗，大會外内群臣。丙子，詔曰：「朕巡狩岱宗，柴望山川，告祠明堂，以章先勳。其二王之後，先聖之裔，東后蕃衛，伯父伯兄，仲叔季弟，幼子童孫，百僚從臣，宗室衆子，要荒四裔，沙漠之北，葱嶺之西，冒耏之類，跋涉懸度，陵踐阻絶，駿奔郊時，咸來助祭。祖宗功德，延及朕躬。予一人空虚多疚，纂承尊明，盥洗享薦，慙愧祗慄。詩不云乎：『君子如祉，亂庶遄已。』曆數既從，靈耀著明，亦欲與士大夫同心自新。其大赦天下，諸犯罪不得赦者，皆除之。復博、奉高、嬴，無出今年田租、芻藁。」

祭祀志：元和二年二月，上東巡狩，至泰山。辛未，柴祭天地群神如故事。壬申，宗祀五帝于孝武所作汶上明堂，光武帝配，如雒陽明堂祀。癸酉，更告祠高祖、太宗、世宗、中宗、世祖、顯宗于明堂，各一太牢。卒事，遂覲東后，饗賜王侯群臣。因行郡國。四月，還京師。又爲靈臺十二門作詩，各以其月祀而奏之。

蕙田案：人君將出，必告祭宗廟；其歸，有飲至之禮，出告、反面之義也。章帝于巡幸所至，告祀祖宗于明堂，失其意矣。

和帝本紀：永元五年正月乙亥，祀五帝于明堂，遂登靈臺，望雲物。大赦天下。

安帝本紀：延光三年二月壬辰，宗祀五帝于汶上明堂。癸巳，告祀二祖、六宗，勞賜郡縣，作樂。

順帝本紀：永和元年正月己巳，宗祀明堂，登靈臺，改元，大赦。

漢安元年正月癸巳，宗祀明堂，大赦，改元。

宦者傳：朱瑀等陰于明堂中禱皇天曰：「竇氏無道，請皇天輔皇帝誅之，令事必成，天下得寧。」既殺武等，詔大官給塞具。塞，報祠也，「賽」通用。

蔡邕傳：建寧六年七月，邕上封事言：「明堂月令，天子以四立及季夏之節，迎五帝于郊，所以導致神氣，祈福豐年。清廟祭祀，追往孝敬，養老辟雍，示人禮化，皆帝者之大業，祖宗所祗奉也。而有司數以蕃國疏喪，宫内産生，及吏卒小污，屢生忌故。竊見南郊齋戒，未嘗有廢，至于它祀，輒興異議。豈南郊卑而它祀尊哉？孝元皇帝策書曰：『禮之至敬，莫重于祭，所以竭心親奉，以致肅祗者也。』又元和故事，復申先典。前後制書，推心懇惻。而近者以來，更任太史。忘禮敬之大，任禁忌之書，拘信小故，以虧大典。禮，妻妾産者，齊則不入側室之門，無廢祭之文也。謂宫中有卒，三月不祭者，謂士庶人數堵之室，共處其中耳，豈謂皇居之廣，臣妾之衆哉？自今齊制宜如故典，庶答風霆災妖之異。」

蕙田案：明堂祀五帝者，季秋大享之從祀也。五郊迎五帝者，四立及季夏迎氣之正祭也。其時其地，迥然不同，伯喈乃以國外五郊，亦併入明堂爲説，何哉？亦可知辟雍、清廟、明堂合爲一物之説，其不可信愈明矣。

百官志：明堂丞一人，屬太史。

通典：東漢明堂制，上圓下方，法天地。八窗四闥，法八風四時。九室十二座，法九州，十二月。三十六户。

右後漢明堂

魏明堂

魏志文帝紀：黄初二年正月，郊祀天地、明堂。

蕙田案：魏、晉以下，皆以一日之内郊宗並舉，其不成禮可知。

宋書禮志：是時魏都洛京，而神祇、兆域、明堂、靈臺，皆因漢舊事。

魏志明帝本紀：太和元年正月，宗祀文皇帝于明堂，以配上帝。

晉書禮志：魏文帝即位，用漢明堂而未有配。明帝太和元年，始宗祀文帝于明堂，齊王亦行其禮。

通典：太和元年正月丁未，宗祀明堂。祝稱「天子臣某」。

右魏明堂

晉明堂

晉書禮志：泰始二年，群臣議，五帝即天也，王氣時異，故殊其號，雖名有五，其實一神。明堂南郊，宜除五帝之座，五郊改五精之號，皆同稱昊天上帝，各設一座而已。地郊又除先后配祀。帝悉從之。二月丁丑，郊祀宣皇帝以配天〔一〕，宗祀文皇帝于明堂以配上帝。

蕙田案：西漢武帝建明堂祀上帝，甚正也。後漢明帝兼祀五帝，非孝經上帝之義矣。武帝初以高祖配，甚正也；未幾，兼以景帝配，平帝又以文帝配，非孝經嚴父之義矣。魏承漢制，配以文帝而五帝仍之。迨晉泰始二年，始除五帝座，改五精之號，除先后配地，三者皆足以救弊，惜其不久而即更也。

樂志：天地郊明堂夕牲歌傅玄詞〔二〕。皇矣有晉，時邁其德。受終于天，光濟萬國。萬國既光，神定厥祥。虔于郊祀，祗事上皇。祗事上皇，百福是臻。巍巍祖考，

〔一〕「宣皇帝」，諸本作「先皇帝」，據晉書禮志上改。
〔二〕「詞」，原作「嗣」，據味經窩本、光緒本改。

克配彼天。嘉牲匪歆，德馨唯饗。受天之祐，神化四方。

天地郊明堂降神歌　於赫大晉，應天景祥。二帝邁德，宣此重光。我皇受命，奄有萬方。郊祀配享，禮樂孔章。神祇嘉享，祖考是皇。克昌厥後，保祚無疆。

明堂饗神歌　經始明堂，享祀匪懈。於皇烈考，光配上帝。赫赫上帝，既高既崇。聖考是配，明德顯融。率土敬職，萬方來祭。常於時假，保祚永世。

禮志：太康十年十月，詔曰：「孝經『郊祀后稷以配天，宗祀文王于明堂以配上帝』。而周官云『祀天旅上帝』，又曰『祀地旅四望』。望非地，則明堂上帝不得爲天也。往者衆議除明堂五帝位，考之禮文不正。且詩序曰『文、武之功，起于后稷』，故推以配天焉。宣帝以神武創業，既已配天，復以先帝配天，於義亦所不安。其復明堂及南郊五帝位。」晉初以文帝配，後復以宣帝，尋復還以文帝配，其餘無所變更。是則郊與明堂，同配異配，參差不同矣。摯虞議以爲：「漢魏故事，明堂祀五帝之神。新禮，五帝即上帝，即天帝也〔一〕。明堂除五帝之位，唯祭上帝。案仲尼稱『郊祀后稷以

〔一〕「天帝」，諸本誤倒，據晉書禮志上乙正。

配天，宗祀文王于明堂以配上帝』。周禮祀天旅上帝，祀地旅四望。望非地，則上帝非天，斷可識矣。郊丘之祀，掃地而祭，牲用繭栗，器用陶匏，事反其始，故配以遠祖。明堂之祭，備物以薦，三牲並陳，籩豆成列，禮同人鬼〔一〕，故配以近考。郊堂兆位，居然異體，牲牢品物，質文殊趣。且祖考同配，非爲尊嚴之美，三日再祀，非爲不瀆之義，其非一神，亦足明矣。昔在上古，生爲明王，没則配五行。此五帝者，配天之神，同兆之于四郊，報之于明堂。祀天，大裘而冕，祀五帝亦如之。或以爲五精之帝，佐天育物者也。前代相因，莫之或廢，晉初始從異議。庚午詔書，明堂及南郊除五帝之位，唯祀天神，新禮奉而用之。前太醫令韓楊上書，宜如舊祀五帝。太康十年，詔以施用。宜定新禮，明堂及郊祀五帝如舊儀。」詔從之。江左以後，未遑修建。

蕙田案：帝即天也。孝經配天、配上帝，互文見義耳。摯虞惑于六天之説，取其君之善制而變之，誤孰大焉！

宋書禮志：元帝紹命中興，依漢氏故事，宜享明堂宗祀之禮。江左不立明堂，

〔一〕「人鬼」，諸本作「人理」，據晉書禮志上改。

故闕焉。

孝武帝太元十二年五月壬戌，詔曰：「昔建太廟，每事從儉約，思與率土，致力備禮。又太祖虛位，明堂未建。郊祀，國之大事，而稽古之制闕然。便可詳議。」祠部郎徐邈議：「明堂方圓之制，綱領已舉，不宜闕配帝之祀。」「周公宗祀文王，漢明配以始祖，自非維新之考，孰配上帝。」又曰：「明堂所祀之神，積疑莫辨。案易，『殷薦上帝，以配祖考』。祖考同配，則上帝亦爲天，而嚴父之義顯。周禮旅上帝者有故，告天與郊祀常禮同用四圭，故並言之。若上帝者是五帝〔一〕，經文何不言祀天旅五帝，祀地旅四望乎？人帝之與天帝，雖天人之通謂，然五方不可言上帝，諸侯不可言大君也。書無全證，而義容彼此，故太始、太康二紀之間，興廢迭用矣。」侍中車胤議同〔二〕。又曰：「明堂之制，既其難詳。且樂主於和，禮主於敬，故質文不同，音器亦殊。既茅茨廣廈，不一其度，何必守其形範，而不知弘本順民乎？九服咸寧，河、朔無塵，然後明堂

〔一〕「是」，諸本脱，據宋書禮志三補。
〔二〕「同」，諸本脱，據宋書禮志三補。

辟雍，可崇而修之。」吏部郎王忱議：「明堂則天象地，儀觀之大，宜俟皇居反舊，然後修之。」驃騎將軍會稽王道子、尚書令謝石意同忱議。于是奉行，一無所改。

通典：東晉太元十三年，孝武帝正月後辛祀明堂。車服之儀，率遵漢制。出以法駕，服以衮冕。時孫耆之議：「郊以祀天，故配之以后稷；明堂祀帝，故配之以文王。由斯言之，郊爲皇天之位，明堂即上帝之廟。故徐邈以配之爲言，必有神主；郊爲天壇，則明堂非太廟矣。」時議帝親奉，今親祀北郊，明年正月上辛祀昊天，次辛祠后土，後辛祀明堂。

蕙田案：宋書所載東晉之無明堂也，審矣。晉書紀、志亦絶無孝武祀明堂事。通典此條，不知何據，姑存以俟考。

右晉明堂

宋明堂

宋書禮志：孝武大明五年四月庚子，詔曰：「昔文德在周，明堂崇祀，高烈唯漢，汶邑斯尊。朕皇考太祖文皇帝，功耀洞玄，聖靈昭俗，内穆四門，仁濟群品，外薄八荒，威憺殊俗，南腦勁越，西髓剛戎。裁禮興稼穡之根，張樂協四氣之紀。匡飾墳序，引無題之外；旌延寶臣，盡盛德之範。訓深劭農，政高刑厝。萬物棣通，百神薦祉。動協天度，下沿地德。故精緯上靈，動殖下瑞，諸侯軌道，河溓海夷。朕仰憑洪烈，入子萬姓，皇天降祐，迄將一紀。思奉揚休德，永播無窮。便可詳考姬典，經始明堂，宗祀先靈，式配上帝，誠敬克展，幽顯咸秩。惟懷永遠，感慕崩心。」有司奏：「伏尋明堂辟雍，制無定文，經記參差，傳説乖舛。名儒通哲，各事所見，或以爲名異實同，或以爲名實皆異。自漢暨晉，莫之能辨。周書云清廟、明堂、路寢同制。鄭玄注禮，義生于斯。諸儒又云明堂在國之陽，丙巳之地，三里之内。至于室宇堂个，户牖達向，世代湮緬，難得該詳。晉侍中裴頠，西都碩學，考詳前載，未能制定。以爲尊祖配天，其義明著，廟宇之制，理據未分，直可爲殿，以崇嚴祀。其餘雜碎，一皆除之。參詳鄭玄之注，差有準據，裴頠之奏，竊謂可安。國學之南，地實丙巳，爽塏平暢，足以營建。其牆宇規範，宜擬則太廟，唯十有二間，以應朞數。依漢汶上圖儀，設五帝位，太祖文皇帝對饗。祭皇天上帝，雖爲差降，至于三載恭祀，理不容異。自郊徂宫，亦宜共日。禮記郊以特牲，詩稱明堂羊牛，吉蠲雖同，質文殊典。且郊有燔柴，堂無禋燎，則鼎俎彝簋，一依廟禮。班行百司，搜材簡工，權置起部尚書、將作大匠，量物商程，剋今秋繕立。」乃依頠議，但作大殿屋雕畫而已，無古三十六户七十二牖之制。

蕙田案：制擬宗廟，祀以五帝，屋用雕畫，室無户牖，失其義矣。

九月甲子，有司奏：「南郊祭用三牛。廟四時祠六室用二牛。明堂肇建，祠五帝，太祖文皇帝配，未詳祭用幾牛。」太學博士司馬興之議：「案鄭玄注禮記大傳稱：『孝經郊祀后稷以配天，配靈威仰也。宗祀文王于明堂，以配上帝，配五帝也。』夫五帝司方，位殊功一，牲牢之用，理無差降。愚管所見，謂宜用六牛。」博士虞龢議：「祀帝之名雖五，而所生之實常一。五德之帝，迭有休王，各有所司，故有五室。宗祀所主，要隨其王而饗焉。主一配一，合用二牛。」祠部郎顔奐議：「祀之爲義，並五帝以爲言。帝雖云五，牲牢之用，謂不應過郊祭廟祀。宜用二牛。」

孝武本紀：大明六年正月辛卯，車駕親祀南郊。是日，又宗祀明堂。大赦天下。

禮志：六年正月，南郊還，世祖親奉明堂，祠祭五時之帝，以文皇帝配，是用鄭玄議也。官有其注。

樂志：明堂歌謝莊造。地紐謐，乾樞回。華蓋動，紫微開。旌蔽日，車若雲。駕六氣，乘絪緼。曄帝京，煇天邑。聖祖降，五靈集。構瑶戺，聳珠簾。漢拂幌，月棲檐。舞綴暘，鐘石融。駐飛景，鬱行風。懋粢盛，潔牲牷。百禮肅，群司虔。皇德遠，大孝昌。貫九幽，洞三光。神之安，解玉鑾。景福至，萬寓歡。右迎神歌詩。依漢郊祀迎神，三言，四句一轉韻。　醮臺辨朔，澤宮練辰。潔火夕照，明水朝陳。六瑚賁室，八羽華庭。昭事先聖，懷濡上靈。肆夏式敬〔一〕，升歌發德。永固鴻基，以綏萬國。右登歌詩。舊四言。　維天爲大，惟聖祖是則。辰居萬寓，綴瑬下國。內靈八輔，外光四瀛。蕳宮仰蓋，日館希旌。複殿留景，重檐結風。刮楹接緯，達嚮承虹。設業設虡，在王庭。肇禋祀，克配乎靈。我將我享，維孟之春。以孝以敬，以立我烝民。右歌太祖文皇帝詞。依周頌體。　參暎夕，駟照晨。靈乘震，司青春。雁將向，桐始蕤。柔風舞，暄光遲。萌動達，萬品新。潤無際，澤無垠。右歌青帝詞。〇三言，依木數。　龍精初見大火中，朱光北至圭景同。帝位在離實司衡，水雨方降木槿榮。庶物長盛咸殷阜，恩覃四溟被九有。右歌赤帝詞。〇七言，依火數。　履建宅中寓，司繩御四方。裁化徧寒燠，布政周炎涼。景麗條可結，霜明冰可折。凱風扇朱辰，白

〔一〕「式」，原作「戒」，據光緒本、宋書樂志二改。

雲流素節。分至乘經晷，啓閉集恒度。帝運緝萬有，皇靈澄國步。右歌黄帝詞。○五言，依土數。　百川如鏡，天地爽且明。雲沖氣舉，德盛在素精。木葉初下，洞庭始揚波。夜光徹地，翻霜照懸河。庶類收成，歲功行欲寧。浹地奉渥，罄宇承秋靈。右歌白帝詞。○九言，依金數。　歲既晏，日方馳〔一〕。靈乘坎，德司規。玄雲合，晦鳥蹊。白雲繁，亘天涯。雷在地，時未光。飭國典，閉關梁。四節偏，萬物殿。福九域，祚八鄉。晨晷促，夕漏延。太陰極，微陽宣。鵲將巢，冰已解。氣濡水，風動泉。右歌黑帝詞。○六言，依水數。　蘊禮容，餘樂度。靈方留，景欲暮。開九重，肅五達。鳳參差，龍已沫。雲既動，河既梁。萬里照，四空香。神之車，歸清都。琁庭寂，玉殿虚。睿化凝，孝風熾。顧靈心，結皇思。右送神歌詞。○漢郊祀送神，亦三言。

明帝本紀：泰始六年春正月，初制間一年一祭明堂。

禮志：泰始六年正月〔二〕，詔曰：「古禮王者每歲郊享，爰及明堂。自晉以來，間年

〔一〕「日」，原作「月」，據宋書樂志二改。
〔二〕「正月」，諸本作「五月」，據宋書禮志三改。

一郊，明堂同日。質文詳略，疏數有分。自今可間二年一郊，間歲一明堂。外可詳議。」有司奏：「前兼曹郎虞愿議：『郊祭宗祀，俱主天神，而同日殷薦，於義爲黷。明詔使圜丘報功，三載一享。明堂配帝，間歲昭薦。詳辰酌衷，實允懋典。』曹郎王延秀重議：『尋自初郊間二載，明堂間一年，第二郊與第三明堂，還復同歲。宜各間二年。以斯相推，長得異歲。』通關八座，同延秀議。」

蕙田案：郊與明堂，天子歲祀。天之常，一于冬至，一于季秋，不相妨也。同日則已黷，間年則已疏，二者胥失之矣。

明帝泰始七年十月庚子，有司奏：「來年正月十八日，祠明堂。尋舊南郊與明堂同日，並告太廟。未審今祀明堂，復告與不？」祠部郎王延秀議：「案鄭玄：『郊者祭天之名，上帝者，天之別名也。神無二主，故明堂異處，以避后稷。』謹尋郊宗二祀，既名殊實同，至於應告，不容有異。」守尚書令袁粲等並同延秀議。

後廢帝元徽二年十月丁巳，有司奏郊祀明堂，還復同日，間年一修。

後廢帝紀：元徽三年正月辛巳，車駕親祠南郊、明堂。

右宋明堂

齊明堂

齊書禮志：建元元年七月，有司奏：「明堂亦應與郊同年而祭不？若應祭者，復有配與？不祀者，堂殿職僚毁置云何？」議曹郎中裴昭明、儀曹郎中孔逷議：「今年七月宜殷祠，來年正月宜南郊明堂，並祭而無配。」殿中郎司馬憲議：「南郊無配，饗祠如舊；明堂無配，宜應廢祀。」右僕射王儉議：「郊配之重，事由王迹，是故杜林議云『漢業特起，不因緣堯，宜以高帝配天』。魏高堂隆議以舜配天。蔣濟云『漢時奏議，謂堯已禪舜，不得爲漢祖，舜亦已禪禹，不得爲魏祖』。今宜以武皇帝配天。晉、宋因循，即爲前式。又案禮及孝經援神契並云『明堂有五室，天子每月於其室聽朔布教，祭五帝之神，配以有功德之君』。鄭玄云『周人明堂五室，帝一室也，初不聞有文王之寢』。袁孝尼云『明堂法天之宫，本祭天帝，而以文王配，配其父于天位則可，牽天帝而就人鬼，則非義也』。泰元十三年，孫耆之議，稱『郊以祀天，故配之以后稷；明堂以祀帝，故配之以文王。由斯言之，郊爲皇天之位，明堂即上帝之廟』。徐邈謂『配之爲言，必有神主；郊爲天壇，則堂非文廟』。史記云趙綰、王臧欲立明堂，于時亦未有郊配。漢又祀汾陰五時，即是五帝之祭，亦未有郊配。議者或謂南郊之日，已旅上帝，若又以無配而特祀明堂，則一日再祭，于義爲黷。案古者郊本不共日。蔡邕獨斷曰『祠南郊，祀畢，次北郊，又次明堂、高廟、世祖廟，謂之五供』。馬融云『郊天之祀，咸以夏正，五氣用事，有休有王，各以其時，兆於方郊，四時合歲，功作相成，亦以此月總旅明堂』。是則南郊、明堂各日之證也。近代從省，故與郊同日，猶無煩黷之疑。何者？其爲祭雖同，所以致祭則異。孔晁云，言五帝佐天化育，故有從祀之禮，旅上帝是也。至于四郊明堂，則是本祀之所，譬猶功臣從饗，豈復廢其私廟。且明堂有配之時，南郊亦旅上帝，此則不疑于共日，今何故致嫌于同辰。又禮記『天子祭天地、四方、山川、五祀，歲徧』。尚書堯典『咸秩無文』。詩云『昭事上帝，聿懷多福』。據此諸義，則四方、山川，猶必享祀，五帝大神，義不可略。魏文帝黄初二年正月，郊天地明堂，明帝太和元年正月，以武皇帝配天，文皇帝配上帝，然則黄初中南郊明堂，皆無配也。宜以來年正月上辛，有事南郊。宜以其日，還祭明堂。又用次辛，饗祀北郊。而並無配。犧牲之色，率由舊章。」詔「明堂可更詳」。有司又奏：「明堂尋禮無明文，唯以孝經爲正。竊尋設祀之意，蓋爲文王有配則祭，無配則止。愚謂既配上帝，則以帝爲主。今雖無配，不應闕祀。徐邈近代碩儒，每所折衷，其云『郊爲天壇，則堂非文廟』，此實明據。内外百司立議已定，如更詢訪，終無異説。傍儒依史，竭其管見。既聖旨唯疑，群下所未敢詳，廢置之宜，仰由天鑒。」詔「依舊」。建元四年，世祖即位。其秋，有司奏：「尋前代嗣位，或仍前郊年，或別始，晉、宋以來，未有畫一。未審明年應南北二郊祀明堂與不？」依舊通關八座丞郎博士議。尚書令王儉「謂明年正月宜饗禮二郊，虞祭明堂〔一〕，自兹厥後，依舊間歲」。尚書領國子祭酒張緒等十七人並同儉議。詔「可」。

蕙田案：武帝永明二年，准蔡履議，郊與明堂不同日。王儉議「後辛祀明堂」，詳見「圜丘」門。

樂志：建武二年，雩祭明堂，謝朓造辭，一依謝莊。

賓出入奏肅咸樂，歌辭二章　彝承孝典，恭事嚴聖。浹天奉賮，罄壤齊慶。司儀具序，羽容夙章。芬枝揚烈，黼構周張。助實奠軒，酎珍充庭。璆縣凝會，琄朱竚聲。先期選禮，肅若有承。祗對靈祉，皇慶始膺。尊事威儀，輝容昭序。迅恭明神，絜盛牲俎。肅肅嚴宮，藹藹崇基。皇靈降止，百祇具司。戒誠望夜，端烈承

〔一〕「虔」，諸本作「虞」，據南齊書禮志上改。

朝。依微照旦，物色輕宵。

青帝歌 參映夕，駟照晨。靈乘震，司青春。雁將向，桐始蕤。和風舞，暄光遲。萌動達，萬品新。潤無際，澤無垠。

赤帝歌 龍精初見大火中，朱光北至圭景同。帝位在離實司衡，雨水方降木槿榮。庶物盛長咸殷阜，恩覃四溟被九有。

黄帝歌 履艮宅中宇，司繩御四方。裁化偏寒燠，布政司炎涼。此以下除四句。至分乘經晷，閉啓集恒度。帝運緝萬有，皇靈澄國步。

白帝歌 百川若鏡，天地爽且明。雲沖氣舉，盛德在素精。此下除四句。庶類收成，歲功行欲寧。浹地奉渥，罄宇承帝靈。

黑帝歌 歲既暮，日方馳。靈乘坎，德司規。玄雲合，晦鳥蹊。白雲繁，亘天涯。此下除四句。晨晷促，夕漏延。大陰極，微陽宣。此下除二句。

皇帝還東壁，受福酒，奏嘉胙樂歌辭太廟同用〔一〕。禮薦洽，福祚昌。聖皇膺嘉

〔一〕「廟」，諸本作「席」，據南齊書樂志改。

祐，帝業凝休祥。居極乘景運，宅德瑞中王。澄明臨四奥，精華延八鄉。洞海同聲懔，徹宇麗乾光。靈慶纏世祉，鴻烈永無疆。

送神，奏昭夏樂歌辭宋謝莊辭〔一〕。藴禮容，餘樂度。靈方留，景欲暮。開九重，肅五達。鳳參差，龍已沬。雲既動，河既梁。萬里照，四空香。神之車，歸清都。琁庭寂，玉殿虚。鴻化凝，孝風熾。顧靈心，結皇思。鴻慶遐鬯，嘉薦令芳。翊帝明德，永祚深光。增四句。

牲出入，奏引牲樂歌詩　唯誠絜饗，維孝尊靈。敬芳黍稷，敬滌犧牲。騂繭在豢，載溢載豐。以承宗祀，以肅皇衷。蕭芳四舉，華火周傳。神鑒孔昭，嘉足三牷。

薦豆呈毛血，嘉薦樂歌詩二章　肇禋戒祀，禮容咸舉。六典飾文，九司照序。牲柔既昭，犧剛既陳。恭滌惟清，敬事惟神。加籩再御，兼俎兼薦。節動軒越，聲流金縣。　奕奕閟幄，亹亹嚴闈。絜誠夕鑒，端服晨暉。聖靈戾止，翊我皇則。上綏四寓，下洋萬國。永言孝饗，孝饗有容。儐僚贊列，肅肅雍雍。

〔一〕「宋」，諸本作「皆」，據南齊書樂志改。

迎神，奏昭夏樂歌辭　地紐謐，乾樞回。華蓋動，紫微開。旌蔽日，車若雲。駕六氣，乘烟煴。煒帝景，耀天邑。聖祖降，五雲集〔一〕。此下除八句。懋粢盛，絜牲牷。百禮肅，群司虔。皇德遠，大孝昌。貫九幽，洞三光。神之安，解玉鑾。景福至，萬寓歡。皆謝莊辭。

皇帝升明堂，奏登歌辭　雍臺辨朔，澤宮選辰。絜火夕照，明水朝陳。六瑚賁室，八羽華庭。昭事先聖，懷濡上靈。肆夏式敬，升歌發德。永固鴻基，以綏萬國。皆謝莊辭。

初獻，奏凱容宣烈樂歌辭太廟同。　釃醴具登，嘉俎咸薦。饗洽誠陳，禮周樂偏。祝辭罷祼，序容輟縣。蹕動端庭，鑾回嚴殿。神儀駐景，華漢高虛。八靈案衛，三祇解途。翠蓋澄耀，罼帟凝晨。玉虡息節，金輅懷音。式誠達孝，底心肅感。追馮皇鑒，思承淵範。神錫懋祉，四緯照明。仰福帝徽，俯齊庶生。

鬱林王本紀：隆昌元年二月辛卯，車駕祀明堂。

〔一〕「雲」，諸本作「靈」，據南齊書樂志改。

禮志：隆昌元年，有司奏，參議明堂，咸以世祖配。國子助教謝曇濟議：「案祭法禘郊祖宗，並立嚴祀。鄭玄注義，亦據兼饗。宜祖宗兩配，文、武雙祀。」助教徐景嵩、光禄大夫王逡之謂宜以世祖文皇帝配。祠部郎何佟之議：「周之文、武，尚推后稷以配天，謂文皇宜推世祖以配帝。雖事施于尊祖，亦義章于嚴父焉。」左僕射王晏議，以爲「若用鄭玄祖宗通稱，則生有功德，没垂尊稱，歷代配帝，何止于郊〔一〕？今殷薦上帝，允屬世祖，百代不毁，其文廟乎！」詔「可」。東昏侯〔二〕。永元二年，佟之又建議曰：「案祭法『有虞氏禘黄帝而郊嚳，祖顓頊而宗堯』。『周人禘嚳而郊稷，祖文王而宗武王』。鄭玄云『禘郊祖宗，謂祭祀以配食也。禘謂祀昊天于圜丘也。祭上帝於南郊曰祭，祭，當作「郊」。祀五帝五神于明堂曰祖宗』。『郊祭一帝，而明堂祭五帝，小德配寡，大德配衆』。王肅云『祖宗是廟不毁之名』。果如肅言，殷有三祖三宗，並應不毁，何故止稱湯、契？且王者之後存焉，舜寧立堯、頊之廟傳世祀之乎？漢文以高祖配泰

〔一〕「郊」，南齊書禮志上據通典禮典、册府元龜卷五七八改作「二郊」。
〔二〕「東昏侯」，南齊書禮志上無此三字。

時，至武帝立明堂，復以高祖配食，一人兩配，有乖聖典。自漢明以來，未能反者。故明堂無兼配之祀。竊謂先皇宜列二帝于文祖，尊新廟爲高宗，並世祖而泛配，以申聖主嚴父之義。先皇于武皇，倫則第爲季，義則經爲臣，設配饗之坐，應在世祖之下，並列，俱西向。」國子博士王擠議：「孝經『周公郊祀后稷以配天，宗祀文王于明堂以配上帝』。不云武王。又周頌『思文，后稷配天也』。『我將，祀文王于明堂也』。武王之文，唯執競云『祀武王』。此自周廟祭武王詩，彌知明堂無矣。」佟之又議：「孝經是周公居攝時禮，祭法是成王反位後所行。故孝經以文王爲宗，祭法以文王爲祖。又孝莫大于嚴父配天，則周公其人也，尋此旨，寧施成王乎？若孝經所説，審是成王所行，則爲嚴祖，何得云嚴父邪？且思文是周公祀后稷配天之樂歌，我將是祀文王配明堂之樂歌。若如擠議，則此二篇，皆應在復子明辟之後。請問周公祀后稷、文王，爲何所歌？又國語云『周人禘嚳郊稷，祖文王，宗武王』。韋昭云『周公時，以文王爲宗，其後更以文王爲祖，武王爲宗』。尋文王以文治而爲祖，武王以武定而爲宗，欲明文亦有大德，武亦有大功，尋文意，當作「文亦有大功，武亦有大德」，疑監本誤。故鄭注祭法云『祖宗通言耳』。是以詩云『昊天有成命，二后受之』。注云『二后，文王、武王也』。且明堂之祀，有單有合。故鄭云『四時迎氣于郊，祭一帝，還于明堂，因祭一帝，則以文王配』。明一賓不容兩主也。『享五帝于明堂，則泛配文、武』。泛之爲言，無的之辭。其禮既盛，故祖宗並配。」參議以佟之爲允。詔「可」。

蕙田案：佟之謂：「孝經是周公居攝時禮，祭法是成王反位後所行。」夫周公歷相武、成，其制明堂之禮，實在武王時，故孝經以嚴父配天屬之。至于成王宅憂，周公位冢宰，正百工，未嘗行天子禮也。假令周公居攝，致祭亦爲攝事，正在聽于冢宰之内，豈得謂周公主祭而稱爲嚴父乎？

右齊明堂

梁明堂

梁書武帝本紀：天監十年正月辛酉，輿駕親祀明堂。

隋書禮儀志：明堂在國之陽。梁初，依宋、齊，其祀之法，猶依齊制。禮有不通者，武帝更與學者議之。舊齊儀，郊祀，帝皆以衮冕。至天監七年，始造大裘，而明堂儀注猶云衮服。十年，儀曹郎朱异以爲：「禮大裘而冕，祭昊天上帝。五帝亦如之。

良由天神高遠，義須誠質，今從汎祭五帝，禮不容文。」于是改服大裘。异又以爲：「齊儀初獻樽彝，明堂貴質，不應三獻。又不應象樽。禮云：『朝踐用太樽。』鄭云：『太樽，瓦也。』記又云：『有虞氏瓦樽。』此皆在廟所用，猶以質素，況在明堂，禮不容象。今請改用瓦樽，庶合文質之衷。」又曰：「宗廟貴文，故庶羞百品，天義尊遠，則須簡約。今儀注所薦，與廟不異，即理徵事，如爲未允。請自今明堂肴膳准二郊〔一〕。但帝之爲名，本主生育，成歲之功，實爲顯著。非如昊天，義絶言象，雖曰同郊，復應微異。若水土之品，蔬果之屬，猶宜以薦，止用梨棗橘栗四種之果，薑蒲葵韭四種之菹，粳稻黍粱四種之米。自此之外，郊所無者，請並從省除。」初，博士明山賓制儀注，明堂祀五帝，行禮先自赤帝始。异又以爲：「明堂既汎祭五帝，不容的有先後，東階而升，宜先春帝。請改從青帝始。」又以爲：「明堂籩豆等器，皆以雕飾。尋郊祀貴質，改用陶匏，宗廟貴文，誠宜雕俎。明堂之禮，既方郊爲文，則不容陶匏，比廟爲質，又不應雕俎。斟酌二途，須從厥衷，請改用純漆。」异又以「舊儀，明堂祀五帝，先酌鬱鬯，灌地求神，

〔一〕「肴」，原作「有」，據光緒本、隋書禮儀志一改。

及初獻清酒，次酆終醊。禮畢，太祝取俎上黍肉，當御前以授。請依郊儀，止一獻清酒。且五帝天神，不可求之于地，二郊之祭，並無黍肉之禮。並請停灌及授俎法」。又以爲：「舊明堂皆用太牢。案記云『郊用特牲』，又云『天地之牛角繭栗』。五帝既曰天神，理無三牲之祭。而毛詩我將篇云，祀文王于明堂，有『維羊維牛』之説。良由周監二代，其義貴文，明堂方郊，未爲極質，故特用三牲，止爲一代之制。今斟酌百王，義存通典，蔬果之屬，雖符周禮，而牲牢之用，宜遵夏、殷。請自今明堂止用特牛，既合質文之中，又見貴誠之義。」帝並從之。

許懋傳：有事明堂，儀注猶云「服衮冕」。懋駁云：「禮云『大裘而冕，祀昊天上帝亦如之』。良由天神尊遠，須貴誠質。今泛祭五帝，理不容文。」改服大裘，自此始也。

蕙田案：朱异、許懋之言過矣。大裘祀天，猶須被衮，何乃服以祀上帝乎？記云：「大旅具矣，不足以大饗。」郊雖尚質，而大饗則盡文，天與帝不同也。爲壇主尊，明堂主親。改服大裘，用瓦樽，混而同之，非是。

通典：梁祀五帝于明堂，服大裘冕，罇以瓦，俎豆以純漆，牲以特牛，餚膳並準二郊。若水土之品，蔬菜之屬，宜以薦。郊所無者，從省除。所配五帝，行禮自東階升，先春郊帝爲始，止一獻清酒，並停三獻及灌事。

梁書武帝本紀：天監十二年冬十月，詔：「明堂地勢卑濕，未稱乃心。外可量就埤起，以盡誠敬。」

隋書禮儀志：先是，帝欲有改作，乃下制旨，而與群臣切磋其義。制曰：「明堂準大戴禮：『九室八牖，三十六户。以茅蓋屋，上圓下方。』鄭玄據援神契，亦云『上圓下方』，又云『八窗四闥』。明堂之義，本是祭五帝神，九室之數，未見其理。若五堂而言，雖當五帝之數，向南則背叶光紀，向北則背赤熛怒，東向西向，又亦如此，於事殊未可安。且明堂之祭五帝，則是總義，在郊之祭五帝，則是别義。宗祀所配，復應有室，若專配一室，則是義非配五，若皆配五，則便成五位。以理而言，明堂本無有室。」朱异以爲：「月令『天子居明堂左个、右个』。聽朔之禮，既在明堂，今若無室，則於義成闕。」制曰：「若如鄭玄之義，聽朔必在明堂，於此則人神混淆，莊敬之道有廢。春秋云：『介居二大國之間。』此言明堂左右个者，謂所祀五帝堂之南，又有小室，亦號明堂，分爲三處聽朔。既三處，則有左右之義。在營域之内，明堂之外，則有个名，故曰明堂左右个也。以此而言，聽朔之處，自在五帝堂之外，人神有别，差無相干。」其義是非莫定，初尚未改。十二年，太常丞虞爵復引周禮明堂九尺之筵，以爲高下修廣之數，堂崇一筵，故階高九尺。漢家制度，猶遵此禮，故張衡云「度堂以筵」者也。鄭玄以廟寢三制既同，俱應以九尺爲度。制曰：「可。」于是毁宋太極殿，以其材構明堂十二間，基准太廟。以中央六間安六座，悉南向。東來第一青帝，第二赤帝，第三黄帝，第四白帝，第五黑帝。配帝總配享五帝，在阼階東上，西向。大殿後爲小殿五間，以爲五佐室焉。

蕙田案：明堂中一室，爲饗帝宗祀之所，謂太廟太室也。其外八室，天子齊則居之，大戴禮云「不齊不居其室」是也。又其外爲十二堂，則居之以聽朔布令。明堂，總名也，其中未嘗無内外之分、人神之辨。梁武以一宗而配五室致疑，故發明堂無室之論，不知古之所饗者唯上帝，未嘗有五也。五帝自在四郊之兆，四立日迎氣祭之，本與明堂無涉。又以饗祀聽朔皆在明堂，爲人神混淆，故有堂南又有小室，分爲三處聽朔之論，而不知古之初未嘗混也。

音樂志：明堂偏歌五帝登歌，五曲，四言：

歌青帝辭　帝居在震，龍德司春。開元布澤，含和尚仁。群居既散，歲云陽止。飭農分地，人粒惟始。雕梁繡栱，丹楹玉墀。威靈以降，百福來綏。

歌赤帝辭　炎光在離，火爲威德。執禮昭訓，持衡受則。靡草既凋，温風以至。嘉薦惟旅，時羞孔備。齊醍在堂，笙鏞在下。匪唯七百，無絶終始。

歌黄帝辭　鬱彼中壇，含靈闡化。迴環氣象，輪無輟駕。布德在焉，四序將收。音宫數五，飯稷驂騂。宅屏居中，旁臨外宇。升爲帝尊，降爲神主。

歌白帝辭　神在秋方，帝居西皓。允兹金德，裁成萬寶。鴻來雀化，參見火邪。幕無玄鳥，菊有黄華。載列笙磬，式陳彝俎。靈罔常懷，惟德是與。

歌黑帝辭　德盛乎水，玄冥紀節。陰降陽騰，氣凝象閉。司智莅坎，駕鐵衣玄。祈寒坼地，晷度迴天。悠悠四海，駿奔奉職。祚我無疆，永隆人極。

梁書武帝本紀：普通二年二月辛丑，輿駕親祠明堂。　四年正月丙午，輿駕親祠明堂。

中大通元年正月辛巳，輿駕親祠明堂。　三年二月辛丑，輿駕親祠明堂。　五年正月辛亥，輿駕親祠明堂。

大同元年二月辛巳，輿駕親祠明堂。　七年正月辛丑，輿駕親祠明堂。

太清元年正月甲子，輿駕親祠明堂。

右梁明堂

陳明堂

陳書高祖本紀：永定二年正月戊午，輿駕親祠明堂。

宣帝本紀：太建三年二月辛巳，輿駕親祠明堂。　五年二月辛丑，輿駕親祠明堂。六月，治明堂。

隋書禮儀志：陳制，明堂殿屋十二間。中央六間，依齊制，安六座。四方帝各依其方，黄帝居坤維，而配享坐依梁法。武帝時，以德帝配。文帝時，以武帝配。廢帝已後，以文帝配。牲以太牢，粢盛六飯，鉶羹果蔬備薦焉。

右陳明堂

五禮通考卷二十六

吉禮二十六

明堂

後魏明堂

魏書高祖本紀：太和十年九月辛卯〔一〕，詔起明堂、辟雍。

水經注：温水自北苑南出〔二〕，歷京城内。河干兩湄，太和十年，累石結岸，夾塘

〔一〕「十年」，原作「十九年」，據光緒本、魏書高祖本紀改。
〔二〕「温水」，據水經注校證卷一三應爲「如渾水」。

之上，雜樹交蔭，郭南結兩石橋，横水爲梁。又南逕藉田及藥圃西，明堂東。明堂上圓下方，四周十二户、九堂，而不爲重隅也。室外柱内，綺井之下，施機輪，飾縹仰，象天狀，畫北通之宿鳥，蓋天也。圖書集成：此處錯簡已正，尚有訛誤，當云「畫北辰，列宿象，蓋天也」。每月隨斗所建之辰，轉應天道，此之異古也。加靈臺于其上，下則引水爲辟雍，水側結石爲塘，事準古制，是太和中之所經建也。

齊書魏虜傳：宏既經古洛，是歲下僞詔，尚書思慎曰：「思遵先旨，敕造明堂之樣，卿所制體含六合，事越中古，理圓義備，可軌之千載。信是應世之材。群臣瞻見，莫不僉然欲速造，朕以寡昧，亦思造盛禮。卿可即于今歲停宫城之作，營建此構。遠成先志，近副朕懷。」

蕙田案：據此則高祖遷洛之後，即有是詔，但營建未成耳。而魏收書失載，得此足以補之。

十五年四月己卯，經始明堂，十月明堂成。

禮志：太和十五年十一月癸亥冬至，將祭圜丘。帝衮冕劍舄，侍臣朝服。之圜丘，升祭柴燎，遂祀明堂。

高祖本紀：十六年正月己未，祀顯祖獻文皇帝于明堂，以配上帝。遂升靈臺，以觀雲物；降居青陽左个，布政事。每朔，依以爲常。九月甲寅朔，大序昭穆於明堂。

禮志：十六年九月甲寅朔，大享於明堂。

任城王傳：高祖外示南討，意在謀遷，齋於明堂左个，詔太常卿王諶，令龜卜易筮南伐之事，其兆遇革。

世宗本紀：延昌三年冬十二月庚寅，詔立明堂。

禮志：熙平二年三月癸未，太常少卿元瑞上言：「謹詳聖朝以太祖道武皇帝配圜丘，道穆皇后劉氏配方澤；太宗明元皇帝配上帝，明密皇后杜氏配地祇；又以顯祖獻文皇帝配雩祀。太宗明元皇帝之廟既毁，上帝地祇，配祭有式。國之大事，唯祀與戎，廟配事重，不敢專決，請召群官集議以聞。」靈太后令曰：「依請。」于是太師、高陽王雍等議：「竊以尚德尊功，其來自昔，郊稷宗文，周之茂典。仰惟世祖太武皇帝以神武纂業，剋清禍亂，德濟生民，功加四海，宜配南郊。高祖孝文皇帝大聖膺期，惟新魏道，刑措勝殘，功同天地，宜配明堂。」令曰：「依議施行。」初，世宗永平、延昌中，欲建明堂。而議者或云五室，或云九室。至是復議之，詔依五室。及元叉執政，遂改營九室。值世亂不成，宗配之禮，迄無所設。

李謐傳：謐覽考工記、大戴禮盛德篇，以明堂之制不同，遂著明堂制度論曰：「竊不自量，據理尋義，以求其真。乃藉之以禮傳，考之以訓注，博採先賢之言，廣搜通儒之說，量其當否，參其同異，棄其所短，收其所長，推義察圖，以折厥衷。豈敢必善，聊亦合其言志矣。凡論明堂之制者雖衆，然校其大略，二途而已。言五室者，則據周禮考工之記以爲本，是康成之徒所執；言九室者，則案大戴盛德之篇以爲源，是伯喈之倫所持。此之二書，雖非聖賢〔一〕，然是先賢之中博見洽通者也。但各記所聞，未能全正，可謂既盡美矣，未盡善也。而先儒不能考其當否，便各是所習，卒相非毀，豈達士之確論哉？小戴氏傳禮事四十九篇，號曰禮記，雖未能全當，然多得其衷，方之前賢，亦無愧矣。而月令、玉藻、明堂三篇，頗有明堂之義，余故採掇二家，參之月令，以爲明堂五室，古今通則。其室中者謂之太室〔二〕。當太室之

〔一〕「賢」，魏書李謐傳作「言」。
〔二〕「太室」，原作「太廟」，據光緒本、魏書李謐傳校勘記改。

東者謂之青陽，當太室之南者謂之明堂，當太室之西者謂之總章，當太室之北者謂之玄堂；四面之室，各有夾房，謂之左右个，三十六户七十二牖矣。室个之形，今之殿前，是其遺像耳。个者，即寢之房也。但明堂與寢，施用既殊，故房个之名，亦隨事而遷耳。今粗書其像，以見鄙意。案圖察議，略可驗矣。故檢之五室，則義明于考工；校之户牖，則數協于盛德；考之施用，則事著于月令；求之閏也，合周禮與玉藻。既同夏、殷，又符周、秦，雖乖衆儒，儻或在斯矣。考工記曰：『周人明堂，度以九尺之筵，東西九筵，南北七筵，堂崇一筵。五室，凡室二筵。室中度以几，堂上度以筵。』余謂記得之于五室，而謬于堂之修廣。何者？當以理推之，令愜古今之情也。夫明堂者，蓋所以告月朔、布時令、宗文王、祀五帝者也。然營構之範，自當因宜創制耳。故五室者，合于五帝各居一室之義。且四時之祀，皆據其方之正。又聽朔布令，咸得其月之辰。求之古義，竊爲當矣。鄭康成，漢末之通儒，後學所宗正，釋五室之位，謂土居中，木火金水各居四維。然四維之室既乖其正，施令聽朔各失厥衷。左右之个，棄而不顧。乃反文之以美説，飾之以巧辭，言水木用事交于東北，木火用事交于東南，火土用事交于西南，金水用事交于西北。既依五行，當從其用事之交〔一〕，出何經典？可謂攻于異端，言非而博，疑誤後學。禮記玉藻曰，天子「聽朔于南門之外，閏月則闔門左扉，立于其中」。鄭玄注曰：「天子之廟及路寢，皆如明堂制。明堂在國之陽，每月就其時之堂而聽朔焉。卒事，反宿路寢亦如之。閏月非常月，聽其朔于明堂門下，還處路寢門終月也。」而考工記「周人明堂」，玄注曰：「或舉王寢，或舉明堂，互言之，以明其制同也。」其同制之言皆出鄭注，然則明堂與寢不得異矣。而尚書顧命篇曰：「迎子釗南門之外，延入翼室。」此之翼室，即路寢矣。其下曰「大貝、賁鼓在西房」，「垂之竹矢在東房」。此則路寢有左右房見于經史者也。禮記喪大記曰：「君夫人卒于路寢」，小斂，「婦人髽帶麻于房中」。鄭玄注曰：「此蓋諸侯禮，帶麻于房中，則西房〔二〕。」天子諸侯左右房見于注者也。論路寢則明其左右，言明堂則闕其左右个，同制之説還相矛楯，通儒之注，何其然乎？使九室之徒

〔一〕「用」上，魏書李謐傳據通志補「方」字。
〔二〕「西房」，諸本作「西南」，據魏書李謐傳改。

奮筆而爭鋒者，豈不由處室之不當哉？記云：『東西九筵，南北七筵，五室，凡室二筵。』置五室于斯堂，雖使班、倕構思，王爾營度，則不能令三室不居其南北也。然則三室之間，便居六筵之地，而室壁之外，裁有四尺五寸之堂焉。豈有天子布政施令之所，宗祀文王以配上帝之堂，周公負扆以朝諸侯之處，而室户之外僅餘四尺而已哉？假在儉約，爲陋過矣。論其堂宇則偏而非制，求之道理則未愜人情，其不然一也。余恐爲鄭學者，苟求必勝，競生異端，以相訾抑。云二筵者，乃室之東西耳，南北則狹焉。余故備論之曰：若東西二筵，則室户之外爲丈三尺五寸矣。南北户外復如此，則三室之中，南北裁各丈二尺耳。記云：『四房兩夾窗。』若爲三尺之户，二尺之窗，窗户之間裁盈一尺。繩樞甕牖之室，蓽門圭竇之堂，尚不然矣。假令復欲小廣之，則四面之外，闊狹不齊，東西既深，南北更淺，屋宇之制，不爲通矣。驗之衆塗，略無算焉。且凡室二筵，丈八地耳，然則户牖之間不踰二尺也。禮記明堂：『天子負斧扆南向而立。』鄭玄注曰：『設斧於户牖之間。』而鄭氏禮圖説扆制曰：『縱廣八尺，畫斧文于其上，今之屏風也。』以八尺扆置二尺之間，此之叵通，不待智者，較然可見矣。且若二筵之室爲四尺之户，則户之兩頰裁各七尺耳，全以置之，猶自不容，矧復户牖之間哉？其不然二也。又復以世代驗之，即虞、夏尚樸，殷、周稍文，制造之差，每加崇飾。而夏后世室，堂修二七，周人之制，反更促狹，豈是夏禹卑宫之意，周監郁郁之美哉？以斯察之，其不然三也。又云『堂崇一筵』，便基高九尺，而壁户之外裁四尺五寸，於營制之法自不相稱，其不然四也。又云『室中度以几，堂上度以筵』，而復云『凡室二筵』而不以几，還自相違，其不然五也。以此驗之，記者之謬，抑可見矣。盛德篇云：『明堂凡九室，三十六户，七十二牖，上圓下方，東西九仞，南北七筵，堂高三尺也。』余謂盛德篇得之于户牖，失之于九室。何者？五室之制，旁有夾房，面各有户，户有兩牖。此乃因事立則，非拘異術，户牖之數，固自然矣。九室者，論之五帝，事既不合，施之時令，又失其辰。左右之个，重置一隅，兩辰同處，參差出入，斯乃義無所據，未足稱也。且又堂之修廣，裁六十三尺耳，假使四尺五寸爲外之基，其中五十四尺便是五室之地。計其一室之中，僅可一丈，置其户牖，則於何容之哉？若必小而爲之，以容其數，則令帝王側身出入，斯爲怪矣。此匪直不合典制，抑亦可哂之甚也。余謂其九室之言，誠亦有由，然竊以爲，戴氏聞三十六户、七十二牖，弗見其制，靡知所置，便爲一室有四户之窗，計其户牖之數，即以爲九室耳。或未之思也。蔡伯喈，漢末之時學士，而見重于當時，即識其修廣之不當，而未必思其九室之爲謬，更修而廣之，假其法象，可謂因僞飾辭，順非而澤，諒可歎矣。余今省彼衆家，委心從善，庶探其衷，不爲苟異。但是古非今，俗間之常情；愛遠惡近，世中之恒事。而千載之下，獨論古制，驚俗之談，固延多誚。脱有深賞君子者，覽而揣之，儻或存焉。」

蕙田案：後世議明堂制度，莫盛于魏，而當時之議，莫過于李謐、賈思伯二人。其説之的當可取者，並載前卷。兹更録其詳，用以昭一代之廷論也。第怪其所考制度，與五室九室，並可融貫稽之。考工、月令，亦恰兩合，而持論皆是五而非九，何歟？意當時主五室者多，而九室又不見于經，故爲是調停之見耶？豈知五室各有夾房，夾房即左右个，而右个即左个，已爲九矣，乃曲避九室之名，偏主五室，至使紛爭不定，斯亦泥矣。其辨康成之注，却極明透。

賈思伯傳：于時議建明堂，多有同異。思伯上議曰：「案周禮考工記云：『夏后氏世室，殷重屋，周明堂，皆五室。』鄭注云：『此三者，或舉宗廟，或舉王寢，或舉明堂，互言之，以明其制同也。』若然，則夏、殷之世已有明堂矣。唐、虞以前，其事未聞。戴德禮記云：『明堂凡九室十二堂。』蔡邕云：『明堂者，天子太廟，饗功養老，教學選士，皆于其中，九室十二堂。』案戴德撰記，世所不行。且九室十二堂，其于規制，恐難得厥衷。周禮營國，左祖右社。明堂在國之陽，則非天子太廟明矣。然則禮記月令四堂及太室皆謂之廟者，當以天子暫配享五帝故耳。又王制云：『周人養國老于東膠。』鄭注云：『東膠即辟雍，在王宮之東。』又詩大雅云：『邕邕在宮，肅肅在廟。』鄭注云：『宮，謂辟雍宮也，所以助王。養老則尚和，助祭則尚敬。』又不在明堂之驗矣。案孟子云：『齊宣王謂孟子曰，吾欲毀明堂。』若明堂是廟，則不應有毀之問。且蔡邕論明堂之制云：『堂方一百四十四尺，象坤之策；屋圓徑二百一十六尺，象乾之策；方六丈，徑九丈，象陰陽九六之數；九室以象九州；屋高八十一尺，象黃鐘九九之數；二十八柱以象宿；外廣二十四丈以象氣。』案此皆以天地陰陽氣數爲法，而室獨象九州，何也？若立五室以象五行，豈不快也？如此，蔡氏之論非爲通典，九室之言，或未可從。竊尋考工記雖是補闕之書，相承已久，諸儒注述無言非者，方之後作，不亦優乎？且孝經援神契、五經要義、舊禮圖，皆作五室，及徐、劉之論，同考工者多矣。朝廷若獨絕今古，自爲一代制作者，則所願也。若由祖述舊章，規摹前事，不應捨殷、周成法，襲近代妄作。且損益之極，極于三王，後來疑議，難可準信。鄭玄云：『周人明堂五室，是帝各有一室也，合于五行之數，周禮依數以爲之室。施行于今，雖有不同，時説然耳。』尋鄭此論，非爲無當。案月令亦無九室之文。原其制置，不乖五室。其青陽右个即明堂左个，明堂右个即總章左个，總章右个即玄堂左个，玄堂右个即青陽左个。如此，則室猶是五，而布政十二。五室之理，謂爲可安〔一〕。其方圓高廣，自依時量。戴氏九室之言，蔡子廟學之議，子幹靈臺之説，裴逸一屋之論，及諸家紛紜，並無取焉。」學者善其議。

蕙田案：思伯之説，大約與李謐同。其云九室之制，不乖五室。又云右个即左个，可爲特見，發謐之所未及矣。當時議者不一，唯兩議最當，餘不足觀矣。

封懿傳：清河王懌表修明堂、辟雍，詔百寮集議。軌懿之族孫。議曰：「周官匠人職云：『夏后氏世室，殷人重屋，周人明堂。』其制一也。案周與夏、殷，損益不

〔一〕「安」，諸本作「案」，據魏書賈思伯傳改。

同，至于明堂，因而弗革，明五室之義，得天數矣。是以鄭玄又曰：五室者，象五行也。然則九階法九土，四户達四時，八窗通八風。誠不易之大範，有國之恒式，若其上圓下方以則天地，通水環宫以節觀者，茅蓋白盛爲之質飾，赤綴白綴爲之户牖，皆典籍所具載，制度之明義也。在秦之世，焚滅五典，毁黜三代，變更先聖，不依舊憲。故吕氏月令見九室義，大戴之禮著十二堂之論。漢承秦法，亦未能改，東西二京，俱爲九室。是以黄圖、白虎通，蔡邕、應劭等，咸稱九室以象九州，十二堂以象十二辰。夫室以祭天，堂以布政。依天而祭，故室不過五；依時布政，故堂不踰四。州之與辰，非所可法，九與十二，其用安在？今聖朝欲尊道訓民，備禮化物，宜則五室，以爲永制。至如廟學之嫌，臺沼之雜，袁準之徒，已論正矣，遺論具在，不復須載。」尋將經始明堂，廣集儒學，議其制度。九五之論，久而不定。偉伯軌長子。乃搜檢經緯，上明堂圖説六卷。

蕙田案：封軌議云：「室以祭天，堂以布政。」甚是。但既云室不過五，又云堂不踰四，夫以四堂而布十二月之政，已包九室在内矣。乃又云「九與十二，其用安在」，不亦室于事理乎？

袁翻傳：時修明堂、辟雍，翻議曰：「唐、虞以上，事難該悉；夏、殷已降，校可知之。案周官考工所記，皆記其時事，具論夏、殷名制，豈其紕謬？是知明堂五室，三代同焉。配帝象行，義則明矣。及淮南、吕氏與月令同文，雖布政班時，有堂、个之别，然推其體例，則無九室之證，既而正義殘隱。明堂九室，著自戴禮，漢氏因之，自欲爲一代之法。故鄭玄云：『周人明堂五室，是帝一室也，合于五行之數。時説昞然，本制著存。』是周五室也，于今不同，是漢異周也。漢爲九室，略可知矣。但就其此制，猶竊有懵焉。何者？張衡東京賦云：『乃營三宫，布教班常，複廟重屋，八達九房。』此乃明堂之文也。而薛綜注云：『房，室也。謂堂後有九室。』堂後九室之制，非巨異乎？裴頠又云：『漢氏作四維之个，不能令各據其辰，就使其像可圖，莫能通其居用之體，此爲設虚器也。』甚知漢世徒欲削滅周典，損棄舊章，改物創制，故不復拘於載籍。且鄭玄之詁訓三禮，及釋五經異義，並盡思窮神，故得之遠矣。覽其明堂圖義，皆有悟人意，察察著明，確乎難奪。諒足以扶微闡幽，不墜周公之舊法也。伯喈損益漢制，章句繁雜，既違古背新，又不能易玄之妙矣。魏、晉書紀，亦有明堂祀五帝之文，而不記其經始之制，又無坦然可準。觀夫今之基址，猶或彷髴，高卑廣狹，頗與戴禮不同，何得以意抑心，便謂九室可明？且三雍異所，復乖盧、蔡之義，進退無據，何用經通？晉朝亦以穿鑿難明，故有一屋之論，並非經典正義，皆以意妄作。皇代既乘乾統曆，得一馭宸，自宜稽古則天，憲章文、武，追蹤周、孔，述而不作。明堂五室，請同周制；郊見三雍，求依故所。庶有會經誥，無失典刑。」

蕙田案：翻專主五室之説，于月令之文，不能通矣。漢制之謬，在于惑公玉帶之言，不在室之有九也。

李業興傳：業興曰：「我昨見明堂，四柱方屋，都無五九之室，當是裴頠所制。明堂上圓下方，裴唯除屋耳。今此上不圓何也？」朱异曰：「圓方之説，經典無文，何怪于方？」業興曰：「圓方之言，出處甚明，卿自不見。見卿録梁主孝經義亦云上圓下方，卿言豈非自相矛楯？」异曰：「若然，圓方竟出何經？」業興曰：「出孝經援神契。」异曰：「緯候之書，何用信也！」業興曰：「卿若不信，靈威仰、叶光紀之類經典亦無出者，卿復信不？」异不答。

蕙田案：魏自遷鄴以後，遂無明堂。所謂宗祀高祖，蓋亦空言，而未見諸施行者也。特其前後議立之文，散見諸傳，其説頗多。今綜録其有關于制度者，餘並削焉。

肅宗本紀：正光五年九月，詔尚書左僕射、齊王蕭寶寅爲西道行臺大都督，率諸將西討。帝幸明堂，餞寶寅等。

蕙田案：據此，則魏氏明堂當已復建。

右後魏明堂

齊周明堂

隋書禮儀志：後齊採周官考工記爲五室，周採漢三輔黄圖爲九室，各存其制，而竟不立。

音樂志：齊祠五帝於明堂樂歌辭：

先祀一日，夕牲，群官入自門，奏肆夏　國陽崇祀，嚴恭有聞。荒華胥暨，樂我大君。冕瑞有列，禽帛恭叙。群后師師，威儀容與。執禮辨物，司樂考章。率由靡墜，休有烈光。

太祝令迎神，奏高明樂、覆燾舞辭　祖德光，國圖昌。祇上帝，禮四方。闢紫宫，洞華闕。龍獸奮，風雲發。飛朱雀，從玄武。攜日月，帶雷雨。耀宇内，溢區中。眷帝道，感皇風。帝道康，皇風扇。粢盛列，椒糈薦。神且寧，會五精。歸福禄，幸閶亭。

太祖配饗，奏武德樂、昭烈舞辭五方天帝奏高明之樂、覆燾之舞，辭同迎氣。　我惟我祖，自天之命。道被歸仁，時屯啓聖。運鍾千祀，授手萬姓。夷兇掩虐，匡頹翼正。載經載營，庶土咸寧。九功以洽，七德兼盈。丹書入告，玄玉來呈。露甘泉白，雲郁河清。聲教咸往，舟車畢會。仁加有形，化洽無外。嚴親惟重，陟配惟大。既佑斯歌，率土攸賴。

牲出入，奏昭夏樂辭　孝饗不匱，精絜臨年。滌牢委溢，形色博牷。于以用之，言承歆祀。肅肅威儀，敢不敬止。載飾載省，維牛維羊。明神有察，保兹萬方。

薦毛血，奏昭夏辭群臣出，奏肆夏，進熟，群臣入，奏肆夏，同上肆夏辭。　我將宗祀，賁獻厥誠。鞠躬如在，側聽無聲。薦色斯純，呈氣斯臭。有滌有濯，唯神其祐。五方來格，一人多祉。明德唯馨，於穆不已。

進熟，皇帝入門，奏皇夏辭皇帝升壇，奏皇夏，辭同。　象乾上構，儀巛下基。集靈崇祖，永言孝思。室陳簋豆，庭羅懸佾。夙夜畏威，保兹貞吉。舞貴其夜，歌重其升。降斯百禄，唯饗唯應。

皇帝初獻，奏高明樂、覆燾舞辭　度几筵，闢牖户。禮上帝，感皇祖。酌唯絜，滌以清。薦心款，達神明。

皇帝祼獻，奏高明樂、覆燾舞辭　帝精來降，應我明德。禮殫義展，流祉邦國。既受多祉，實資孝敬。祀竭其誠，荷天休命。

皇帝飲福酒，奏皇夏辭　恭祀洽，盛禮宣。英猷爛層景，廣澤同深泉。上靈鍾百福，群神歸萬年。月軌咸梯岫，日域盡浮川。瑞鳥飛玄扈，潛鱗躍翠漣。皇家膺寶曆，兩地復參天。

太祝送神，奏高明樂、覆燾舞辭　青陽奏，發朱明。歌西皓，唱玄冥。大禮罄，廣樂成。神心懌，將遠征。飾龍駕，矯鳳旍。指閶闔，憩層城。出温谷，邁炎庭。跨西汜，過北溟。忽萬億，耀光精。比電鶩，與雷行。嗟皇道，懷萬靈。固王業，震天聲。

皇帝還便殿，奏皇夏辭　文物備矣，聲明有章。登薦唯肅，禮邈前王。邕齊云終，折旋告罄。穆穆旒冕，藴誠畢敬。屯衛按部，鑾蹕迴途。蹔留紫殿，將及清都。

蕙田案：禮儀志既云齊、周俱不立明堂矣，獨于後齊樂章，則郊丘迎氣之外，别有祠明堂樂歌如右，豈製其樂，而實未行歟？

右齊周明堂

隋明堂

隋書禮儀志：高祖平陳，收羅杞梓，郊丘宗祀，典禮粗備，唯明堂未立。開皇十三年，詔命議之。禮部尚書牛弘，國子祭酒辛彦之等定議。後檢校將作大匠事宇文愷依月令文，造明堂木樣，重檐複廟，五房四達，丈尺規矩，皆有凖憑，以獻。高祖異之，命有司于郭内安業里爲規兆。方欲崇建，又命詳定，諸儒爭論，莫之能決。弘等又條經史正文重奏。時非議既多，久而不定，又議罷之。

牛弘傳：弘請依古制，修立明堂，上議曰：「竊謂明堂者，所以通神靈，感天地，出教化，崇有德。孝經曰：『宗祀文王於明堂，以配上帝。』祭義云：『祀于明堂，教諸侯孝也。』黄帝曰合宫，堯曰五府，舜曰總章，布政興治，由來尚矣。周官考工記曰：『夏后氏世室，堂修二七，廣四修一。』鄭玄注云：『修十四步，其廣益以四分修之一，則堂廣十七步半也。』『殷人重屋，堂修七尋，四阿重屋。』鄭云：『其修七尋，廣九尋也。』『周人明堂，度九尺之筵，南北七筵，五室，凡室二筵。』鄭云：『此三者或舉宗廟，或舉王寢，或舉明堂，互言之，明其同制也。』馬融、王肅、干寶所注，與鄭亦異，今不具出。漢司徒馬宫議云：『夏后氏世室，室顯于堂，故命以室。殷人重屋，屋顯于堂，故命以屋。周人明堂，堂大于夏室，故命以堂。夏后氏益其堂之廣百四十四尺，周人明堂，以爲兩序間大夏后氏七十二尺。』若據鄭玄之説，則夏室大于周堂，如依馬宫之言，則周堂大于夏室。後王轉文，周大爲是。但宫之所言，未詳其義。此皆去聖久遠，禮文殘缺，先儒解説，家異人殊。鄭注玉藻亦云：『宗廟路寢，與明堂同制。』王制曰：『寢不踰廟。』明大小是同。今依鄭玄注，每室及堂，止有一丈八尺，四壁之外，四尺有餘。若以宗廟論之，祫享之時，周人旅酬六尸，并后稷爲七，先公昭穆二尸，先王昭穆二尸，合十一尸，三十六王，及君北面行事于二丈之堂，愚不及比。若以正寢論之，便須朝宴。據燕禮：『諸侯宴，則賓及卿大夫脱言皆侍席。』是知天子宴，則三公九卿並須升堂。燕義又云：『席，小卿次上卿。』言皆侍席。止于二筵之間，豈得行禮者？以明堂論之，總享之時，五帝各于其室。設青帝之位，須于太室之内，少北，西面。大昊從食，坐于其西，近南北面。祖宗配享者，又于青帝之南，稍退西面。丈八之室，神位有三，加以簠簋籩豆，牛羊之俎，四海九州美物咸設，復須席工升歌，出罇，反坫，揖讓升降，亦以隘矣。據兹而説，近是不然。案劉向别録，及馬宫、蔡邕等所見，當時有古文明堂禮、王居明堂禮、明堂圖、明堂大圖、明堂陰陽、泰山通義、魏文侯孝經傳等，並説古明堂之事。其書皆亡，莫得而正。今明堂月令者，鄭玄云：『是吕不韋著春秋十二紀之首章，禮家鈔合爲記。』蔡邕、王肅云周公所作周書内有月令第五十三，即此也。各有證明，文多不載。束晳以爲夏時之書，劉瓛云：『不韋鳩集儒者，尋于聖王月令之事而記之。不韋安能獨爲此記？』今案不得全稱周書，亦未可即爲秦典，其内雜有虞、夏、殷、周之法，皆聖王仁恕之政也。蔡邕具爲章句，又論之曰：『明堂者，所以宗祀其祖以配上帝也。夏后氏曰世室，殷人曰重屋，周人曰明堂。東曰青陽，南曰明堂，西曰總章，北曰玄堂，内曰太室。聖人南面而聽，向明而治，人君之位，莫不正焉。故雖有五名，而主以明堂也。制度之數，各有所依。堂方一百四十四尺，巛之策也，屋圓楣徑二百一十六尺，乾之策也。太廟明堂方六丈，通天屋徑九丈，陰陽六九之變，且圓蓋方覆，九六之道也。八闥以象卦，九室以象州，十二宮以應日辰。三十六户，七十二牖，以四户八牖乘九宮之數也。户皆外設而不閉，示天下以不藏也。通天屋高八十一尺，黄鐘九九之實也。二十八柱布四方，四方七宿之象也。堂高三尺，以應三統，四向五色，各象其行。水闊二十四丈，象二十四氣，於外以象四海。王者之大禮也。』觀其模範天地，則象陰陽，必據古文，義不虚出。今若直取考工，不參月令，青陽總章之號不得而稱，九月享帝之禮不得而用。漢代二京所建，與此説悉同。建安之後，海内大亂，京邑焚燒，憲章泯絶。魏氏三方未平，無聞興造。晉則侍中裴頠議曰：『尊祖配天，其義明著，而廟宇之制，理據未分。宜可直爲一殿，以崇嚴父之祀，其餘雜碎，一皆除之。』宋、齊已還，咸率兹禮。此乃世乏通儒，時無思術，前王盛事，于是不行。後魏代都所造，出自李沖，三三相重，合爲九室。檐不覆基，房間通街，穿鑿處多，迄無可取。及遷宅洛陽，更加營構，五九紛競，遂至不成，宗配之事，于焉靡託。今皇猷遐闡，化覃海外，方建大禮，垂之無窮。

弘等不以庸虛，謬當議限。今檢明堂必須五室者何？尚書帝命驗曰：『帝者承天立五府，赤曰文祖，黄曰神斗〔一〕，白曰顯紀，黑曰玄矩，蒼曰靈府。』鄭玄注曰：『五府與周之明堂同矣。』且三代相沿，多有損益，至于五室，確然不變。夫室以祭天，天實有五，若立九室，四無所用。布政視朔，自依其辰。鄭司農云：『十二月分在青陽等左右之位。』不云居室。鄭玄亦言：『每月于其時之堂而聽政焉。』禮圖畫个，皆在堂偏，是以須爲五室。明堂必須上圓下方者何？孝經援神契曰：『明堂者，上圓下方，八窗四達，布政之宫。』禮記盛德篇曰：『明堂四户八牖，上圓下方。』五經異義稱講學大夫淳于登亦云：『上圓下方。』鄭玄同之。是以須爲圓方。明堂必須重屋者何？案考工記，夏言『九階，四旁兩夾窗，門堂三之二，室三之一』。殷、周不言者，明一同夏制。殷言『四阿重屋』，周承其後不言屋，制亦盡同可知也。其『殷人重屋』之下，本無五室之文。鄭注云：『五室者，亦據夏以知之。』明周不云重屋，因殷則有，灼然可見。禮記明堂位曰：『太廟，天子明堂。』言魯爲周公之故，得用天

〔一〕「斗」，原作「升」，據味經窩本、光緒本、隋書牛弘傳校勘記改。

子禮樂，魯之太廟與周之明堂同。又曰：『複廟重檐，刮楹達嚮，天子之廟飾。』鄭注：『複廟，重屋也。』據廟既重屋，明堂亦不疑矣。春秋文公十三年：『太室屋壞。』五行志曰：『前堂曰太廟，中央曰太室，屋其上重者也。』服虔亦云：『太室，太廟太室之上屋也。』周書作洛篇曰：『乃立太廟、宗宫、路寢、明堂，咸有四阿反坫，重亢重廊。』孔晁注曰：『重亢，累棟。重廊，累屋也。』依黄圖所載，漢之宗廟皆爲重屋。此去古猶近，遺法尚在，是以須爲重屋。明堂必須爲辟廱者何？禮記盛德篇云：『明堂者，明諸侯尊卑也。外水曰辟廱。』明堂陰陽録曰：『明堂之制，周圜行水，左旋以象天，内有太室以象紫宫。』此明堂有水之明文也。然馬宫、王肅以爲明堂、辟廱、太學同處，蔡邕、盧植亦以爲明堂、靈臺、辟廱、太學同實異名。邕云：『明堂者，取其宗祀之清貌，則謂之清廟；取其正室，則曰太室；取其堂，則曰明堂；取其四門之學，則曰太學；取其周水圜如辟，則曰辟廱。其實一也。』其言别者，五經通義曰：『靈臺以望氣，明堂以布政，辟廱以養老教學。』三者不同。袁準、鄭玄亦以爲别。歷代所疑，豈能輒定？今據郊祀志云：『欲治明堂，未曉其制，濟南人公玉帶上黄帝時明堂圖，一殿無壁，蓋之以茅，水圜宫垣，天子從之。』以此而言，其來則久。漢中元二年，起明堂、辟廱、靈臺于洛陽，並别處。然明堂亦有璧水，李尤明堂銘云『流水洋洋』是也。以此須有辟廱。夫帝王作事，必師古昔，今造明堂，須以禮經爲本。形制依于周法，度數取于月令，遺闕之處，參以餘書，庶使該詳沿革之理。其五室九階，上圓下方，四阿重屋，四旁兩門，依考工記、孝經説，堂方一百四十四尺，屋圓楣徑二百一十六尺，太室方六丈，通天屋徑九丈，八闥二十八柱，堂高三尺，四向五色，依周書、月令論。殿垣方在内，水周如外，水内徑三百步，依泰山盛德記、覲禮經。仰觀俯察，皆有則象，足以盡誠上帝，祇配祖宗，弘風布教，作範于後矣。弘等學不稽古，輒申所見，可否之宜，伏聽裁擇。」上以時事草創，未遑制作，竟寢不行。

蕙田案：弘議稽考古制，最爲詳備。所取五室、圓方、重屋皆是，蓋以左右个爲堂，故不復言九室。其實未有有堂而無室者，言五則九在其中矣。至惑于讖緯及公玉帶、蔡邕之説，謂必須辟廱，則謬矣。

大業中，愷又造明堂議及様奏之。煬帝下其議，但令于霍山採木，而建都興役，其制遂寢。終隋代，祀五方上帝，不于明堂，恒以季秋在雩壇上而祀。其用幣各于其方。人帝各在天帝之左。太祖武元皇帝在太昊南，西向。五官在庭，亦各依其方。牲用犢十二。皇帝、太尉、司農行三獻禮于青帝及太祖。自餘有司助奠。祀五官于堂下，行一獻禮，有燎，其省牲、進熟，如南郊儀。

宇文愷傳：自永嘉之亂，明堂廢絶，隋有天下，將復古制，議者紛然，皆不能决。博考群籍，奏明堂議表曰：「臣聞在天成象，房心爲布政之宫，在地成形，丙午居正陽之位。觀雲告月，順生殺之序；五室九宫，統人神之際。金口木舌，發令兆民，玉瓚黄琮，式嚴宗祀。何嘗不矜莊扆宁，盡妙思於規摹，凝睟冕旒，致子來于矩矱。伏唯皇帝陛下，提衡握契，御辯乘乾，咸五登三，復上皇之化，流凶去暴，丕下武之緒。用百姓之異心，驅一代以同域，康哉康哉，民無能而名矣。故使天符地寶，吐醴飛甘，造物資生，澄源反朴。九圍清謐，四表削平，襲我衣冠，齊其文軌。茫茫上玄，陳珪璧之敬；肅肅清廟，感霜露之誠。正金奏九韶、六莖之樂，定石渠五官、三雍之禮。乃卜瀍西，爰謀洛食，辨方面勢，仰稟神謀，敷土濬川，爲民立極。兼聿遵先言，表置明堂，爰詔下臣，占星揆日。于是採崧山之祕簡，披汶水之靈圖，訪通義于殘亡，購冬官于散逸，總集衆論，勒成一家。昔張衡渾象，以三分爲一度；裴秀輿而經構之地，以二寸爲千里。臣之此圖，用一分爲一尺，推而演之，冀輪奐有序。而經構之旨，議者殊途，或以綺井爲重屋，或以圓楣爲隆棟，各以臆説，事不經見。今録其疑難，爲之通釋，皆出證據，以相發明。議曰：臣愷謹案淮南子曰：『昔者神農之治天下也，甘雨以時，五穀蕃殖，春生夏長，秋收冬藏，月省時考，終歲獻貢，以時嘗穀，祀于明堂。明堂之制，有蓋而無四方，風雨不能襲，燥濕不能傷，遷延而入之。』臣愷以爲上古朴略，創立典刑。尚書帝命驗曰：『帝者承天立五府，以尊天重象。赤曰文祖，黄曰神斗，白曰顯紀，黑曰玄矩，蒼曰靈府。』注云：『唐、虞之天府，夏之世室，殷之重屋，周之明堂，皆同矣。』尸子曰：『有虞氏曰總章。』周官考工記曰：『夏后氏世室，堂修二七，博四修一。』注云：『修，南北之深也。夏度以步，今堂修十四步，其博益以四分修之一，則明堂博十七步半也。』臣愷案，三王之世，夏最爲古，從質尚文，理應漸就寬大，何因夏室乃大殷堂？相形爲論，理恐不爾。記云『堂修七，博四修一』[一]，若夏度以步，則應修七步。注云『今堂修十四步』，乃是增益記

〔一〕「一」，諸本脱，據北史宇文愷傳補。

文。殷、周二堂獨無加字，便是其義，類例不同。山東禮本輒加二七之字，何得殷無加尋之文，周闕增筵之義？研覈其趣，或是不然。讐校古書，並無『二』字，此乃桑間俗儒信情加減。黄圖議云：『夏后氏益其堂之大一百四十四尺，周人明堂以爲兩序間。』馬宫之言，止論堂之一面，據此爲準，則三代堂基並方，得爲上圓之制。諸書所説，並云下方，鄭注周官，獨爲此義，非直與古違異，亦乃乖背禮文。尋文求理，深恐未愜。尸子曰：『殷人陽館。』考工記曰：『殷人重屋，堂修七尋，堂崇三尺，四阿重屋。』注云：『其修七尋，五丈六尺，放夏、周則其博九尋，七丈二尺。』又曰：『周人明堂，度九尺之筵，東西九筵，南北七筵，堂崇一筵。五室，凡二筵。』禮記明堂位曰：『天子之廟，複廟重檐。』鄭注云：『複廟，重屋也。』注玉藻云：『天子廟及路寢，皆如明堂制。』禮圖云：『于内室之上，起通天之觀，觀八十一尺，得宫之數，其聲濁，君之象也。』大戴禮曰：『明堂者，古有之。凡九室，一室有四户八牖。以茅蓋，上圓下方，外水曰璧雝。赤綴户，白綴牖。堂高三尺，東西九仞，南北七筵。其宫方三百步。凡人民疾，六畜疫，五穀災，生于天道不順。天道不順，生于明堂不飾。故有天災，則飾明堂。』周書明堂曰：『堂方百一十二尺，高四尺，階博六尺三寸。室居内，方百尺，室内方六十尺。户高八尺，博四尺。』作洛曰：『明堂、太廟、露寢，咸有四阿，重亢重廊。』孔氏注云：『重亢，累棟。重廊，累屋也。』禮圖曰：『秦明堂九室十二階，各有所居。』吕氏春秋曰：『有十二堂。』與月令同，並不論尺丈。臣愷案，十二階雖不與禮合，一月一階，非無理思。黄圖曰：『堂方百四十四尺，法坤之策也，方象地。屋圓楣徑二百一十六尺，法乾之策也，圓象天。室九宫，法九州。太室方六丈，法陰之變數。十二堂法十二月，三十六户法極陰之變數，七十二牖法五行所行日數。八達象八風，法八卦。通天臺徑九尺，法乾以九覆六。高八十一尺，法黄鐘九九之數。二十八柱象二十八宿。堂高三尺，土階三等，法三統。堂四向五色，法四時五行。殿門去殿七十二步，法五行所行。門堂長四丈，取大室三之二。垣高無蔽目之照，牖六尺，其外倍之。殿垣方，在水内，法地陰也。水四周於外，象四海，圓法陽也。水闊二十四丈，象二十四氣。水内徑三丈，應觀禮經。』武帝元封二年，立明堂汶上，無室。其外略依此制。泰山通議今亡，不可得而辨也。元始四年八月，起明堂、辟雍長安城南門，制度如儀。一殿，垣四面，門八觀，水外周，堤壤高四尺，和會築作三旬。五年正月六日辛未，始郊太祖高皇帝以配天，二十二日丁亥，宗祀孝文皇帝于明堂以配上帝，及先賢、百辟卿士有益者，于是秩而祭之。親扶三老五更，袒而割牲，跪而進之。因班時令，宣恩澤。諸侯王、宗室、四夷君長、匈奴、西國侍子，悉奉貢助祭。禮圖曰：『建武三十年作明堂，明堂上圓下方，上圓法天，下方法地，十二堂法日辰，九室法九州。室八窗，八九七十二，法一時之王。室有二户，二九十八户，法土王十八日。内堂正壇高三尺，土階三等。』胡伯始注漢官云：『古清廟蓋以茅，今蓋以瓦，瓦下藉茅，以存古制。』東京賦曰：『乃營三宫，布政頒常。複廟重屋，八達九房。造舟清池，唯水泱泱。』薛綜注云：『複重廇覆，謂屋平覆重棟也。』續漢書祭祀志云：『明帝永平二年，祀五帝于明堂，五帝坐各處其方，黄帝在未，皆如南郊之位。光武位在青帝之南，少退西面，各一犢，奏樂如南郊。』臣愷案詩云，我將祀文王于明堂，『我將我享，維牛維羊』。據此則備太牢之祭。今云一犢，恐與古殊。自晉以前，未有鴟尾，其圓牆璧水，一依本圖。晉起居注裴頠議曰：『尊祖配天，其義明著，廟宇之制，理據未分。直可爲一殿，以崇嚴祀，其餘雜碎，一皆除之。』臣愷案，天垂象，聖人則之。辟雍之星，既有圖狀，晉堂方構，不合天文。既闕重樓，又無璧水，空堂乖五室之義，直殿違九階之文。非古欺天，一何過甚！後魏于北臺城南造圓牆，在璧水外，門在水内迴立，不與牆相連。其堂上九室，三三相重，不依古制，室間通巷，違舛處多。其室皆用墼累，極成褊陋。後魏樂志曰：『孝昌二年立明堂，議者或言九室，或言五室，詔斷從五室。後元乂執政，復改爲九室，遭亂不成。』宋起居注曰：『孝武帝大明五年立明堂，其牆宇規範，擬則太廟，唯十二間，以應朞數。依漢汶上圖儀，設五帝位。太祖文皇對饗，鼎俎簠簋，一依廟禮。』梁武即位之後，移宋時太極殿以爲明堂。無室，十二間。禮疑議云：『祭用純漆俎瓦樽，文于郊，質于廟。止一獻，用清酒。』平陳之後，臣得目觀，遂量步數，記其尺丈。猶見基内有焚燒殘柱，毁斫之餘，入地一丈，儼然如舊。柱下以樟木爲跗，長丈餘，闊四尺許，兩兩相並。瓦安數重。宮城處所，乃在郭内。雖湫隘卑陋，未合規摹，祖宗之靈，得崇嚴祀。周、齊二代，闕而不修，大饗之典，于焉靡託。自古明堂圖唯有二本，一是宗周，劉熙、阮諶、劉昌宗等作，三圖略同。一是後漢建武三十年作，禮圖有本，不詳撰人。臣遠尋經傳，旁求子史，研究衆説，總撰今圖。其様以木爲之，下爲方堂，堂有五室，上爲圓觀，觀有四門。」帝可其奏。會遼東之役，事不果行。其年卒官。撰明堂圖議二卷、釋疑一卷，見行于世。

蕙田案：愷圖不及見，據此，大概與牛弘議同也。

舊唐書禮儀志：隋文帝開皇中，將作大匠宇文愷依月令造明堂木樣以獻。帝令有司于京城安業里内規兆其地，方欲崇建，而諸儒爭論不定，竟議罷之。煬帝時愷復獻明堂木樣并議狀，屬遷都興役，事又不就。終于隋代，季秋大享，恒在雩壇設祀。

唐書禮樂志：隋無明堂，而季秋大享常寓雩壇。

右隋明堂

五禮通考卷二十七

吉禮二十七

明堂

唐明堂

舊唐書禮儀志：武德初，季秋，祀五方天上帝於明堂，元帝配，牲用蒼犢二。五人帝、五官並從祀，用方色犢十。

唐書禮樂志：武德中，季秋，祀五方天帝於明堂，以元帝配。季秋，大享於明堂。天子親祠，不能則有司攝事。五方帝大享於明堂，太尊實汎齊，著尊實醴齊，犧尊實盎齊，山罍實酒，各二；五人帝從享於明堂，以著尊實醴齊，皆二。祀以四圭有邸，與配帝之幣皆以蒼。五方帝：籩八、豆八、簋一、簠一、甑一、俎一。五人帝：籩四、豆四、簋一、簠一、俎一。

舊唐書禮儀志：隋代，季秋大享，恒在雩壇設祀。高祖受禪，不遑創儀。太宗平定天下，命儒官議其制。貞觀五年，太子中允孔穎達以諸儒立議違古，上言曰：「臣伏尋前敕，依禮部尚書劉伯莊等議，以爲『從崑崙道上層祭天』。又尋後敕云：『爲左右閣道，登樓設祭。』臣檢六藝群書百家諸史，皆名基上曰堂，樓上曰觀，未聞重樓之上而有堂名。孝經云：『宗祀文王於明堂。』不云明樓、明觀，其義一也。又明堂法天，聖王示儉，或有翦蒿爲柱，葺茅作蓋。雖復古今異制，不可恒然，猶依大典，惟在朴素。是以席惟稾秸，器尚陶匏，用璽栗以貴誠，服大裘以訓儉。今若飛樓架道，綺閣凌雲，考古之文，實堪疑慮。案郊祀志，漢武明堂之制，四面無壁，上覆以茅。祭五帝於上座，祀后土於下防。臣以上座正爲基上，下防惟是基下。既云無四壁，未審伯莊如何上層祭神，下有五室？且漢武所爲，多用方士之説，違經背正，不可師祖。又盧寬等議云：『上層祭天，下堂布政，欲使人神位別，事不相干。』臣以古者敬重大事，與接神相似，以朝覲祭祀，皆在廟堂，豈有樓上祭祖，樓下視朝？閣道昇樓，路便窄隘，乘輦相儀接神不敬，步往則勞勩聖躬〔一〕。侍衛在旁，百司供奉。求之典誥，全無此理。臣非敢固執愚見，以求己長。伏以國之大典，不可不慎。乞以臣言下群臣詳議。」侍中魏徵議曰：「稽諸古訓，參以舊圖，其上圓下方，複廟重屋，百慮一致，異軫同歸。洎當塗膺籙，未遑斯禮；典午聿興，無所取則。裴頠以諸儒持論，異端蜂起，是非舛互，靡所適從，遂乃以人廢言，止爲一殿。宋、齊即仍其舊，梁、陳遵而不改。雖嚴配有所，祭享不匱，求之典則，道實未弘。夫孝因心生，禮緣情立。心不可極，故備物以表其誠；情無以盡，故飾宫以廣其敬。宣尼美意，其在兹乎！臣等親奉德音，令參大議，思竭塵露，微增山海〔二〕。凡聖人有作，義重隨時，萬物斯覩，事資通變。若據蔡邕之説，則至理失於文繁；若依裴頠所爲，則又傷於質略。求之情理，未允厥中。今之所議，非無用捨。請爲五室重屋，上圓下方，既體有則象，又事多故實。下室備布

〔一〕「勩」，諸本作「曳」，據舊唐書禮儀志二改。

〔二〕「思竭塵露微增山海」八字，諸本脱，據舊唐書禮儀志二補。

政之居，上堂爲祭天之所，人神不雜，禮亦宜之。其高下廣袤之規，几筵尺丈之制，則並隨時立法，因事制宜。自我而作，何必師古？」議未決。

蕙田案：祭與聽政，有堂室之分，無上下之别，鄭公謂下室布政，上堂祭天，人神不雜，舛矣。至謂「高下廣袤，几筵丈尺，自我而作，何必師古」，可謂通達之見。

十七年五月，秘書監顔師古議曰：「明堂之制，爰自古昔，求之簡牘，全文莫覩。究其指要，實布政之宫也。徒以經禮湮亡，今之所存，傳記雜説，理實蕪昧。然周書之叙明堂，紀其四面，則有應門、雉門，據此一塗，固是王者之常居耳。其青陽、總章、玄堂、太廟左个右个，與月令四時之次相同，則路寢之義，足爲明證。又文王居明堂之篇：『帶以弓韣，祠于高禖。下九門磔禳以禦疾疫，置梁除道以利農夫，令國有酒以合三族。』凡此等事〔二〕，皆合月令之文。觀其所爲，皆在路寢者也。戴禮：『昔周公朝諸侯于明堂之位，天子負斧扆南向而立。明堂也者，明諸侯之尊卑也。』周官又云：

〔二〕「等事」，諸本誤倒，據舊唐書禮儀志二乙正。

『周人明堂，度九尺之筵，東西九筵，堂一筵。』據其制度，即大寢也。尸子亦曰：『黄帝曰合宫，有虞氏曰總章，殷曰陽館，周曰明堂。』斯皆路寢之徵，知非别處。大戴所説，初有近郊之言，復稱文王之廟，進退無據，自爲矛盾。原夫負扆受朝，常居出令，既在皋庫之内，亦何云於郊野哉？孝經傳云『在國之陽』，又無里數。漢武有懷創造，詢於搢紳，言論紛然，終無定據，乃立於汶水之上而宗祀焉，明其不拘遠近，無擇方面。孝成之代，表行城南，雖有其文，厥功靡立。平帝元始四年，大議營創。孔牢等乃以爲明堂、辟雍、太學，其實一也，而有三名。金褒等又稱經傳無文，不能分别同異。中興之後，蔡邕作論，復云明堂太廟，一物二名。鄭玄則曰：『在國之陽，三里之外，七里之内，丙巳之地。』潁容釋例亦云：『明堂太廟，凡有八名，其體一也。』苟立同異，競爲巧説，並出自胸懷，曾無師祖。審夫功成作樂，理定制禮，草創從宜，質文遞變，旌旗冠冕，古今不同，律度權衡，前後不一，隨時之義，斷可知矣。假如周公舊章，猶當擇其可否；宣尼彝則，尚或補其闕漏。況鄭氏臆説，淳于謏聞，匪異守株，何殊膠柱？愚謂不出墉雉，邇接宫闈，實允事宜，諒無所惑。但當上遵天旨，祗奉德音，作皇代之明堂，永貽範於來葉。區區碎議，皆略而不論。」又上表曰：「明堂之制，陛下已發德音，久令詳議。但以學者專固，人人異言，損益不同，是非莫定。臣愚以爲五帝之後，兩漢已前，高下方圓，皆不相襲。惟在陛下聖情創造，即爲大唐明堂，足以傳於萬代，何以論户牖之多少，疑階廷之廣狹？若恣儒者互説一端，久無斷決，徒稽盛禮。昔漢武欲草封禪儀，博望諸生，所説不同，莫知孰是。惟御史大夫倪寬勸上自定制度，遂成登封之禮。臣之愚誠，亦望陛下斟酌繁省，爲其節文，不可謙拒，以淹大典。」尋以有事遼海，未暇營創。

蕙田案：師古號稱博綜，其論明堂，乃背經傳，而乖舛若此，不得其説。請以聖情創造，異哉！

唐書禮樂志：貞觀初，明堂以高祖配。

舊唐書音樂志：季秋，享上帝于明堂樂章八首：貞觀中，褚亮等作，今行用。

降神用豫和詞同冬至圜丘。

皇帝行用大和詞同冬至圜丘。

登歌奠玉帛用肅和　象天御宇，乘時布政。嚴配申虔，宗禋展敬。罇罍盈列，樹羽交映。玉幣通誠，祚隆皇聖。

迎俎用雍和　八牖晨披〔一〕，五精朝奠。霧凝璇篚，風清金縣。神滌備全，明粢豐衍。載結彝俎，陳誠以薦。

皇帝酌獻飲福用壽和詞同冬至圜丘。

送文舞出，迎武舞入，用舒和　御扆合宮承寶曆，席圓重館奉明靈〔二〕。偃武修文九圍泰，沈烽靜柝八荒寧。

武舞用凱安詞同冬至圜丘。　送神用豫和詞同冬至圜丘。

通典：永徽二年，又奉太宗配祠明堂。有司遂以高祖配五天帝，太宗配五人帝。

舊唐書禮儀志：永徽二年七月二日，敕曰：「上玄幽贊，處崇高而不言；皇王提象，代神功而理物。是知五精降德，爰應帝者之尊；九室垂文，用紀配天之業。且合宮、靈符，創鴻規於上代；太室、總章，標茂範於中葉。雖質文殊制，奢儉異時，然則立天中，作人極，布政施教，其歸一揆。朕嗣膺下武，丕承上烈，思所以答眷上靈，聿遵

〔一〕「披」，諸本作「掖」，據舊唐書音樂志三改。
〔二〕「館」，諸本作「節」，據舊唐書音樂志三改。

孝享，而法宫曠禮，明堂寢構。今國家四表無虞，人和歲稔，作範垂訓，今也其時。宜令所司與禮官學士等考覈故事，詳議得失，務依典禮，造立明堂。庶曠代闕文，獲申於兹日；因心展敬，永垂於後昆。其明堂制度，令諸曹尚書及左右丞侍郎、太常、國子秘書官、弘文館學士同共詳議。」於是太常博士柳宣依鄭玄義，以爲明堂之制，當爲五室。内直丞孔志約據大戴禮及盧植、蔡邕等義，以爲九室。曹王友趙慈皓、秘書郎薛文思等各造明堂圖。諸儒紛爭，互有不同。上初以九室之議爲是，乃令所司詳定形制及辟雍門闕等。

明年六月，内出九室樣，仍更令有司損益之。有司奏言：「内樣：堂基三重，每基階各十二。上基方九雉，八角，高一尺。中基方三百尺，高一筵。下基方三百六十尺，高一丈二尺。上基象黄琮，爲八角，四面安十二階。請從内樣爲定。基高下仍請準周制高九尺，其方共作司約準一百四十八尺。中基下基，望並不用。又内樣室各方三筵〔一〕，開四闥、八窗。屋圓楣徑二百九十一尺。案季秋大饗五帝，各在一室，商

〔一〕「樣」，諸本脱，據舊唐書禮儀志二校勘記補，下「内樣」同。

量不便，請依兩漢季秋合饗，總於太室。若四時迎氣之祀，則各於其方之室。其安置九室之制，增損明堂故事，三三相重。太室在中央，方六丈。其四隅之室，謂之左右房，各方二丈四尺。當太室四面，青陽、明堂、總章、玄堂等室，各長六丈，以應太室；闊二丈四尺，以應左右房。室間並通巷，各廣一丈八尺。其九室并巷在堂上，總方一百四十四尺，法坤之策。屋圓楣、楯、檐，或爲未允。請據鄭玄、盧植等説，以前梁爲楣，其徑二百一十六尺，法乾之策。圓柱旁出九室四隅，各七尺，法天以七紀。柱外餘基，共作司約準面别各餘一丈一尺。内樣室别四闥八窗，檢與古同，請依爲定，其户依古外設而不閉。内樣外有柱三十六，每柱十梁。内有七間，柱根以上至梁高三丈，梁以上至屋峻起，計高八十一尺。上圓下方，飛檐應規，請依内樣爲定。其屋蓋形制，仍望據考工記改爲四阿，并依禮加重檐，準太廟安鴟尾。堂四向五色，請依周禮白盛爲便。其四向各隨方色。請施四垣及四門。辟雍，案大戴禮及前代説，辟雍多無水廣、内徑之數。蔡邕云：『水廣二十四丈，四周於外。』三輔黄圖云『水廣四周』，與蔡邕不異，仍云『水外周堤』。又張衡東京賦稱『造舟爲梁』。禮記明堂位、陰陽録云：『水左旋以象天。』商量水廣二十四丈，恐傷於闊，今請減爲二十四步，垣外量取周足。仍依故事造舟爲梁，其外周以圓堤，并取陰陽『水行左旋』之制。殿垣，案三輔黃圖，殿垣四周方在水内，高不蔽日，殿門去殿七十二步。準今行事陳設，猶恐窄小。其方垣四門去堂步數，請準太廟南門去廟基遠近爲制。仍立四門八觀，依太廟門別各安三門，施玄閫，四角造三重魏闕。」此後群儒紛競，各執異議。尚書左僕射于志寧等請爲九室，太常博士唐昣昣，通典作「昕」，未知孰是。等請爲五室。高宗令於觀德殿依兩議張設，親與公卿觀之。帝曰：「明堂之禮，自古有之。議者不同，未果營建。今設兩議，公等以何者爲宜？」工部尚書閻立德對曰：「兩議不同，俱有典故。九室似闇，五室似明。取捨之宜，斷在聖慮。」上以五室爲便，議又不定，由是且止。

蕙田案：此議頗合古，惟房室通巷及辟廱爲謬耳。既別有巷，九室闇矣，宜以五室爲便，而終不定也。

舊唐書禮儀志：顯慶元年，太尉長孫無忌與禮官等奏議曰：「臣等謹尋方册，歷考前規，宗祀明堂，必配五郊，預入明堂，自緣從祀。今以太宗作配，理有未安。伏見永徽二年七月，詔建明堂，伏惟陛下天縱聖德，追奉太宗，已遵嚴配。時高祖先在明堂，禮司致惑，竟未遷祀，率意定儀，遂便著令。乃以太宗皇帝降配五人帝，雖復亦在明堂，不得對越天帝，深乖明詔之意，又與先典不同。謹案孝經云：『孝莫大於嚴父，嚴父莫大於配天。昔者周公宗祀文王於明堂，以配上帝。』伏惟詔意，義在於斯。今所司行令，殊爲失旨。又尋漢、魏、晉、宋歷代禮儀，並無父子同配明堂之義。唯祭法云：『周人禘嚳而郊稷，祖文王而宗武王。』鄭玄注云：『禘、郊、祖、宗，謂祭祀以配食也。禘謂祭昊天於圜丘，郊謂祭上帝於南郊，祖、宗謂祭五帝、五神於明堂也。』尋鄭此注，乃以祖、宗合爲一祭，又以文、武共在明堂，連衽配祀，良爲謬矣。故王肅駁曰：『古者祖有功而宗有德，祖、宗自是不毁之名，非謂配食於明堂者也。審如鄭義，則孝經當言祖祀文王於明堂，不得言宗祀也。凡宗者，尊也。周人既祖其廟〔一〕，又尊其祀，孰謂祖於明堂者乎？』鄭引孝經以解祭法，而不曉周公本意，殊非仲尼之義旨也。又解『宗武王』云：『配勾芒之類，是謂五神，位在堂下。』武王降位，失君叙矣。又案六韜曰：『武王伐紂，雪深丈餘，五車二馬，行無轍迹，詣營求謁。武王怪而問焉，太公對曰：「此必五方之神來受事耳。」遂以其名召入，各以其職命焉。既而克殷，風調雨

〔一〕「其」，諸本作「祀」，據舊唐書禮儀志一改。

順。』豈有生來受職，殁則配之，降尊敵卑，理不然矣。故春秋傳：『禘、郊、祖、宗、報五者，國之祀典也。』傳言五者，故知各是一事，非謂祖、宗合祀於明堂也。臣謹上考殷、周，下洎貞觀，並無一代兩帝同配於明堂。南齊蕭氏以武、明昆季並於明堂配食，事乃不經，未足援據。又檢武德時令，以元皇帝配於明堂，兼配感帝。至貞觀初緣情革禮，奉祀高祖配於明堂，奉遷世祖專配感帝。此即聖朝故事，已有遞遷之典，取法宗廟，古之制焉。伏惟太祖景皇帝構室有周，建絶代之丕業；啓祚汾、晉〔一〕，創歷聖之洪基。德邁發生，道符立極。又世祖元皇帝潛鱗韞慶，屈道事周，導濬發之靈源，肇光宅之垂裕。稱祖清廟，萬代不遷。請停配祀，以符古義。伏惟高祖太武皇帝躬受天命，奄有神州，創制改物，體元居正，爲國始祖，抑有舊章。昔者炎漢高帝，當塗太祖，皆以受命，例並配天。請遵故實，奉祀高祖於圜丘，以配昊天上帝。伏惟太宗文皇帝道格上元，功清下黷，拯率土之塗炭，協大造於生靈，請準詔書，宗祀於明堂，以配上帝。又請依武德故事，兼配感帝作主。斯乃二祖德隆，永不遷廟；兩聖功大，各

〔一〕「祚」，諸本作「作」，據舊唐書禮儀志一改。

得配天。遠協孝經，近申詔意。」

蕙田案：明堂之配，此議爲是。

唐書禮樂志：顯慶二年，禮部尚書許敬宗與禮官等議曰：「明堂本以祭天，而鄭玄以爲祭太微五帝。皆謬論也。」由是盡黜玄説，明堂大享，祭昊天上帝。

乾封二年，詔明堂兼祀昊天上帝及五帝。又詔明堂以高祖、太宗並配。

高宗改元總章，分萬年置明堂縣，示欲必立之。而議者益紛然，或以爲五室，或以爲九室，而高宗依兩議，以帟幕爲之，與公卿臨觀，而議益不一。乃下詔率意班其制度，至取象黄琮，上設鴟尾，其言益不經，而明堂亦不能立。

舊唐書禮儀志：乾封二年二月，詳宜略定，乃下詔曰：「朕以寡薄，忝承丕緒。奉二聖之遺訓，撫億兆以初臨，馭朽兢懷，推溝在念。而上玄垂祐，宗社降休，歲稔時和，人殷俗阜。車書混一，文軌大同。檢玉泥金，升中告禪，百蠻執贄，萬國來庭，朝野懽娱，華夷胥悦。但爲郊禋嚴配，未安太室，布政施行，猶闕合宫。朕所以日昃忘疲，中宵輟寢，討論墳籍，錯綜群言，採三代之精微，探九皇之至賾，斟酌前載，製造明堂。棟宇方圓之規，雖兼故實；度筵陳俎之法，獨運財成。宣諸内外，博考詳議，求其長短，冀廣異聞。而鴻生碩儒，俱稱盡善，搢紳士子，並奏該通。創此宏模，自我作古。因心既展，情禮獲伸，永言宗祀，良深感慰。宜命有司，及時起作，務從折中，稱朕意焉。」於是大赦天下，改元爲總章，分萬年置明堂縣。

明年三月，又具規製廣狹，下詔曰：「合宫聽朔，闡皇軒之茂範；靈府通和，敷帝勛之景化。殷人陽館，青珪備禮；姬氏玄堂，彤璋合獻。雖運殊驪翰，時變質文，至於立天中，建皇極，軌物施教，其歸一揆。考圖汶上，僅存公玉之儀；度室圭躔，才紀中元之製。屬炎精墜駕，璿宫毁籥，四海淪於沸鼎，九土陷於塗原。高祖太武皇帝杖鉞唐郊，收鈐雍野，納祥符於蒼水，受靈命於丕山。飛沈泳沫，動植游源。太宗文皇帝盟津光誓，協降火而登壇；豐谷斷蛇，應屯雲而鞠旅。封金岱嶺，昭累聖之鴻勳；勒石九都，成文考之先志。固可以作化明堂，顯庸太室。傍羅八柱，周建四門，木工不琢，土事無文，豐約折衷，經始勿亟，闕文斯備，大禮聿修。其明堂院每面三百六十步，當中置堂。案周易乾之策二百一十有六，坤之策一百四十有四，總成三百六十，故方三百六十步。當中置堂，處二儀之中，定三才之本，構兹一宇，臨此萬方。自降院每面三門，同爲一宇，徘徊五間。案尚書：一朞有四時，故四面各一所開門；每時有三月，故每一所開三門；一朞十有二月，故周迴總十二門。所以面別一門，應茲四序，既一時而統三月，故於一舍而置三門。又周易三爲陽數，二爲陰數，合而爲五，所以每門舍五間。院四隅各置重樓，其四墉各依本方色。案淮南子，地有四維，故四樓。又案月令，水、火、金、木、土五方各異色，故其墻各依本方之色。基八面，象八方。案周禮，黄琮禮地。鄭玄注：琮者，八方之玉，以象地形，故以祀地。則知地形八方。又案漢書，武帝立八觚壇以祀地。登地之壇，形象地，故令爲八方之基，以象地形。基高一丈二尺，徑二百八十尺。案漢書，陽爲六律，陰爲六吕。陽與陰合，故高一丈二尺。又案周易，三爲陽數，八爲陰數。三八相乘，得二百四十尺〔一〕。案漢書，九會之數有四十，合爲二百八十，所以基徑二百八十尺。故以交通天地之和，錯綜陰陽之數。以明陽不獨運，資陰和以助成，陰不孤行，待陽唱而方應。陰陽兩順，天地咸亨，則百寶斯興，九疇攸序。基每面三階，周迴十二階，每階爲二十五級。案漢書，天有三階，故每面三階；地有十二辰，故周迴十二階。又案文子，從凡至聖，有二十五

〔一〕「尺」，諸本作「丈」，據舊唐書禮儀志二改。

等，故每階二十五級。所以應符星而設階，法台耀以疏陛，上擬霄漢之儀，下則地辰之數。又列兹重級，用準聖凡。象皇極之高居，俯庶類而臨耀。基之上爲一堂，其宇上圓。案道德經，天得一以清，地得一以寧，侯王得一以爲天下貞。又曰道生一，一生二，二生三，三生萬物。又案漢書，太極元氣，函三爲一。又曰天子以四海爲家。故置一堂以象元氣，并取四海爲家之義。又案周禮，蒼璧禮天。鄭玄注：璧圓以象天。故爲宇上圓。堂每面九間，各廣一丈九尺。案尚書，地有九州，故立九間。又案周易，陰數十，故間别一丈九尺，所以規模厚地，準則陰陽，法二氣以通基，置九州於一宇。堂周迴十二門，每門高一丈七尺，闊一丈三尺。案禮記，一歲有十二月，所以置十二門。又案周易，陰數十，陽數七，故高一丈七尺；又曰陽數五，陰數八，故闊一丈三尺。所以調兹玉燭，應彼金輝，叶二氣以循環，逐四序而迎節。堂周迴二十四窗，高一丈三尺，闊一丈一尺，二十三櫺，二十四明。案史記，天有二十四氣，故置二十四窗。又案書，一年十二月，并象閏，故高一丈三尺。又案周易，天數一，地數十，故闊一丈一尺，又天數九，地數十，并四時成二十三，故二十三櫺。又案周易，八純卦之本體，合二十四爻，故有二十四明。列牖疏窗[一]，象風候氣，遠周天地之數，曲準陰陽之和。堂心八柱，各長五十五尺。案河圖，八柱承天，故置八柱。又案周易，大衍之數五十有五，故長五十五尺。聳兹八柱，承彼九間，數該大衍之規，形符立極之制。且柱爲陰數，天實陽元，柱以陰氣上昇，天以陽和下降，固陰陽之交泰，乃天地之相承。堂心之外，置四柱爲四輔。案漢書，天有四輔星，故置四柱以象四星。内以八柱承天，外象四輔明化，上交下泰，表裏相成，叶台耀以分輝，契編珠而拱極。八柱四輔外，第一重二十柱。案周易，天數五，地數十，并五行之數合而爲二十，故置二十柱。體二儀而立數，叶五位以裁規，式符立極之功，允應剛柔之道。八柱四輔外，第二重二十八柱。案史記，天有二十八宿，故有二十八柱。所以仰則乾圖，上符景宿，考編珠而紀度，觀列宿以迎時。八柱四輔外，第三重三十二柱。案漢書，有八節、八政、八風、八音，四八三十二柱。調風御節，萬物資以化成；布政流音，九區仰而貽則。外面周迴三十六柱。案漢書，一朞三十六旬，故法之以置三十六柱。所以象歲時而致用，

[一]「窗」，諸本脱，據舊唐書禮儀志二補。

順寒暑以通微，璿璣之度無衍，玉曆之期永契。八柱之外，修短總有三等。案周易，天、地、人爲三才，故置柱長短三等。所以擬三才以定位，高下相形，體萬物以資生，長短兼運。八柱之外，都合一百二十柱。案禮記，天子置三公、九卿、二十七大夫、八十一元士，合爲一百二十，是以置一百二十柱。分職設官，翊化資於多士；開物成務，構厦藉於群材。其上檻周迴二百四柱。案周易，坤之策一百四十有四，又漢書，九會之數有六十，故置二百四柱。所以採坤策之玄妙，法甲乙之精微，環迴契辰象之規，結構準陰陽之數。又基以象地，故叶策於坤元；柱各依方，復規模於甲子。重楣，二百一十六條。案周易，乾之策二百一十有六，故置二百一十六條。所以規模易象，擬法乾元，應大衍之深玄，叶神策之至數。大小節及拱，總六千三百四十五。案漢書，會月之數，六千三百四十五，故置六千三百四十五枚。所以遠採三統之文，傍符會月之數，契金儀而調節，偶璇曆以和時。重幹，四百八十九枚。案漢書，章月二百三十五，閏月周迴二百五十四，總成四百八十九，故置四百八十九枚。所以法履端之奥義，象舉正之芳猷，規模曆象，發明章、閏。下枊，七十二枚。案易緯，有七十二候，故置七十二枚。所以式模芳節，取規貞候，契至和於昌曆，偶神數於休期。上枊，八十四枚。案漢書，九會之數有七十。疑脱「六」字。又案莊子：「六合之外，聖人存而不論。」司馬彪注：「天地四方爲六合。」總成八十四，故置八十四枚。所以模範二儀，包羅六合，準會陰陽之數，周通氣候之源。枅，六十枚。案漢書，推太歲之法有六十，故置六十枚。所以兼該曆數，包括陰陽，採甲乙之深微，窮辰子之玄奥。連栱，三百六十枚。案周易，當朞之日三百有六十，故置三百六十枚。所以叶周天之度，準當期之日，順平分而成歲，應晷運以循環。小梁，六十枚。案漢書，有六十甲子，故置六十枚。構此虹梁，遐規鳳曆，傍竦四宇之製，遥符六甲之源。棒，二百二十八枚。案漢書，章中二百二十八，故置二百二十八枚。所以應長曆之規，象中月之度，廣綜陰陽之數，傍通寒暑之和。方衡，一十五重。案尚書，五行生數一十有五，故置十五重。結棟分間，法五行而演秘，疏楹疊構，叶生數以成規。南北大梁，二根。案周易，太極生兩儀，故置二大梁。軌範乾坤，模擬天地，象玄黄之合德，表覆載以生成。陽馬，三十六道。案易緯，有三十六節，故置三十六道。所以顯茲嘉節，契此貞辰，分六氣以變陰陽，環四象而調風雨。椽，二千九百九十根。案漢書，月法二千三百九十二，通法五百九十八，共成二千九百九十。所以偶推步之規，合通法之數。是知疏椽構宇，則大壯之架斯隆，積月成年，則會曆之規無爽。大梠，兩重，重別三十六條，總七十二。案淮南子，太平之時，五日一風。一年有七十二風，故置七十二條。所以通規瑞曆，叶數祥風，遥符淳俗之源，遠則休徵之契。飛檐椽，七百二十九枚〔一〕。案漢書，從子至午，其數七百二十九，所以采辰象之宏模，法周天之至數。且午爲陰本，子實陽源，子午分時，則生成之道自著，陰陽合德，則覆載之義兹隆。堂檐，徑二百八十八尺。案周易，乾之策二百一十六，易緯云，年有七十二候，合爲二百八十八，故徑二百八十八尺。所以仰叶乾策，遠承貞候，順和氣而調序，擬圓蓋以照臨。堂上棟，去基上面九十尺。案周易，天數九，地數十，以九乘十，數當九十，故去基上面九十尺。所以上法圓清，下儀方載，契陰陽之至數，叶交泰之貞符。又以兹天九，乘於地十，象陽唱而陰和，法乾施而坤成。檐，去地五十五尺。案周易，大衍之數五十有五，故去地五十五尺。所以擬大易之嘉數，通惟神之至賾，道合萬象，理貫三才。上以清陽玉葉覆之。案淮南子，清陽爲天，合以清陽之色。」詔下之後，猶群議未決。終高宗之世，

〔一〕「七百」，諸本作「九百」，據舊唐書禮儀志二改，下「七百」同。

未能創立。

唐書禮樂志：孝經曰：「宗祀文王於明堂，以配上帝。」而三代有其名而無其制度，故自漢以來，諸儒之論不一，至于莫知所從，則一切臨時增損，而不能合古。然推其本旨，要於布政交神于王者尊嚴之居而已，其制作何必與古同！然爲之者，至無所據依，乃引天地、四時、風氣、乾坤、五行、數象之類以爲倣像，而衆説亦不克成。

蕙田案：此猶顔師古所謂聖情創造者也。附會愈多，規制愈大，去古愈遠，宜終弗克立矣。

舊唐書禮儀志：儀鳳二年七月，太常少卿韋萬石奏曰：「明堂大享，惟古禮鄭玄議，祀五天帝，王肅議，祀五行帝。貞觀禮依鄭玄議祀五天帝，顯慶以來新修禮祀昊天上帝。奉乾封二年敕祀五帝，又奉制兼祀昊天上帝。復奉上元三年三月敕，五禮俱以貞觀年禮爲定。又奉去年敕，並依周禮行事。今用樂須定所祀之神，未審依古禮及貞觀禮，爲復依見行之禮？」時高宗及宰臣並不能斷，依違久而不決。尋又詔尚書省及學士詳議，事仍不定。自此明堂大享，兼用貞觀、顯慶二禮。

唐書武后本紀：垂拱四年正月庚午，毁乾元殿作明堂。十二月辛亥，改明堂爲萬象神宫。

舊唐書禮儀志：則天臨朝，儒者屢上言請創明堂。則天以高宗遺意，乃與北門學士議其制，不聽群言。垂拱三年春，毁東都之乾元殿，就其地創之。四年正月五日，明堂成。凡高二百九十四尺，東西南北各三百尺。有三層：下層象四時，各隨方色；中層法十二辰，圓蓋，蓋上盤九龍捧之；上層法二十四氣，亦圓蓋。亭中有巨木十圍，上下通貫，栭、櫨、欂、欓〔一〕，藉以爲本，亘之以鐵索。蓋爲鸑鷟，黄金飾之，勢若飛翥。刻木爲瓦，夾紵漆之。明堂之下施鐵渠，以爲辟雍之象。號萬象神宫。因改河南縣爲合宫縣。詔：「來年正月一日，可於明堂宗祀三聖，以配上帝。宜令禮官、博士、學士、内外明禮者，詳定儀禮，務從典要，速以奏聞。」

唐書王求禮傳：武后時，爲左拾遺、監察御史。后方營明堂，琱飾譎怪，侈而不法。求禮以爲「鐵鸑金龍、丹雘珠玉，乃商瓊臺、夏瑶室之比，非古所謂茅茨採椽者」。不報。

〔一〕「欓」，諸本作「棍」，據舊唐書禮儀志二改。

武后本紀：永昌元年正月乙卯，享於萬象神宮，大赦，改元，賜酺七日。戊午，布政於萬象神宮，頒九條以訓百官。

舊唐書禮儀志：永昌元年正月元日，始親享明堂，大赦，改元。其月四日，御明堂布政，頒九條以訓于百官。文多不載。翌日，又御明堂，饗群臣，賜縑纁有差。自明堂成後，縱東都婦人及諸州父老入觀，兼賜酒食，久之乃止。吐蕃及諸夷以明堂成，亦各遣使來賀。

武后本紀：載初元年春正月，神皇親享明堂，大赦天下。依周制，建子月爲正月，改永昌元年十一月爲載初元年正月〔一〕，十二月爲臘月，改舊正月爲一月。

禮儀志：載初元年冬正月庚辰朔，日南至，復親饗明堂，大赦，改元，用周正。翼日，布政于群后。其年二月，則天又御明堂，大開三教。内史邢文偉講孝經，命侍臣及僧、道士等以次論議，日昃乃罷。

天授二年正月乙酉，日南至，親祀明堂，合祭天地，以周文王及武氏先考、先妣

〔一〕「正月」，諸本脱，據舊唐書武后本紀補。

配，百神從祀，並於壇位次第布席以祀之。於是春官郎中韋叔夏奏曰：「明堂正禮，唯祀五帝，配以宗祖及五帝、五官神等，自外餘神，並不合預。伏惟陛下追遠情深，崇禋志切，於明堂享祀，加昊天上帝、皇地祇，重之以先帝、先后配享〔一〕，此乃補前王之闕典，弘嚴配之虔誠。往以神都郊壇未建，乃於明堂之下，廣祭衆神，蓋義出權時，非不刊之禮也。謹案禮經：其内官、中官、五岳、四瀆諸神，並合從祀於二至。明堂總奠，事乃不經。然則宗祀配天之親，雜與小神同薦，於嚴敬之道，理有不安。望請每歲元日，惟祀天地大神，配以帝后。其五岳以下，請依禮於冬、夏二至，從方丘、圜丘，庶不煩黷。」從之。

則天皇后紀：天授三年正月，大享明堂。

長壽二年春一月，大享明堂。

唐書則天皇后傳：長壽二年，享神宫，自制大樂，舞工用九百人，以武承嗣爲亞獻，三思爲終獻。

〔一〕「先帝」，諸本脱，據舊唐書禮儀志二補。

舊唐書音樂志：則天大聖皇后享明堂樂章十二首：御撰。

外辦將出　總章陳昔典，衢室禮惟神。宏規則天地，神用叶陶鈞。負扆三春旦，充庭萬宇賓。顧己誠虛薄，空慙馭兆人。

皇帝行，用黃鐘宮　仰膺曆數，俯順謳歌。遠安邇肅，俗阜時和。化光玉鏡，訟息金科。方興典禮，永戢干戈。

皇嗣出入昇降　至人光俗，大孝通神。謙以表性，恭惟立身。洪規載啓，茂典方陳。譽隆三善，祥開萬春。

迎送王公　千官肅事，萬國朝宗。載延百辟，爰集三宮。君臣得合，魚水斯同。睿圖方永，周曆長隆。

登歌大呂均無射羽。　禮崇宗祀，志表嚴禋。笙鏞合奏，文物惟新。敬遵茂典，敢擇良辰。潔誠斯著，奠謁方申。

配饗　笙鏞間鳴玉，文物昭清暉。粹影臨芳奠，休光下太微。孝忠期有感，明潔庶無違。

宮音　履艮苞群望，居中冠百靈。萬方資廣運，庶品荷裁成。神功諒匪測，盛德實難名。藻奠申誠敬，恭祀表惟馨。

角音　出震位，開平秩。扇條風，乘甲乙。龍德盛，鳥星出。薦珪篚，陳誠實。

徵音　赫赫離精御炎陸，滔滔熾景開隆暑。冀延神鑒俯蘭罇，式表虔襟陳簠俎。

商音　律則夷則，序應收成。功宣建武，儀表惟明。爰申禮奠，庶展翹誠。九秋是式，百穀斯盈。

羽音　葭律肇啓隆冬，蘋藻攸陳饗祭。黄鍾既成玉燭，紅粒方殷稔歲。

武后本紀：三年春一月，大享明堂。

唐書武后本紀：天册萬歲元年正月，改元證聖。丙申，萬象神宫火。

舊唐書武后本紀：證聖元年，明堂災，至明而並從煨燼。庚子，以明堂災告廟，手詔責躬。

禮儀志：時則天又於明堂後造天堂，以安佛像，高百餘尺。始起建構，爲大風振倒。俄又重營，其功未畢。證聖元年正月丙申夜，佛堂災，延燒明堂，至曙，二堂並盡。尋時又無雲而雷起自西北。

唐書武后本紀：萬歲通天元年臘月甲申，封於神岳。改元曰萬歲登封。三月丁巳，復作明堂，改曰通天宮。大赦，改元，賜酺七日。

神功元年四月，置九鼎于通天宮。

舊唐書禮儀志：天册萬歲二年三月，重造明堂成，號爲通天宮。四月朔日，又行親享之禮，大赦，改元爲萬歲通天。翼日，則天御通天宮之端扆殿，命有司讀時令，布政于群后。其年，鑄銅爲九州鼎，既成，置于明堂之庭，各依方位列焉。神都鼎高一丈八尺，受一千八百石。冀州鼎名武興，雍州鼎名長安，兖州名日觀，青州名少陽，徐州名東源，揚州名江都，荆州名江陵，梁州名成都。其八州鼎高一丈四尺，各受一千二百石。司農卿宗晉卿爲九鼎使，都用銅五十六萬七百一十二觔。鼎上圖寫本州山川物産之像，仍令工書人著作郎賈膺福、殿中丞薛昌容、鳳閣主事李元振、司農録事鍾紹京等分題之〔一〕，左尚方署令曹元廓圖畫之。鼎成，自玄武門外曳入，令宰相、諸王率南北衙宿衛兵十餘萬人〔二〕，并仗内大牛、白象共曳之。則

〔一〕「鍾紹京」，原作「鍾紹宗」，據光緒本、舊唐書禮儀志二改。
〔二〕「率」，諸本脱，據舊唐書禮儀志二補。

天自爲曳鼎歌，令相唱和。其時又造大儀鐘，斂天下三品金，竟不成。九鼎初成，欲以黄金千兩塗之。納言姚璹曰：「鼎者神器，貴於質朴，無假别爲浮飾。臣觀其狀，光有五彩輝煥錯雜其間，豈待金色爲之炫燿？」乃止。其年九月，又大享於通天宫。以契丹破滅，九鼎初成，大赦，改元爲神功。

蕙田案：本紀于萬歲通天元年，書四月親享。二年，書正月親享。九月改元神功，今志以爲即元年之九月，則本紀當稱神功二年，不當直稱二年矣。然考通鑑，于萬歲通天元年，書「更造明堂成」。明年，神功元年，書「鑄九鼎成」，正與紀合。則此併爲一年者，誤也。通典云：「明年九月，又享通天宫。」與此月同而年異，豈「其」字當爲「明」字之誤歟？

聖曆元年正月，又親享及受朝賀。尋制：每月一日於明堂行告朔之禮。司禮博士辟閭仁諝奏議曰〔一〕：「謹案經史正文，無天子每月告朔之事。而鄭玄注玉藻『聽朔』，以秦制月令有五帝五官之事，遂云：『凡聽朔，必特牲告其時帝及其神，配

〔一〕「仁諝」，原作「仁諿」，據光緒本、舊唐書禮儀志二改。下同。

以文王、武王。』此鄭注之誤也。故漢、魏至今莫之用。案月令云『其帝太昊，其神勾芒』者，謂宣布時令，告示下人，其令詞云其帝其神耳。所以爲敬授之文，欲使人奉其時而務其業。每月有令，故謂之月令，非謂天子月朔日以配帝而祭告之。其每月告朔者，諸侯之禮也。故春秋左氏傳曰：『公既視朔，遂登觀臺。』又鄭注論語云：『禮〔一〕，人君每月告朔於廟，有祭謂之朝享。魯自文公始不視朔。』是諸侯之禮明矣。今王者行之，非所聞也。案鄭所謂告其帝者即太昊等五人帝，其神者即重黎等五行官。雖並功施於人，列在祀典，無天子每月拜祭告朔之文。臣等謹檢禮論及三禮義宗〔二〕、江都集禮、貞觀禮、顯慶禮及祠令，並無天子每月告朔之事。若以爲代無明堂，故無其告朔之禮，則江都集禮、貞觀禮、顯慶禮及祠令，著祀五方上帝於明堂，即孝經『宗祀文王於明堂』也。此則無明堂而著其享祭，何爲告朔獨闕其文？若以君有明堂即合告朔，則周、秦有明堂，而經典正文，無天子每月告朔之

〔一〕「云禮」，諸本誤倒，據舊唐書禮儀志二乙正。
〔二〕「禮論」，諸本作「禮記」，據舊唐書禮儀志二改。

事。臣等歷觀今古，博考載籍，既無其禮，不可習非。望請停每月一日告朔之祭，以正國經。竊以天子之尊，而用諸侯之禮，非所謂頒告朔、令諸侯、使奉而行之義也。」鳳閣侍郎王方慶又奏議曰：「天子以孟春正月上辛日，於南郊總受十二月之政，還藏於祖廟，月取一政班於明堂。諸侯孟春之月，朝於天子，受十二月之政藏於祖廟，月取一政而行之。人君以其禮告廟，則謂之告朔；聽視此月之政，則謂之視朔，亦曰聽朔。雖有三名，其實一也。今禮官議稱『經史正文無天子每月告朔之事』者。臣謹案春秋：『文公六年閏十月，不告朔。』穀梁傳曰：『閏，附月餘日，天子不以告朔。』左氏傳云：『閏月不告朔，非禮也。閏以正時，時以作事，事以厚生，生人之道，於是乎在矣。不告閏朔，棄時政也。』臣據此文，則天子閏月亦告朔矣。寧有他月而廢其禮者乎？博考經籍，其文甚著。何以明之？周禮太史職云：『頒告朔於邦國。閏月，告王居門終月。』又禮記玉藻云：『閏月則闔門左扉，立于其中。』並是天子閏月而行告朔之事也。」禮官又稱：「玉藻『天子聽朔於南門之外』。周禮天官太宰『正月之吉，布政于邦國都鄙』。干寶注云『周正建子之月，告朔日也』。此即玉藻之聽朔矣。今每歲首元日，通天宮受朝，讀時令，布政事，京官九品以上、諸州朝集使等咸列于庭，此聽朔之禮畢，而合于周禮、玉藻之文矣。禮論及三禮義宗、江都集禮、貞觀禮、顯慶禮及祠令，無王者告朔之事者。臣謹案玉藻云：『玄冕而朝日於東門之外，聽朔於南門之外。』鄭注云：『朝日，春分之時也。東門、南門〔一〕，皆謂國門也。明堂在國之陽，每月就其時之帝而聽朔焉，卒事，反宿於路寢。凡聽朔，必以特牲告其時帝及其神，配以文王、武王。』臣謂今歲首元日，通天宮受朝，讀時令及布政，自是古禮孟春上辛，受十二月之政，班於明堂，其義昭然，猶未行也。即如禮官所言，遂闕其事。臣又案禮記月令，天子每月居青陽、明堂、總章、玄堂，即是每月告朔之事。先儒舊説，天子行事，一年十八度入明堂：大享不問卜，一入也；每月告朔，十二入也；四時迎氣，四入也；巡狩之年，一入也。今禮官立議，王惟歲首一入耳，與先儒既異，臣不敢同。鄭玄云：『凡聽朔告其帝。』臣愚以爲告朔之日，則五方上帝之一帝也。春則靈威仰，夏則赤熛怒，秋則白招拒，冬則叶光紀，季月則含樞紐也，並以始祖而配之焉。人帝及神，列在祀典，亦於其

〔一〕「南門」，諸本脱，據舊唐書禮儀志二補。

月而享祭之。魯自文公始不視朔，子貢見其禮廢，欲去其羊，孔子以羊存猶可識其禮，羊亡其禮遂廢，故云：『爾愛其羊，我愛其禮。』漢承秦滅學，庶事草創，明堂、辟雍，其制遂闕。漢武帝封禪，始造明堂於泰山，既不立於京師，所以無告朔之事。至漢平帝元始中，王莽輔政，庶幾復古，乃建明堂、辟雍焉。帝祫祭於明堂，諸侯王、列侯、宗室子弟九百餘人助祭畢，皆益户、賜爵及金帛、增秩、補吏各有差。漢末喪亂，尚傳其禮。爰至後漢，祀典仍存。明帝永平二年，郊祀五帝於明堂，以光武配，祭牲各一犢，奏樂如南郊。董卓西移，載籍湮滅，告朔之禮，於此而墜。暨於晉末，戎馬生郊，禮樂衣冠，掃地總盡。元帝過江，是稱狼狽，禮樂制度，南遷蓋寡，彝典殘缺，無復舊章，軍國所資，臨事議之。既闕明堂，寧論告朔。宋朝何承天纂集其文，以爲禮論，雖加編次，事則闕如。梁代崔靈恩撰三禮義宗，但捃摭前儒，因循故事而已。隋大業中，煬帝命學士撰江都集禮，只抄撮禮論，更無異文。貞觀、顯慶禮及祠令不言告朔者，蓋爲歷代不傳，其文遂闕，各有由緒，不足依據。今禮官引爲明證，在臣誠實有疑。陛下肇建明堂，聿遵古典，告朔之禮，猶闕舊章，欽若稽古，應須補葺。若每月聽政於明堂，事亦煩數，孟月視朔，恐不可廢。」上又命奉常廣集衆儒，取方慶、仁諝所奏，議定得失。當時大儒成均博士吴揚吾、太學博士郭山惲曰：「臣等謹案周禮、禮記及三傳，皆有天子告朔之禮。夫天子頒告朔于諸侯，秦政焚滅詩、書，由是告朔禮廢。今明堂肇建，總章新立，紹百王之絶軌，樹萬代之鴻規，上以嚴配祖宗，下以敬授人時，使人知禮樂，道適中和，災害不生，禍亂不作。今若因循頒朔，每月依行，禮貴隨時，事須沿革。望依王方慶議，用四時孟月日及季夏於明堂修復告朔之禮，以頒天下。其帝及神，亦請依方慶用鄭玄義，告五時帝於明堂上。則嚴配之道，通於神明；至孝之德，光於四海。」制從之。

張齊賢傳：聖曆初，爲太常奉禮郎。武后詔百官議告朔于明堂，讀時令，布政事。太常博士辟閭仁諝請罷告朔、月祭。齊賢不韙其説，質曰：「穀梁氏稱『閏月，天子不告朔』，它月故告朔矣。左氏言魯『不告閏朔，爲棄時政』，則諸侯雖閏告朔矣。周太史『頒朔于邦國』，玉藻『閏月，王居門』，是天子雖閏亦告朔。二家去聖不遠，載天子、諸侯告朔事，顯顯弗繆。今議者乃以太宰正月之吉，布治邦國，而言天子元日一告朔，殊失其旨。一歲之元，六官自布所職之典。干寶爲當作「謂」。吉爲朔，故世人繆吉爲告，據繆失經，不得爲法。議者又引左氏説，專在諸侯，不知玉藻與左説正同，而獨於天子言歲首一告，何去取之悠也！又謂時帝，五人帝也。玄於時帝包天人，故以文、武作配，是並告兩五帝爲不疑。諸侯受朔天子，藏於廟。天子受朔于天，宜在明堂，故告時帝，配祖考。議者曰：『天子月告祭頒朔，則諸侯安得藏之？故太宰歲首布一歲事，太史頒之也。』是不然，周太史『頒朔邦國』，是總頒十二朔於諸侯；天子猶月告者，頒官府都鄙也。内外異言之也。禮不可罷。」鳳閣侍郎王方慶又言：「若月一聽，則近于煩，每孟月視朔，惟制定其禮，臣下不敢專。」成均博士吴揚吾等請兼如齊賢、方慶議。不數歲，禮亦廢。

蕙田案：齊賢之論最當，如方慶、揚吾之説，則仍是五時迎氣，何告朔之有？且方慶自言，告朔十二，而忽病其煩，其爲師心棄禮，夫亦自知之矣。

舊唐書禮儀志：長安四年，始制元日明堂受朝，停讀時令。

蕙田案：武后以周篡唐，實爲元惡，而違天動衆，非禮興作，尤屬妖妄。著其矯誣，正以嚴其斧鉞也。馬氏通考幾于削而棄之，今取其有關事迹者載之，以彰世宙之變，而概降一格，以貶其文。至諸臣立武氏之朝，而紛紛議禮，誠如子昂傳贊所云：「薦圭璧于房闥，以脂澤汙漫之者，亦可醜矣。」更何足論其得失乎？

唐書中宗本紀：神龍元年九月壬午，祀天地于明堂，大赦。

舊唐書禮儀志：中宗即位，神龍元年九月，親享明堂，合祭天地，以高宗配。禮畢，曲赦京師。明年，駕入京，於季秋大享，復就圜丘行事，迄于睿宗之世。

蕙田案：唐初，本無明堂，武后創之，而中宗反承用之，以是行禮，曾不若復就圜丘之爲愈矣。

唐書陳貞節傳：明年，帝將大享明堂，貞節惡武后所營，非古所謂「木不鏤、土不文」之制，乃與馮宗上言：「明堂必直丙巳，以憲房、心布政，太微上帝之所。武后始以乾元正寢占陽午地，先帝所以聽政，故毀作堂。撤之日，有音如雷，庶民譁訕，以爲神靈不悅。堂成，災火從之。后不修德，俄復營構，殫用極侈，詭禨厥變，又欲嚴配上帝，神安肯臨？且密邇掖庭，人神雜擾，是謂不可放物者也。二京上都，四方是則。天子聽政，乃居便坐，無以尊示群臣。願以明堂復爲乾元殿，使人識其舊，不亦愈乎？」詔所司詳議。刑部尚書王志愔等僉謂：「明堂瓌怪不法，天燼之餘，不容大享。請因舊循制，還署乾元正寢。正、至，天子御以朝會。若大享，復寓圜丘。」制曰「可」。

舊唐書禮儀志：開元二年八月，太子賓客薛謙光獻九鼎銘。其蔡州鼎銘，天后御撰，曰：「羲、農首出，軒、昊膺期。唐、虞繼踵，湯、禹乘時。天地光宅，域中雍熙。上天降鑒，方建隆基。」紫微令姚崇奏曰：「聖人啓運，休兆必彰。請宣付史館。」從之。五年正月，幸東都，將行大享之禮。太常少卿王仁忠，博士馮宗、陳貞節等議，以武氏所造明堂，有乖典制，奏議曰：「明堂之建，其所從來遠矣！自天垂象，聖人則之。蒿柱茅簷之規，上圓下方之制，考之大數，不踰三七之間，定之方中，必居丙巳之地者，豈非得房、心布政之所，當太微上帝之宫乎？昔漢氏承秦，經籍道息。孝武初，議立明堂於長安城南，遭竇太后不好儒術，事乃中廢。孝成之代，又欲立於城南，議其制度，莫之能決。至孝平元始四年，始創造於南郊，以申嚴配。光武中元元年〔一〕，立於國城之南。自魏、晉迄於梁朝，雖規制或殊，而所居之地，常取丙巳者，斯蓋百王不易之道也。高宗永徽三年，詔禮官學士議明堂制度，群儒紛競，各執異端，久之不決，因而遂止。則天太后以爲乾元大殿，承慶小寢，當正陽亭午之地，實先聖聽斷之宫。乃

〔一〕「中元」，諸本作「中興」，據舊唐書禮儀志二校勘記改。

起工徒，挽令催覆。既毁之後，雷聲隱然，衆庶聞之，或以爲神靈感動之象也。於是增土木之麗，因府庫之饒，煙焰蔽日，梁柱排雲，人斯告勞，天實貽誡。煨燼甫爾，遽加修復。況乎地殊丙巳，未答靈心，迹匪膺期，乃申嚴配。事昧彝典，神不昭格。此其不可者一也。又明堂之制，木不鏤，土不文。今體式乖宜，違經紊禮，雕鎸所及，窮侈極麗。此其不可者二也。高明爽塏，事資虔敬，密邇宫掖，何以祈天？人神雜擾，不可放物。此其不可者三也。況兩京上都，萬方取則，而天子闕當陽之位，聽政居便殿之中，職司其憂，豈容沉默。當須審考歷之計，擇煩省之宜，不便者量事改修，可因者隨宜適用，削彼明堂之號，克復乾元之名，則當宁無偏，人識其舊矣。」詔令所司詳議奏聞。刑部尚書王志愔等奏議，咸以此堂所置實乖典制，多請改削，依舊造乾元殿。自是駕在東都，常以元日冬至於乾元受朝賀。季秋大享祀，依舊於圜丘行事。

十年，復題乾元殿爲明堂，而不行享祀之禮。

通典：開元十五年，太常博士錢嘉會上議曰：「準月令，九月農功畢，大享五帝於明堂，貞觀及神龍皆於南郊報祭，中間寢廢，有虧祀典。準孝經『宗祀文王於明堂，以配上帝』，請每年九月，於南郊雩壇行享禮，以睿宗皇帝配。」從之。

二十年季秋，大享於明堂，祀昊天上帝，以睿宗配，又以五方帝、五官從祀，籩豆罇罍之數，與雩禮同。

唐書王仲丘傳：開元中，上言：「貞觀禮，季秋祀五方帝、五官於明堂。顯慶禮，祀昊天上帝於明堂。臣謂周郊祀后稷以配天，宗祀文王於明堂以配上帝。先儒以天爲感帝，引太微五帝著之，上帝則屬之昊天。鄭玄稱周官旅上帝，祀五帝，各文而異禮，不容并而爲一。故於孝經天、上帝，申之曰：『上帝亦天也。』神無二主，但異其處，以避后稷。今顯慶享上帝，合於經。然貞觀嘗祀五方帝矣。請二禮皆用。」詔「可」。

蕙田案：仲丘傳本無年月，據通典當在此年。

又案：是年大享，新舊書本紀並失載，然杜氏必可信，且據舊書本紀，開元新禮適以是年九月告成，則正行大享，尤爲得情，否則大享一門爲虛設矣。

通典開元禮纂類皇帝季秋大享於明堂攝事附。將祀，有司卜日如別儀。前祀七日，戒誓百官，皇帝散齋、致齋，並如圜丘儀。祀官齋戒同。

陳設　前祀三日，尚舍直長施大次於明堂東門之外道北，尚舍奉御鋪御座。守宮設文武侍臣次於大次之後，文官在左，武官在右，俱南向〔一〕。諸祀官次於壝水東門之外道南，從祀官文官九品以上於祀官之東，東方、南方蕃客又於其東，俱重行，每等異位，北向，西上。介公、酅公於壝水西門之外道南，武官九品以上於介公、酅公西，西方、北方蕃客又於其西，俱重行。每等異位，北向，東上。褒聖侯于文官三品之下，若有諸州使人，分方各于文武官之後，惟攝事無大次以下儀，守宮設祀官、公卿已下次于壝水東門外道南，北向，西上。設陳饌幔於壝水東門之內道北，南向。前祀二日，太樂令設宮懸之樂於明堂前庭，如圜丘之儀。右校清掃明堂內外〔二〕。郊社令積柴於燎壇。其壇于樂懸之南。方一丈，高丈二尺，開上，南出户，方六尺。前祀一日，奉禮設御位於堂之東南，西向。設祀官、公卿位於東門之內道南，攝事設祀官、公卿位于明堂東南。執事者位於公卿之後，近南，每等異位，俱重行，西面，北上。設御史位於堂下，一位在東南，西向，一位在西南，東向，令史各陪其後。設奉禮位於樂懸東北〔三〕，贊者二

〔一〕「南向」，原作「北向」，據通典卷一一〇、開元禮卷一〇改。

〔二〕「外」，諸本作「官」，據通典卷一一〇、開元禮卷一〇改。

〔三〕「北」，諸本脱，據通典卷一一〇、開元禮卷一〇補。

人在南，差退，俱西向。設協律郎位於堂上午陛之西，東向〔一〕。設太樂令位於北懸之間，攝則于此下便設望燎位于柴壇之北，南向，無太祝已下至褒聖侯之位也。太祝奉玉帛位於柴壇之南，皆北向。設從祀文官九品已上位於執事之南〔二〕，東方、南方蕃客又於其南，俱每等異位，重行，西面，北上。介公、酅公位於西門之内道南，武官九品已上於介公、酅公之後，西方、北方蕃客於武官之南，俱每等異位，重行，東面，北上。其褒聖侯于文武三品之下，若有諸州使人，分方位各于文武之後。又設祀官及從祀群官等門外位於東門外道南，皆如設次之式。設牲牓於東門之外，當門，西向，南上，牲數如雩祀之儀。設酒罇之位於明堂之上下〔三〕：昊天上帝太罇二，著罇二，犧罇二，山罍二，在室内神座之左；象罇二，壺罇二，山罍二，在堂下東南，西向。配帝著罇二，犧罇二，象罇二，罍二，在堂上神座之左〔四〕；五方

〔一〕「西東」，諸本誤倒，據通典卷一一〇、開元禮卷一〇乙正。
〔二〕「位」，諸本脱，據通典卷一一〇、開元禮卷一〇補。
〔三〕「於」，諸本脱，據通典卷一一〇、開元禮卷一〇補。
〔四〕「上」，諸本作「下」，據通典卷一一〇改。

帝各太罇二，著罇二，犧罇二，罍一〔一〕，各於室內神座之左，內向〔二〕；五帝各著罇二，在堂上，各於神座之左，俱內向。五官各象罇二，在階下，皆於神座之左，俱右向。堂上之罇皆于坫，階下之罇皆藉以席，俱加勺、冪，設爵于罇下。設御洗於東階東南。攝事設祝官洗。亞獻之洗又於東南，俱北向，罍水在洗東，篚在洗西，南肆。篚實以巾、爵。設五官罍洗篚冪，各於酒罇之左，俱右向。其執罇罍篚冪者，各位於其後，各設玉幣之篚於堂之上下罇坫之間。祀日，未明五刻，太史令、郊社令升設昊天上帝神座於明堂太室之內中央，南向，席以藁秸。設睿宗大聖真皇帝神座於上帝之東南，西向，席以莞。設青帝於木室，西向；赤帝於火室，北向；黃帝於太室南户之西，北向；白帝於金室，東向；黑帝於水室，南向；席皆以藁秸。設太昊、炎帝、軒轅、少昊、顓頊之座，各於五方帝之左，俱內向，差退。若非明堂五室，皆如雩祀、圜丘設座之禮。設五官座於明堂之庭，各依其方，俱內向，席皆以莞。設神位各於座首。

〔一〕「一」，諸本作「二」，據通典卷一一〇、開元禮卷一〇改。
〔二〕「左內」，諸本誤倒，據通典卷一一〇、開元禮卷一〇乙正。

省牲器如別儀。　鑾駕出宮如圜丘儀。

奠玉帛　祀日，未明三刻，諸祀官各服其服。其設罇罍玉幣〔一〕、升行掃除、門外位儀，舞人就位、皇帝出行宮之次、群官入就位、近侍臣陪從儀，並同圜丘。攝亦如圜丘攝事。皇帝至版位，西向立。每立定〔二〕，太常卿與博士退立於左。太常卿前奏稱「請再拜」，退，復位，皇帝再拜。奉禮曰「衆官再拜」，衆官在位者皆再拜。謁者引諸獻官俱詣東陛升堂，立於罇所。太祝與諸獻官皆跪取玉幣於篚，立於東南隅，西向〔三〕，北上。五方帝、五配帝、太祝立於西南隅，東向，北上。五方帝、五帝〔四〕、五官諸太祝及獻官又取幣於篚，立於罇所。太常卿引皇帝，太和之樂作，皇帝每行，皆張太和之樂。皇帝升自南陛，侍中、中書令已下及左右侍衛量人從升，已下皆如之。攝則謁者引太尉升南陛，奠玉帛。皇帝升堂，北面立，樂止。太祝加玉於幣以授侍中，侍中奉玉帛西向進，皇帝搢鎮珪，

〔一〕「其」，諸本脱，據通典卷一一〇補。
〔二〕「每」下，諸本衍「位」字，據通典卷一一〇删。
〔三〕「西」，諸本作「東」，據通典卷一一〇、開元禮卷一〇改。
〔四〕「五帝」，諸本脱，據通典卷一一〇、開元禮卷一〇補。

受玉帛。凡受物皆搢鎮珪，奠訖，執珪，俛伏，興。登歌，作肅和之樂，以大吕之均。太常卿引皇帝進，北向跪，奠於昊天上帝神座前〔一〕，俛伏，興，太常卿引皇帝立於南方，北面。五方帝之太祝奉玉帛，各奠於神座，還罇所。皇帝再拜訖，太祝又以配帝之幣授侍中，攝事皆謁者贊授太尉，上下皆然。侍中奉幣西向進，皇帝受幣，太常卿引皇帝進，東面跪〔二〕，奠於睿宗大聖真皇帝神座前，俛伏，興，太常卿引皇帝立於東方，西向。五帝之獻官各奠幣於神座，各還；五官之祝次奠幣神座，各還罇所。皇帝再拜訖，登歌止。太常卿引皇帝，樂作，皇帝降自南陛，還版位，西向立，樂止。初，群官拜訖，祝史皆奉毛血之豆立於堂下，於登歌止，祝史奉毛血各由其階升，諸太祝迎取於堂上，俱進奠於神座，諸太祝與祝史退立於罇所。

進熟　皇帝既升奠玉帛，其設饌盥洗罇爵，一如圜丘之儀。攝則太尉既升奠。太常卿引皇帝立於南方，北向。太祝一人持版進於皇帝之右，西面，跪讀祝文曰：「維某年

〔一〕「前」，諸本脱，據通典卷一一〇、開元禮卷一〇補。
〔二〕「東」，諸本作「西」，據通典卷一一〇改。

歲次某月朔日，子嗣天子臣某敢昭告於攝事云「天子臣某，謹遣太尉封臣名，敢昭告于」。昊天上帝：惟神覆燾群生，陶甄庶類〔一〕，不言而信，普博無私。謹擇元辰，祇率恒禮，敬以玉帛犧齊，粢盛庶品，肅恭禋祀，式展誠敬，皇考睿宗大聖真皇帝配神作主，尚饗。」訖，興。皇帝再拜。初讀祝文訖，樂作，太祝進奠版於天帝神座前〔二〕，還罇所，皇帝拜訖，樂止。太常卿引皇帝詣配帝酒罇所，執罇者舉冪，侍中取爵於坫，進，引皇帝受爵，侍中贊酌汎齊。訖，樂作。太常卿引皇帝進睿宗大聖真皇帝座前，東向跪〔三〕，奠爵，俛伏，興，太常卿引皇帝立於東方，西向。謁者五人引五方帝之太祝詣罍洗，盥手，俱取匏爵於坫，酌汎齊，各進奠於其神座前，還罇所，樂止。配帝太祝一人持版進於皇帝之左，北面，跪讀祝文曰：「維某年歲次月朔日，孝子開元神武皇帝臣某，敢昭告於皇考睿宗大聖真皇帝：祇率舊章，肅恭恒禮，敬致禋祀於昊天上帝。惟皇考德光宇宙，道叶乾元，申錫無疆，實膺嚴配。謹以制幣犧齊，粢盛庶品，肅恭明薦，侑神作

〔一〕「陶甄」，諸本誤倒，據通典卷一一〇、開元禮卷一〇乙正。
〔二〕「前」，諸本脱，據通典卷一一〇、開元禮卷一〇補。
〔三〕「東」，諸本作「西」，據通典卷一一〇、開元禮卷一〇改。

主，尚饗。」訖，興。皇帝再拜。初讀祝文訖，樂作，太祝進奠版於神座前，還罇所，皇帝拜訖，樂止。太常卿引皇帝南方北向立，樂作，其飲福、還宫，並如圜丘儀。攝事亦同雩祀攝事。

舊唐書禮儀志：二十五年，駕在西京，詔將作大匠康𧦬素往東都毁之。𧦬素以毁拆勞人，乃奏請且拆上層，卑於舊制九十五尺。又去柱心木，平座上置八角樓，樓上有八龍，騰身捧火珠。又小於舊制，圜五尺，覆以真瓦，取其永逸。依舊爲乾元殿。

蕙田案：通典、新舊唐書皆作康𧦬素，惟通考脱「素」字，誤。

玄宗本紀：二十七年冬十月，將改作明堂，訛言官取小兒埋于明堂之下，以爲厭勝。村野童兒藏于山谷，都城騷然，咸言兵至。上惡之，遣主客郎中王佶往東都及諸州宣慰百姓，久之乃定。冬十一月，毁東都明堂之上層，改拆下層爲乾元殿。

蕙田案：史文連書冬十月，當衍其一，否則後當爲十一月之誤。

文獻通考：自是迄唐之世，季秋大享，皆寓圜丘。

代宗永泰二年，禮儀使杜鴻漸奏：「季秋大享明堂，祀昊天上帝，請以肅宗配。」制「可」。

憲宗元和元年，太常禮院奏：「季秋大享明堂，祀昊天上帝。今太廟祔享禮畢，大饗之日，準禮，合奉皇考順宗配神作主。」詔曰：「敬依典禮。」

十五年，時穆宗已即位。禮院奏：「大享明堂。案禮文皇考配坐，今奉憲宗配神作主。」詔曰：「敬依典禮。」

蕙田案：此三大饗，新舊書紀、志俱不載，馬氏必別有所考。

右唐明堂

五禮通考卷二十八

吉禮二十八

明堂

宋明堂

宋史仁宗本紀：皇祐二年三月戊子朔，詔季秋有事于明堂。己丑，以大慶殿爲明堂。戊戌，詔明堂禮成，群臣毋上尊號。夏五月丁亥朔，新作明堂禮神玉。六月己未，出新製明堂樂八曲。九月辛亥，大饗天地于明堂，以太祖、太宗、真宗配，如圜丘。大赦，百官進秩一等。

文獻通考：宋初，因唐舊制，每歲冬至圜丘，正月上辛祈穀，孟夏雩祀，季秋大享，凡四祭昊天上帝。太宗雍熙元年，詔季秋大享，以太祖配上帝。淳化四年，詔季秋大享，以宣祖配。真宗時，季秋大享，以太祖配。

宋史禮志：真宗乾興元年，真宗崩，詔禮官定遷郊祀配帝，乃請明堂以真宗配，奏可。

玉海：太祖開寶八年十一月丙申，西京明堂殿成。

蕙田案：皇祐以前，明堂未立，故紀、志直以皇祐爲始。馬氏據大享致祭，則以太宗、真宗爲端，夫大享專主明堂，既無明堂，安得以郊壝之寓祭託大享之名，而即屬之于明堂也？況祭天以冬至爲重，宋帝以不能親郊而併行之於明堂，尚非大享之正，況并不在明堂耶？斷以宋史爲是，故附載通考而識其説云。

又案：玉海稱開寶八年明堂殿成，未詳何據。

宋史樂志：景祐大享明堂二首：

真宗配位奠幣，誠安　思文聖考，對越在天。侑神作主，奉幣申虔。

酌獻，德安　偃革興文，封巒考瑞〔一〕。威烈巍巍，允膺宗祀。

蕙田案：此仁宗以真宗配享之樂歌，不過季秋之祭，而實非明堂也。

禮志：宋初，雖有季秋大享之文，然未嘗親祠，命有司攝事而已。真宗始議行之，屬封岱宗，祀汾陰，故亦未遑。皇祐二年三月，仁宗謂輔臣：「今年冬至日，當親祀圜丘，欲以季秋行大享明堂禮。然自漢以來，諸儒各爲論議，駁而不同。夫明堂者，布政之宫，朝諸侯之位，天子之路寢，乃今之大慶殿也。況明道初合祀天地于此，今之親祀，不當因循，尚于郊壇寓祭也。其以大慶殿爲明堂，分五室于内。」仍詔所司詳定儀注以聞。禮院請依周禮，設五室于大慶殿。舊禮，明堂五帝位皆爲幔室。今旁帷上幕，宜用青繒朱裏；四户八牖，赤綴户，白綴牖，宜飾以朱白繒。詔曰：「祖宗親郊，合祭天地，祖宗並配，百神從祀。今祀明堂，正當親郊之期，而禮官所定，祭天不及地祇，配坐不及祖宗，未合三朝之制。且移郊爲大享，蓋亦爲民祈福，宜合祭皇地祇，奉太祖、太宗、真宗並配，而五帝、神州亦親獻之。日、月、河、海諸神，悉如圜丘從祀之

〔一〕「巒」，諸本作「蠻」，據宋史樂志八改。

數。」禮官議諸神位未決，帝諭文彦博等曰：「郊壇第一龕者在堂，第二、第三龕設于左右夾廡及龍墀上，在壝内外者，列于堂東西廂及後廡，以象壇壝之制。仍先繢圖。」令輔臣、禮官視設神位。昊天上帝，堂下山罍各四。此六字内恐有脱誤。皇地祇，大尊、著尊、犧尊、山罍各二，在堂上室外神坐左；象尊二，壺尊二，山罍四，在堂下中陛東。三配帝、五方帝，山罍各二，于室外神坐左。神州，大尊、著尊、山罍各二〔一〕，在堂上神坐左。牲各用一犢，毛不能如其方，以純色代。籩豆，數用大祠。日、月、天皇大帝、北極，大尊各二，在殿上神坐左。籩豆，數用中祠。五官，數用小祠。内官，象尊各二，每方岳、鎮、海、瀆，山尊各二，在堂左右。中官，壺尊各二，在丹墀、龍墀上。外官，每方丘、陵、墳、衍、原、隰，概尊各二，衆星，散尊各二，在東西廂神坐左右。配帝席蒲越，五人帝莞，北極以上藁秸加褥，五官、五星以下莞不加褥，餘如南郊。景靈宫升降，置黄道褥位。致齋日，陳法駕、鹵簿、儀仗，壝門大次之後設小次。知廟卿酌奠七祠，文臣分享奉慈、后廟，近侍宿朝堂。行事及從升堂、百官分宿昇龍門外，内庭省司

〔一〕「二」，諸本作「一」，據宋史禮志四改。

宿本所，諸方客宿公館〔一〕。設宿爟火于望燎位東南。牲增四犢，羊豕依郊各十六，以薦從祀。帝謂前代禮有祭玉、燔玉，今獨有燔玉，命擇良玉爲琮、璧。皇地祇黄琮、黄幣，神州兩圭有邸、黑幣，日月圭、璧，皆置神坐前，燔玉加幣上〔二〕，五人帝、五官白幣，日月、内官以下，幣從方色。九月二十四日未漏上水一刻，百官朝服，齋于文德殿。明日未明二刻，鼓三嚴，帝服通天冠、絳紗袍，玉輅，警蹕，赴景靈宫，即齋殿易衮圭，薦享天興殿，畢，詣太廟宿齋，其禮具太廟。未明三刻，帝鞾袍，小輦，殿門契勘，門下省奉寶輿先入。及大次，易衮圭入，至版位，樂舞作，沃盥，自大階升。禮儀使導入太室，詣上帝位，奠玉幣于神坐，次皇地祇、五方帝、神州，次祖宗。奠幣酌獻之叙亦然。皇帝降自中階，還版位，樂止。禮生引分獻官奉玉幣，祝史、齋郎助奠諸神坐，乃進熟。諸太祝迎上帝、皇地祇饌，升自中階；青帝、赤帝、神州、配帝、大明、北極、太昊、神農氏饌，升自東階；黄帝、白帝、黑帝、夜明、天皇大帝、軒轅、少昊、高陽氏饌，升自

〔一〕「公館」，諸本作「分館」，據宋史禮志四改。
〔二〕「幣上」，諸本誤倒，據宋史禮志四乙正。

西階；内中官、五官、外官、五星諸饌，隨便升設。亞獻將升，禮生分引獻官俱詣罍洗，各由其階酌獻五人帝、日月、天皇、北極，下及左右夾廡、丹墀、龍墀、庭中五官、東西廂外官衆星坐。禮畢，帝還大次，解嚴，改服乘輦，御紫宸殿，百官稱賀。乃常服，御宣德門肆赦，文武内外官遞進，官有差。宣制畢，宰臣百僚賀于樓下，賜百官福胙，及内外致仕文武升朝官以上粟帛羊酒。

蕙田案：是年，明堂未建，一切權制苟簡而已。合祭天地祖宗，並配百神從祀，揆諸古制，無一是者。且圜丘本是正祭，今乃移郊爲大享，凡合祭並配從祀諸非禮，俱不得不然，可謂名實俱舛矣。

宋仁宗實録：皇祐二年五月丁亥朔，禮院新作明堂禮神玉及燔玉。初，上謂輔臣曰：「前代禮神有祭玉、燔玉，今獨有燔玉，無乃于祀典缺乎？」文彦博對曰：「唐太和中，太常卿王起以當時祀事，止有燔玉，因請造璧、琮等九器，止用珉。蓋唐以來，禮神之玉，已不復備。」上曰：「朕奉天地祖宗，盡物盡志，豈于玉寶有所愛乎？其有司備製之。」時沙州適貢玉，乃擇其良者，製爲琮、璧等九器，其黝璜尤粹，祭玉始備。己酉，御製明堂樂曲及二舞名。十月辛未，詔：禮神玉，令少府擇寬潔之室奉藏。

文獻通考：先是，宋庠建議，以今年當郊，而日至在晦，用建隆故事，宜有所避。因請季秋大享于明堂，乃下詔，以大慶殿爲明堂，揭御篆「明堂」二字，飛白「明堂之門」四字，祠已藏宗正寺。　判太常寺兼儀事宋祁等檢詳典禮，條請：　一，據明堂制，有五室，當大享時，即設昊天上帝座于太室中央，南向。　配帝位于上帝東南，西向；青帝室在東，西向；赤帝室在南，北向；黄帝室在太室内，少西南，北向；白帝室在西，東向；黑帝室在北，南向。　今大慶殿初無五室，欲權爲幔室，以准古制，每室爲四户八牖，或不爲幔室，即止依方設版位，于禮亦不至妨闕。　其五神位，即設于庭中東南。　一，明堂古制，南面三階，三面各二階，今大慶殿惟南向一面有兩階，其三面之制，即難備設，欲于南向權設五階，以備乘輿登降。　一，明堂大饗，唯真宗崇配。　據禮，合止告一室，伏緣乘輿入廟，仰對列聖，若專享一室，禮未厭情，今欲罷。　有司今年孟秋時饗，請皇帝親行朝享之禮，即七室皆徧，可盡恭虔，于禮爲便。　其真宗室祝册，兼告崇配之意，自餘齋宿，如南郊之儀。　一，南郊禮畢，自大次輦還帷宫，鈞容鼓吹導引，自帷宫還内，諸營兵夾路，鼓吹奉迎。　今明堂禮畢，還文德殿，以須旦明登樓肆赦，緣宮禁地近，難用鈞容鼓吹，其鈞容合在宣德門外排列，營兵鼓吹合在馳道左右排列，欲候禮成乘輿離大次還文德殿時，自内傳呼出外，許鈞容及諸營鼓吹一時振作，俟乘輿至文德殿御幄，即傳呼令罷。

蕙田案：周人以后稷配天，故將郊必告祖廟。文王配上帝，則大享之前，亦先告文王廟可知矣。告祭只在一室，不徧七廟，以其非歲祀之常也。宋祫因明堂告祭，請罷孟秋時饗，失之矣。

太常禮院言：昨赴大慶殿，詳度陳列天地以下神位，今參比郊壇壝兆上下位敘如左：殿上五室，内太室中北，昊天上帝位，皇地祇在左，皆南面；太祖、太宗、真宗位在東，西向；黄帝在太室中西南，北面，人帝在左，少退；青帝、赤帝、白帝、黑帝各從本室，人帝在左，少退。神州、地祇、日、月、北極、天皇大帝，並設于五室之間，其位少退。五帝、神州、日、月、北極、天皇大帝，郊壇爲第一龕位。五官、勾芒以下，設于明堂廷中，少東南，别爲露幄；五緯十二次紫微垣内官、五方嶽鎮海瀆、歲星、玄枵、鈎星以下七十二位，于東西夾廡下版設。于郊壇爲第二龕位。二十八舍、黄道内天官、角宿、攝提、五方山林川澤以下一百七十九位，于丹墀、龍墀道東西版設。于郊壇爲第三龕位。黄道外天官及衆星、五方墳衍原隰以下四百九十六位，並東西廡、周環殿後版設，以北爲上。于郊壇爲内壝之内外位。倣古明堂之制，又稍與壇壝位叙相類，及今修内司并少府、司天監量廣深丈尺，約陳列祭器，不至併隘，如得允當，望下司天監繪圖以進。

蕙田案：宋合祭天地，其郊壇神位，錯雜已甚。宋祁判太常，不能講求更定，乃令明堂大享，亦倣而行之，是踵唐武后之失也。至祁之條請曰：「明堂大享，唯真宗崇配。」則其初議，固不主泛配之説矣。

玉海：皇祐二年二月十八日乙亥，上謂輔臣曰：「孝莫大于嚴父，嚴父莫大于配天。今冬至日，當親祀圜丘，欲以季秋有事于明堂，行饗帝饗親之禮，以極孝恭。然前代諸儒，議論皆異，將安適從？」先是宋庠建議，請季秋享明堂。文彦博等奏曰：「臣等檢討舊典，昊天上帝，一歲四祭，皆于南郊，以公卿攝事，惟至日圜丘，率三歲一親祠。開寶中，藝祖幸西京，以四月庚子有事于南郊，行大雩禮。淳化四年、至道二年，太宗皆以正月上辛躬行祈穀之祀，悉如南郊之祀，唯季秋大享，缺而未舉。真宗祥符初，以元符昭降議行此禮，以魯國諸生、東土耆老，徯望昇平，只有事于岱宗，故未遑合宫之事，將上帝、祖宗之意，以俟陛下。」三月一日戊子朔，御札曰：「事天事地，邦國之善經；享帝享親，聖王之盛節。緬稽先憲，祗事穹祇，祈穀于春，祭雩以夏，迨升禋于景至，嘗親展于國容。惟明堂布政之方，尊嚴父配天之禮，雖崇精享，未即躬行，言念及兹，心焉載惕。今將涓季秋之吉旦，舉宗祀之上儀，躬接神明，奉將牲幣，庶幾繼孝，豈敢憚勤？朕取今年九月二十七日辛亥，有事于明堂。其今年冬至，親祀南郊，宜即輟罷，恩賞依南郊例。」至日御宣德門行禮。己丑，詔以大慶殿爲明堂。先是，禮官議：「王者郊用辛，蓋取齋戒自新之義。又通禮，祀明堂亦用辛。」遂下司天擇日，得辛亥。戊戌，詔群臣毋得請上尊號。于時宰相文彦博爲大禮使，宋庠爲禮儀使，王貽永爲儀仗使，龐籍爲鹵簿使，高若訥爲橋道頓遞使。己亥，詔乘輿服，御務裁簡。丙辰，判太常禮儀事宋祁上明堂通議二篇。四月丁巳朔，禮院言：「周禮夏世室。鄭玄云：堂上有五室，象五行。木室于東北，火東南，金西南，水西北，土中央。崔靈恩亦如之。請如崔、鄭之説，設五室于大慶殿。又舊禮，五帝位爲縵室，今旁帷上幕，宜用青繒朱裏，四户八牖，赤綴户，白綴牖，宜飾以朱白繒。」從之。乙丑，手詔：合祭天地、祖宗，並配百神從祀。因謂彦博等曰：「禮非天降地出，緣人情耳！禮官習拘儒之舊傳，捨三聖之成法，朕甚不取。」彥博曰：「惟聖明能達禮之情，適禮之變。」翌日，奏五帝神州，命官分獻。上曰：「朕于大祀，豈敢憚勞。」甲午，禮院上明堂五室制度圖。六月己巳，鹵簿使言用法駕鹵簿，減大駕三分之一，兵部無字圖，詔禮官定圖。七月戊子，出御製樂曲宮垂登歌舞佾之奏，凡九十一曲，徧作之。上服鞾袍。八月乙卯朔，罷前一夕警場。辛未，上鹵簿字圖，法駕用萬一千八十八人。九月丁亥，御崇政殿，閱試雅樂。五日，詔乘新玉輅。丙申，詔杜衍、任布陪祠，皆力辭不至，賜衣帶器幣。庚子，太常禮院言：大慶殿牓，當以黑繒金書「明堂」二字，門牓以朱繒墨書「明堂之門」四字。上曰：「朕當親書。」二字金篆，四字飛白，書于禁中鞾袍。書二牓，自晝至夜而畢，宣示群臣。一本云：乙巳，書兩牓，禮畢，詔表飾加軸，藏宗正寺。又摹刻爲副本，頒二府及近侍，中外榮之。五使請各以銜名書二軸之後，許之。戊申，齋于文德殿閣，輔臣宗室，夕于齋次，百官致齋明堂。先是，積雨彌旬，上虔禱，方午而霽，至夜，月星明朗。己酉，上服通天、絳紗，具法駕，乘玉輅，薦享景靈宮。禮畢，謁太廟。庚戌，祼獻七室。質明，還文德齋次。辛亥，未明三刻，服鞾袍，乘小輦，至大次。侍中奏「嚴辦」。袞冕執圭，禮儀使、太常卿奉導入明堂中門，至版位，樂舞作。自大階升詣天地一祖二宗，坐奠玉幣，每詣神坐，行禮畢，鞠躬却行，須盡褥位，方改步移嚮，又令侍臣徧諭獻官，及進徹俎豆，悉安徐謹嚴。質明，禮畢，還大次，解嚴，改服乘輦，御紫宸殿，百僚稱賀，常服御宣德樓，肆赦。下詔，止絶請託曰：「成湯以六事責躬，女謁苞苴之先戒。管氏以四維正國，禮義廉恥之具張。應内降恩，澤及原減罪犯者。中書密院執奏，不得施行。臣庶有結託貴近者，御史諫官覺察論奏。」于是中外咸竦。彦博等六人各進詩，兩禁館閣及中外之臣上詩、賦、頌，凡奏御者三十有八，詔褒答。十月癸酉，以大饗慶成，謁太平興國寺。開先殿，酌獻，又詣啓聖院永隆殿、慈孝寺彰德殿、萬壽觀。翼日，謁會靈祥源觀，賜從官食。初，上將宗祀，命罷秋宴。十三日，賜飲福宴于集英殿，上舉觴屬群臣畢釂，曰：「與卿等均受其福酒。」至九行罷。乙亥，燕京畿父老百五十人于錫慶院。五月一日丁亥朔，禮院言：「奉詔詳定明堂祭玉，今惟蒼璧不用外，定用四圭有邸，黄琮、圭、璧各二，青珪、赤璋、白琥、黝璜，兩圭有邸，凡十一玉，並合擇佳玉，准三禮圖，參選周禮義疏造，依聶崇義所説，指尺爲度。」從之。仍令内侍盧昭序領焉，一以禮神，置于神位，禮畢，藏之少府。一以爲燔玉，加牲體之上，并燎燔之。

樂志：皇祐親享明堂六首：

降神，誠安　維聖享帝，維孝感親。肇圖世室，躬展精禋。鏞鼓既設，籩豆既陳。至誠攸感，保格上神。

奠玉幣，鎮安　乾亨坤慶育函生，路寢明堂致潔誠。玉帛非馨斯感格，降康億載保登平。

酌獻，慶安　肅肅路寢，祀維明堂。二儀鑒止，三聖侑旁。靈期訢合，祠節齊莊。至誠並貺，降福無疆。

三聖配位奠幣，信安　祖功宗德啓隆熙，嚴配交修太室祠。圭幣薦誠知顧享，本支錫羡固邦基。

酌獻，孝安　藝祖造邦，二宗紹德。肅雍孝享，登配圜極。先訓有開，菲躬何力！歆馨錫羡，保民麗億。

送神，誠安　我將我享，辟公顯助。獻終豆徹，禮成樂具。飾駕上遊，升烟高騖。神保聿歸，介兹景祚。

仁宗本紀：皇祐三年二月，宰官文彦博進大享明堂記。

玉海：皇祐三年二月丙戌，文彦博等上大享明堂記二十卷，目一卷。又言：「明堂記起三月戊子下詔，迄季秋辛亥禮成。廣記備言，垂萬世法，然簡牘頗繁，慮煩乙覽，因纂成大享明堂紀要以聞。」庚寅，内出御製序，賜彦博，令崇文院鏤版，賜近臣。彦博言：「先帝東薦岱牒，右奠汾琮，祀譙苦之密都，策天祖之徽稱，並存注記。」

蕙田案：明堂宗祀，非常巨典。玉海載當日情事，歷歷如繪，大都皆爲非禮之禮，而潞公委蛇其間，未聞匡正，且見之記載，伊豈疏于稽古，夫亦憚于興作，抑時勢所趨，積重難返耶？

仁宗本紀：嘉祐七年七月壬子，詔季秋有事于明堂。八月己亥朔〔一〕，出明堂樂章，肄于太常。九月辛亥，大饗明堂，以真宗配，大赦。

禮志：嘉祐七年七月，詔復有事于明堂，有司言：「皇祐參用南郊百神之位，不應

〔一〕「己亥」，宋史仁宗本紀作「乙亥」。

祭法。宜如隋、唐舊制，設昊天上帝、五方帝位，以真宗配，而五人帝、五官神從祀。餘皆罷〔一〕。又前一日，親享太廟，嘗停孟冬之薦，考詳典禮，宗廟時祭，未有因嚴配而輟者。今明堂去孟冬畫日尚遠，請復薦廟。前者祖宗並侑，今用典禮獨配；前者地祇、神州並享，今以配天而罷。是皆變于禮中之大者也。開元、開寶二禮，五帝無親獻儀。舊禮，先詣昊天奠獻，五帝並行分獻，以侍臣奠幣，皇帝再拜，次詣真宗神坐，于禮爲允。」而帝欲盡恭于祀事，五方帝位並親獻焉。朝廟用犢一，羊七，豕七；昊天上帝配帝犢各一，羊豕各二；五方、五人帝共犢五，豕五，羊五；五官從祀共羊豕十。

蕙田案：大饗前一日，親饗太廟，此告祭也。准禮，合止告配帝之廟，不應徧祭七室。禮院此言，雖足以正宋祁停罷時享之失，而于徧祭七廟之非，猶未暇置論也。其謂罷五人帝、五官神從祀，極是。

樂志：嘉祐親享明堂二首：

降神，誠安　熚熚房、心，下照重屋。我嚴帝親，匪配之瀆。西顥沆碭，夕景已

〔一〕「餘」，諸本脱，據宋史禮志四校勘記補。

肅。靈其來娭，嘉薦芳郁。

送神，誠安　明明合宮，莫尊享帝。禮樂熙成，精與神契。桂尊初闌，羽駕倏逝。遺我嘉祥，於顯萬世。

文獻通考：英宗治平元年冬十月，詔明堂奉仁宗配。時禮院奏，乞與兩制同議仁宗皇帝配侑明堂。錢公輔等奏曰：「三代之法，郊以祭天，而明堂以祭五帝。郊之祭，以始封之祖有聖人之德者配焉。故孝經曰：『昔者周公郊祀后稷以配天，宗祀文王于明堂以配上帝。』又曰：『孝莫大于嚴父，嚴父莫大于配天，則周公其人也。』以周公言之，則嚴父也。以成王言之，則嚴祖也。後世失禮，不足考據，請一以周事言之。臣竊謂聖宋崛起，非有始封之祖也，則創業之君，是爲太祖矣。太祖，則周之后稷，配祭于郊者也。太宗，則周之文王，配祭于明堂者也。此二配至重，萬世不遷之法也。真宗，則周之武王，宗乎廟而不祧者也，雖有配天之功而無配天之祭，未聞成王以嚴父之故，廢文王配天之祭，而移于武王也。仁宗，則周之成王也，雖有配天之功而無配天之祭，亦未聞康王以嚴父之故，廢文王配天之祭，而移于成王也。以孔子之心，推周公之志，則嚴父也；以周公之心，攝成王之祭，則嚴祖也。嚴祖嚴父，其義一也。下至于兩漢，去聖甚遠，明堂配祭，東漢爲得。在西漢時，則孝武始營明堂，而以高帝配之，其後又以景帝配之，孝武之後，無聞焉。在東漢時，則孝明始建明堂，而以光武配，其後孝章、孝安之後，無聞焉。當始配之代，適符嚴父之説，及時異事遷，而章、安二帝亦弗之變，此最爲近古而合乎禮者也。有唐始在孝和時，則以高宗配之，在明皇時，則以睿宗配之，在永泰時，則以肅宗配之，禮官杜鴻漸、王涯輩〔一〕，皆不能推明經訓，務合古初，反雷同其論，以惑時主，延及于今，牢不可破。當仁宗之初，尚有建是論者，配天之祭，當在乎太宗矣。當時無一人言者，故使宗周之典禮，不明于聖代，而有唐之曲學，流弊乎後人。願陛下深詔有司，博謀群賢，使配天之祭，不膠于嚴父，而嚴父之道，不專于配天，循宗周之典禮，替有唐之曲學。治平元年正月上。」于是又詔臺諫及講讀官與兩制再詳定以聞。

宋史禮志：觀文殿學士孫抃等曰：「易稱『先王作樂崇德，薦之上帝，以配祖考』。蓋祖、考並可配天，符于孝經之説，不可謂必嚴其父也。祖、考皆可配郊與明堂而不

〔一〕「王涯」，諸本作「王淮」，據文獻通考卷七四改。

同位，不可謂嚴祖、嚴父其義一也。雖周家不聞廢文配而移于武，廢武配而移于成，然易之配考，孝經之嚴父，歷代循守，不爲無説。魏明帝祀文帝于明堂以配上帝，史官謂是時二漢之制具存，則魏所損益可知，亦不可謂章、安之後配祭無傳，遂以爲未嘗嚴父也。唐至本朝，講求不爲少，所以不敢異者，舍周、孔之言，無所本也。今以爲我將之詩，祀文王于明堂而歌者，安知非孔子删詩，存周全盛之頌被于管絃者，獨取之也？仁宗繼體守成，置天下于泰安四十二年，功德可謂極矣。今祔廟之始，抑而不得配帝，甚非所以宣章嚴父之大孝。」諫官司馬光、吕誨曰：「孝子之心，孰不欲尊其父？聖人制禮以爲之極，不敢踰也。詩曰：『思文后稷，克配彼天。』又我將：『祀文王于明堂。』下此，皆不見于經。前漢以高祖配天，後漢以光武配明堂，以是觀之，自非建邦啓土、造有區夏者，皆無配天之文。故雖周之成、康，漢之文、景、明、章，德業非不美也，然而不敢推以配天，避祖宗也。孔子以周公有聖人之德，成太平之業，制禮作樂，而文王適其父，故引以證『聖人之德，莫大于孝』，以荅曾子。非謂凡有天下者皆當尊其父以配天，然後爲孝也。近代祀明堂者，皆以其父配上帝，此乃誤釋孝經之義，而違先王之禮也。景祐中，以太祖爲帝者之祖，比周之后稷，太宗、真宗爲帝者之宗，比周之文、武，然則祀真宗于明堂以配上帝，亦未失古禮。仁宗雖豐功美德洽于四海，而不在二祧之位，議者乃欲舍真宗而以仁宗配，恐于祭法不合。」詔從抃議。御史趙鼎請遞遷真宗配雩祭，太宗配祈穀、神州，用唐故事。學士王珪等以爲：「天地大祭有七，皆以始封受命創業之君配神作主，明堂用古嚴父之道配以近考，故在真宗時，以太宗配，在仁宗時，以真宗配，今則以仁宗配。仁宗始罷太宗明堂之配，太宗先已配雩祀、祈穀及神州之祭，本非遞遷。今明堂既用嚴父之道，則真宗配天之祭，于禮當罷，不當復分雩祭之配也。」

王博文傳：博文子疇遷給事中時，詔近臣議仁宗配祭。故事，冬、夏至祀昊天上帝、皇地祇，以太祖配；正月上辛祈穀，孟夏雩祀，孟冬祀神州地祇，以太宗配；正月上辛祀感生帝，以宣祖配；季秋大享明堂，祀昊天上帝，以真宗配。而學士王珪等與禮官上議，以爲季秋大饗，宜以仁宗配，爲嚴父之道。知制誥錢公輔獨謂仁宗不當配祭。疇以爲珪等議遺真宗不得配，公輔議遺宣祖、真宗、仁宗俱不得配，于禮意未安。乃獻議曰：「請依王珪等議，奉仁宗配饗明堂，以符大易配考之説，孝經嚴父之禮。奉遷真宗配孟夏雩祀，以仿唐貞觀、顯慶故事。太宗依舊配正月上辛祈穀、孟冬祀神州地祇，餘依本朝故事。如此，則列聖並侑，對越昊穹，厚澤流光，聖裕萬祀，必如公輔之議，則陷四聖爲失禮，導陛下爲不孝，違經戾古，莫此爲甚。」因此公輔不悦，而朝廷以疇論事有補，帝與執政大臣皆器異之。遷翰林學士、尚書禮部侍郎，同提舉諸司庫務。數月，拜樞密副使。

顧我鈞嚴父配天論：周公之禮，緣祀帝而立配者也。孔子孝經之言，緣論孝而及于配帝者也。其爲事體語勢，固自不同。宋錢公輔及司馬文正公辨析之詳，亦足以破除嚴父之惑矣。然而孫抃謟辭，卒見依允，甚矣夫，愚陋之識！知以私爲孝，而不知以禮爲孝也。夫聖人制作，義各有取。冬至郊天，一陽之始生也，故以始封之祖配之。季秋大享，萬物之告成也，故以成功之祖配之，此其義類灼然無可疑者。夫所謂成功之祖，將屬之創業者乎，屬之守成者乎？當創業之日，其功固已成矣，雖有成、康、文、景，不過襲前人之業而繼序之，非有所加也。即在守文中主，蒙業苟安，亦未嘗遽至于大壞，奈何可代之配帝乎？今必以大功之成歸美于父，是必開創以來有隳先業而失之者，而後人起而光復之，若漢之光武可也。苟先世未失，而歸功于父，是誣之也。誣其祖以尊其父，其罪大矣。且人各有父，由父而溯之創業之祖，勢益遠，分益疏，固其情也。聖人惟以功德斷之，使後之子孫，雖歷萬世而不忘其祖，所以爲敬之至也。夫以祖宗之最疏者而敬之若此，則遞而近者，其無不敬可知也，而豈慮其不敬于父乎？故曰：「所以教孝也。」今乃遞而遷之，廢其祖而以父易之，則他時傳子之後，將必廢其父而以己易之，不待言矣。由是言之，則明堂之配，乃以教不孝也。夫父之功德，雖有不同，宋之仁宗，不可謂非成、康、文、景之儔也。然一云嚴父，則禮意已失，又不可以父之優劣而進退之矣。使英宗當日能從二公之議，專以太祖配天，太宗配帝，則有宋祀典，百世遵之可矣。乃以姑息之私，甘從孫抃之請，相沿不止，至紹興之世，而配帝乃屬之徽宗，是周室東遷之日，罷文王而配幽王也，其與周公嚴父之義，相去何如哉？

蕙田案：禮院、兩制及温公、吕公議，卓然得禮之正，朱子亦從之，惜乎不行，而反從抃議也。趙鼎、王疇調停阿附，直襲唐之陋説耳。已詳「明堂饗帝宗祀」條。

治平四年九月，大享明堂，以英宗配。

文獻通考：治平四年七月，時神宗已即位。翰林學士承旨張方平等言：「季秋大享明堂，請以英宗皇帝配神作主，以合嚴父之意。」詔恭依。

神宗本紀：熙寧四年九月辛卯，大饗明堂，以英宗配。赦天下，内外官進秩有差。

文獻通考：熙寧四年六月，詔以今年季秋有事于明堂，冬至更不行南郊之禮，恩賞就明堂禮畢施行。

太常禮院言：「親祀明堂，惟昊天上帝、英宗皇帝及五方帝，並皇帝親獻；五人帝、五官神位，即命分獻。」從之。

蕙田案：宋之南郊，沿五季陋習，例有恩赦賞賚，時君苦之，而迫于悍卒邀恩久慣，一不遂其欲，則且囂然思變，故雖知其非禮，而不能改也。茲以明堂輟郊，可謂失禮，而恩賞獨如故，其亦有所迫而然與？

宋史樂志：熙寧享明堂二首：

英宗奠幣，誠安　於皇聖考，克配上帝。永言孝思，昭薦嘉幣。

酌獻，德安　英聲邁古，德施在民。允秩宗祀，賓延上神。

神宗本紀：元豐三年七月丁亥，罷群神從祀明堂。九月辛巳，大饗明堂，以英宗配，赦天下。

玉海：元豐三年七月丁亥，詔：「遠而尊者祖，則祀于圜丘而配天；邇而親者禰，則祀于明堂而配上帝。圜丘祀天，則對越諸神，明堂則上帝而已。歷代以來，合宮所配，既紊于經，至雜以六天之説，朕甚不取。祀英宗于明堂，以配上帝，餘從祀群神悉罷。」

禮志：元豐中，詳定禮文所言：「祀帝南郊，以天道事之，則雖配帝用犢，禮所謂『帝牛不吉，以爲稷牛』是也。享帝明堂，以人道事之，則雖天帝用太牢，詩所謂『我將我享，維羊維牛』是也。自梁用特牛，隋、唐因之，皆用特牲，非所謂以人道享上帝之意也。皇祐、熙寧所謂犢與羊、豕，皆未應禮。今親祠上帝、配帝、五方帝、五人帝，請用牛、羊、豕各一〔二〕。」太常禮院言：「今歲明堂，尚在慈聖光獻皇后三年之内，請如熙寧元年南郊故事，惟祀事用樂，鹵簿鼓吹、宫架、諸軍音樂皆備而不作，警場止鳴金鉦、鼓角而已。」自是，凡國有故皆用此制。六月詔曰：「歷代以來，合宫所配，雜以先儒六天之説，朕甚不取。將來祀英宗皇帝于明堂，惟以配上帝，餘從祀群神悉罷。」詳定所言：「案周禮有稱昊天上帝，有稱上帝，有稱五帝者，一帝而已。將來祀英宗于明堂，合配昊天上帝及五帝，欲以此修入儀注。」并據知太常禮院趙君錫等狀：「案周官掌次職曰：『王大旅上帝，則張氈案；祀五帝，則設大次、小次。』又司服職曰：『祀昊天上帝則服大裘而冕，祀五帝亦如之。』明上帝與五帝異。則宗祀文王以配上帝者，

〔二〕「羊」，諸本脱，據宋史禮志四補。

非可兼五帝也。自鄭氏之學興，乃有六天之説，而事非經見。晉泰始初，論者始以爲非，遂于明堂惟設昊天上帝一坐而已。唐顯慶禮亦然。請如詔祀英宗于明堂，惟配上帝，以稱嚴父之意。」又請：「以莞席代藁秸、蒲越，以玉爵代匏爵，其豆、登、簠、俎、尊、罍並用宗廟之器，第以不祼，不用彝瓚。罷爟火及設褥，上帝席以藁秸，配帝以蒲越，皆加褥其上。飲福受胙，俟終三獻。」並從之。監察御史裏行王祖道言：「前詔以六天之説爲非古，今復欲兼祀五帝，是亦六天也。禮官欲去四圭而廢祀神之玉，殊失事天之禮。望復舉前詔，以正萬世之失。」仍并詔詳定合用圭、璧。詳定所言：「宋朝祀天禮以蒼璧，則燎玉亦用蒼璧；禮神以四圭有邸，則燎玉亦用四圭有邸。而議者欲以蒼璧禮神，以四圭有邸從燎，義無所主。開寶、開元禮，祀昊天上帝及五帝于明堂，禮神燔燎皆用四圭有邸。今詔惟祀上帝，則四圭有邸，自不當設。宜如南郊，禮神燔燎皆用蒼璧。」又請：「宿齋于文德殿，祭之旦，服通天冠、絳紗袍，至大次，改祭服行事，如郊廟之禮。」

文獻通考：楊氏曰：「孝經曰：『昔者周公郊祀后稷以配天，宗祀文王于明堂以配上帝。』而注疏家言明堂者，皆曰祀五帝。然則上帝之與五帝同乎，異乎？山陰黄度曰：『昊天上帝者，天之大名也。五帝，分王于四時者也。周人祀天于圜丘，祀上帝于明堂，皆報本也。祀五帝于四郊，所以致其生物之功也。大宗伯言禋祀昊天上帝，而不言祀五帝，義可知矣。』由此觀之，則明堂祀上帝者，祀天也，非祀五帝也。而注疏家言明堂者，皆曰祀五帝，其説何從始乎？遭秦滅學，專用夷禮。漢興，襲秦四時，增之爲五時，自是以後，郊祀用新垣平之言，則祠五帝，明堂用公玉帶之言，則祠五帝，皆以五時爲主，不知有上帝、五帝之分也。成帝即位，用匡衡之説，改郊祀。明年，衡坐事免官，衆庶多言不當變動，祭祠者遂復甘泉、泰時及雍五時如故。夫明堂祀五帝，自武帝首行之，光武中興以後，始建明堂，明帝、章帝、安帝遵行不變，大抵以武帝汶上明堂爲法，不知周人祀上帝于明堂之意矣。是故漢儒之注釋明堂者，皆云祀五帝，蓋其見聞習熟然也。其後，晉泰始中，有言明堂、南郊宜除五帝座，只設昊天上帝一位，未幾，韓楊建言，以漢、魏故事，兼祀五帝，無祀一天者，竟復明堂五帝位，是又習熟漢、魏故事而然也。抑又有甚焉者，唐開元中，王仲丘奏，謂『禋享上帝，有合經義，而五帝並祀，行之已久，請二禮並行，以成大享之義』。本朝皇祐中，宋祁奏以上帝、五帝二禮並存，以明聖人尊天奉神之義，不敢有所裁抑。夫祀上帝于明堂，周禮也；祀五帝于明堂，漢禮也。合周、漢而並用之，既並祀五帝，又祀上帝，其義何居？是説也，創于王仲丘，襲于宋祁，後之言禮者，習熟見聞，又將循此以爲不易之典。甚矣！知天之學不明，諸儒惑于古今同異，而莫知所決，行之既久而莫覺其誤也。肆我神祖，聖學高明，洞見周人明堂以文王配上帝之深意，屏黜邪説，斷然行之，不以爲疑，非聰明睿知不惑之至，其孰能與于此哉！」

蕙田案：是年，詳定禮文所之議，其合于禮者有六：天帝用太牢，一也；大喪惟祀事用樂，餘皆備而不作，二也；宗祀上帝不兼五帝，三也；用宗廟之器，四也；不裸不用彝瓚，五也；罷爟火，六也。因神宗卓識，特罷群神從祀，爲一時曠舉，故禮臣亦遂引經以證事，而漸近乎禮，皆由有以導之故也。楊氏論祀天祀五帝之辨，義理正大，援據詳明，聖人復起，不能易已。厥後，明太祖聽廷臣之議六天五帝之説，廓清掃除，千古快事，豈非諸儒之議，開其先歟？經術之有功如是。

又案：明堂兼祭上帝、五帝，自漢元封五年始。祀明堂即祀太一、五帝，太一在漢爲天神最尊者，即上帝矣。是其説固非創于王仲丘也。

元豐六年：詳定禮文所言：「本朝親祠明堂，習儀于大慶殿，近于瀆。伏請明堂習儀于尚書省，以遠神爲恭。」

哲宗本紀：元祐元年九月辛酉，大享明堂，以神宗配，赦天下。

文獻通考：詔明堂禮畢，御紫宸殿，群臣起居，不奏祥瑞。御樓唯行肆赦儀，稱賀並罷，以太常寺言司馬光薨故也。

宋史吕希純傳：元祐祀明堂，將用皇祐故事，並饗天地百神，皆以祖宗配。希純言：「皇祐之禮，事不經見，嘉祐既已釐正。至元豐中，但以英宗配上帝，悉罷從祀群神，得嚴父之義，請循其式。」從之。

四年八月，太皇太后詔：今後明堂大禮，毋令百官拜表稱賀。九月戊寅，致齋垂拱殿。辛巳，大饗明堂，赦天下，百官加恩，賜賚士庶高年九十以上者。

禮志：先是，三省言：「案天聖五年南郊故事，禮畢行勞酒之禮，如元會之儀。今明堂禮畢，請太皇太后御會慶殿，皇帝于簾内行恭謝之禮，百僚稱賀訖，升殿賜酒。」太皇太后不許。

文獻通考：太皇太后詔曰：「皇帝臨御，海内晏安，五經季秋，再講宗祀，以享天心，顧吾何功，獲被斯福？今有司因天聖之故事，修會慶之盛禮，將俾文武稱慶于庭，吾自臨決萬幾，疑脱二字。祇畏，豈以菲薄之德，自比章獻之明？矧復皇帝致賀于禁中，群臣奉表于閤左，禮文既具，夫又何求？前朝舊儀，吾不敢受，將來明堂禮畢，更不受賀，百官並内東門拜表。」

六年，太常博士趙叡言：「本朝親享之禮，自明道以來，即大慶殿以爲明堂。至于有司攝事之所，乃尚寓于圜丘。竊見南郊齋宫，有望祭殿，請就行禮。」從之。

哲宗本紀：紹聖二年九月辛亥，大饗明堂，赦天下。

禮志：元符元年，尚書左丞蔡卞言：「每歲大享明堂，即南郊望祭殿行禮，制度隘窄，未足以仰稱嚴事之意。今新作南郊齋宫端誠殿，實天子潔齋奉祠及見群臣之所，高明邃深，可以享神，即此行禮，于義爲合。」初，元豐禮官以明堂寓大慶路寢，别請建立以盡嚴奉，而未暇講求。至是，蔡京爲相，始以庫部員外郎姚舜仁明堂圖議上，詔依所定營建。明年正月，以彗出東方〔一〕，罷。大觀元年，大享猶寓大慶殿。

〔一〕「東方」，宋史禮志四據徽宗本紀等改作「西方」。

樂志：元符親享明堂十一首：

皇帝升降，儀安　嚴父配天，孝乎明堂。與奠升階，降音以將。天步有節，帝容必莊。辟公憲之，禮無不臧。

上帝位奠玉幣，鎮安　聖能享帝，孝克事親。於皇宗祀，盛節此陳。何以薦虔？二精有煒。何以致祥？上天鑒止。

神宗奠幣，信安　合宮禮備，時維哲王。堂筵四敞，明德馨香。聖孝來格〔一〕，降福穰穰。承承繼繼，萬祀其昌。

奉俎，禧安　奕奕明堂，天子即事。奠我聖考，配于上帝。凡百有職，疇敢不祗！俎潔牲肥，其登有儀。

上帝位酌獻，慶安　惟禮不瀆，所以嚴親。惟孝不匱，所以教民。陟配文考，享于大神。重禧累福，祚裔無垠。

配位酌獻，德安　隆功駿德，兩有烈光。陟配宗祀，惠我無疆。

〔一〕「孝」，宋史樂志八作「考」。

退文舞，迎武舞，穆安　舞以象功，樂惟崇德。文經萬邦，武靖四國。一張一弛，其儀不忒。神鑒孔昭，孝思維則。

亞獻，穆安　於昭盛禮，嚴父配天。盡物盡誠，莫匪吉蠲。重觴既薦，九奏相宣。神介景福，億萬斯年。

飲福，胙安　莫尊乎天，莫親乎父。既享既侑，誠中禮舉。戛擊堂上，八音始具。天子億齡，飲神之胙〔一〕。

徹豆，欽安　穆穆在堂，肅肅在庭。於顯辟公，來相思成。神既歆止，有聞無聲。錫我休嘉，燕及群生。

歸大次，憩安　有奕明堂，萬方時會。宗子聖考，作帝之配。樂酌虞典，禮從周志。釐事既成，於皇來暨。

蕙田案：元符雖罷享，而樂章先已撰定，故宋史編入，今從之。

文獻通考：徽宗崇寧四年，詔營建明堂，已度地鳩工，俟過來歲，取旨興役。明

〔一〕「胙」，諸本作「助」，據宋史樂志八改。

年，以彗出西方，遂詔罷之。

宋史徽宗本紀：大觀元年九月辛亥，大饗明堂，赦天下。

樂志：大觀宗祀明堂五首：

奠玉幣，鎮安　交于神明，内心爲貴。外致其文，亦效精意。嘉玉既陳，將以量幣。肅肅雝雝，惟帝之對。　有邦事神，享帝爲尊。内心致德，外示彌文。嘉玉效珍，薦以量幣。恭欽伊何？惟以宗祀。

配位奠幣，信安　肇祀明堂，告成大報。顒顒祇祇，率見昭考。涓選休辰，齋明朝夕。於維皇王，孝思罔極。

酌獻，孝安　若昔大猷，孝思維則。永言孝思，丕承其德。於昭明威，侑于上帝。賚我思成，永綏福祉。

配位酌獻，大明　於昭皇考，大明體神。憲章文思，宜民宜人。嚴父之道，陟配于天。躬行孝告，有孚于先。

禮志：九月，大享于明堂，猶寓大慶殿。

徽宗本紀：政和五年秋七月丁丑，詔建明堂于寢殿之南。八月己酉，以秘書省地爲明堂。

禮志：政和五年，詔：「宗祀明堂以享上帝，寓于寢殿，禮蓋云闕。崇寧之初，嘗詔建立，去古既遠，歷代之模無足循襲。朕刺經稽古，度以九筵，分其五室，通以八風，上圓下方，參合先王之制，相方視址，于寢之南，僝工鳩材，自我作古，以稱朕昭事上帝率見昭考之心。」既又以言者「明堂基宜正臨丙方近東，以據福德之地」，乃徙秘書省宣德門東，以其地爲明堂。又詔：「明堂之制，朕取考工互見之文，得其制作之本。夏后氏曰世室，堂脩二七，廣四脩一，五室三四步四三尺，九階，四旁兩夾窗。考夏后氏之制，名曰世室，又曰堂者，則世室非廟堂。脩二七，廣四脩一，則度以六尺之步，其堂脩十四步，廣十七步之半。又曰五室三四步四三尺者，四步益四尺，中央，土室也，三步益三尺，木、火、金、水四室也。每室四户，兩夾窗，此夏制也。商人重屋，堂脩七尋，崇三尺，四阿重屋，而又曰堂者，非寢也。度以八尺之尋，其堂脩七尋。又曰四阿重屋，阿者，屋之曲也，重者，屋之複也，則商人有四隅之阿，四柱複屋，則知下方也。周人明堂，度以九尺之筵。三代之制不相襲，夏曰世室，商曰重屋，周曰明堂，則知皆室也。東西九筵，則東西長，南北七筵，則南北狹，所以象天，則知上圓也。名不相襲，其製則一，唯步、尋、筵廣狹不同而已。朕益世室之度，兼四阿重屋之制，度以九尺之筵，上圓象天，下方法地，四户以合四序，八窗以應八節，五室以象五行，十二堂以聽十二朔，九階、四阿，每室四户，夾以八窗。享帝嚴父，聽朔布政于一堂之上，于古皆合，其制大備。宜令明堂使司遵圖建立。」于是内出圖式，宣示于崇政殿，命蔡京爲明堂使，開局興工，日役萬人。京言：「三代之制，脩廣不相襲，夏度以六尺之步，商度以八尺之尋，而周以九尺之筵，世每近，制每廣。今若以二筵爲太室，方一丈八尺，則室中設版位、禮器已不可容，理當增廣。今從周制，以九尺之筵爲度，太室脩四筵，三丈六尺。廣五筵，四丈五尺。共爲九筵。木、火、金、水四室，各脩三筵，益四五，三丈一尺五寸。廣四筵，三丈六尺。共七筵，益四尺五寸。十二堂古無脩廣之數，今亦廣以九尺之筵。明堂、玄堂各脩四筵，三丈六尺。廣五筵，四丈五尺。左右个各脩廣四筵。三丈六尺。青陽、總章各脩廣四筵，三丈六尺。左右个各脩四筵，三丈六尺。廣三筵，益四五。三丈一尺五寸。四阿各四筵，三丈六尺。堂柱外基各一筵，九尺。堂總脩一十九筵，一十七丈一尺。廣二十一筵。一十八丈九尺。」蔡攸言：「明堂五門，諸廊結瓦，古無制度，漢、唐或蓋以茅，或蓋以瓦，或以木爲瓦，以夾紵漆之。今酌古之制，適今之宜，蓋以素瓦，而用琉璃緣裏及頂蓋鴟尾綴飾，上施銅雲龍。其地則隨所向甃以五色之石。欄楯柱端以銅爲文鹿或辟邪象。明堂設飾，雜以五色，而各以其方所尚之色。八窗、八柱則以青、黄、緑相間。堂室柱門欄楯，並塗以朱。堂階爲三級，級崇三尺，共爲一筵。庭樹松、梓、檜，門不設戟，殿角皆垂鈴。」詔以「玄堂」犯祖諱，取「平在朔易」之義，改爲平朔，門亦如之。仍改敷祐門曰左敷佑，左承天門曰右敷佑，右承天門曰平秩，更衣大次曰齊明殿。

文獻通考：其明堂、青陽、總章、玄堂、太室五門，並御書榜之。

蕙田案：明堂之制，自漢以後，屢議屢更，未有通九爲五，堂室、階隅、屋宇、户牖、方圓、脩廣，契經合傳，如政和内出圖式者也。其指在取互見之文，得制作之本。是以纖悉周備，毫髮無憾，而漢、唐之陋説不入焉。至于辨世室非廟，重屋非寢，夏、商、周名不相襲，惟步、尋、筵廣狹不同，尤爲的確。惟寢室之南，爲地太近，與淳于説不合。然宗祀告朔，朝會布政，天子常親臨視，自當以國中爲是。然則此議，可爲考三王而不謬，俟百世而不惑者矣。與今考定之圖恰合，詳見前「宫室制度」條。

又案：當時增廣丈尺，古今權宜，自可酌從，所謂不以人廢言。

徽宗本紀：政和七年，明堂成。八月癸亥，詔明堂并祠五帝。九月辛卯，大饗明堂，赦天下。十月乙卯朔，初御明堂，頒朔布政。

禮志：七年四月，明堂成。有司請頒常視朔聽朝。詔：「明堂專以配帝嚴父，餘悉移于大慶、文德殿。」群臣五表陳請，乃從之。禮制局言：「祀天神于冬至，祀地祇于夏至，乃有常日，無所事卜。季秋享帝，以先王配，則有常月而未有常日。禮不卜常祀而卜其日，所謂卜日者，卜其辛爾。蓋月有上辛、次辛，請以吉辛爲正。」又言：「周禮：『祀昊天上帝，則大裘而冕，祀五帝亦如之。享先王則衮冕。』蓋于大裘舉正位以見配位，于衮冕舉配位以見正位，以天道事之，則舉卑明尊；大裘象道，衮冕象德，明堂以人道享上帝，請服衮冕。郊祀正位設蒲越，明堂正配位以莞，蓋取禮記所謂『莞簟之安』。請明堂正配位並用莞簟。又周禮『以蒼璧禮天』，又曰『四圭有邸，以祀天，旅上帝』。然說者謂禮神在求神之前，祀神在禮神之後。蓋一祭而並用也。夏祭方澤，兩圭有邸，與黃琮並用。明堂大享，蒼璧及四圭有邸，亦宜並用。圜丘、方澤，執玄圭則搢大圭，執大圭則奠玄圭。禮經，祀大神祇，享先王，一如明堂親祠，宜如上儀。其正配二位，請各用籩二十六，豆二十六〔一〕，簠八，簋八，登三，鉶三，柶𣏾、神位席、幣篚、祝篚、玉爵反坫、瑶爵、牛羊豕鼎各一，并局匕、畢茅、冪俎六，大尊、山尊、著尊、犧尊、象尊各二，壺尊六，皆設而弗酌。尊加冪。犧尊、象尊、壺尊、犧罍、象罍、壺罍各五，加勺、冪。御盥匜一，并篚、勺、巾。飲福受黍豆一，以玉飾。飲福受胙俎一。亞獻終獻盥洗罍、爵洗罍并篚、勺、巾各一〔二〕，神厨鸞刀一。」又言：「明堂用牲而不設庶羞之鼎。案元豐禮，明堂牲牢，正配各用牛一、羊一、豕一。宗祀止用三鼎而不設庶羞之鼎，其俎亦止合用六。宗廟祭祀五齊三酒，有設而弗酌者，若酒正所謂『以法共五齊三酒，以實八尊』是也。有設而酌者，若司尊彝所謂『醴齊縮酌，盎齊涚酌，凡酒脩酌』是也。今太廟、明堂之用，請以大尊實泛齊，山尊實醴齊，著尊實盎齊，犧尊實緹齊，象尊實沈齊，壺尊實三酒，皆爲弗酌之尊。又以犧尊實醴齊爲初獻，象尊實盎齊爲亞獻，並陳于阼階之上，犧在西，象在東，壺尊實清酒爲終獻，陳于阼階之下，

〔一〕「豆二十六」，諸本脱，據宋史禮志四補。
〔二〕「爵洗罍」，諸本作「爵洗爵」，據宋史禮志四校勘記改。

皆爲酌尊。尊三，其貳以備乏匱。明堂雖嚴父，然配天與上帝，所以求天神而禮之，宜同郊祀，用禮天神六變之樂，以天帝爲尊焉。皇祐以來，以大慶殿爲明堂，奏請致齋于文德殿，禮成受賀于紫宸殿。今明堂肇建，宜于大慶殿奏請致齋，于文德殿禮成受賀。宿齋奏嚴，本以警備。仁宗詔明堂直端門，故齋夕權罷。今明堂在寢東南，不與端門直，將來宗祀，大慶殿齋宿，皇城外不設鹵簿儀仗，其警場請列于大慶殿門之外。王者祀上帝于郊，配以祖，祀于明堂，配以禰。今有司行事，乃寓端誠殿，未盡禮意。請非親祀歲，有司行事，亦于明堂。改儀仗使曰禮衛，鹵簿使曰禮器，橋道頓遞使曰禮頓，大禮、禮儀二使仍舊制。又設季秋大享登歌，並用方士。」初，禮部尚書許光凝等議：「明堂五室祀五帝，而王安石以五帝爲五精之君，昊天之佐，故分位于五室，與享明堂。神宗詔惟以英宗配帝，悉去從祀群神。陛下肇新宏規，得其時制，位五帝于五室，既無以禰概配之嫌，止祀五帝，又無群神從祀之瀆，則神考絀六天于前，陛下正五室于後，其揆一也。」至是詔罷從祀，而親祀五室焉。尋詔每歲季秋大享，親祀明堂，如孟月朝獻禮，罷有司攝事及五使儀仗等。已而太常寺上明堂儀：皇帝散齋七日于別殿，致齋三日于内殿，有司設大次于齋明殿，設小次于明堂東階下。祀日，行事、執事、陪祀官立班殿下，東西相向。皇帝服衮冕，太常卿、東上閤門官、太常博士前導。禮部侍郎奏「中嚴、外辦」，太常卿奏「請行禮」。太常卿奏「禮畢」，禮部郎中奏「解嚴」。其禮器、牲牢、酒饌、奠獻、玉幣、升烟、燔首、祭酒、讀册、飲福、受胙并樂舞等，並如宗祀明堂儀。其行事、執事、陪祠官，並前十日受誓戒于明堂。行事、執事官致齋三日，前一日並服朝服立班省饌，祀日並祭服。陪位官致齋一日，祀前二日仍奏告神宗配侑。自是迄宣和七年，歲皆親祀明堂。

文獻通考：禮制局列上明堂七議：一曰古者朔必告廟，示不敢專，請視朝、聽朔，必先奏告，以見繼述之意；二曰古者天子負扆南向，以朝諸侯，聽朔則各隨其方，請自今御明堂，正南向之位，布政則隨月而御堂，其閏月，則居門焉；三曰禮記月令「天子居青陽、總章」，每月異禮，請稽月令十二堂之制，修定時令，使有司奉而行之；四曰月令以季秋之月，爲來歲受朔之日，請以每歲十月，于明堂受新曆，退而頒之郡國；五曰古者天子負扆，公、侯、伯、子、男，蠻夷戎狄四塞之國，各以内外尊卑爲位，請自今元正、冬至及朝會，並御明堂，遼使依賓禮，蕃國各隨其方，立于四門之外；六曰古者以明堂爲布政之宫，自今若有御札手詔，並請先于明堂宣示，然後榜之廟堂，頒之天下；

七曰赦書德音，舊制宣于文德殿，自今請非御樓肆赦，並請于明堂宣讀。九月，詔頒朔布政，自十月爲始，其月皇帝御明堂平朔左个，頒天運政治。及八年戊戌，歲運曆數于天下，百官常服，立明堂下，乘輿自内殿出，負扆坐于明堂，大晟樂作，百官朝于堂下，大臣陞階，進呈所頒布時令，左右丞二員，跪請付外施行，宰相承制，可之，左右丞乃下授頒政官，頒政官受而讀之，訖，出閤門，奏「禮畢」。皇帝降御座，百官乃退，自是以爲常。

玉海：政和七年六月，明堂成，御製上梁文及明堂頌。七月二十三日，詔以明堂制度，編類成書，與明堂記相爲表裏。十一月，御明堂，朝百辟。

蕙田案：禮制局所議度數儀文，與古略有出入。凡卜辛，服衮冕，設莞簟，搢圭、執圭、奠圭，以及籩豆、尊鉶、酒齊、樂舞、頒朔、布政、朝諸侯，皆可據爲典則。惟親祠五室，究爲非禮，而登歌用方士，爲不經耳。惜其書之不存，後嗣不能率而由之也。

宋史徽宗本紀：重和元年四月，詔每歲以季秋親祀明堂，如孟月朝獻禮。九月辛巳，大饗明堂。通考作「辛卯」。

蕙田案：依本紀，當爲辛巳，通考「卯」字誤。

宣和元年九月辛亥〔一〕，大饗明堂。　二年九月辛亥，大饗明堂。　三年九月辛未，大饗明堂。　四年九月辛酉，大饗明堂。　五年九月辛酉，大饗明堂。　六年九月辛巳，大饗明堂。　七年九月辛巳，大饗明堂。

欽宗本紀：靖康元年春二月丙午，省明堂，頒朔布政。

劉豫傳：紹興五年七月，豫廢明堂爲講武殿，暴風連日。

蕙田案：政和明堂，最爲合古。豫一朝舉而廢之，宜天心之不從也。惜哉！

〔一〕「辛亥」，諸本作「辛酉」，據宋史徽宗本紀改。

五禮通考卷二十九

吉禮二十九

明堂

宋明堂

宋史高宗本紀：紹興元年九月辛亥，合祭天地于明堂，太祖、太宗並配，大赦。

禮志：紹興元年，禮部言：「國朝冬祀大禮，神位六百九十，行事官六百七十餘員，今鹵簿、儀仗、祭器、法物散失殆盡，不可悉行。宗廟行禮，又不可及天地。明堂之禮，可舉而行，乞詔有司討論以聞。」禮部、御史、太常寺言：「仁宗明堂以大慶殿爲之，今乞于常御殿設位行禮。」乃下詔曰：「肇稱吉禮，已見于三歲之郊；載考彝章，當間以九筵之祀。因秋成物，輯古上儀，會天地以同禋，升祖宗而並配。」乃以九月十八日行事。先是，紹興初，權禮部尚書胡直孺等言：「國朝配祀，自英宗始配以近考，司馬光、吕誨爭之，以爲詘祖進父，然卒不能奪王珪、孫抃之諂辭。其後，神宗謂周公宗祀在成王之世，成王以文王爲祖，則明堂非以考配明矣。王安石亦對以誤引孝經嚴父之説，惜乎當時無有辨正之者。今或者曰：后稷爲周之祖，文王、武王是爲二祧。高祖爲漢之祖，孝文、孝武特崇兩廟〔一〕，皆子孫世世所奉承者。太祖爲帝者祖，太宗、真宗宜爲帝者宗。皇祐以一祖二宗並配，議出于此。直孺等聞前漢以高祖配天，後漢以光武配明堂，蓋古之帝王非建邦啓土者，皆無配天之祭。故雖周之成、康，漢之文、景、明、章，其德業非不美也，然而子孫不敢推以配天者，避祖宗也。有宋肇基創業之君，太祖是已。太祖則周之后稷，配祭于郊者也；太宗則周之文王，配祭于明堂者也。此二祭者，萬世不遷之法。皇祐宗祀，合祭天地，固宜以太祖、太宗配。當時

〔一〕「廟」，諸本作「朝」，據宋史禮志四改。

蓋拘于嚴父，故配帝并及于真宗。今主上紹膺大統，自真宗至于神宗均爲祖廟，獨躋則患在于無名，並配則幾同于祫享。今參酌皇祐詔書，請合祭昊天上帝、皇地祇于明堂，奉太祖、太宗以配，唯禮專而事簡，庶幾可致力于神，萬世行之可也。」

蕙田案：此議宗祀之理，極是。但合祭天地，祖宗並配，則非禮也，宜未幾爲章誼所駁矣。

文獻通考：時太常少卿蘇遲等，則請用皇祐詔書之意，兼采景祐禮官之請，即常御殿，南向，西上，設昊天上帝、皇地祇位；西向，北上，設太祖、太宗、真宗神位；于殿之東廡設圜丘，第一龕九位；于殿之西廡設方澤，第一成一十六位。庶幾誠意可展，儀物可備。如以不徧及列聖爲未足，則大禮前一日，有親詣太廟之文。今神主在温州，恐當命大臣于某處攝行祀事，如以不徧及百神爲未足，則請即行在天慶觀之恐有脱字。大享後，擇一日，取祖宗大禮既畢恭謝之文，亦命大臣簡其儀物，悉舉以告，亦足以盡祈報之心。詔依禮部新儀，一遵皇祐二年詔書，仍以明堂大禮爲稱，于常御殿設位行禮。禮部言：「準詔參酌皇祐詔書，合祭天地于明堂，奉太祖、太宗以配。合用神位四位，元係御筆明金青字，出雕木鏤金五綵裝蓮花戲龍座，黄紗明金罩子，黄羅夾軟罩子。黄羅襯褥，朱紅漆腰摺套匣，黄羅夾帕事件，全昨緣揚州渡江失去，乞下所屬制造。」從之。先時，有司請議明堂，禮部侍郎陳與義議曰：「竊惟明堂之禮，有漢武帝汶上之制。紹興元年，實已行之。若再舉而行，適宜于今事，無戾于古典。或謂自維揚南郊之後，至于今日，再遇當郊之歲，不可以踰六年而不郊。以臣考之，郊之疏數，本無定制。或以周公嚴父之文爲疑，則既有治平中司馬光、吕誨之議，又有熙寧中祖宗之聖訓與王安石之説，足以破萬世之惑矣。或以並配之禮爲疑，謹案皇祐詔書，其略曰：『國朝自祖宗以來，三歲一郊。今祀明堂，正當三歲親郊之期，而禮官所定配坐，不及祖宗，宜並配以稱朕恭事祖宗之意。』蓋太祖則周之后稷，當配祭于郊者也；太宗則周之文王，當配祭于明堂者也。郊當祭太祖，而以當郊之歲，舉明堂之禮，則不可以遺太祖而不祭。稽之神理，本之人情，則皇祐詔書之本意，可以爲萬世不刊之典。」詔從之。蓋中興郊祀明堂，合祭天地，並配祖宗之禮，參考推明，至與義之議而始定。于是太常寺條具：「乞以明堂大禮爲稱，左僕射誓行事、執事、陪祠官于尚書省，刑部尚書莅誓，明堂殿上下徹去黄道裀褥，入殿門不張蓋，百官不得回班。御燎從物繖扇，更不入殿。行禮前，衛士不起居呼萬歲，讀册官讀册至御名勿興。」詔並從之。

王居正傳：建炎中，遷禮部員外郎，建議合祭天地于明堂，請奉太祖、太宗配。范宗尹是之，議遂定。

宋史高宗本紀：二年閏四月己未，詔自今明堂專祀昊天上帝，以太宗配。

章誼傳：詔集議明堂配享，胡直孺等請合祭天地，而以太祖、太宗配。誼言：「稽之經旨則未合，參之典故則未盡，施之事帝則未爲簡嚴。今國家既以太祖配天于郊，比周之后稷，則太宗宜配帝于明堂，以比周之文王。仁宗皇祐二年，始行明堂合祭天地，並配祖宗，乃一時變禮。至嘉祐七年，再行宗祀，已悟皇祐之非，乃罷配享，仍徹地示之位，故有去並侑煩文之詔。如嘉祐之詔，則太祖、地示已不與祭；元豐正祀典之詔，則悉罷群祀。臣等謂將來明堂大饗，宜專祀昊天上帝，而以太宗配。」後不果行。

四年四月，詔明堂用皇祐典禮，兼祀天皇大帝、神州地祇以下諸神。六月，作明堂行禮殿于教場。九月辛酉，合祭天地于明堂，大赦。

玉海：初，紹興宗祀，止設天、地、祖、宗四位。至四年，始設從祀神位四百四十三，用祭器七千五百七十一，登歌樂四十，祭服六十三，玉十二，犢四，羊豕各二十有二，分獻官五十八，奉禮郎四，樂舞工各二百八十七，而五帝、神州、地祇，上不親獻，用崇寧禮也。始議設從祀諸神七百十一位，議者請裁省。禮官言：「十二階三百六十位，無神名，請每階各設三十五位。」七月戊辰，請如祖宗故事，權御臺門，肆赦。議者以宮門地隘，儀衛不能容，乃止，赦于常御殿前。赦文云：「遵皇祐之遺則，舉合祀並配之儀，續會稽之闕文，處四望六宗之位。」

宋史禮志：四年，太常寺看詳、國子監丞王普言明堂有未合禮者十一事。其一，謂陶匏用于郊丘，玉爵用于明堂，今兹明堂實兼郊禮，宜用陶匏，他日正宗祀之禮，當奉玉爵。其二，禮經，太牢當以牛、羊、豕爲序，今用我將之詩，遂以羊、豕、牛爲序，所謂以辭害意，豈有用大牲作元祀〔一〕，而反在羊、豕之後者？其三，陳設尊罍，宜倣周官司尊彝秋嘗之制。其四，泛齊醴齊，宜代以今酒而不易其名。其五、其六，祭器、冕服，當從古制。其七，皇帝未後詣齋室，則是致齋二日有半，乞用質

〔一〕「用大」，諸本誤倒，據宋史禮志四乙正。

明，以成三日之禮。其八，齋不飲酒、茹葷，乞罷官給酒饌，俾得專心致志，交于神明。其九，設神位版及升烟、奠册，不當委之散吏。其十、十一，皆論樂。並從之。

文獻通考：國子監丞王普言：「大禮明堂，有未合典禮之事，正、配每位設太尊三，著尊二〔一〕，犧尊、象尊、壺尊、山尊各一；又設罍如尊之數。太尊一實供内法酒，一實汎齊，一實醴齊；著尊一實祠祭法酒，一實盎齊；犧尊實醍齊，象尊實沈齊，壺尊實昔酒，山尊實事酒，大罍一實清酒，餘皆實明水。謹案周禮春祠夏禴用兩犧尊、兩象尊，秋嘗冬烝用兩著尊、兩壺尊，四時之間祀用兩太尊、兩山尊。凡祭祀，供五齊三酒，以實八尊。然則六尊之數，凡十有二，其當時所用者四，其設而不酌者八。明堂乃季秋大享，則初獻當用兩著尊，一實玄酒，一實醴齊，亞終獻當用兩壺尊，一實玄酒，一實盎齊，皆有罍，如尊之實；又設兩太尊、兩山尊、兩犧尊、兩象尊，實五齊三酒而不酌，罍亦如之。今祭祀所用惟九尊，而首設太尊者三，以供内法酒及泛齊醴齊實之；又設著尊者二，以祠祭法酒及盎齊實之；又設犧尊、象

〔一〕「二」，諸本作「三」，據文獻通考卷七四改。

尊、壺尊、山尊，各以醍齊、沈齊、事酒、昔酒實之。尊之數不足以盡五齊三酒也，又設大罍，以清酒實之。玄酒不與齊酒對設也，則又爲八罍以實之，且在三酒之後焉。蓋不論所設之適與所陳之義，但取遍于尊罍之數而已，實無經據也。宜倣司尊彝秋嘗之制，設兩著尊，一實玄酒，一實醴齊，以侯初獻；又設兩壺尊，一實玄酒，一實盎齊，以俟亞獻、終獻；其餘八尊，以實五齊三酒，設而不酌，悉如周官之制。其醴齊，請以祠祭法酒代之；其盎齊，請以供内法酒代之，增三尊爲十二之數，庶與周官相應。」又言：「案，祭器實倣聶崇義三禮圖制度，如爵爲爵形，負盞于背，則不可以反坫；簠簋如桶，其上爲龜，則不可以卻蓋。此類甚多，蓋出于臆度，而未嘗親見古器也。自劉敞著先秦古器記，歐陽修著集古録，李公麟著古器圖，吕大臨著考古圖，乃親得三代之器，驗其款式，可以爲據。政和新成禮器制度，皆出于此，其用銅者，嘗有詔，許外州以漆木爲之，至主上受命于應天，郊祀于維揚，皆用新成禮器，初未嘗廢止，緣渡江散失，無有存者。昨來明堂所用，乃有司率意，略倣崇義三禮圖，其制非是，宜並從古器制度爲定，其簠簋尊罍之屬，仍以漆木代銅，庶幾易得成就。」

七年九月辛巳，合祭天地于明堂，大赦。

文獻通考：時徽宗升遐，上躬行三年之喪。禮部太常寺言：「景德、熙、豐南郊故事，皆在諒陰中。當時親郊行禮，除郊廟、景靈宮合用樂外，所有鹵簿、鼓吹及樓前宮架、諸軍音樂皆備而不作，其逐處警場，止鳴金鉦鼓角，乞依累朝故事行。」太常博士孫邦乞自受誓戒日，皇帝暨百僚禁衛等，權易吉服，至禮成還内仍舊。中書舍人傅崧卿援嚴父之文，欲陞徽宗配享，詔令侍從、臺諫、禮官同議。禮部侍郎陳公輔言：「陛下方居道君皇帝之喪，而道君皇帝神靈方在几筵，豈可遽預配祭之禮？況梓宮未還，祔廟未有定議。臣愚以爲當先期一日，陛下盡哀致奠，奏于道君皇帝，以將有事明堂，暫離几筵，暫假吉服，蓋國家故事不敢廢也。然後即齋宮，入太廟，行明堂事，事畢，服喪如初，斯謂合禮。」

宋史禮志：陳公輔言：「今梓宮未還，廟社未定，疆土未復，臣竊意祖宗、上皇神靈所望于陛下者，必欲興衰撥亂，恢復中原，迎還梓宮，歸藏陵寢，以隆我宋無疆之業。若如議者之言，以陛下貴爲天子，上皇北狩十有一年，未獲天下之養，今不幸而崩，且欲因明堂之禮，追配上帝，謂是足以盡人子之孝，則于陛下之志，恐亦小矣。宜依故事合祭天地，祖、宗並侑，太上升配，似未可行。」

文獻通考：吏部尚書孫近等議，引司馬光之説曰：「近世祀明堂者，皆以其父配，此乃誤認孝經之意，而違先王之禮，不可以爲法。況梓宫未還，几筵未除，山陵未下，而遽議配侑之事乎？臣等伏請，今年明堂大禮，權依紹興元年詔書，請俟削平僭亂，恢復大業，然後定郊祀明堂之議，一從成周，庶不失禮經之正。」詔從之。

宋史朱震傳：故事，當喪無享廟之禮。時徽宗未祔廟，太常少卿吴表臣奏行明堂之祭。震因言：「王制：『喪三年不祭，惟天地社稷爲越紼而行事。』春秋書：『夏五月乙酉，吉，禘于莊公。』公羊傳曰：『譏始不三年也。』國朝景德二年，真宗居明德皇后喪，既易月而除服，明年遂享太廟，合祀天地于圜丘。當時未行三年之喪，專行以日易月之制可也，在今日行之，則非也。」詔侍從、臺諫、禮官參議，卒用御史趙涣、禮部侍郎陳公輔言，大饗明堂。

玉海：紹興九年八月，討論明堂、祭服、禮器。

高宗本紀：十年九月庚戌，合祀天地于明堂，大赦。

玉海：十年九月十日辛亥，復行明堂禮。太常定儀注，自誓戒、致齋，至飲福、燎瘞，是歲始用大樂，飲福用金爵。

蕙田案：紀稱庚戌，玉海稱辛亥，必有一誤。

文獻通考太常寺修定明堂大禮儀注：

誓戒同郊祀。

致齋三日，一日于文德殿，一日于太廟，一日再赴文德殿，儀並同郊祀，但改大慶殿爲文德殿。

奏告

前祀二日，奏告太祖皇帝、太宗皇帝室，如常告之儀。

陳設内玉幣、籩豆、簠簋、俎實、尊罍、酒齊，數目並同郊祀，不重録，惟實俎增羊腥、豕腥，如牛腥之數。

前祀三日，有司設大次于垂拱殿門内東廊，又設小次于明堂阼階下之東稍南，西面。設文武侍臣次于明堂門外，行事、執事、陪祠宗室及有司次于明堂門外，設東方、南方客使次于文臣之後，西方、北方客使次于武臣之後，設饌幔于明堂門外稍西，南向。前祀二日，太社令帥其屬掃除明堂之内外，置燎壇于明堂庭之東南隅。太社令積柴于燎壇，光禄牽牲詣祠所，太常設登歌之樂于堂上前楹間稍南，北向，設宮架于庭中，立舞表于酇綴之間。前祀一日，太常設神位版：昊天上帝、皇地祇位于堂上北方，南面，西上；太祖皇帝、太宗皇帝位于堂上東方，西向，北上；告潔畢，權徹。五方帝、神州地祇、大明、夜明、天皇大帝、北極、五行、五官、五岳位二十五，北斗、天一、太一帝座、五帝内座、五星、十二辰、河漢内官、五鎮、四海、四瀆、二十八宿、中官、山林、川澤、外官、丘陵、墳衍、原隰位三百八十有二，衆星位三百有六十，並分設于兩廊，東西相向，以北爲上，内南廊所設衆星，重行，北向，以西爲上，鋪設席〔一〕，皆以莞。奉禮郎、禮直官設皇帝位版于阼階之上，西向；飲福位于昊天上帝之西南，北向；望燎位于殿隔門上，當中，南向；贊者設亞終獻位于堂下阼階之東，少南，西向；大禮使、左丞相又于其南。行事吏部、户部、禮部、兵部、刑部、工部尚書，吏部、禮部、刑部侍郎，光禄卿，讀册、舉册官，光禄丞于大禮使左丞相之後，光禄丞稍却。執事官位又于其後。奉禮郎、搏黍太祝、太社、太官令位于亞獻之北，少東，俱西向，北上。監察御史位四：二于堂下西階之西，東向，北上；一于殿隔門外東階下；一于殿隔門外西階下。協律郎位二：一于堂上磬虡之北，少西；一于宮架之西北，俱東向。押樂太常丞位于登歌

〔一〕「内南廊所設衆星重行北向以西爲上鋪設」十七字，文獻通考卷七五作小字。

鐘虡之北，押樂太常卿位于宫架之北，俱北向。分獻官、奉禮郎各立于從祀神位之前，俱北向。良醖令于酌尊所，北向。又設陪祀文武官位于行事、執事之南，東西相向，諸方客使在文武官之南，隨其方國。光禄陳牲于明堂門外，東向；祝史各位于牲後，太常設省牲位于牲東，大禮使、左丞相在北，南向，東上，分獻官位于其後。行事吏部、户部、禮部、兵部、刑部、工部尚書，吏部、禮部、刑部侍郎，押樂太常卿、光禄卿，讀册、舉册官，押樂太常丞、光禄丞，奉禮、協律郎，搏黍太祝、太社、太官令在南，北向，東上。太常丞以下位，皆稍却。監察御史在吏部尚書之東，異位，稍却。光禄陳禮饌于行禮殿隔門外，稍東，南向；設省饌位版于禮饌之南，大禮使、左丞相在南，北向，西上，分獻官位于其後。監察御史位四，在西，南向〔一〕，北上；吏部、户部、禮部、兵部、刑部、工部尚書，吏部、禮部、刑部侍郎，押樂太常卿、光禄卿，讀册、舉册官，押樂官太常丞、光禄丞，奉禮、協律郎，搏黍太祝、太社、太官令在東，西向，北上。禮部率其屬設祝册案于神位之右，司尊彝率其屬設玉幣篚于酌尊所，次設籩豆簠簋之位，正配位皆

〔一〕「南」，文獻通考卷七五作「東」。

左二十有五籩，右二十有五豆，俱爲四行，俎三，二在籩前，一在豆前。又俎六，在豆右，爲二重。登一，在籩豆間。鉶三，皆有柶，在登之前。簠七、簋七，在籩豆外三俎間，簠在左，簋在右。又設尊、罍之位，每位皆著尊二，壺尊二，皆有罍，加勺、冪爲酌尊；太尊二、山尊二、犧尊二、象尊二，皆有罍，加冪，設而不酌，並在堂上，稍南，北向，西上。配位設于正位酒尊之東，每位玉爵一〔一〕，有坫。又設從祀諸神籩豆簠簋之位，五方帝以下二十有五位，皆左十籩，右十豆，俱爲三行，俎二在籩豆前，登一在籩豆間，簠二、簋二在俎間，簠在左，簋在右，爵一在俎前，有坫。內神州地祇、五行、五官、五岳，每位皆加槃一，在登之前。其餘神位，皆左二籩，右二豆，俎一在籩豆前，簠簋在俎前，簠在左，簋在右，爵一次之，登一在籩豆間。衆星三百六十位，皆不設登。又設從祀尊、坫之位：五方帝、神州地祇、大明、夜明、天皇大帝、北極，每位各設太尊二、著尊二于籩前之左；又各于東西廊五行、五官、五嶽神位之前，稍北，共設犧尊二、象尊二；又于東西廊帝座北斗以下神位之前，稍北，共設犧尊二、象尊二、壺尊二、概尊二；又于東西廊東鎮、西鎮以

〔一〕「玉」，諸本作「三」，據文獻通考卷七五改。

下神位之前，稍北，共設山尊二、蜃尊二、散尊二；又于東西南廊衆星神位之前，共設散尊二十有四；又設正配位籩豆簠簋槃各一，俎各三于饌幔内；設御盤匜于阼階上，進盤匜帨巾内侍位于皇帝版位之後，分左右。奉盤者北向，奉匜及執巾者南向。又設亞終獻盥洗、爵洗于其位之北，盥洗在東，爵洗在西。罍在洗東，加勺；篚在洗西，南肆，實以巾。若爵洗之篚，則又實以篚。執罍、篚者位于其後。分獻官盥洗十二，并罍勺篚巾分設于東西廊下，執罍、篚者各位于其後。祀日，丑前五刻，太社令與太史官屬各服其服陞堂〔一〕，設昊天上帝、皇地祇、太祖皇帝、太宗皇帝神位版于堂上，又設五方帝、神州地祇、大明、夜明、天皇大帝、北極、五行、五官、五嶽二十五位于兩朶殿。太府卿、少府監帥其屬入陳玉幣于篚；光禄卿率其屬入實正配位籩豆簠簋；大官令帥其屬入實俎，良醖令帥其屬入實尊罍，又實從祀神位之饌，又實從祀神位之尊。太常官設燭于神位之前，又設大禮使以下行事、執事官揖位于明堂門外〔二〕，如省牲位，有司設神位

〔一〕「堂」，諸本脱，據文獻通考卷七五補。
〔二〕「揖」，諸本作「攝」，據文獻通考卷七五改。

版幄，又設册幄于明堂門外。

皇帝自太廟，詣文德殿。並同郊祀，車駕詣青城儀，止改青城齋宫爲麗正門。

省牲器並同郊祀，止改郊壇爲明堂。

奠玉幣並同郊祀。

行事

皇帝自齋殿服通天冠、絳紗袍，乘輿以出。近侍及扈從之官導從至垂拱殿門内大次。皇帝降輿，入大次，簾降。禮儀使、樞密院官、太常卿、閤門官、太常博士、禮直官分立于大次外之左右，次引禮部侍郎詣大次前，奏「請中嚴」。少頃，又奏「外辦」。符寶郎奉寶，陳于宫架之側，禮儀使當次前俛伏，跪奏：「禮儀使臣某言，請皇帝行事。」奏訖，俛伏，興，還，侍立。禮儀使奏禮畢，准此。簾捲，皇帝服衮冕以出，侍衛如常儀。禮儀使以下前導至明堂殿西外班門〔一〕，殿中監跪，進大圭，前導皇帝入門。侍衛不應入者，止于門外。協律郎跪，俛伏，舉麾，興，工鼓柷，宫架儀安之樂作，皇帝升降、行止，

〔一〕「外」，諸本作「于」，據文獻通考卷七五改。

皆奏儀安之樂。由西廊降階，自宮架前至阼階下，偃麾，戛敔，樂止。凡樂，皆協律郎跪，俛伏，舉麾，興，工鼓柷而後作，偃麾，戛敔，而後止之也。陛自阼階，大禮使從。皇帝升降，大禮使皆從。左右侍衛之官，量人數從升。登歌樂作。至版位，西向立，樂止。禮儀使以下分左右侍立。凡行禮，皆禮儀使、樞密院官、太常卿、閤門官、太常博士、禮直官前導，至位，則分立于左右。禮儀使前奏：「有司謹具，請行事。」宮架作成安之樂，右文化俗之舞，樂作三成，止。先引左丞相、吏部尚書、侍郎陞堂，詣昊天上帝神位前立。左丞相、吏部尚書俱西向，北上，吏部侍郎東向，樂作六成，止。太社令陞烟，燔牲首。禮儀使奏請再拜，皇帝再拜，贊者曰「再拜」，在位官皆再拜。內侍取玉幣于篚，立于尊所。內侍各執盤匜帨巾以進，宮架樂作。禮儀使奏「請皇帝搢大圭，盥手」。內侍進盤匜，沃水，皇帝盥手。又奏「請帨手」，內侍進巾，皇帝帨手，訖，又奏「請皇帝執大圭」，樂止。禮儀使前導，登歌，鎮安之樂作，殿中監跪，進鎮圭，禮儀使奏「請搢大圭」，執鎮圭，前導皇帝詣昊天上帝神位前，北向立。內侍先設繅藉于地，禮儀使奏「請跪奠鎮圭于繅藉」，執大圭，俛伏，興。又奏「請搢大圭」，跪，內侍加玉于幣，以授吏部尚書，吏部尚書以授左丞相，西向跪以進。禮儀使奏「請受玉幣」，皇帝受奠。訖，吏部侍郎東向跪，受以興，進奠于昊天上帝神位前，左丞相、吏部尚書、侍郎俱詣皇地祇神位前以俟。禮儀使奏「請執大圭」，俛伏，興。内侍舉鎮圭，授殿中監，内侍又以繅藉詣皇地祇神位前，先設繅藉于地，禮儀使奏「請再拜」，皇帝再拜。訖，樂止。禮儀使前導皇帝詣皇地祇、太祖皇帝、太宗皇帝神位前，奠鎮圭、玉幣，並如上儀。皇地祇位作嘉安之樂，太祖皇帝位作廣安之樂，太宗皇帝位作化安之樂。配位唯不奠玉，皇帝東向受幣，左丞相北向進幣，吏部侍郎南向受幣。左丞相、吏部侍郎權于堂上，稍西，東向立。吏部尚書降，復位。禮儀使前導皇帝還版位，登歌樂作，至位，西向立，樂止。内侍舉鎮圭，繅藉，以鎮圭授殿中監，以授有司。初，皇帝將奠配帝之幣，贊者引分獻官俱詣盥洗位，搢笏，盥手，帨手，執笏，各陞詣五方帝、神州地祇以下從祀神位前，各搢笏，跪。奉禮郎以幣授分獻官，五岳以上，奉禮自奉幣，餘從祀，執事者奉幣。分獻官受幣，奠之，執笏，俛伏，興，再拜，訖，俱退，復位。内五方帝、神州地祇、大明、夜明、五岳神位前，奠玉幣。祝史奉毛血槃立于堂下，陞自西階，太祝迎于堂上，俱進，奠于神位前。太祝、祝史退立于尊所。

進熟

祀日，有司陳鼎十二于神厨，各在鑊右。大官令帥進饌者詣厨，以匕畢陞牛于鑊，實于一鼎。肩、臂、臑、肫、胳、正脊一、直脊一、横脊一、長脅一、短脅一、代脅一，皆二骨以並。次陞羊，如牛；陞豕，如羊。各實于一鼎，每位牛、羊、豕各一鼎。皆設扃冪。祝史對舉，陳于饌幔内，重行，南向，西上，太常實籩豆簠簋于饌幔内。籩實以粉餈，簠實以粱，豆實以糝食，簋實以稷。次引禮部侍郎詣饌所，視腥熟之節。俟皇帝陞，奠玉幣，訖，復位，樂止。引禮部尚書詣饌所，執籩豆簠簋以入。户部、兵部、工部尚書詣饌所，奉俎以入。户部奉牛，兵部奉羊，工部奉豕。舉鼎官舉鼎，大官令引入正門，宫架禧安之樂作，由宫架東折方進行，陳于西階下，北向，北上。祝史抽扃，委于鼎右，除冪。初，鼎序入，有司執匕畢及俎以從，至西階下，各設俎于鼎北，匕畢加于鼎。大官令以匕畢陞牛及羊、豕，各于一俎，其載如牛。每位牛、羊、豕各一俎。鼎先退，祝史進徹毛血槃，以次出。引禮部尚書搢笏，執籩豆簠簋，户部、兵部、工部尚書搢笏，奉俎以陞，執事者各迎于堂上。禮部尚書奉籩豆簠簋，詣昊天上帝神位前，北向跪，奠，啓蓋于下，訖，執笏，俛伏，興。有司設籩于糗餌前，豆于酏食前，簠于稻前，簋于黍前。次引户部、兵部、工部尚書奉俎，詣昊天上帝神位前，北向跪，奠，先薦牛，次薦羊，次薦豕，各執笏，俛伏，興。有司設于豆右，腸胃膚之前。皆牛在左，羊在中，豕在右。次詣皇地祇、太祖皇帝、太宗皇帝神位前，配位並東向。跪，奠，並如上儀。樂止，俱降，復位。太祝取菹，擩于醢，祭于豆間三；又取黍、稷、肺，祭如初，皆藉以茅，退，還尊所。次引左丞相、吏部侍郎陞，詣昊天上帝神位前立，左丞相西向，吏部侍郎東向。又引吏部侍郎陞堂，詣昊天上帝酌尊所，跪取玉爵于坫，詣皇帝版位前，奉爵北向立。內侍各執槃匜帨巾以進，宫架樂作，禮儀使奏「請皇帝搢大圭，盥手」，內侍進槃匜，沃水，皇帝盥手。又奏「請帨手」，內侍進巾，皇帝帨手；訖，奏「請皇帝洗爵」，吏部侍郎進爵，內侍沃水，皇帝洗爵；奏「請拭爵」，內侍進巾，皇帝拭爵，訖，樂止。又奏「請執大圭」，吏部侍郎受爵，奉爵詣昊天上帝酌尊所，西向立；執尊者舉冪，良醞令酌著尊之醴齊，訖，先詣皇地祇酌尊所，北向立；禮儀使前導，登歌慶安之樂作，皇帝詣昊天上帝神位前，北向立；禮儀使奏「請搢大圭」，跪，吏部侍郎以爵授左丞相，左丞相西向跪以進。禮儀使奏「請執爵」，皇帝執爵，祭酒，三祭于茅苴。奠爵，吏部侍郎以爵復于坫。禮儀使奏「請執大圭」，俛伏，興；又奏「請皇帝少立」，樂止。左丞相、吏部侍郎先詣皇地祇神位前，西向立，以俟；舉册官搢笏，跪舉祝册，讀册官搢笏，東向跪，讀册文，訖，奠册，各執笏興，先詣皇地祇神位前，東向立；禮儀使奏「請再拜」，皇帝再拜，訖，禮儀使前導，皇帝詣皇地祇、太祖皇帝、太宗皇帝神位前，酌獻，並如上儀。皇地祇位作光安之樂，太祖皇帝位作彰安之樂，太宗皇帝位作韶安之樂。其配位酌獻，皇帝東向，左丞相北向進爵，讀册官南向讀册文。左丞相以下，俱復位。禮儀使前導皇帝還版位，登歌樂作，至版位，西向立，樂止；禮儀使奏「請皇帝還小次」，登歌樂作，前導皇帝降自阼階，樂止。宮架樂作，將至小次，禮儀使奏「請釋大圭」，殿中監跪，受大圭，入小次，簾降，樂止。文舞退，武舞進，宮架穆安之樂作，舞者立定，樂止。禮直官、太常博士引亞獻詣盥洗位，北向立，搢圭，盥手，帨手，執圭，詣爵洗位，北向立，搢圭，洗爵，拭爵，以爵授執事者，執圭陞堂，詣昊天上帝酌尊所，西向立，宮架作穆安之樂，威功睿德之舞。執事者以爵授亞獻，亞獻搢圭，跪執爵，執尊者舉冪，大官令酌壺尊之盎齊，訖，先詣皇地祇酌尊所，北向立。亞獻以爵授執事者，執圭興，詣昊天上帝神位前，北向，搢圭，跪，執事者以爵授亞獻，亞獻執爵，祭酒，三祭于茅苴。奠爵，執圭，俛伏，興，少退，北向再拜。次詣皇地祇、太祖皇帝、太宗皇帝神位前，酌獻，並如上儀，樂止，降，復位。初，亞獻行禮將畢，禮直官、太常博士引終獻詣洗及升堂酌獻，並如亞獻之儀。訖，降，復位。初，亞獻將陞，次引分獻官俱詣盥洗位，搢笏，盥手，帨手，執笏，各陞詣從祀神位前，搢笏，跪執爵，三祭酒于地，奠爵，執笏，俛伏，興，再拜，訖，各復位。

飲福

望燎儀並同郊祀。

紫宸殿稱賀

前期，有司率其屬設御座于紫宸殿，于殿後設御閤如儀。俟皇帝行禮訖，還大次，奏「解嚴」，鼓吹振作，皇帝服靴袍出大次，樂作，乘輦，入紫宸殿，降輦，樂止。歸後幄，内侍催班。先管軍臣僚并行門一班，北向立定。太史局奏，祥瑞官面西，側立。閤門引樞密使、知閤門官以下至看班祗候，并横行及諸司祗應、武功大夫，并行事武功大夫至保義郎，並常服于管軍後，北向立。次御史臺、閤門、太常寺分引宰臣、使相、執政以下，并諸軍指揮使員僚，並常服詣紫宸殿下，分東西相向立定。閤門提點引皇太子常服東壁立。班定，皇帝服靴袍出，鳴鞭，禁衛等迎駕，自奏「聖躬萬福」。皇帝座，舍人揖管軍臣僚至行門躬，贊拜，兩拜，班首不離位，躬奏「聖躬萬福」；訖，班首出班，俛伏，跪，致詞，賀訖，俛伏，興，歸位。舍人揖躬，贊拜，兩拜，三呼「萬歲」，始宣諭。俟宣諭訖，又贊拜，兩拜，三呼「萬歲」。贊各祗候直身立，管軍臣僚赴東壁侍立，行門分左右排立，次太史局官赴當殿，北向立，舍人揖躬，贊拜，兩拜，不離位，躬奏「聖躬萬福」，訖，自出班，躬奏祥瑞，訖，歸位。舍人揖躬，贊拜，兩拜，贊祇候東出。次舍人揖樞密使以下躬，舍人當殿面北，直身，通某官姓名以下起居稱賀，通訖，轉身西向立，舍人贊拜，樞密使以下兩拜，搢笏，舞蹈，又兩拜。班首不離位，躬奏「聖躬萬福」；訖，又兩拜。舍人引班首出班，俛伏，跪，致詞，賀訖，俛伏，興，歸位。舍人揖躬，贊拜，兩拜，起，搢笏，舞蹈，又兩拜，起，且躬身。知閤門官當殿，躬承旨，訖，西向，稱「有制」。樞密使以下兩拜，起，且躬身。知閤門官宣答，訖，歸侍立位，舍人贊拜，樞密使以下兩拜，起，搢笏，舞蹈，又再拜，贊各祇候、樞密使由西階升殿，侍立，知閤門官以下赴殿下東壁面西侍立，餘官分出引。舍人揖皇太子以下就位，躬，舍人當殿面北，直身通文武百僚、皇太子某以下起居稱賀，通訖，舍人提點引皇太子以下横行，北向立。兩省官并宗室遥郡以下，依舊相向立。稱賀並如上儀。典儀贊拜，樞密當御座前承旨退，于折檻東稱「有制宣答」。賀訖，宣答樞密歸侍立位，宰臣、參知政事並由東階升殿，東壁侍立。皇太子以下並退，皇帝興，殿下侍立宰臣、參知政事並退。自殿乘輦，樂作，出紫宸殿，赴文德殿，至殿，降輦，樂止。

玉海：紹興十三年六月，禮官言：「十年，明堂設昊天、地祇、太祖、太宗、天皇、神州以下從祀四百四十三位，共四百四十七位，今郊祀增設衆星三百二十四位，通七百七十一位。」從之。

二十九年五月二日，詔曰：「孝莫大于嚴父，禮莫重于饗帝，宗祀昭配之儀，久闕不講，何以彰皇考之烈，令有司討論典禮。」

三十年八月，禮官言：「徽宗配帝明堂，若依皇祐徧祀群神，其禮煩；依元豐罷從祀，其禮略。欲如熙寧，設五方、五人帝、五方神從祀位。」從之。

蕙田案：此亦調停之論，非禮也。

文獻通考：禮部、太常寺言：「明堂大禮，車輅、鹵簿、法駕、儀仗，禮合預行討論，欲依政和五禮新儀，宗祀上帝。有司陳法駕、鹵簿、車駕，自太廟乘玉輅，詣文德殿。皇祐明堂記大駕字圖，用萬有八千二百五十六人。大中祥符元年，法駕用萬有六百六十一人，較之昨禮，令三分減一爲率。禮官所定，凡萬有一千八十八人。昨紹興二十五年至二十八年郊祀大禮，大駕、鹵簿、捧日、奉宸隊等，共一萬五千二百二十二人，今討論明堂大禮，乞依紹興二十八年例，三分減一，用一萬一百四十人。」從之。

宋史高宗本紀：三十一年九月辛未，宗祀徽宗于明堂，以配上帝，大赦。

禮志：三十一年，以欽宗之喪，用元祐故事，前期朝獻景靈宫、朝享太廟，皆遣大臣攝事；唯親行大享之禮，禮畢宣赦，樂備不作。祔廟畢，如故事。享罷合祭，奉徽宗配。祀五天帝、五人帝于堂上，五官神于東廂，仍罷從祀諸神位，用熙寧禮也。

文獻通考：三十一年七月二十七日，臣僚言：「伏遇宗祀徽考于明堂，以配上帝。聞有司將設五方帝位于朵殿，五人帝、五官神位于兩廊，悉于典故未合，望詔禮官，更加詳議。」禮部、太常寺討論：「今行禮殿難設五室，欲依臣僚所乞，升祀五方帝位、五人帝于堂，各依方向鋪設神位，内五人帝從位各于其左，稍却，五官神位于殿下東廊，稍南，設位俱西向，以北爲上，並差官分獻行禮。其五帝、五人帝既升祀于堂，依禮例，逐位各用十二籩豆。」從之。

宋史樂志：紹興親享明堂二十六首：

皇帝入門，儀安　唯我有宋，昊天子之。三年卜祀，百世承基。施及沖眇，奉牲以祠。敢忘齋栗，偏舉上儀。

升堂，儀安　於赫明堂，肇稱禋祀。祖宗來游，亦侑于帝。九州駿奔，百辟咸事。斂時純休，錫我萬世。

降神，誠安　噫神何親？惟德是輔。玉牲具陳，誠則來顧。我開明堂，遵國之故。尚蒙居歆，以篤宗祐。

盥洗，儀安　肇開九筵，維古之傚。皇皇大神，來顧來享。庶儀交脩，百辟顯相。微誠自中，交際天壤。

上帝位奠玉幣，鎮安　皇皇后帝，周覽四方。眷我前烈，燕娭此堂。金支秀發，黼帳高張。世歆明祀，曰宋是常。

皇地祇位奠玉幣，嘉安　至哉坤元，持載萬物！繼天神聖，觀世治忽。頌祇之堂，薦以圭繳。孰爲邦休，四海無拂？

太祖位奠幣，廣安　推尊太元，重屋爲盛。誰其配之？我祖齊聖。開基握符，正位凝命。於萬斯年，孝孫有慶。

太宗位奠幣，化安　帝神來格，靡祀不從。侑坐而食，獨升祖宗。在庭祇肅，展采錯重。三獻之禮，百年之容。

徽宗位奠幣，泰安　於穆帝臨，至矣元造！克配其儀，唯我文考。仁恩廣覃，奕葉永保。宗祀唯初，以揚孝道。

皇帝還位，儀安　耳聽鋗玉〔一〕，目瞻熉珠。樂備周奏，儀參漢圖。神人並況，天地同符。亦既見帝，王心則愉。

尚書捧俎，禧安　展牲登俎，簫韶在庭。羞陳五室，意徹三靈。匪物斯享，唯誠則馨。永作祭主，神其億寧。

昊天上帝位酌獻，慶安　日在東陸，維時上辛。肇開陽館，恭禮尊神。蒼玉輝夜，紫烟煬晨。祖宗並配，天地同禋。

皇地祇位酌獻，彰安　地祼泰圻，歌同我將。黝牲純潔，絲竹發揚。博厚而久，含洪以光。扶持宗社，曰篤不忘。

太祖位酌獻，孝安　一德開基，百年垂統。中天禘郊，薄海朝貢。寶龜相承，器鼎加重。澤深慶綿，帝復命宋。

〔一〕「鋗」，諸本作「銷」，據宋史樂志八改。

太宗位酌獻，韶安　紹天承業，繼世立功。帷幄屢勝，車書始同。武掃氛霧，文垂日虹。遺澤所及，孰知其終？

徽宗位酌獻，成安　欽唯合宫，承神至尊。祇戒專精，儼然若存。莫兹嘉觴，苢蘭其芬。發祉隤祥，以子以孫。

皇帝還小次，儀安　匏尊既舉，鞂席未移。有德斯顧，靡神不娭。物情肅穆，天宇清夷。宅中受命，永復邦基。

文舞退，武舞進，穆安　神之欻至，慶陰杳冥。風馬雲車，恍若有承。備形聲容，於昭文明。庶幾嘉虞，來享來寧。

亞獻，穆安　四阿有嚴，神既戾止。備物雖儀，潔誠唯己。有來振振，相我熙事。載酌陶匏，以成毖祀。

終獻，穆安　誠一爲專，禮三而稱。孰陪邦祠？唯我同姓。金絲屢調，玉圭交映。是謂熙成，福來神聽。

皇帝飲福，胙安　孰謂天遠？至誠則通。孰謂地厚？與天則同。惠我純嘏，克成大功。握圖而治，如日之中。

徹豆，歆安　工祝告休，笙鏞云闋。酒茅既除，牲俎斯徹。幽明罔恫，中外咸悅。禮成伊何？天地同節。

送神，諴安　奕奕宗祀，煌煌禮文。高靈下墮，精意升聞。熙事既畢，忽乘青雲。敢拜明貺，永清世氛。

望燎，儀安　載酌載獻，以純以精。歌傳夜誦，物備秋成。報本斯極，聽卑則明。願儲景貺，福我群生。

望瘞，儀安　禮協豐融，誠交彷彿。辟公受膰，宗祀臨瘞。貽我來牟，以興嗣歲。山川出雲，天地同氣。

還大次，憩安　應天以實，已事而竣。氈案朝帝，竹宮拜神。靈光下燭，協氣斯陳。福禄時萬，基圖日新。

蕙田案：明堂自政和建立以後，制度之詳，宗祀之典，其合于古者，蓋十有八九，誠千載之嘉會也。高宗南渡，雖文物散失，而典章尚有可考，迺不思率由舊章，俾盈庭築舍，舉一切非禮之事，踵而仍之，合祭天地，並配祖宗，宗祀嚴父，從祀諸神，至七百七十一位，大駕字圖用一萬一百四十人，壇座龐雜，儀衛繁費，何其舛也？厥後承訛益謬，國勢遂以日削，不亦惜哉！

禮志：孝宗乾道五年，太常少卿林栗乞四祭，並即圜壇。禮部侍郎鄭聞謂：「明堂當從屋祭，不當在壇。有司攝事，當于望祭殿行禮。」從之。

文獻通考：中興後，昊天上帝四祀：春祈、夏雩、秋享、冬報，其二在南郊圜壇，其二在城西惠照院望祭齋宫。紹興九年八月〔一〕，葺惠照望祭殿，建齋宫于其西，凡十有一區〔二〕。

孝宗本紀：淳熙六年九月辛未，合祭天地于明堂，大赦。

禮志：淳熙六年，以群臣議，復合祭天地，並侑祖宗，從祀百神，如南郊。

文獻通考：先時，詔令歲行明堂大禮，令禮部、太常寺詳議。宰執進呈禮、寺議狀：「竊觀黄帝拜祀上帝于明堂，唐、虞祀五帝于五府，歷時既久，其詳莫得而聞。至禮記始載明堂位一篇，言天子負斧依南向而立。内之公侯伯子男，外之蠻夷戎

〔一〕「九年」，諸本作「十九年」，據文獻通考卷七五改。
〔二〕「十有一區」，文獻通考卷七五作「三十有一區」。

狄，以序而立。故曰明堂也者，明諸侯之尊卑也。孟子亦曰：明堂者，王者之堂也。周禮大司樂有冬至圜丘之樂、夏至方丘之樂、宗廟九變之樂。三者皆大祭祀，唯不及明堂，豈非明堂者，布政會朝之地。周成王時，嘗于此歌我將之頌，宗祀其祖文王乎？後暨漢唐，雖有沿革，至于祀帝，而配以祖宗，多由義起，未始執一。本朝仁宗皇祐中，破諸儒異同之論，即大慶殿行親享之禮，並侑祖宗，從以百神。前期朝獻景靈宮，享太廟，一如郊祀之制。太上皇帝中興，斟酌家法，舉行皇祐之制于紹興之初，亦在殿庭合祭天地，並配祖宗，蓋得聖經之遺意。且國家大祀有四，春祈穀，夏雩祀，秋明堂，冬郊祀是也。陛下即位以來，固嘗一講祈穀，四躬冬祀，唯合宮、雩壇之禮，猶未親行。今若據已行典禮，及用仁宗時名儒李覯明堂嚴祖說，并治平中吕誨、司馬光、錢公輔等集議，近歲李燾奏劄所陳，特舉秋享，于義爲允。」上曰：「明堂合祭天地，並侑祖宗，從祀百神，並依南郊禮例，可依詳議事理施行。」

蕙田案：九變之樂，不及明堂者，天神同也。乃專以爲布政會朝之地，而以祀帝配祖爲義起，謬矣！周人宗祀文王，何嘗有二配乎？不舉政和之典，而以紹興之初舉行皇祐之制爲得聖經遺意，將誰欺耶？雖當時國勢孱弱，不能興復大禮，爲苟且簡便之計，然有其廢之，不舉則已耳，不得以非禮爲正而踵行之也。周必大玉堂雜記，時必大爲禮部尚書，特主此議，過矣。

禮部、太常寺言：「明堂所設神位，並依南郊禮例，繫七百七十一位。今大慶殿鋪設昊天上帝、皇地祇、太祖皇帝、太宗皇帝四位；其從祀神位，凡七百六十有七，于東西兩朵殿鋪設。五方帝至五嶽二十五位〔一〕。餘從祀衆星，東廊二百八十位，西廊二百四十八位，南廊六十六位。欲于南廊前連簷修蓋瓦屋，與東西廊相接，設一百四十八位。依儀令〔二〕，合設饌幔。欲于新置便門外幔道下結縛搭蓋屋二間，及合用祝册幄次，乞于南宮門裏過道門下面東兩壁釘設。其禮部捧册職掌等，乞于過道門面南壁宿齋；其皇帝位版幄次，乞于内藏庫相對廊上釘設。」從之。

太史局言：「將來明堂大禮，合祭天地，並侑祖宗，從祀百神，並依南郊禮例。今照得明堂兩朵殿上，鋪設神位版共二十五位，其上十位，五方帝、昊天上帝、皇地祇、神

〔一〕「五方帝至五嶽二十五位」十字，文獻通考卷七五作小字。
〔二〕「儀令」，諸本作「議令」，據文獻通考卷七五改。

州地祇、夜明、大明，共十位。並金面青字大版；內一十五位，五行、五官、五瀆。皆朱紅漆面金字小版，將來鋪設大小不等。乞下所屬創造朱紅漆面金字大版神位一十五位。」從之。

御書「明堂」、「明堂之門」六字，并嗣「天子臣御名恭書」七字，令修內司製造牌二面，將來明堂大禮，其「明堂」牌于行禮殿上安掛，其「明堂之門」牌于行禮殿西門新置便門上安掛。

蕙田案：當時誕慢之景，宛然可見，國事如此，其可爲乎？

周必大玉堂雜記：己亥三月丁卯，詔：「今歲郊祀，以例約束省費，下禮部、太常寺議明堂大禮。」予以禮部尚書兼翰林學士與諸儒議以聞。乙亥有旨，從之。辛酉午時，集官受誓戒。丙寅，大雨。丁卯，鎖院，草赦。戊辰，百執事冒雨入麗正門，過後殿，請皇帝致齋。己巳，上乘逍遥車，朝獻景靈宮，入太廟，宿齋。四日之間，雨晝夜傾注，通衢殆如溪澗。有旨來早不乘玉輅，止用逍遥車，徑入北門，趨文德殿致齋，朝服導駕官皆改常服，應儀仗排立，人並放。趙相爲大禮使，密諭有司未得放散。黄昏後，雨驟止。夜分，內侍李思恭傳旨御史臺、閤門、太常寺，仍舊乘玉輅，府合行事件，疾速施行。庚午昧爽，駕來登輅，必大執綏，上喜曰：「且得晴霽。」辛未，行禮，月色如晝，上拜，起，不倦，以迄于成。黎明，登樓，肆赦，簪花，過德壽宮，人情熙然，赦書乃必大視草，其間云：「唯周成宗祀洛中，陟配于文王。

唯漢武合祠汶上，推嚴于高帝，皆用親郊之禮，具殫尊祖之誠。於鑠本朝，若稽前代。俶經路寢，有皇祐之彝儀；徧秩群神，有紹興之近制。不愆于素，可舉而行。」蓋欲明著古禮，以示來世也。後數日，加恩群臣，必大復草。趙相制云：「祼將太宫，霖潦驟霽，陟恪大寢，月華正中。」又云：「鎮定大事，如彦博之恢宏；貫通群經，如宋庠之博洽。」皆紀一時之事，且以仁宗初行明堂，二公實爲相也。

蕙田案：己亥，必大奉詔議狀，即通考第一條摘録者是也。並祭合祀，其論起于皇祐宋庠之議，文潞公附和成之，方爲明堂典禮之累。紹興旋覺其非，大經集議，斷自宸衷，始克追復古制，乃觀其所議及草制，云：「俶經路寢，有皇祐之彝儀；徧秩群神，有紹興之近制。」又云：「鎮定大事，如彦博之恢宏；貫通群經，如宋庠之博洽。」其意直以皇祐爲是，而靦然自以爲得，斯亦陋矣。

宋史孝宗本紀：淳熙九年九月辛巳，大享明堂。

十五年九月辛丑，大享明堂，以太祖、太宗配。

禮志：十五年九月，有事于明堂，上問宰執配位。周必大奏：「昨已申請，高宗几筵未除，用徽宗故事，未應配坐，且當以太祖、太宗並配。」留正亦言之。上曰：「有紹興間典故，可參照無疑。」

尤袤傳：淳熙十四年，將有事于明堂，詔議升配，袤主紹興孫近、陳公輔之説，謂：「方在几筵，不可配帝，且歷舉郊歲在喪服中者凡四，維元祐明堂用吕大防請，升配神考，時去大祥止百餘日，且祖宗悉用以日易月之制，故升侑無嫌。今陛下行三年之喪，高宗雖已祔廟，百官猶未吉服，詎可近違紹興而遠法元祐升侑之禮？請俟喪畢議之。」詔可。

文獻通考：淳熙十五年，大享明堂，以在高宗諒闇之内，自受誓戒以後，權易吉服，禮畢仍舊。其朝獻景靈宫、朝饗太廟、恭謝景靈宫，並遣官分詣行禮，仍免紫宸殿稱賀。太常寺言：「今年九月，有事于明堂，檢照紹興三十一年六月十六日禮官議，案禮經『喪三年不祭，唯祭天地社稷爲越紼而行事』。元祐之初，大享明堂，而哲宗居神祖之喪，禮官謂景靈宫、太廟，當用三年不祭之禮，遣大臣攝事。或謂聖祖爲天神，非廟享也，當時雖從其説，然黄帝實我宋之所自出，豈得不同于宗廟？今秋有事于明堂，以孝慈淵聖皇帝升遐，主上持斬衰之服，考之禮經及元祐已行故事，并當時禮官所議，竊謂前期朝獻景靈宫，朝享太廟，皆當遣大臣攝事，主上唯親行大享之禮。其玉帛、牲牢、禮料、器服、樂舞，凡奉神之物，依典禮外，鑾駕既不出宮，所有車輅、儀仗、供張、宿頓之屬，令有司更不排辦。禮畢，于殿庭宣赦。及朝享景靈宮，朝享太廟，緣皇帝在高宗聖神武文憲孝皇帝諒闇之內，乞依上件典故。」從之。

權禮部侍郎尤袤等言：「逐次明堂大禮所設神位，沿革不一。紹興四年、七年、十年，設昊天上帝、皇地祇、太祖皇帝、太宗皇帝并天皇大帝以下從祀四百四十三位。紹興三十一年，設昊天上帝、徽宗皇帝，并五方帝、五人帝、五官神從祀共一十七位。淳熙六年、九年，設昊天上帝、皇地祇、太祖皇帝、太宗皇帝并天皇大帝已下從祀共七百七十一位。」宰執進呈禮官申請明堂畫一，上曰：「配位如何？」周必大奏：「禮官昨已申請，高宗几筵未除，用徽宗故事，未應配坐，且當以太祖、太宗並配。他日高宗几筵既除，自當別議。大抵前代儒者，多用孝經『嚴父』之說，便謂宗祀專以考配，殊不知周公雖攝政，而主祭則成王，自周公言之，故曰『嚴父』耳。晉紀瞻答秀才策曰：『周制明堂，宗其祖以配上帝，故漢武帝汶上明堂，捨文、景而遠取高祖爲配。』此其證也。」留正奏：「嚴父莫大于配天，則周公其人也。是嚴父專指周公而言，若成王則其祖也。」上曰：「有紹興間典故，自可參照，可以無疑。」

建炎以來朝野雜記：明堂者，仁宗皇祐中始行之。其禮合祭天地，並配祖宗，又設從祀諸神，如郊丘之數。政和七年，既建明堂于大内，自是歲以九月行之，然獨祀上帝，而配以神宗，惟五帝從祀。紹興元年，上在會稽，將行明堂禮，命邇臣議之，王剛中居正爲禮部郎官，首建合祭之議，宰相范覺民主之，乃以常御殿爲明堂，但設天、地、祖、宗四位而已。四年，始設從祀諸神。七年，復祀明堂，而徽宗崩，問已至，中書舍人傅崧卿請增設道君太上皇帝，配位于太宗之次，禮部侍郎陳公輔言：「道君方在几筵，未可配帝。」乃不行。三十一年，始宗祀徽宗于明堂，以配上帝，而祀五天帝、五人帝于明堂上，五官神于東厢，罷從祀諸神位，用熙寧禮也。乾道以後，説者以德壽宫爲嫌，止行郊禮。淳熙六年，用李仁父、周子充議，復行明堂之祭，並侑焉。逮十四年，高宗崩，明年秋季，乃用嚴父之典，今郊祀從紹興，明堂從皇祐。惟歲時常祀，則以太祖配冬至圜丘，太宗配祈穀、大雩，高宗配明堂宗祀，蓋尤延之爲禮官時所請云。

光宗本紀：淳熙十六年閏五月癸酉，詔季秋有事于明堂，以高宗配。

文獻通考：淳熙十六年，光宗既受禪。閏五月，禮官言：「冬祀配以太祖，而春夏秋皆配以太宗，祖有功，宗有德，故推以配上帝。高宗身濟大業，紹開中興，揖遜之美，越超于古，功德茂盛，爲宋高宗。秋享明堂，宜奉以升侑。」又謂：「我將祀文王，實在成王之時，錢公輔、司馬光、吕誨皆以爲嚴祖。今以高宗配，于周制爲合。」于是高宗始配上帝。

宋史樂志：紹興、淳熙分命館職定撰十七首：

降神，景安，圜鐘爲宮　上直房、心，時惟明堂。配天享親，宗祀有常。盛德在金，日吉辰良。享我克誠，來格來康。

黄鐘爲角　合宫盛禮，金商令時。備成熙事，薦揚上儀。駿奔在庭，精意肅祇。來享嘉薦，神靈燕娭。

太蔟爲徵　休德孔昭，靈承上帝。孝極尊親，嚴配于位。嘉薦芬芳，禮無不備。神其格思，享兹誠至。

姑洗爲羽　霜露既降，孝思奉先。陟降上帝，禮隆九筵。有馨黍稷，有肥牲牷。神來燕娭，想像肅然。

盥洗，正安　禮經之重，祭典爲宗。上公攝事，進退彌恭。庶品豐潔，令儀肅雍。百祥萃止，惟吉之從。

升殿，正安　皇祖配帝，歲祀明堂。冕服陟降，玉珮瑲瑲。疾徐有節，進止克莊。維時右享，日靖四方。

上帝位奠玉幣，嘉安　大享季秋，百執揚厲。明明太宗，赫赫上帝。祇薦忱誠，式嚴圭幣。祚我明德，錫兹來裔。

太宗位奠幣，宗安　穆穆皇祖，丕昭聖功。聲律身度，樂備禮隆。祇薦量幣，祀于合宮。玉帛萬國，驩心載同。

捧俎，豐安　備物昭陳，工祝告具。維羊維牛，孔碩孔庶。有嘉維馨，加食宜飫。斂時五福，永膺豐胙。

上帝位酌獻，嘉安　煒彼房、心，明明有融。維聖享帝，禮行合宮。祀事時止，粢盛潔豐。昭受申命，萬福攸同。

太宗位酌獻，德安　受命溥將，勳高百王。寰宇大定，聖治平康。有嚴陟配，宗祀明堂。神保是格，申錫無疆。

文舞退，武舞進，正安　温厚嚴凝，於皇上帝。文德武功，列聖並配。舞綴象成，肅雍進退。秉翟踆踆，總干蹈厲。

亞、終獻，文安　總章靈承，維國之常。禮樂宜旹，降升齊莊。竭誠盡志，薦兹累觴。於昭在上，申錫無疆〔一〕。

徹豆，肅安　於皇上帝，肅然來臨。恭薦芳俎，以達高明。烹飪既事，享于克誠。以介景福，惟德之馨。

送神，景安　帝在合宫，鑒觀盛禮。黍稷惟馨，神心則喜。禮備樂成，亦既歸止。億萬斯年，以貺多祉。

高宗位奠幣，宗安　赫赫高廟，于堯有光。覆被萬祀，冠冕百王。有量斯幣，蠲潔是將。在帝左右，維時降康。

酌獻〔二〕，德安　炎運中興，蒼生載寧。九秩燕豫，三紀豐凝。精祀上帝，陟配威靈。錫羨胙祉，萬世承承。

蕙田案：此高、孝兩朝，遞有更定，史家總而載之。其中已有高宗配位，故列于此。

〔一〕「文舞退」至「申錫無疆」七十七字，諸本脱，據宋史樂志八補。
〔二〕「酌」，諸本作「配」，據宋史樂志八改。